알파에서 오메가까지

김원익의
그리스 신화

영웅과 전쟁

2

알파에서 오메가까지

김원익의 그리스 신화 —— 영웅과 전쟁 **2**

초판 1쇄 인쇄 2022년 9월 30일
초판 1쇄 발행 2022년 10월 7일

—

지은이 김원익
펴낸이 이방원
편 집 송원빈 · 김명희 · 안효희 · 정조연 · 정우경 · 박은창
디자인 양혜진 · 손경화 · 박혜옥   **마케팅** 최성수 · 김 준 · 조성규

—

펴낸곳 세창출판사
        신고번호 제1990-000013호 **주소** 03736 서울시 서대문구 경기대로 58 경기빌딩 602호
        전화 02-723-8660 **팩스** 02-720-4579 **이메일** edit@sechangpub.co.kr **홈페이지** http://www.sechangpub.co.kr
        블로그 blog.naver.com/scpc1992 **페이스북** fb.me/Sechangofficial **인스타그램** @sechang_official

—

ISBN 979-11-6684-119-4 04210
        979-11-6684-117-0 (세트)

ⓒ 김원익, 2022

영웅과 전쟁 **2**

알파에서 오메가까지

김원익의
그리스 신화

김원익 지음

세창출판사

차례

**2권
영웅과 전쟁**

10장 스토리텔링의 원형 영웅 이야기

12장 분노의 책 『일리아스』

13장 귀향의 책 『오디세이아』

6장 그리스 신화 3대 명문 가문

1. 카드모스 가문

   (1) 테베의 건설자 카드모스: 그리스 신화 최초의 영웅

   (2) 제2대 왕 펜테우스: 소아시아에서 테베로 귀환한 사촌 디오니소스를 배척하다

   (3) 제3대 왕 폴리도로스, 제4대 왕 라브다코스: 펜테우스의 죽음, 제우스의 연인 안티오 페 이야기

   (4) 제5대 왕 암피온과 제토스, 제6대 왕 라이오스: 코린토스의 왕자 오이디푸스가 스핑 크스의 수수께끼를 풀다

   (5) 제7대 왕 오이디푸스: 자신의 출생의 비밀을 밝히고 두 눈을 찔러 실명시키다

   (6) 정의의 화신 안티고네: 부당한 국가의 법에 항거하다

   (7) 안티고네에 대한 세 가지 견해: 소포클레스, 헤겔, 괴테

   (8) 소포클레스의 「오이디푸스 왕」: 운명비극인가, 성격비극인가?

2. 다나오스 가문

   (1) 다나오스 가문의 시조 이오: 헤라의 질투 때문에 암소로 변신하다

   (2) 다나오스와 아이깁토스: 50명의 딸과 50명의 아들을 합동으로 결혼시키다

   (3) 49명의 다나이데스: 아버지의 사주로 첫날밤에 49명의 남편을 살해하다

3. 탄탈로스 가문

   (1) 탄탈로스: 아들 펠롭스의 고기 요리로 신들을 시험하다

   (2) 아트레우스: 티에스테스에게 복수하기 위해 조카들을 요리해 먹이다

   (3) 오레스테스: 정부와 공모하여 아버지를 죽인 어머니를 살해하다

   (4) 이피게네이아: 가문을 옭아맨 저주의 사슬을 끊어 내다

   (5) 괴테의 이피게네이아: 고결한 인간성으로 가문을 구하다

   (6) 클리타임네스트라: 과연 그리스 신화 최고의 독부일까?

9장 신화와 인간 심리

찾아보기

스토리텔링의 원형
영웅 이야기

영웅의 원조 페르세우스의 모험

Day 86

〰〰〰〰〰 **(1)** 〰〰〰〰〰

청동 탑에서 태어나자마자
바다에 버려지다

그리스 신화에서 테베Thebe를 세운 카드모스Kadmos가 최초의 영웅이라 면 페르세우스Perseus는 영웅의 원조다. 카드모스는 고향을 떠나 숱한 모 험 끝에 다시 고향으로 돌아오는 전형적인 영웅의 여정의 얼개만을 보여 주고 있는 것에 비해 페르세우스는 그 여정을 최초로 완벽하게 구현해 내 고 있기 때문이다.

페르세우스의 고향은 고대 그리스 펠로폰네소스Peloponnesos반도의 아르 고스Argos라는 도시다. 한때 아르고스의 왕 아크리시오스Akrisios는 외동딸 다나에Danae가 언젠가 아들을 낳으면 그 아들이 자신을 죽일 것이라는 신

에게해
키클라데스
군도의
세리포스섬
의 위치

그리스 펠로폰네소스반도에서의 아르고스 위치

탁을 받고 딸을 청동 탑에 가두고 물샐틈없이 감시했다.

하늘에서 지상을 관찰하던 제우스Zeus는 우연히 청동 탑에 갇혀 있는 다나에를 발견하고 그 미모에 반해 불같은 사랑을 느꼈다. 궁리 끝에 제우스는 황금 소나기로 변신하여 청동 탑 지붕에 나 있는 미세한 구멍으로 스며들어 다나에와 사랑을 나누었다. 열 달이 흘러 다나에는 탑 안에서 페르세우스를 낳았다.

아크리시오스는 갑자기 손자가 태어나자 신이 개입한 것으로 확신하고 차마 그를 직접 죽일 수는 없어서 딸과 함께 커다란 궤짝에 넣어 바다

10장 ○ 스토리텔링의 원형 영웅 이야기

Gustav Klimt, 〈다나에〉, 1907~1908

에 버렸다. 그는 그들이 표류하다 거친 파도를 만나 좌초되어 죽을 것으로 생각했다. 하지만 아크리시오스의 기대와는 달리 궤짝은 안전한 배처럼 바다 위를 둥둥 떠다니다가 에게해의 세리포스Seriphos섬에 무사히 도착했다.

그런데 그 섬에는 딕티스Diktys라는 마음씨 착한 어부가 살고 있었다. 그는 새벽에 여느 때처럼 어구를 손질하러 나왔다가 해안에서 다나에 모자를 발견하고 보이지 않는 힘에 이끌려 그들에게 자기 집의 별채를 마련해 준 뒤 상전을 모시듯 정성껏 돌보아 주었다.

　어느덧 세월이 흘러 페르세우스는 딕티스의 집에서 16세의 헌헌장부로 자라났다. 그러던 어느 날 세리포스의 왕 폴리덱테스Polydektes가 딕티스를 찾아왔다. 그는 원래 딕티스와 형제 사이였는데 동생과는 달리 아주 사악했다. 그는 동생의 형편이 어려운 것을 뻔히 알면서 도와주지도 않았고, 그동안 연락도 전혀 하지 않았다. 그러던 그가 우연히 동생 집 근처를 지나다가 다나에를 발견하고 그 미모에 반해 마지못해 그를 찾아온 것이다.

　폴리덱테스는 우선 동생을 통해 다나에에게 청혼을 해 보았다. 하지만 그녀는 남자에게 관심이 없었다. 그는 다나에를 강제로 궁전으로 데려가려고도 했다. 하지만 그것도 간단해 보이지 않았다. 그녀 옆에 건장한 아들 페르세우스가 떡 버티고 있었기 때문이다. 고민하던 폴리덱테스는 눈엣가시 페르세우스를 없앨 계책을 하나 마련했다. 그는 거짓으로 자신이 이웃 나라 피사Pisa의 공주인 히포다메이아Hippodameia와 결혼한다고 공표했다.

　이어 백성들에게 신부 아버지에게 줄 지참금 명목으로 각자 형편에 따라 선물을 바치라고 명령했다. 페르세우스는 남의 집에 얹혀사는 형편이라 왕에게 바칠 만한 것이 없었다. 그는 왕을 알현하게 되자 자신이 비록 가난하지만 왕이 원하시면 당대 영웅들의 최대 숙원사업이었던 괴물 메두사Medusa의 머리든 뭐든지 갖다 바치겠다고 약속했다. 그 말이 떨어지기가 무섭게 폴리덱테스는 마치 기다렸다는 듯이 정 그렇다면 메두사의 머리를 잘라 바치라고 명령했다.

괴물 고르고네스와
그라이아이 세 자매

괴물 메두사는 고르고네스^{Gorgones}라고 불리는 세 자매 중 하나였다. 고르고네스의 단수형은 고르곤^{Gorgon} 혹은 고르고^{Gorgo}다. 그들 중 메두사만 유한한 생명을 갖고 태어났고 다른 두 자매 스테노^{Stheno}와 에우리알레^{Euryale}는 불사의 몸이었다. 특히 고르고네스는 보통 인간들은 대적할 수 없었다. 얼굴이 하도 흉측해서 그들을 보는 사람은 너무 놀란 나머지 돌로 변해 버렸기 때문이다.

또한 고르고네스가 사는 곳도 걸어서 갈 수 없는, 당시로서는 세상의 서쪽 끝자락 지브롤터^{Gibtaltar}해협 근처였다. 게다가 설사 메두사의 머리를 베는 데 성공하더라도 안전하게 도망치는 것은 불가능했다. 메두사의 자매들이 어깻죽지에 황금 날개를 달고 있어서 상대를 쉽게 따라잡았기 때문이다. 그래서 메두사를 죽이기 위해서는 보이지 않게 공격하고 자매들보다 빨리 달아날 수 있어야 했다.

고민하던 페르세우스는 문득 영웅들의 수호신 아테나^{Athena}를 떠올리고는 집 근처 여신의 신전을 찾아가 자신을 도와달라고 기도하다가 깜박 잠이 들고 말았다. 그러자 아테나가 꿈속에 나타나 그에게 메두사와 대적하는 방법을 일러줬다. 그녀는 우선 페르세우스에게 메두사의 입상이 서 있는 사모스Samos섬으로 가서 그녀의 얼굴을 익히라고 당부했다. 세 자매는 쌍둥이로 태어나 너무 비슷하다는 것이다.

그녀는 또한 페르세우스에게 그라이아이Graiai라는 세 명의 노파들을 찾아가야 한다고도 했다. 그들이 메두사를 죽이는 데 필요한 무기를 보관하고 있는 요정들이 사는 곳을 알고 있다는 것이다. 마지막으로 아테나는 페르세우스에게 메두사의 얼굴을 절대 보지 말고 거울에 비친 모습만 보라고 일러 주며 거울로 쓸 수 있도록 반질반질한 청동 방패 하나를 건네주었다.

페르세우스가 잠에서 깨어나자 신기하게도 꿈에서 아테나로부터 받은 방패가 그의 손에 쥐어져 있었다. 그는 일어나자마자 당장 사모스섬을 거쳐 아테나가 일러 준 곳으로 그라이아이 세 노파를 찾아갔다. 그들은 태어날 때부터 머리카락이 회색이고 얼굴이 쭈글쭈글한 노파였는데 눈과 치아가 하나밖에 없어서 그것들을 번갈아 가며 사용했다.

그들은 또한 태초의 바다의 괴물 포르키스Phorkys와 케토Keto의 자식들로 고르고네스와는 자매 사이였다. 그들이 페르세우스에게 요정들이 사는 곳을 순순히 알려 줄 턱이 없었다. 궁리 끝에 페르세우스는 한 자매가 다른 자매에게 눈을 건네줄 때 얼른 낚아챈 다음 요정들이 사는 곳을 알려 주지 않으면 돌려주지 않겠다고 위협했다. 노파들이 어쩔 수 없이 그곳을 말해 주자 페르세우스는 약속대로 눈을 돌려주고 요정들을 찾아 나섰다.

페르세우스가 찾아오자 요정들은 그에게 모험에 필요한 무기들을 아무 조건 없이 흔쾌히 빌려 주었다. 그들이 페르세우스에게 건네준 무기는 총 3개였다. 하나는 메두사의 머리를 잘라 안전하게 그 안에 넣고 어깨에

Johann Heinrich Füssli, 〈그라이아이에게 눈을 돌려주는 페르세우스〉, 1790~1800

멜 수 있는 키비시스Kibisis라는 커다란 마법 자루였고, 다른 하나는 발에 신으면 날 수 있는 한 쌍의 날개 달린 신발이었으며, 마지막은 머리에 쓰면 투명인간이 되는 마법 두건이었다.

다른 설에 따르면 페르세우스는 세 노파의 눈을 낚아채지 않았다. 그가 의도적으로 그들 앞에서 여행용 도시락을 꺼내 먹기 시작하자, 과연 금세 시장기를 느낀 그들이 그것을 조금 나누어 달라고 부탁했다. 페르세우스는 기다렸다는 듯이 그들에게 얼른 도시락을 나누어 주면서 그들이 식사하는 동안 자신이 눈을 들고 있겠다고 제안하여 그것을 손에 넣을 수 있었다.

또한 페르세우스는 눈을 세 노파에게 돌려주지 않고 근처 호수에 던져버려 그들은 어쩔 수 없이 그것을 찾으러 호수로 뛰어들 수밖에 없었다. 그러자 세 노파와 이웃하고 살면서 그들에게서 나는 지독한 악취로 그동안 너무 고생이 심했던 요정들은 비록 잠시뿐이어도 그 악취를 없애 준 것이 고마운 나머지 페르세우스에게 무기들을 흔쾌히 내어주었다.

페르세우스가 무기들을 갖고 요정들의 거처를 나서자마자 아테나의 부탁을 받은 전령신 헤르메스Hermes가 나타나 그에게 메두사의 머리를 자를 때 쓰라며 다이아몬드 칼을 건네주었다. 페르세우스는 이렇게 만반의 준비를 마친 다음 마침내 고르고네스 세 자매의 소굴을 향해 날아갔다.

　　　　　　　　　　　　　10장 ○ 스토리텔링의 원형 영웅 이야기

Day 87

〰〰〰〰〰 **(3)** 〰〰〰〰〰

방패를 거울 삼아
메두사의 머리를 자르다

페르세우스가 완전 무장을 하고 마침내 도착한 고르고네스의 소굴 주변에는 부지불식간에 그들의 얼굴을 보고 돌로 변한 사람들이나 동물들의 형상이 즐비했다. 페르세우스는 침착하게 밤이 이슥할 때까지 기다렸다가 청동 방패를 꺼내 반질반질하게 닦은 다음 표면 위에 비친 광경을 보고 소굴 안을 수색하기 시작했다. 그리고 마침내 곤히 잠든 고르고네스를 찾아냈다. 멀리서 얼핏 보니 듣던 대로 그들은 청동 손을 하고 어깻죽지에는 황금 날개가 달려 있었다. 또한 엄청나게 큰 혀를 주둥이 밖으로 내밀고 있었다. 머리 주변에는 실뱀들도 쉭쉭대며 나풀거렸다.

페르세우스는 이미 사모스섬에 가서 얼굴을 익혀 두었던 터라 세 자매 중 메두사를 알아보고 그에게로 살금살금 다가갔다. 이어 칼을 번쩍 든 채 방패에 비친 메두사를 잠시 응시하다가 눈을 질끈 감고 순식간에 몸을 돌려 단 한방에 그녀의 머리를 잘라 내 마법 자루에 담은 다음, 얼른 그곳을 떴다. 메두사가 내지르는 단말마의 비명을 듣고 자매들이 깜짝 놀라 벌떡 일어나 공중으로 날아올랐다. 하지만 보이지 않는 적과 싸울 수는 없는 노릇. 그들은 하릴없이 메두사의 목 잘린 시신 곁에 내려앉아 자매

〈고르곤〉, 기원전 520∼510년경
(그리스 도기 그림)

Caravaggio, 〈메두사〉, 1597∼1598

의 죽음을 애도할 수밖에 없었다.

고대 그리스에서 메두사의 머리는 마치 우리나라의 귀면와鬼面瓦처럼 나쁜 기운을 물리치는 벽사의 기능이 있다고 여겨져 건물 지붕의 수막새로 사용했다. 하지만 전승되어 오는 메두사의 부조, 조각, 도기 그림 등을 보면 그녀의 얼굴은 흉측하다기보다 익살스럽다. 특히 메두사 론다니니 Rondanini 두상은 마치 날개 달린 두건을 쓴 듯 어깻죽지가 아닌 머리 좌우에 날개가 달려 있고 얼굴은 비틀려 있기는커녕 무척 아름답다. 그 두상을 만든 고대 그리스의 천재 조각가 페이디아스Pheidias는 메두사를 누구든 그 얼굴을 보면 돌이 되지만, 보지 않고는 못 배기는 치명적인 아름다움을 지닌 여인으로 재해석한 것처럼 보인다. 그래서였을까? 현대 프랑스의 명품 브랜드 '베르사체'는 그 두상을 모델로 로고를 만들었다.

오비디우스Ovidius의 『변신 이야기Metamorphoses』는 메두사가 끔찍한 얼굴을 하게 된 내력을 다르게 전해 준다. 그에 따르면 메두사는 원래 어깻죽지에 날개가 달리고 얼굴이 흉측한 괴물이 아니라 바다의 신 포세이돈

10장 ○ 스토리텔링의 원형 영웅 이야기

〈메두사 론다니니〉, 기원전 5세기

Poseidon이 사랑에 빠질 만큼 아름다운 외모의 소유자였다. 특히 치렁치렁한 머리카락이 빼어나게 아름다웠다. 하지만 언젠가 포세이돈과 아테나 신전에서 사랑을 나누었다가 여신의 분노를 사는 바람에 그만 머리카락은 한올 한올 실뱀이 되고 얼굴은 흉하게 일그러지고 말았다. 바로크 시대의 두 거장 카라바조Caravaggio와 루벤스P. P. Rubens를 비롯하여 현대의 화가들은 모두 이 설에 근거해서 메두사의 머리를 그린 것처럼 보인다. 그녀의 얼굴에서 과거 아름다웠던 흔적이 물씬 묻어나기 때문이다.

헤시오도스Hesiodos가 쓴 『신통기神統記, *Theogonia*』에 의하면 페르세우스가 메두사의 목을 베었을 때 지상에 핏방울이 떨어지자 땅속에서 날개 달린 천마 페가소스Pegasos와 황금 검을 지닌 전사 크리사오르Chrysaor가 태어났다. 다른 설에 의하면 그들은 땅속이 아니라 바로 메두사의 목에서 태어났다.

Edward Burne-Jones, 〈페가소스와 크리사오르의 탄생〉, 1882

10장 ○ 스토리텔링의 원형 영웅 이야기

에티오피아의 공주
안드로메다를 구출하다

　오비디우스의 『변신 이야기』에 의하면 페르세우스는 메두사를 처치한 뒤 공중을 날아 귀환하다가 마침 날이 저물어 그 근처 아틀라스^{Atlas}가 다스리는 나라에 들러 하룻밤 묵기를 간청했다. 아틀라스는 그때 제우스의 명령으로 하늘을 떠받치는 형벌을 받으며 나라를 통치하고 있었다. 그가 어떻게 부자유스러운 몸으로 나라를 다스렸는지는 알 수 없다.

　아틀라스는 페르세우스가 자신을 제우스의 아들이라고 소개하자마자 당장 측근들을 시켜 그를 쫓아내려 했다. 오래전 법의 여신 테미스^{Themis}가, 제우스의 아들 중 하나가 그의 딸들인 헤스페리데스^{Hesperides}가 관리하는 정원에서 황금 사과를 훔쳐 갈 거라고 경고한 적이 있었기 때문이다. 페르세우스는 아틀라스의 박대에 화가 났어도 힘으로는 그를 당해 낼 재간이 없었다. 그래서 재빨리 고개를 한쪽으로 돌린 채 마법 자루에서 메두사의 머리를 꺼내 아틀라스의 눈앞에 쳐들었다. 그 순간 부지불식간에 메두사의 얼굴을 보고 만 아틀라스는 정상이 구름 속에 가려진 엄청나게 높은 산으로 변해 버리고 말았다. 그 산이 바로 현재의 아프리카 북부에 있는 아틀라스산이다.

Gustave Doré, 〈안드로메다〉, 1869

페르세우스는 자신의 임무를 완수하고 나서도 곧장 세리포스의 폴리덱테스 왕에게 돌아가지 않았다. 영웅으로서 그가 지닌 강한 모험심과 호기심 때문이었다. 그는 자신의 선조였던 다나오스Danaos와 링케우스Lynkeus의 고향인 이집트의 켐미스Chemmis에 들러 여기저기를 살펴본 후에 동쪽으로 날아가다가 아프리카의 에티오피아Ethiopia 부근에 이르렀다. 그런데 그 나라의 왕 케페우스Kepheus의 아내 카시오페이아Kassiopeia는 자신의 미모를 지나치게 과신했다. 그래서 사람들에게 자신이 바다의 요정들보다도 더 예쁘다고 오만을 떨곤 했다.

바다의 요정들이 그 말을 듣고 모욕감을 느껴 포세이돈에게 그녀를 혼

Paolo Veronese,
〈안드로메다를 구출하는
페르세우스〉, 1576~1578

내 달라고 간청했다. 포세이돈이 이에 화답하여 무지막지한 괴물 케토스 Ketos를 보내 에티오피아를 쑥대밭으로 만들었다. 에티오피아의 내로라하는 영웅들이 나서서 그 괴물을 해치우려 했지만 오히려 녀석에게 차례로 희생되곤 했다. 케페우스가 리비아Libya의 신 암몬Ammon에게 재앙을 피할 방도를 묻자 그의 딸 안드로메다Andromeda를 괴물에게 제물로 바치라는 신탁이 내려졌다. 케페우스는 어쩔 수 없이 딸 안드로메다를 해안에서 가까운 암초에 묶어 놓고 괴물이 데려가기를 기다렸다. 이윽고 저 멀리서 괴물이 포효하며 안드로메다를 향해 시시각각으로 다가오고 있었다.

이때 우연히 에티오피아 상공을 비행하던 페르세우스가 이 광경을 목격했다. 그는 즉시 비행을 멈추고 아래로 내려갔다. 케페우스 왕과 카시오페이아 왕비는 신하들과 함께 사색이 되어 해안에 묶인 딸의 비극적 종말을 앞두고 발만 동동 구르고 있었다. 페르세우스가 가까이 다가오자 그들은 그에게 사건의 전말을 이야기해 주었다. 페르세우스는 분초를 다투는 위급한 상황에서도 우선 왕으로부터 괴물을 물리치면 안드로메다를 아내로 주겠다는 약속을 받아 냈다. 이어 전광석화처럼 공중으로 날아올랐다가 아래로 돌진하여 혈투를 벌인 끝에 괴물을 해치우고 안드로메다를 구해 냈다. 후세의 화가들은 페르세우스가 마치 천마 페가소스의 산파역할을 한 뒤 녀석을 타고 괴물과 대결을 벌인 것처럼 묘사하고 있다. 하지만 그것은 그들의 독창적인 해석일 뿐 페르세우스가 하늘을 날 수 있었던 것은 날개 달린 신발을 신은 덕택이었다.

그 후 페르세우스와 안드로메다의 결혼식이 열렸다. 결혼식이 끝나고 한창 피로연이 무르익고 있는데 갑자기 왕의 동생 피네우스Phineus가 부하들을 잔뜩 거느리고 피로연장에 난입했다. 그는 사실 조카 안드로메다와 약혼한 사이였다. 괴물이 안드로메다에게 다가오는 절체절명의 순간이었던 터라 왕은 페르세우스에게 그 사실을 말해 줄 겨를이 없었다. 피네우스는 비겁하게도 괴물이 난리를 칠 때는 은신처에 숨어 있다가 이제야 나타나 기세등등하게 안드로메다를 내놓으라고 호통을 쳤다. 왕은 동생의 기세에 눌려 한마디 대꾸도 하지 못한 채 슬며시 자리를 피했다.

꧅꧅꧅꧅꧅ **(5)** ꧅꧅꧅꧅꧅

메두사의 머리로
폴리덱테스 왕을 응징하다

그사이 페르세우스가 주변을 둘러보며 자기편이라고 여길 만한 에티오피아인들의 수를 헤아려 보니 피네우스의 부하들에 비해 수적으로 아주 열세였다. 그래서 그는 순간적으로 기지를 발휘해 좌중을 향해 "우리 편은 모두 한쪽으로 고개를 돌리시오!"라고 외치며 재빨리 마법 자루에서 메두사의 머리를 꺼내 높이 쳐들었다. 물론 자신도 한쪽으로 고개를 돌린 채였다. 그러자 엉겁결에 메두사의 머리를 쳐다본 피네우스와 그의 부하들은 순식간에 모두 돌로 변해 버렸다.

페르세우스는 장인의 나라인 에티오피아에 거의 1년을 머물렀다. 그사이 아내 안드로메다는 아들 페르세스Perses를 낳았다. 장인 케페우스는 딸과 사위 부부가 자기 나라에 눌러앉기를 바랐다. 슬하에 아들이 없었기 때문에 페르세우스가 자신의 뒤를 이어 에티오피아를 맡아 주기를 은근히 원했던 것이다. 하지만 페르세우스는 어머니 다나에가 무척 걱정되어 결국 아내 안드로메다를 데리고 세리포스섬으로 돌아갔다. 그 대신 아들 페르세스는 장인 케페우스의 뒤를 잇도록 에티오피아에 남겨 두었다.

헤로도토스Herodotos의 『역사Historiai』에 의하면 페르세스는 후에 페르시

Jean-Marc Nattier, 〈메두사의 머리로 피네우스와 그 부하들을 돌로 만든 페르세우스〉, 1718
메두사의 머리를 보고 이미 돌로 변한 피네우스의 부하들은 하얀색이다. 메두사의 머리를 내민 채 한쪽
으로 고개를 돌리고 있는 페르세우스의 뒤에 있는 인물은 아테나다. 그림에서와 달리 원래 아테나는 페
르세우스와 동행하지 않는다.

아인들의 시조가 되며, 나라 이름인 페르시아Persia도 그의 이름에서 유래
했다. 후에 케페우스와 카시오페이아가 죽자 포세이돈은 그들을 바다의
괴물 케토스와 함께 하늘에 별자리로 박아 주었다. 하지만 이것은 카시오
페이아 왕비에게 명예로운 일이 되지 못했다. 포세이돈은 바다의 요정들
을 모욕한 카시오페이아에게 여전히 분이 풀리지 않아 그녀의 별자리가
일 년 내내 지평선 아래로 내려오지 못한 채 천구의 북극 주위만을 맴돌
도록 했기 때문이다.

　한편 세리포스의 왕 폴리덱테스는 페르세우스가 떠나자마자 그의 어

10장 ○ 스토리텔링의 원형 영웅 이야기

머니 다나에를 끈질기게 괴롭혔다. 그는 공공연하게 그녀에게 결혼을 강요했다. 다나에가 그의 청혼을 단호하게 거절하자 몇 차례나 그녀를 겁탈하려고도 했다. 다나에가 왕의 추태를 피해 신전으로 피신한 적도 한두 번이 아니었다. 신성한 신전에서는 누구든 보호를 받았기 때문이다. 하지만 폴리덱테스는 한번은 다나에를 쫓아 신전에까지 난입하여 사제가 목숨을 걸고 말리지 않았다면 큰일이 벌어질 뻔하기도 했다.

페르세우스는 사람들로부터 자신이 없는 사이 어머니가 폴리덱테스에게 당한 수모를 모두 전해 듣고 격분했다. 그는 아내 안드로메다를 어머니 다나에와 딕티스에게 맡겨둔 다음 부리나케 폴리덱테스의 궁전으로 달려갔다. 왕은 마침 신하들과 잔치를 벌이고 있었다. 그는 갑자기 왕을 향해 약속대로 메두사의 머리를 가져왔노라고 큰소리로 외치면서 고개를 한쪽으로 돌린 채 그것을 자루에서 꺼내 보였다. 그러자 엉겁결에 메두사의 머리를 볼 수밖에 없었던 폴리덱테스 왕과 신하들은 순식간에 모두 돌로 변해 버렸다.

페르세우스는 어머니의 복수를 끝내자 이제 더 이상 무기들이 필요 없었다. 그래서 그는 그것들을 헤르메스에게 바쳤고, 헤르메스는 다시 그 무기들을 원래 주인인 요정들에게 돌려주었다. 페르세우스는 자신을 처음부터 끝까지 도와주었던 아테나에게는 감사의 표시로 메두사의 머리를 바쳤다. 그러자 여신은 앞가슴에 걸치고 다녔던 자신의 아이기스Aigis 방패 한가운데에 그 머리를 박아 기념으로 삼았다. 그 후 페르세우스는 딕티스를 세리포스의 왕으로 옹립시킨 다음, 어머니 다나에 그리고 아내 안드로메다와 함께 자신의 고향인 아르고스로 향했다.

티린스의 왕이 된 후
미케네를 건설하다

페르세우스는 어렸을 때는 자신과 어머니를 버린 외할아버지 아크리
시오스를 무척 원망했다. 하지만 이제 모험을 성공적으로 마쳐 정신적으
로 한껏 성숙한 터라 그 당시 외할아버지의 심정을 충분히 이해하고 마음
의 앙금을 풀어냈다. 이에 비해 당사자인 아크리시오스는 그동안 소문으
로 페르세우스의 행적을 전해 듣고 혹시 손자가 돌아와서 자신에게 해코
지하지는 않을까 전전긍긍하고 있었다. 그는 마침내 손자 페르세우스가
아르고스로 자신을 찾아온다는 전갈을 받고는 지레 겁을 집어먹고 부리
나케 이웃 나라 라리사Larisa로 도망쳤다.

페르세우스는 외할아버지의 오해를 꼭 풀어 드리고 싶었다. 그래서 어
머니와 아내는 아르고스에 남겨둔 채 라리사로 외할아버지를 찾아 나섰
다. 마침 라리사의 왕은 아버지의 기일을 맞아 축제를 벌이며 원반던지
기 시합을 개최하고 있었다. 평소 원반던지기를 즐겨 하던 페르세우스도
선수 등록을 한 뒤 차례가 되자 힘차게 원반을 던졌다. 그런데 한참을 반
듯이 날아가던 원반이 갑자기 불어 닥친 강한 맞바람 때문에 정상궤도에
서 벗어났다. 마침내 원반은 관중석으로 날아가더니 머리가 허연 어떤 노

Myron, 〈원반 던지는 사람〉, 기원전 5세기경
(그리스 진품의 로마 시대 복제품)

인의 정수리를 맞추어 그를 절명시켰다. 그런데 그 노인이 바로 라리사로 몸을 피신하여 관중석에서 원반던지기 시합을 구경하던 페르세우스의 외할아버지 아크리시오스였다. 비탄에 잠긴 페르세우스는 외할아버지의 시신을 아르고스의 아테나 신전에 묻어 주었다.

페르세우스는 비록 고의는 아니었어도 할아버지를 죽인 것에 양심의 가책을 심하게 받았다. 그는 외할아버지가 다스리던 아르고스의 왕위를 도저히 물려받을 수 없었다. 고민하던 그는 이웃 나라인 티린스Tiryns로 가서 그곳 왕 메가펜테스Megaphentes와 담판을 지어 두 왕국을 교환하기로 합의했다. 그래서 메가펜테스는 아르고스의 왕이 되고 페르세우스는 티린스의 왕이 되었다. 티린스에서 페르세우스는 안드로메다와의 사이에 고르고포네Gorgophone라는 딸 하나와 알카이오스Alkaios, 스테넬로스Sthenelos, 헬레이오스Heleios, 메스토르Mestor, 엘렉트리온Elektryon, 키누로스Kynouros 등 총 6명의 아들을 두었다.

페르세우스는 티린스의 왕이 된 지 얼마 되지 않아 신하들과 함께 여행하다가 물이 떨어져 심한 갈증에 시달렸다. 그런데 어느 순간 갑자기 그의 바로 앞 땅바닥에서 물을 흠뻑 머금은 버섯 하나가 솟아올라 그의 갈증을 풀어 주었다. 그는 그걸 기념하기 위해 그곳에 도시를 건설하고 그리스어로 '미케스Mykes'라고 하는 '버섯'에서 힌트를 얻어 도시 이름을 미케네Mykene라고 이름 지었다. 미케네는 나중에 아가멤논Agamemnon이 다스리면서 그리스 본토 최고의 도시국가로 부상한다. 그리스 본토에서 싹튼 서양 최초의 문명도 그 도시 이름을 따라 미케네문명이라고 한다. 세월이 흘러 페르세우스와 안드로메다가 죽자 이번에는 아테나가 그들을 카시오페이아와 케페우스자리 옆에 별자리로 만들어 주었다. 안드로메다의 이름을 딴 '안드로메다 은하(Andromeda galaxy)'도 있다.

페르세우스에 이어 미케네의 2대 왕위는 그의 아들 엘렉트리온에게 넘어갔다. 이어 3대 왕위는 우여곡절 끝에 장차 그의 사위가 되는 암피트리온Amphytrion이 맡기로 결정되었다. 암피트리온은 그의 형제 알카이오스의 아들이자 외동딸 알크메네Alkmene의 남편이었다. 하지만 그가 얼마 후 실수로 장인을 죽인 벌로 테베로 추방되는 바람에 왕위는 엘렉트리온의 또 다른 형제 스테넬로스가 차지했고, 4대 왕위는 그의 아들 에우리스테우스Eurystheus가 이어받았다. 에우리스테우스는 바로 헤라의 사주로 알크메네와 암피트리온의 아들 헤라클레스Herakles에게 12가지 과업을 시킨 장본인이다. 이 사연은 나중에 헤라클레스의 모험에서 자세히 살펴볼 것이다.

﷼﷼﷼﷼﷼ (7) ﷼﷼﷼﷼﷼

조지프 캠벨의
천의 얼굴을 가진 영웅

　세계적인 신화학자 조지프 캠벨J. Campbell은 『천의 얼굴을 가진 영웅』
에서 전 세계 신화 속 영웅은 나라와 시대와 상황은 달라도 똑같은 여정
을 겪는다고 말한다. 그에 따르면 영웅은 누구나 자기가 살던 익숙한 곳
을 떠나, 수많은 시련을 겪은 다음, 과업을 완수하고 다시 살던 곳으로 돌
아오는 똑같은 단계를 거친다. 무대가 다르고 사건이 다르고 얼굴이 달라
도 영웅은 거의 같은 형태의 여정을 취한다. 영웅은 그야말로 천의 얼굴
을 가진 셈이다.

　캠벨은 전 세계 신화 속 영웅이 간 여정을 [출발, 분리 → 하강, 입문, 통
과 → 귀환]의 3단계로 압축하고 다시 총 19개 단계로 세분화했다. 첫 번
째 '출발, 분리' 단계에서 영웅은 ① 평범한 일상생활을 하다가, ② 모험에
의 소명을 받고, ③ 그 소명에 부담감을 느끼고 잠시 멈칫거리다가, ④ 초
자연적인 힘의 도움을 받아, 마침내 ⑤ 첫 관문을 통과하여 ⑥ 성서의 '요
나'처럼 어두컴컴한 고래 배 속으로 들어간다. 요나가 고래 배 속으로 들
어가는 것은 영웅이 본격적으로 온갖 시험과 시련으로 가득 찬 모험의 세
계로 막 입문하는 것을 상징한다.

Pieter
Lastman,
〈요나와
고래〉,
1621

　두 번째 '하강, 입문, 통과' 단계에서 영웅은 ⑦ 시련을 겪는데, ⑧ 여신을 만나 도움을 받을 수도 있으며, ⑨ 자신의 모험을 방해하는 유혹자 여성을 만날 수도 있다. 영웅은 이런 시련을 통해 ⑩ 불화 관계에 있던 아버지와 정신적 화해를 하고, ⑪ 신격화의 경지까지 경험하거나 ⑫ 궁극의 은혜를 받는다.

　세 번째 '귀환' 단계에서 영웅은 ⑬ 귀환을 거부하고 새로운 세계에 눌러앉거나, ⑭ 추격을 따돌리거나, ⑮ 사로잡혔다가 절묘하게 탈출할 수도 있고, 외부의 도움으로 구조될 수도 있다. ⑯ 마침내 영웅이 마지막 관문을 통과하고 ⑰ 일상 세계로 귀환하면 ⑱ 두 세계의 스승이 되어 ⑲ 삶의 자유를 만끽하며 살아간다. 여기서 말하는 두 세계란 일상 세계와 모험 세계를 뜻한다.

　할리우드의 스토리 컨설턴트였던 크리스토퍼 보글러C. Vogler는 『신화, 영웅 그리고 시나리오 쓰기』에서 캠벨의 이론에 따라 전 세계 신화 속 영

　10장 ○ 스토리텔링의 원형 영웅 이야기

웅의 여정을 19단계에서 12단계로 요약하여 영화 속 주인공의 여정의 가장 이상적인 모델로 삼았다. 그에 의하면 제1막에서 영웅은 ① 일상적인 나날을 살아가다가, ② 모험에의 소명을 부여받고, ③ 그 소명을 거부하다가, ④ 정신적 스승을 만나, ⑤ 첫 관문을 통과한다.

이어 제2막에서 영웅은 ⑥ 시험을 당하는 과정에서 협력자와 적대자를 만나고, ⑦ 두 번째 관문인 괴물의 소굴인 동굴 가장 깊은 곳으로 접근하여, ⑧ 시련을 겪고, ⑨ 보상을 받는다.

마지막으로 제3막에서 영웅은 ⑩ 귀환의 길로 접어들어, ⑪ 마치 사지에서 부활하는 것처럼 세 번째 관문인 또 한 번의 엄청난 위험을 극복한 다음, ⑫ 영약을 가지고 귀환한다.

보글러는 영화 속 주인공이 신화 속 영웅의 여정인 12단계를 충실하게 따랐을 때 완벽한 스토리를 만들어 낼 수 있다고 주장하며 〈스타워즈〉 시리즈 등 세계적으로 대히트했던 영화들을 예로 들어 입증했다. 실제로 조지 루카스G. Lucas 감독이 캠벨의 『천의 얼굴을 가진 영웅』으로부터 영감을 받아 〈스타워즈〉 시리즈를 만든 것은 잘 알려진 사실이다. 또한 보글러에 의하면 신화 속 영웅의 여정을 의식하지 않고 만든 대작들 역시 신기하게도 약속이나 한 것처럼 모두 12단계를 충실하게 따르고 있다.

그래서 보글러의 제자 스튜어트 보이틸라S. Voytilla는 『영화와 신화』라는 책에서 스승의 이론을 액션 어드벤처, 서부, 공포, 스릴러, 전쟁 영화 등 10개 영화 장르의 구조에 적용했다. 보이틸라에게 영화의 주인공은 남자든 여자든 모두 영웅이다. 또한 신화 속 영웅처럼 꼭 전사가 아니어도 12단계는 그의 행동이나 심리를 통해 구현되어 있다. 그는 각 장르마다 5편씩 총 50편의 할리우드의 주옥같은 영화들을 이 12단계에 따라 자세하게 분석했다.

보글러의 12단계에 따른
페르세우스의 모험

그리스 신화에서 페르세우스는 영웅의 원조다. 그래서 그의 모험은 보글러의 12단계 영웅의 여정과 놀라울 정도로 완벽하게 일치한다. 마치 보글러가 캠벨의 19단계 영웅의 여정이 아니라 페르세우스의 모험을 보고 12단계를 만들어 낸 것 같은 착각이 들 정도다. 앞서 자세히 살펴본 페르세우스의 모험을 보글러의 12단계에 따라 분석해 보자.

페르세우스는 태어나자마자 외할아버지인 아르고스의 왕 아크리시오스에게 버림받는 등 우여곡절을 겪은 끝에 타향 세리포스섬에서 헌헌장부로 장성하여 어머니 다나에와 '일상적인 나날'①을 보내고 있었을 것이다. 그러던 어느 날 그는 세리포스섬의 폴리덱테스 왕으로부터 '모험에의 소명'②을 받는다. 괴물 메두사의 머리를 잘라 오라는 것이다. 페르세우스는 그 소명을 받고 한참 고민했을 것이다. 자기가 자원한 길이었지만 아마 결심을 번복하고 싶었을 것이다. 그때까지 누구도 메두사와 대적해서 살아온 자는 없었기 때문이다. 갈등하던③ 페르세우스는 결국 '정신적 스승'④이라 할 수 있는 아테나의 도움을 받아 모험의 세계로 들어서서 그라이아이 세 노파가 사는 곳으로 향한다⑤.

여기서 페르세우스가 소명을 받고 갈등하는 것은 '모험에의 거부'를, 세 노파가 사는 곳으로 가는 과정은 마침내 모험의 첫 관문을 통과하는 것을 의미한다. 그 후 페르세우스는 '적대자'인 세 노파가 요정들의 거처를 알려 주려고 하지 않아 '시험'⑥에 들었다가, 결국 '협력자'인 요정들을 만나 메두사를 죽이는 데 필요한 무기들 얻은 뒤, 두 번째 관문이자 동굴 가장 깊은 곳⑦인 메두사의 소굴로 들어가 '시험'보다 더 힘든 '시련'⑧을 겪는다. 청동 방패를 거울처럼 이용하여 메두사의 머리를 베는 일이나, 그 후 메두사 자매들의 추적을 피해 감쪽같이 달아나는 것은 페르세우스가 극복해 내야 하는 시련을 대변한다. 결국 그는 모든 어려움을 이겨 내고 그 보상으로서 메두사의 머리를 전리품⑨으로 얻는다.

Benvenuto Cellini, 〈메두사의 머리를 들고 있는 페르세우스〉, 1545~1554
페르세우스가 메두사의 머리를 자르러 갈 때 신었던 신발에만 날개가 달려 있었을 뿐 이 동상에서처럼 투명 인간으로 만들어 주는 두건에까지 날개가 달려 있었던 것은 아니다.

페르세우스는 이제 과업을 완수했으니 소명을 받고 떠나온 세리포스 섬을 향해 귀환 길⑩에 오른다. 하지만 곧장 귀환하지 못하고 에티오피아에서 세 번째 관문인 바다의 괴물 케토스와 사투를 벌인 뒤 마침내 녀석을 해치우고 아내 안드로메다까지 얻어 부활⑪을 경험한다. 메두사의 머리를 이용하여 어머니를 괴롭히던 폴리덱테스 왕 일행을 돌로 만든 것도 일종의 부활의 경험이다. 이어 외할아버지와 화해를 시도하는 것은 부활 뒤 구체적으로 '영약을 갖고 귀환'⑫하는 것을 의미한다. 여기서 영약이란 인생에 대한 깊은 깨달음을 의미한다. 그는 아마 젊은 시절에는 자신과 어머니를 버린 외할아버지에 대해 원한이 많았을 것이다. 하지만 모험 막바지에 정신적으로 한층 성숙해진 그는 외할아버지에게 품은 원한을 털어 낼 정도로 변모한다.

페르세우스가 메두사의 머리를 갖고 자신이 자라던 세리포스섬으로 귀환하여 폴리덱테스를 처치하고 어머니를 위기에서 구한 것을 '부활'이 아니라 여정의 마지막 단계인 '영약을 갖고 귀환'하는 것으로 볼 수도 있다. 영약이 메두사의 머리나 영화 〈인디아나 존스〉의 보물처럼 눈에 보이는 물질적인 것이 될 수도 있다는 뜻이다. 어쨌든 페르세우스와 같은 신화 속 영웅의 여정은 인간이 세상을 살아가면서 겪을 수 있는 시련과 그 극복 과정을 가장 완벽하게 구현하고 있다. 그래서 사람의 심금을 울리는 스토리텔링의 모델이자 원형이다. 한 인간의 정신적이고 육체적인 성숙 과정뿐 아니라 성공 스토리의 진수眞髓를 보여 준다.

전쟁의 달인 헤라클레스의 모험

(1)

영웅의 원조
페르세우스의 증손자로 태어나다

헤라클레스Herakles는 전쟁의 달인이다. 그가 치르지 않은 전쟁은 없다. 그는 괴물들이나 악당들과 수많은 전쟁을 벌였다. 심지어 올림포스Olympos 신족을 도와 거인족 기간테스Gigantes와 전쟁을 벌이기도 했다. 그는 전쟁의 달인답게 헬레니즘 시대에는 간다라로 전해져 부처님을 지키는 금강역사로 변신하기도 했다. 특히 그가 보복을 위해 치르는 전쟁은 무척 인상적이다. 그는 약속을 지키지 않는 자는 반드시 보복했다. 당장 할 수 없는 상황이면 나중에 꼭 돌아와 기어코 보복했다.

헤라클레스는 영웅의 원조 페르세우스의 증손자이다. 페르세우스에게

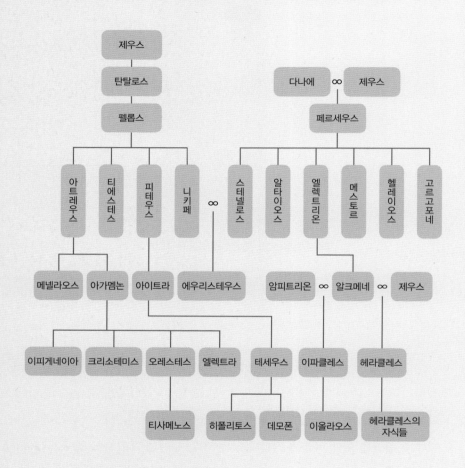

10장 ○ 스토리텔링의 원형 영웅 이야기

〈부처와 금강역사 헤라클레스〉,
2세기
부처 오른쪽에서 턱수염을 길게
기른 근육질의 금강역사
헤라클레스가 올리브 몽둥이를
연상시키는 금강저를 휘두르고
있다(헬레니즘 시대,
간다라, 현재 파키스탄).

는 앞서 언급한 것처럼 총 6명의 아들과 딸 하나가 있었다. 그중 미케네의 왕이 된 엘렉트리온에게도 6명의 아들과 딸 하나가 있었다. 엘렉트리온은 외동딸 알크메네를 형제 알카이오스의 아들 암피트리온과 결혼시켰다.

그 후 얼마 되지 않아 타포스^{Taphos}섬의 왕 프테렐라오스^{Pterelaos}의 6명의 아들들이 미케네로 쳐들어와 왕실 소유의 소들을 모두 강탈해 갔다. 엘렉트리온의 아들들이 그들을 추격하여 싸웠지만 너무 어려 다행히도 형들을 따라가지 않은 막내 리킴니오스^{Lykimnios}만 제외하고 모두 전사하고 말았다.

프테렐라오스의 아들 쪽에서도 그 전투에서 5형제가 죽고 에우에레스^{Eueres}만 살아남았다. 그는 타포스섬으로 귀환하다가 혼자서 소들을 데려

〈헤라클레스 상〉, 기원전 148년
(헬레니즘 시대, 이란 케르만샤주 베히스툰 암벽)

가기 버거웠던지 엘리스Elis의 왕에게 헐값에 팔아 버렸다. 얼마 후 엘렉
트리온의 사위 암피트리온이 이 사실을 알고 엘리스의 왕을 찾아가 담판
을 지어 소들을 고스란히 찾아왔다. 그는 이 공적을 인정받아 미케네의
차기 왕으로 지명되었다.

그러던 어느 날 암피트리온은 소들을 축사로 들여보내다가 소 한 마리
가 무리를 이탈하자 녀석을 향해 소몰이용 지팡이를 던졌다. 그런데 하필
이면 그 지팡이가 그 소의 뿔에 맞아 튕기는 바람에 근처에 있던 장인 엘
렉트리온의 머리를 맞혀 그를 절명시켰다. 그것을 구실로 엘렉트리온의
형제 스테넬로스Sthenelos가 암피트리온을 미케네에서 추방하고 형의 왕위
를 차지했다.

암피트리온은 아내 알크메네와 함께 테베로 망명하여 크레온Kreon 왕의 환대를 받았다. 알크메네는 암피트리온과 결혼하기 전, 그와 굳게 맹세한 게 있었다. 남편이 타포스인들에게 억울하게 죽은 5명의 오라비들의 원수를 갚아 주기 전에는 절대 동침하지 않겠다는 것이었다. 암피트리온은 비록 망명자 신세지만 아내의 한도 풀고, 온전한 결혼 생활도 누리고 싶었다. 그는 마침내 어느 날 자신을 깊이 신뢰하고 있던 테베의 왕 크레온에게 간청하여 군사를 지원받아 타포스섬을 치러 갔다.

꧋꧋꧋꧋꧋ **(2)** ꧋꧋꧋꧋꧋

질투의 화신
헤라의 최대 표적이 되다

암피트리온이 타포스인을 응징하고 돌아오기 전날 밤, 제우스는 암피트리온의 모습으로 변신하고 알크메네를 찾아갔다. 제우스는 일찍부터 자신을 대신해서 인간을 위해 위대한 일을 해 줄 영웅을 하나 낳고 싶어 상대를 물색하고 있다가 그녀를 선택했던 것이다. 그는 아들 이름도 헤라클레스라고 미리 지어 두었다. '헤라클레스'는 '헤라Hera의 영광을 위하여'라는 뜻이다. 제우스는 앞으로 태어날 아들을 헤라의 집요한 질투로부터 보호할 요량으로 이런 이름을 지어 두었다. 하지만 제우스의 예상과는 달리 헤라클레스는 태어나기 전부터 헤라의 가장 심한 질투의 대상이 된다.

알크메네는 남편 암피트리온이 오라비들의 원수를 갚고 돌아온 이상, 이제 그를 멀리할 필요가 없었다. 그녀는 결혼하고 처음으로 남편과 달콤한 첫날밤을 보냈다. 하지만 다음 날, 어제 온 암피트리온은 온데간데없이 사라지고 또 다른 암피트리온이 돌아와 다시 전황을 자세히 설명하자 알크메네는 어찌할 바를 몰랐다. 그가 한 이야기는 어제 온 남편 이야기와 토씨 하나 다르지 않고 똑같았다.

암피트리온은 아내가 자신을 맞는 태도에 몹시 실망했다. 자신이 타포

10장 ○ 스토리텔링의 원형 영웅 이야기

스섬의 왕과 남은 자식들을 모두 죽여 오라비들의 원수를 갚았다고 하는 데도 기뻐하기는 커녕 자신을 거부했기 때문이다. 며칠 동안 영문을 몰라 고민하던 그는 테베의 영험한 예언가 테이레시아스Teiresias를 찾아가 그 내막을 알게 되었다. 그는 마음이 몹시 상했어도 신들의 왕 제우스의 뜻 이라니 모든 것을 덮어 둘 수밖에 없었다. 알크메네도 내막을 전해 듣고 서야 암피트리온을 남편으로 받아들였다.

이윽고 열 달이 흘러 헤라클레스가 태어날 때가 되자 제우스는 신들을 모아 놓고 선언했다. 페르세우스 가문에서 앞으로 제일 먼저 태어나는 아 이가 미케네의 왕이 된다는 것이다. 헤라는 그 말을 듣고 짐짓 아무것도 모르는체 제우스에게 그 말이 정말이냐고 물었다. 그러자 제우스는 지하 세계를 흐르는 스틱스Styx강에 대고 맹세한다고 힘주어 말했다. 아무리 생각해도 페르세우스 가문에서 앞으로 제일 먼저 태어날 아이는 분명 헤 라클레스였기 때문이다.

제우스가 스틱스강에 대고 맹세하자마자 헤라는 얼른 산파의 여신 에 일레이티이아Eileithyia를 알크메네에게 보내 해산을 지연시켰다. 그사이 자신은 페르세우스의 또 다른 아들 스테넬로스의 아내가 예정일보다 석 달 빨리 몸을 풀도록 했다. 그 아이가 바로 에우리스테우스였다. 제우스 는 헤라에게 당한 것이 분했지만 그렇다고 스틱스강에 대고 맹세한 것을 철회할 수 없었다. 신이나 인간이나 스틱스강에 대고 맹세한 것은 꼭 지 켜야 했기 때문이다. 결국 에우리스테우스는 장성하여 제우스의 약속대 로 미케네의 왕이 된다.

에우리스테우스가 태어난 후에도 알크메네는 여전히 해산하지 못한 채 7일 동안이나 산고에 시달렸다. 해산의 여신 에일레이티이아가 알크 메네의 방 앞에서 팔짱을 끼고 책상다리를 한 채 그녀의 해산을 막고 있

Bernardino Mei, 〈뱀과 싸우는 어린 헤라클레스〉, 1676
두 팔을 벌리며 깜짝 놀라는 여인이 헤라클레스의 어머니 알크메네다.

10장 ○ 스토리텔링의 원형 영웅 이야기

었기 때문이다. 이대로 가다간 알크메네의 목숨이 위태로웠다. 알크메네 곁에서 발만 동동 구르고 있던 충실한 하녀 갈란티스Galanthis가 순간 묘안을 떠올렸다. 그녀는 갑자기 알크메네의 방에서 환호성을 지르며 뛰쳐나와 드디어 마님께서 옥동자를 순산하셨다고 외쳤다. 그 소리에 깜짝 놀란 에일레이티이아가 자기도 모르게 팔짱과 책상다리를 풀고 벌떡 일어났다. 바로 그 순간 알크메네가 몸을 풀었다. 에일레이티이아는 갈란티스에게 속은 것에 분노하여 그녀를 족제비로 변신시켰다.

알크메네는 이때 쌍둥이를 낳았다. 생물학적으로는 이해가 안 되지만 제우스와 암피트리온이 며칠 간격으로 알크메네와 사랑을 나누었기 때문이다. 암피트리온은 제우스의 지시로 두 아들의 이름을 각각 헤라클레스와 이피클레스Iphikles로 이름 지었다. 쌍둥이가 태어나자 헤라는 질투심으로 불타올라 아이들을 죽이고 싶었다. 기회를 노리던 헤라는 아이들이 8개월이 되었을 무렵, 아무도 모르게 요람 안에 독사 2마리를 집어넣었다. 그러자 이피클레스는 놀라 큰 소리로 울며 녀석들을 피하려 했지만 헤라클레스는 사뭇 달랐다. 그는 고사리 같은 두 손으로 침착하게 뱀을 잡더니 목을 졸라 죽였다.

🏛🏛🏛🏛🏛 **(3)** 🏛🏛🏛🏛🏛

아버지의 망명지
테베에서 보낸 청소년기

신들의 왕 제우스는 아들 헤라클레스를 신으로 만들고 싶었다. 그러기 위해서는 헤라클레스가 어렸을 때 헤라의 젖을 맛보아야 했다. 제우스는 어느 날 헤라가 깊이 잠이 든 것을 확인하고 어린 헤라클레스를 데려와 헤라의 젖을 물렸다. 그런데 헤라클레스는 헤라의 젖을 빨다가 실수로 그만 살을 깨물고 말았다. 헤라가 화들짝 놀라며 헤라클레스를 뿌리치자 그녀의 가슴에서 젖이 뿜어져 나와 하늘에 뿌려지면서 하늘에 하얀 은하수 길이 아름답게 펼쳐졌다. 은하수를 영어로 'milky way'라고 하는 것은 바로 그 때문이다.

헤라클레스는 테베에서 성장하면서 활쏘기 등 다양한 교육을 받았다. 그는 리라의 달인 오르페우스Orpheus의 동생 리노스Linos에게서 음악교육도 받았다. 헤라클레스는 음악에는 영 소질이 없었다. 그가 자꾸 실수를 저지르자 리노스는 어느 날 그를 심하게 꾸짖고 매까지 들었다. 분노한 헤라클레스가 갑자기 리라로 그의 머리를 후려치자 리노스는 그 자리에서 그만 죽고 말았다. 헤라클레스는 살인죄로 체포되었지만, 정당방위라는 그의 주장이 인정되어 석방되었다.

Peter Paul Rubens, 〈은하수의 기원〉, 1637년경
왼쪽에서는 제우스가 헤라의 젖을 먹고 있는 헤라클레스를 훔쳐보고 있으며 오른쪽 위로는 헤라의 신조(神鳥)인 공작새들이 보인다. 제우스 발 아래쪽에서 제우스의 신조인 독수리가 발톱으로 번개를 쥐고 있다.

　암피트리온은 그래도 아들의 실수를 묵과할 수 없었다. 그는 헤라클레스를 테베 근처에 있던 키타이론Kithairon산으로 보내 자신의 목장을 돌보면서 근신하도록 했다. 그 당시 키타이론산에는 무서운 사자 한 마리가 살고 있었다. 녀석은 암피트리온의 목장뿐 아니라 이웃 나라 테스피아이Thespiai의 왕 테스피오스Thespios의 목장까지 휘젓고 다녔으며 심지어 사람까지 물어 죽였다. 헤라클레스는 그 골칫덩이 사자를 50일 동안이나 끈질기게 추적한 끝에 맨손으로 싸워 해치웠다.

　테스피오스는 헤라클레스의 용맹함에 감탄하여 그의 핏줄을 이어받은 손자를 얻고 싶었다. 그에게는 마침 50명의 딸이 있었다. 그는 감사의 표시로 헤라클레스를 왕궁으로 초대하여 연회를 베풀고 술에 취하게 만든 다음 밤마다 그의 방에 딸을 하나씩 들여보냈다. 헤라클레스는 50일 동안이나 테스피오스의 궁전에 머물며 날마다 다른 공주와 번갈아 가며 사랑을 나누었다. 하지만 항상 취해 있었던 헤라클레스는 정작 그 사실을 까맣게 몰랐다. 그가 돌아가고 열 달 후 공주들은 과연 아버지의 바람대로 모두 50명의 아들을 낳았다.

헤라클레스는 테스피오스의 궁전에서 키타이론산으로 돌아오다가 우연히 테베로 가던 오르코메노스Orchomenos의 사신들과 마주쳤다. 그들은 오르코메노스의 왕 에르기노스Erginos의 명령을 받고 테베로 조공을 받으러 가던 참이었다. 언젠가 테베 출신의 페리에레스Perieres라는 사람이 실수로 오르코메노스의 선왕 클리메노스Klymenos를 돌로 쳐서 치명상을 입힌 적이 있었다. 클리메노스는 죽으면서 아들 에르기노스에게 복수해 달라고 유언했다.

﹄﹄﹄﹄﹄ **(4)** ﹄﹄﹄﹄﹄

살인죄를 씻기 위해 자진해서 떠맡은
12가지 과업

아버지의 뒤를 이어 왕위에 오른 에르기노스는 군사를 이끌고 테베를
공격하여 수많은 사람을 죽이고 테베와 강화조약을 맺었다. 그 조약에 따
라 테베는 오르코메노스에게 매년 소 100마리를 20년간 조공으로 바쳐야

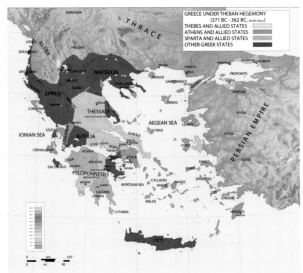

아테네가 있는
아티카반도의 위쪽으로
테베가 보인다.
이 지도는 한때(기원전
371~362) 강력했던 테베
의 세력권을 보여 준다.

2. 전쟁의 달인 헤라클레스의 모험

했다. 헤라클레스는 이 모든 사실을 테베의 왕 크레온에게서 들어 익히 알고 있었던 터라 오르코메노스의 사신들을 보자 분노가 치밀어 올랐다. 그래서 그들의 길을 가로막고 귀와 코를 잘라 실에 꿰어 목걸이처럼 그들 목에 매단 다음 옷에 '조공'이라 써서 오르코메노스로 돌려보냈다. 에르 기노스는 분기탱천하여 군대를 이끌고 테베를 응징하기 위해 출정했다.

테베의 왕 크레온은 에르기노스가 쳐들어온다는 말을 듣고 전전긍긍 했다. 전력을 다해 싸워도 질 것이 분명했다. 게다가 테베인들은 무기와 갑옷도 없었다. 오래전 오르코메노스인들이 테베에 있는 모든 무기와 갑 옷을 모조리 회수해 가져가 버렸기 때문이다. 그는 결국 에르기노스에게 헤라클레스를 넘겨주더라도 전쟁만은 피하기로 결심했다. 그사이 헤라 클레스는 테베의 젊은이들을 광장에 모아 놓고 일장 연설을 했다.

"테베의 젊은이들이여, 잘 들으시오! 지금 오르코메노스의 왕 에르기 노스가 군사를 이끌고 테베를 치러 오고 있습니다. 지금 우리는 중대 한 기로에 서 있습니다. 영원히 오르코메노스의 속국이 되느냐, 아니면 우리 조상들이 피땀 흘려 이루어 낸 독립을 지키느냐는 우리 손에 달려 있습니다. 테베의 젊은이들이여, 우리 모두 힘을 합해 테베를 지킵시 다. 자, 모두 나를 따르시오!"

테베의 젊은이들이 헤라클레스의 연설을 듣고 감동하여 우레와 같은 함성으로 화답했다. 이어 누군가의 제안으로 우르르 시내의 신전들로 몰 려갔다. 그곳에는 테베인들이 과거 각종 전쟁에서 승리할 때마다 신들에 게 바쳤던 녹슨 갑옷과 무기들이 벽에 걸려 있었다. 그들은 그것을 모두 걷어 내 무장한 뒤 헤라클레스의 진두지휘 아래 방심한 에르기노스의 허를 찔러 단숨에 그의 군사들을 격퇴해 버렸다.

헤라클레스는 이것으로 만족하지 않았다. 그는 내친김에 에르기노스에게 본때를 보여 줄 필요가 있다고 생각했다. 그래서 바로 그날 밤 테베의 젊은이들을 이끌고 오르코메노스를 급습하여 궁전을 불태우고 도시를 점령했다. 이때부터 오르코메노스는 해마다 자신들이 테베로부터 받았던 것보다 두 배가 더 많은 조공을 테베에 바쳐야 했다.

테베의 왕 크레온은 헤라클레스에게 감사의 표시로 딸 메가라Megara를 아내로 주었다. 그는 메가라와의 사이에 아들 둘을 두고 한동안 행복하게 살았다. 하지만 질투의 화신 헤라는 헤라클레스가 잘 사는 것을 그냥 두고 볼 수가 없어 어느 날 그에게 광기를 불어넣었다. 헤라클레스는 갑자기 광기가 밀물처럼 밀려오자 냅다 옆에 있던 두 아들과 아내에게 달려들어 모두 목 졸라 죽이고 말았다.

한참 후 제정신이 든 헤라클레스는 자신이 저지른 범죄에 경악했다. 그는 자진해서 테베를 떠나 방랑하다가 델피Delphi의 아폴론 신전을 찾아

〈광기에 빠져 아들을 죽이는 헤라클레스〉.
기원전 350~320년경
실성한 헤라클레스가 아들을 죽이는 사이, 오른쪽에서 아내 메가라가 그 광경을 보며 손을 머리에 얹은 채 공포에 질려 있다(그리스 도기 그림).

John Collier, 〈델피의 여사제 피티아〉, 1891
피티아는 델피의 아폴론 신전 지하에서 세발솥
의자에 앉아 땅바닥에서 솟아나는 유황 냄새를 맡
고 월계수 잎을 씹으며 환각 상태에서 신탁을 내
렸다.

가 살인죄를 씻으려면 어떻게
해야 할지 신탁을 물었다. 여사
제 피티아Phytia가 이렇게 대답
했다.

"미케네로 가서 에우리스테우
스 왕이 시키는 과업을 완수해
라! 네가 이 일을 성공적으로
마치면 너는 두 아들과 아내를
죽인 살인죄를 씻고 신의 반열
에 오를 것이다."

그게 누구든 인간에게 봉사하
는 것은 신들의 왕 제우스의 아
들 헤라클레스에겐 가혹한 일이
었다. 게다가 헤라의 도움으로
자신의 왕위를 가로챈 사촌 에
우리스테우스에게 복종한다는
것은 더욱더 자존심이 상하는
일이었다. 그래도 헤라클레스는
그가 맡긴 임무를 완수하겠다고 나섰다. 그게 바로 유명한 '헤라클레스의
12가지 과업'이다.

Day 92

〰〰〰〰〰〰 **(5)** 〰〰〰〰〰〰

첫 번째, 두 번째 과업:
네메아의 사자, 레르나의 괴물 뱀 히드라

헤라클레스의 12가지 과업 중 첫 번째는 네메아Nemea의 사자를 잡아 오는 것이었다. 헤라클레스는 네메아로 가다가 무기로 쓰기 위해 길가에 있는 튼실한 올리브 나뭇가지를 꺾어 크고 단단한 몽둥이 하나를 만들었다. 이어 네메아에 도착해서는 사자 굴을 찾아 근처에서 어슬렁거리던 사자를 발견하고 녀석을 향해 잽싸게 화살을 날렸다. 하지만 화살은 단단한 사자 가죽을 뚫지 못하고 힘없이 미끄러져 버렸다. 녀석은 헤라클레스를 비웃기라도 하듯 유유히 굴 안으로 사라졌다.

〈헤라클레스 파르네세〉, 기원전 4세기경
(그리스 시대 작품의 로마 시대 복제품)

헤라클레스의 모험 경로

헤라클레스는 무기로는 사자를 죽일 수 없다는 것을 알아차리고 다른 방법을 쓰기로 했다. 사자 굴을 자세히 살펴보니 입구가 2개 있었다. 헤라클레스는 입구 하나를 바위로 막은 다음, 다른 입구를 통해 올리브 몽둥이를 휘두르며 굴속으로 들어가 마침내 사자와 맞닥뜨리게 되었다. 그는 사자와 한참 동안 눈을 노려보며 기 싸움을 벌이다가 잽싸게 달려들어

10장 ○ 스토리텔링의 원형 영웅 이야기

맨손으로 녀석의 목을 졸라 죽였다.

에우리스테우스 왕은 헤라클레스가 어깨에 사자를 메고 궁전으로 들어오는 것을 보고 공포에 휩싸였다. 그는 얼른 궁전 마당에 묻어 놓았던 청동 항아리 속으로 몸을 숨기며 떨리는 목소리로 이렇게 말했다.

"헤라클레스, 앞으로는 전리품을 들고 궁전 안으로 들어오지 마라! 보고할 때도 궁전 밖에서 해도 충분하다! 명령도 내가 직접 내리지 않고 전령을 통해 전달하겠다! 제발 저 끔찍한 사자 사체를 갖고 당장 궁전에서 나가라!"

헤라클레스는 다시 사자를 메고 터벅터벅 집으로 돌아와 가죽을 벗겨내서 갑옷처럼 몸에 걸쳤다. 사자 머리 부분은 신기하게도 모자처럼 그의 머리에 딱 맞았다. 이때부터 헤라클레스는 트레이드마크처럼 올리브 몽둥이를 든 채 사자 가죽을 쓰고 다녔다. 사자가 죽자 헤라는 녀석을 불쌍하게 생각하여 하늘의 별자리로 박아 주었다.

헤라클레스의 두 번째 과업은 첫 번째 것보다 훨씬 어려웠다. 레르나Lerna의 괴물 뱀 히드라Hydra를 죽여야 했기 때문이다. 히드라는 9개의 머리를 지닌 흉측한 괴물 뱀으로, 아르고스의 아미모네Amymone 샘물 근처의 습지 수풀 속에서 친한 친구인 게들과 함께 살았다. 헤라클레스는 언제나 그렇듯이 저돌적으로 히드라의 은신처를 향해 돌진했다. 그는 우선 불화살을 날려 수풀에 불을 놓아 수풀 속에 숨어 보이지 않는 히드라를 풀이 없는 곳으로 몰았다.

얼마 후 마침내 불을 피해 달아나던 히드라가 끔찍한 모습을 드러냈다. 헤라클레스가 재빨리 히드라에게 달려들어 머리 하나를 움켜쥐자 히

Peter Paul Rubens, 〈헤라클레스와 네메아의 사자〉, 연도 미상

Gustave
Moreau,
〈헤라클레스와
레르나의
히드라〉,
1875~1876

10장 ○ 스토리텔링의 원형 영웅 이야기

드라는 몸통으로 그의 한쪽 발을 친친 감았다. 헤라클레스는 잡은 히드라의 머리를 얼른 칼로 벴지만, 곧 그것이 소용없는 짓이라는 것을 알았다. 자른 히드라의 목 부위에서 머리 2개가 새로 솟아올랐기 때문이다. 게다가 9개의 머리 중 한가운데 있는 머리는 죽지도 않았다. 더 곤혹스럽게도 습지에서 히드라의 친구인 게들이 튀어나와 그의 발을 계속 물어뜯었다.

세 번째, 네 번째 과업:
케리네이아의 암사슴, 에리만토스산의 멧돼지

헤라클레스는 혼자서는 괴물 뱀 히드라를 도저히 당해 낼 수 없다는 사실을 깨달았다. 그는 곧바로 이올라오스Iolaos를 불렀다. 이올라오스는 쌍둥이 동생 이피클레스의 아들로 그의 마부였다. 헤라클레스의 부탁으로 이올라오스는 횃불을 하나 가져왔다. 그는 헤라클레스가 히드라의 목을 자르자마자 다시 머리가 솟아나지 않도록 상처를 횃불로 지졌다. 헤라클레스와 이올라오스는 이렇게 합동작전으로 히드라의 8개의 머리를 모두 베어 냈다. 이제 남은 것은 불사의 머리 하나였다.

헤라클레스는 고민 끝에 그것을 잘라 얼른 땅을 깊게 파고 묻은 다음 그 위에 엄청나게 큰 바위를 덮어 버렸다. 이어 죽은 히드라의 몸통을 가르고 녀석의 피에 자신의 화살통에 있는 모든 화살촉을 적셨다. 히드라의 치명적인 독이 헤라클레스의 화살촉에 입혀지는 순간이었다. 히드라가 죽자 헤라는 게와 함께 녀석을 하늘의 별자리로 만들어 주었다. 마블 시리즈 중 〈캡틴 아메리카〉에서 악당 '슈미트'가 세계 정복을 목표로 만든 범죄 집단 이름도 '히드라'다.

헤라클레스의 세 번째 과업은 케리네이아Keryneia의 암사슴을 산 채로

Adolf Schmidt, 〈케리네이아의 암사슴을 제압하는 헤라클레스〉, 연도 미상

잡아 오는 것이었다. 그 사슴은 황금 뿔을 지니고 있었으며 아르테미스
Artemis의 소유였다. 또한 아르골리스Argolis 지방을 휘젓고 다니며 농작물
을 못 쓰게 만들었는데 엄청 빨랐다. 헤라클레스는 녀석을 꼬박 1년 동안
이나 끈질기게 추격했다. 아르테미스가 무척 아끼는 녀석이라 조금이라
도 상처를 입히면 안 된다는 말을 들었기 때문이다. 그는 결국 아르테미
시온Artemision산을 넘어 아르카디아Arkadia의 라돈Ladon강 근처에서 녀석을
사로잡았다.

혜라클레스가 사슴을 어깨에 메고 아르카디아 지방을 지나고 있는데
아폴론Apollon과 아르테미스가 그의 길을 가로막았다. 여신은 화를 내며
그에게 당장 사슴을 돌려달라고 요구했다. 헤라클레스는 뒤로 물러서며
에우리스테우스 왕이 시켜서 한 일이라며 사정을 말하고 여신을 달랬다.
그러자 여신은 화를 누그러뜨리며 사슴을 절대 다치게 하지 말고 나중에

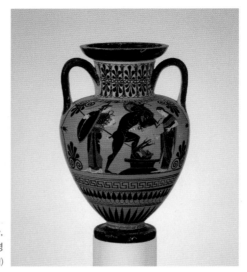

〈헤라클레스와 에리만토스산의 멧돼지〉,
기원전 6세기경
(그리스 도기 그림)

꼭 풀어 주라고 당부했다. 앞으론 농작물도 훼손시키지 않을 것이라는 말
도 덧붙였다. 헤라클레스는 사슴을 에우리스테우스에게 보인 다음 약속
대로 숲에 풀어 주었다.

　에우리스테우스는 케리네이아의 사슴을 확인하자마자 즉시 헤라클레
스에게 네 번째 과업을 시켰다. 아르카디아 에리만토스Erymanthos산의 괴
물 멧돼지를 산 채로 잡아 오라는 것이다. 이 멧돼지는 몸집이 거대했으
며 그 산을 본거지로 주변의 농작물을 모두 먹어 치우는 바람에 농민들의
원성이 자자했다. 헤라클레스는 녀석을 에리만토스산 기슭에 쌓인 깊은
눈 속으로 몰아 제압했다. 그가 멧돼지를 산 채로 묶어 어깨에 메고 미케
네 궁전 앞에 내려놓자 에우리스테우스는 이번에도 무서워 벌벌 떨며 청
동 항아리 속으로 몸을 숨겼다.

㉆㉆㉆㉆㉆ (7) ㉆㉆㉆㉆㉆

다섯 번째, 여섯 번째 과업:
아우게이아스의 외양간, 스팀팔로스 호숫가의 괴조

 헤라클레스의 다섯 번째 과업은 영웅으로서 아주 품위가 떨어지는 일로, 엘리스의 왕 아우게이아스Augeias의 외양간 오물을 치우는 것이었다. 아우게이아스에게는 소가 3,000마리나 있었는데 문제가 심각했다. 30년 동안 한 번도 외양간의 오물을 청소하지 않아 악취가 코를 찔렀다. 신들이 사는 하늘의 올림포스 궁전까지 괴롭힐 정도였다. 오물의 두께도 엄청나서 도무지 치울 엄두가 나지 않았다.

 헤라클레스는 아우게이아스에게 단 하루 만에 오물을 치워 줄 테니 삯으로 전체 소의 10분의 1을 달라고 요구했다. 인색하기로 유명한 왕이 웬일인지 그의 요구에 흔쾌히 동의했다. 헤라클레스는 그가 미덥지 않아 그의 아들 필레우스Phyleus를 증인으로 세웠다. 이어 한 치의 망설임도 없이 외양간으로 다가가더니 벽 두 곳에 구멍을 뚫은 다음 근처를 흐르던 알페이오스Alpheios와 페네이오스Peneios강을 마치 호스처럼 끌어다가 그곳에 집어넣어 단숨에 외양간 오물을 말끔히 씻어 냈다.

 하지만 헤라클레스가 우려한 대로 아우게이아스는 약속을 지키지 않았다. 아우게이아스는 헤라클레스가 과업을 완수할 때는 원래 삯을 받지

Francisco de Zurbarán, 〈알페이오스강을 끌어오는 헤라클레스〉, 1634

않아야 한다고 주장했다. 헤라클레스가 증인인 아들 필레우스를 불러놓
고 따지자 왕은 보수를 주겠다고 약속한 적이 없다고 잡아뗐다. 아들이
자신에게 항의하자 아들도 나라에서 추방해 버렸다. 헤라클레스는 아우
게이아스에게 언젠가 꼭 복수하고 말겠다는 말만 남기며 엘리스를 떠나
올 수밖에 없었다.

　헤라클레스가 아우게이아스의 더러운 외양간을 치운 데서 '아우게이
아스의 외양간'이라는 격언이 생겨났다. 그것은 주로 정치권에서 쓰이는
데 아우게이아스의 외양간 오물처럼 '엄청난 부정부패'를 의미한다. '아우
게이아스의 외양간 치우기'라는 격언도 있다. 그것은 '마음 내키지 않은

　　　　　　　　　　　　　　　　　10장 ○ 스토리텔링의 원형 영웅 이야기

일을 하는 것'이나 '어떤 곳을 아주 깨끗하게 치우고 청소하는 것'을 의미
한다.

헤라클레스는 여섯 번째 과업을 완수하기 위해 다시 아르카디아 지방
으로 향했다. 이번에는 스팀팔로스Stymphalos 호숫가의 울창한 나무에 무
리 지어 사는 괴조들을 해치우는 일이었다. 그 괴조들은 깃털을 화살처럼
쏘아 호수 주변에 사는 주민들을 죽이고 그 인육을 먹었다. 주민들에게
그야말로 공포의 대상이었다.

스팀팔로스 호숫가에 도착한 헤라클레스는 미리 준비해 온 청동 딸랑
이를 꺼냈다. 그것은 아테나가 헤파이스토스Hephaistos에게 부탁하여 만든

작가 미상, 〈헤라클레스와 스팀팔로스 호숫가의 새들〉, 1600년경
괴조들이 마치 세이레네스나 하르피이아이처럼 상체는 여자이고 하체는 새의 모습인 것이 이채롭다.

것으로, 특별히 이번 과업에 쓰라며 그에게 건네준 것이었다. 헤라클레스가 호숫가에서 딸랑이를 흔들자 놀란 괴조들이 나뭇가지에서 푸드덕거리며 공중으로 날아올랐다. 헤라클레스는 그때를 놓치지 않고 화살을 날려 녀석들 대부분을 죽였다. 살아남은 녀석들은 헤라클레스의 화살을 피해 멀리 도망쳤다.

　　　　　　　　　10장 ○ 스토리텔링의 원형 영웅 이야기

일곱 번째, 여덟 번째, 아홉 번째 과업:
크레타의 황소, 디오메데스의 암말, 히폴리테의 명품 허리띠

에우리스테우스는 헤라클레스가 일을 너무 쉽고 빨리 해치우는 것이 맘에 들지 않았다. 헤라클레스는 지금까지 부과된 과업들을 모두 펠로폰네소스반도에서 수행했다. 에우리스테우스는 헤라클레스를 펠로폰네소스반도 밖으로 보내면 그가 더 위험하고 힘들 것으로 생각했다. 또 과업을 완수하는 데 시간이 더 오래 걸릴 것으로 계산했다. 그래서 일곱 번째 과업으로 크레타의 미친 황소를 사로잡아 오라고 명령했다.

하지만 크레타로 건너간 헤라클레스는 이번에도 단숨에 황소를 제압하여 에우리스테우스 왕에게 갖다주었다. 왕은 헤라클레스의 신속함과 괴력에 혀를 내두르며 황소를 자신의 수호신 헤라에게 바쳤다. 여신이 미운 오리 새끼 헤라클레스가 잡은 황소 선물을 달가워할 리 없었다. 그래서 녀석을 받자마자 즉시 풀어 주어 버렸다. 그러자 고삐 풀린 황소는 펠로폰네소스반도를 가로질러 아테네Athene 근처 마라톤Marathon 지방으로 뛰어가더니 그 지역을 휘젓고 다녔다. 어떤 영웅도 황소를 잡을 수 없었는데, 한참 후에야 비로소 아테네의 영웅 테세우스Theseus가 그 황소를 잡아 신들께 제물로 바친다.

Bernard Picart, 〈헤라클레스와 크레타의 황소〉, 1731

10장 ○ 스토리텔링의 원형 영웅 이야기

헤라클레스의 여덟 번째 과업은 트라케Thrake의 왕 디오메데스Diomedes의 암말들을 데려오는 것이었다. 디오메데스는 암말 네 마리를 키우고 있었는데 인육을 먹여 사육했다. 헤라클레스는 너무 먼 여정인지라 우선 친분이 있던 페라이Pherai의 아드메토스Admetos 왕궁에 들러 며칠 체력을 충전한 다음, 가던 길을 재촉하여 마침내 트라케에 도착했다. 디오메데스는 마침 출타 중이라 집에 없었다. 그래서 마부들을 가볍게 해치운 뒤 직접 말 고삐를 잡고는 이곳에 올 때 타고 온 배를 정박해 둔 해안으로 몰고 갔다.

헤라클레스가 해안에 거의 도착했을 무렵 디오메데스가 부하들을 이

Gustave Moreau, 〈자신이 기르던 말들에게 잡아먹히는 디오메데스〉, 1865

끌고 부리나케 달려왔다. 헤라클레스는 말들을 잠시 젊은 시종 압데로스Abderos에게 맡기고 그들을 상대했다. 그는 시간을 벌기 위해 들입다 디오메데스에게 달려들어 올리브 몽둥이로 그를 쳐 죽였다. 예상대로 그걸 본 그의 부하들이 지레 겁을 집어먹고 순식간에 뿔뿔이 흩어졌다. 하지만 그가 시종 압데로스에게 돌아왔을 때는 말들이 이미 그를 물어 죽여 거의 먹어 치운 후였다. 헤라클레스는 말들에게 디오메데스의 시신을 먹이로 던져 주고 남은 압데로스의 시신을 거두어 근처에 무덤을 만들어 준 다음, 녀석들을 몰고 미케네로 돌아왔다.

에우리스테우스의 딸 아드메테Admete는 기회가 있을 때마다 매번 아버지에게 아마존Amazon족 여왕의 허리띠를 갖고 싶다고 졸랐다. 여왕의 허리띠가 요즘으로 치면 최고의 명품으로 소문이 났던 모양이다. 에우리스테우스는 딸의 성화에 못 이겨 헤라클레스에게 아홉 번째 과업으로 그 일을 맡겼다. 아마존족은 전설적인 여인왕국으로 본거지가 흑해 남부 해안의 테르모돈Thermodon강변에 있었다. 이 종족은 아주 호전적이었기 때문에 헤라클레스는 이번에는 혼자가 아니라 부하들을 모아 함께 배를 타고 모험을 떠났다.

그 당시 아마존족의 여왕은 히폴리테Hippolyte로, 전쟁의 신 아레스Ares와 오트레레Otrere의 딸이었다. 헤라클레스가 왔다는 전갈을 받은 여왕은 몸소 나와 그의 일행을 영접했다. 그녀는 직접 배까지 올라와 헤라클레스에게 방문한 용건을 묻더니 즉시 허리띠를 주겠다고 약속하고 돌아갔다. 헤라는 그 광경을 보고 몹시 화가 났다. 헤라클레스의 과업은 그렇게 손쉽게 이루어져서는 안 된다고 생각했다.

그녀는 당장 아마존족 여전사로 변신하고 동료들 사이를 돌아다니며 헛소문을 퍼뜨렸다. 헤라클레스가 사실 자신들의 여왕을 납치하려고 왔

〈히폴리테의
허리띠를 빼앗는
헤라클레스〉,
150~160

다는 것이다. 흥분한 아마존 여전사들은 순식간에 헤라클레스의 배로 몰려가 그를 공격했다. 헤라클레스는 여왕에게 속았다고 생각하고 그들과 용감하게 맞서 싸웠다. 결국 그는 아마존 왕국을 유린하고 여왕을 죽인다음 그녀의 허리띠를 빼앗아 왔다.

〰〰〰〰〰 **(9)** 〰〰〰〰〰

열 번째 과업:
괴물 게리오네우스의 소 떼

헤라클레스의 열 번째 과업은 게리오네우스Geryoneus(혹은 게리온Geryon)의 소 떼를 데려오는 것이었다. 게리오네우스는 전사戰士 셋이 허리 부분만 하나로 합쳐진 괴물로, 머리와 몸통이 셋이었고 팔다리가 6개였다. 그의 소 떼는 목동 에우리티온Eurytion과 머리가 둘 달린 괴물 개 오르트로스Orthros가 지키고 있었다. 게리오네우스는 당시 세상의 서쪽 끝자락으로 알려진 지브롤터해협 너머 대서양의 에리테이아Erytheia섬에 살고 있었다. 고대 그리스인들은 대서양을 지나면 평평한 세상을 감싸고 흐르는 대양강 오케아노스Okeanos가 있다고 상상했다. 오케아노스는 또한 그리스 신화에서 티탄 12신 중 하나이기도 했다.

헤라클레스는 지브롤터해협에 도착하자 아프리카와 유럽 쪽에 각각 기둥 하나씩을 세웠다. 후세의 여행객들에게 자신이 얼마나 멀리 왔는지를 보여 주기 위해서였다. 다른 설에 의하면 원래 이곳은 지협이었는데 헤라클레스가 대서양으로 넘어가면서 운하를 파 해협으로 만들었다. 이두 기둥은 현재 스페인의 지브롤터 바위와 모로코의 예벨 무사Jebel Musa 산을 지칭하는 것으로 고대 로마인들은 칼페Calpe산과 아빌라Abyla산으로,

헤라클레스의 기둥(지브롤터 바위)

헤라클레스의 기둥(예벨 무사산)

지중해 쪽에 위치한 헤라클레스의 기둥
기념비
대서양 쪽에도 하나가 세워져 있다.

스페인 왕국 문장에 그려 넣은 헤라클레스의
기둥

고대 그리스인들은 '헤라클레스의 기둥'으로 불렀다.

지브롤터해협으로부터 대서양을 항해하기 위해서는 배가 필요했다.
헤라클레스는 은퇴한 티탄 신족의 태양신 헬리오스Helios에게 간청하여
그가 예전에 배처럼 타고 다니던 황금 술잔을 얻었다. 그것은 헬리오스가
현직에 있을 때 태양 마차를 몰고 동쪽에서 하늘길을 따라 오케아노스 서
쪽으로 진 다음, 밤사이에 다시 동쪽으로 건너올 때 쓰던 거였다. 헤라클
레스가 황금 술잔을 타고 긴 항해 끝에 마침내 에리테이아섬에 상륙하여
아바스Abas산 기슭 게리오네우스의 목장에 도착하자마자 괴물 개 오르트
로스가 그에게 저돌적으로 달려들었다. 헤라클레스는 올리브 몽둥이로
단방에 녀석을 때려죽인 다음, 뒤따라오던 개 주인 에우리티온도 똑같은
방식으로 처치했다.

　　　　　　　　　　　10장 ○ 스토리텔링의 원형 영웅 이야기

〈게리오네우스와 싸우는 헤라클레스〉, 기원전 540년경
왼쪽부터 아테나, 헤라클레스, 게리오네우스. 게리오네우스는 허리를 제외하고 머리를 포함한 상반신과 하반신이 셋이어서 방패도 셋이며 다리도 여섯이다. 땅바닥에는 에우리티온이 쓰러져 있다(그리스 도기 그림).

그는 그길로 게리오네우스와 맞닥뜨리지 않고 바로 미케네로 소 떼를 몰고 갈 수도 있었다. 하지만 근처에서 지하세계의 왕 하데스Hades의 가축을 데려와 꼴을 먹이던 목동 메노이테스Menoites가 게리오네우스에게 헤라클레스의 습격을 알렸다. 그곳은 오케아노스의 문턱이라 하데스가 다스리던 지하세계와도 가까웠다. 고대 그리스인들은 오케아노스를 지나면 급강하해서 지하세계로 떨어진다고 상상했다. 급보를 전달받은 게리오네우스는 부리나케 헤라클레스를 추격했다. 헤라클레스는 짐짓 도망치는듯 유인하다가 안테모스Anthemos강 근처에서 갑자기 몸을 돌린 다음, 화살을 날려 게리오네우스를 처치하고 소 떼를 무사히 미케네로 몰고 왔다.

열한 번째, 열두 번째 과업:
헤스페리데스의 황금 사과, 지하세계의 케르베로스

헤라클레스가 에우리스테우스 왕으로부터 받은 열한 번째 과업은 요정 헤스페리데스Hesperides 자매들이 왕뱀 라돈Ladon과 함께 지키고 있던 황금 사과를 하나 가져오는 것이었다. 이 황금 사과가 열리는 사과나무는 대지의 여신 가이아Gaia가 헤라에게 준 결혼선물이었는데 아프리카 북동부 지역 어딘가에 있는 정원에서 자랐다. 헤라클레스는 우선 네레우스Nereus 노인을 찾아가 그곳이 어딘지 물어보기로 했다. 네레우스는 바다의 노인인데 변신의 귀재이자 모르는 것이 없던 현인이었다.

헤라클레스가 네레우스 노인을 만나러 가다가 카우카소스Kaukasos산을 지나는데 어디선가 단말마의 비명이 들려왔다. 헤라클레스가 그 진원지를 찾아갔더니 독수리 한 마리가 절벽에 쇠사슬로 바위에 단단히 묶여 있는 프로메테우스Prometheus의 간을 파먹고 있었다. 그는 얼른 독수리를 활로 쏘아 죽인 다음 프로메테우스를 쇠사슬에서 풀어 주었다. 프로메테우스는 그에 대한 보답으로 헤라클레스에게 황금 사과 정원에 직접 가지 말고 그 근처에서 만나게 될 아틀라스Atlas에게 부탁하라고 충고해 주었다. 정원지기 헤스페리데스가 그의 딸들이었기 때문이다.

Nicolas Bertin,
〈프로메테우스를 결박에
서 풀어 주는 헤라클레스〉,
1703
땅바닥에 독수리가
헤라클레스의 화살을 맞고
널브러져 있다

    헤라클레스가 수소문 끝에 네레우스 노인을 찾아가 그의 손을 꼭 붙잡은 채 황금 사과 정원으로 가는 길을 물었다. 그러자 노인은 과연 소문대로 답변은 해 주지 않고 온갖 것으로 변신하며 그의 손에서 빠져나가려 했다. 헤라클레스는 그를 놓치지 않고 끈질기게 붙잡고 늘어졌다. 결국 지칠 대로 지친 노인은 다시 원래 모습으로 돌아와서는 헤라클레스에게 정원으로 가는 길을 알려 주었다.

    헤라클레스는 노인이 일러준 대로 리비아^{Libya}를 거쳐 서쪽으로 가다가 대지의 여신 가이아의 아들인 거인 안타이오스^{Antaios} 왕을 만났다. 그는 이방인에게 레슬링 시합을 강요하여 시합 중에나 시합이 끝난 후에 상대

Lucas Cranach the Elder, 〈헤라클레스와 안타이오스〉, 1530년경

M. Félix Magdalena, 〈헤라클레스에게 하늘을 넘겨주는 아틀라스〉, 연도 미상

가 녹초가 될 때를 기다려 죽였다. 헤라클레스가 몇 번이나 땅에 메쳐도 그는 전혀 지치는 기색이 없었다. 그는 어머니인 대지에 발이 닿으면 더욱더 힘이 솟았다. 헤라클레스는 금세 안타이오스가 발을 땅에 딛고 있는 한 절대로 이길 수 없다는 사실을 간파했다. 그래서 그를 공중으로 들어 올린 다음, 두 팔로 허리를 죄어 부러뜨려 죽였다.

헤라클레스는 정원을 찾아 계속 서쪽으로 가다가 마침내 어깨에 하늘을 짊어진 채 벌을 받고 있던 아틀라스를 만났다. 그는 프로메테우스가 시킨 대로 아틀라스에게 자신이 대신 하늘을 짊어지고 있을 테니 근처에 있는 황금 사과 정원에 가서 딸들에게서 사과 하나만 얻어 달라고 부탁했다. 아틀라스는 흔쾌히 그에게 하늘을 넘겨주고 황금 사과를 가지고 돌아

10장 ○ 스토리텔링의 원형 영웅 이야기

오다가 갑자기 몸이 아주 가벼워진 것을 느끼고 깜짝 놀랐다. 어깨가 이렇게 가벼운 적이 없었다. 그는 더는 무거운 하늘을 짊어지고 싶지 않았다. 그래서 헤라클레스에게 자신이 직접 에우리스테우스 왕에게 황금 사과를 전해 주겠다고 말했다.

위기의 순간 헤라클레스는 기발한 꾀를 하나 생각해 냈다. 그는 짐짓 아틀라스의 제안에 동조하는 척하면서 처음이라서 그런지 어깨가 무척 아프다면서 그 위에 쿠션을 올려놓을 때까지 잠시만 다시 하늘을 맡아 달라고 부탁했다. 우직한 아틀라스는 그 말을 듣자마자 얼른 사과를 땅에 내려놓더니 두 팔로 헤라클레스에게서 하늘을 넘겨받으려 했다. 그러자 헤라클레스는 얼른 하늘을 아틀라스 어깨에 옮겨 놓은 뒤 땅바닥에서 사과를 주워 유유히 그곳을 떠났다.

헤라클레스의 마지막 열두 번째 과업은 지하세계의 개 케르베로스 Kerberos를 데려오는 일이었다. 케르베로스는 머리가 셋이고 꼬리는 뱀 모양을 한 괴물 개였으며 지하세계로 들어오는 관문을 지켰다. 헤라클레스는 헤르메스가 알려 준 대로 펠로폰네소스반도 끝자락 타이나론Tainaron

〈케르베로스를 데려온 헤라클레스〉, 기원전 525년경
(그리스 도기 그림)

곳 아래에 있던 동굴을 통해 지하세계로 내려갔다. 이어 지하세계의 왕 하데스를 만나 케르베로스를 잠시만 빌려 달라고 간청했다. 그러자 하데스는 무기를 사용하지 않고 케르베로스를 제압한다면 데려가도 좋다고 허락했다.

하데스의 말이 끝나기가 무섭게 헤라클레스는 케르베로스의 목을 움켜잡았다. 케르베로스가 꼬리에 나 있는 독침으로 헤라클레스를 마구 찔러 대도 그는 절대로 손을 놓지 않았다. 결국 케르베로스는 지친 나머지 복종의 표시로 헤라클레스에게 배를 보이며 뒷다리를 내렸다. 헤라클레

〈헤라클레스의 12가지 과업〉, 201~250
스페인 발렌시아의 리리아에서 발굴된 모자이크. 정중앙의 모자이크는 헤라클레스가 옴팔레 여왕 밑에서 보낸 3년의 노예 생활을 묘사한 것이다.

10장 ○ 스토리텔링의 원형 영웅 이야기

스가 케르베로스를 메고 궁전 앞에 도착하자 에우리스테우스는 공포에 질려 또다시 청동 항아리 속으로 숨어 버렸다. 헤라클레스는 하데스와 약속한 대로 케르베로스를 죽이지 않고 다시 지하세계로 데려다주었다.

◨◨◨◨◨◨◨ (11) ◨◨◨◨◨◨◨

애먼 이피토스를 죽이고
광기에 빠지다

헤라클레스는 미케네의 왕 에우리스테우스가 시킨 12가지 과업을 모두 완수했어도 안주를 하지 못하고 또 다른 모험을 찾아 헤맸다. 질투의 화신 헤라는 남편 제우스가 다른 여인 사이에서 얻은 헤라클레스에게 여전히 엄청난 반감을 품고 있었다. 그래서 헤라클레스가 편히 지내는 꼴을 보지 못하고 계속 모험을 하도록 그의 방랑벽을 부채질했다.

게다가 헤라클레스가 영웅으로서 천성적으로 갖고 있던 '사서 고생하는 기질'도 그의 방랑벽에 큰 몫을 했다. 마침 그때 오이칼리아Oichalia의 에우리토스Eurytos 왕이 자신과 활쏘기 시합을 해서 이긴 자에게 딸 이올레Iole를 주겠다고 공지했다. 헤라클레스는 당장 오이칼리아로 달려가 에우리토스에게 도전장을 내밀고 그를 보기 좋게 눌렀다.

하지만 에우리토스는 약속을 지키지 않았다. 그는 풍문으로 헤라클레스가 광기에 빠져 전처와 자식들을 죽였다는 이야기를 들었다. 그는 자신의 딸 이올레도 그런 불행을 당할까 두려웠다. 큰아들 이피토스Iphitos가 약속은 지켜야 한다고 아무리 충고해도 에우리토스는 말을 듣지 않았다. 헤라클레스는 복수를 다짐하며 오이칼리아를 떠났다.

그가 떠난 직후 에우리토스의 암말 중 몇 마리가 없어졌다. 에우리토스는 헤라클레스를 의심했는데 그것은 사실 당대 최고의 도둑 아우톨리코스Autolykos의 소행이었다. 에우리토스의 아들 이피토스도 헤라클레스의 결백을 믿었다. 아버지의 명령으로 암말을 찾아다니던 이피토스는 페라이 근처에서 우연히 헤라클레스를 만났다. 그는 헤라클레스에게 사정을 설명하며 잃어버린 암말을 찾도록 도와달라고 부탁했다.

헤라클레스는 이피토스에게 높은 곳에 올라 암말들이 어디 있는지 우선 근처를 한번 둘러보자며 그를 근처 티린스의 성벽 위로 유인했다. 헤라클레스는 사실 이피토스가 자신을 도둑으로 의심하고 있다고 단단히 오해하고 분노했다. 그는 속내를 감쪽같이 감춘 채 성벽 위를 걸으면서 주변을 둘러보는 척하다가 갑자기 이피토스를 성벽 아래로 밀어뜨렸다. 아무 죄 없는 사람을 죽여서였을까? 그 직후부터 헤라클레스는 끔찍한 광기에 빠지고 말았다.

그는 필로스Pylos의 넬레우스Neleus를 찾아가 살인죄를 씻어 달라고 간청했지만 거절당했다. 스파르타Sparta의 왕 히포코온Hippokoon과 그 아들들도 헤라클레스의 부탁을 거절했다. 그는 마지막으로 델피의 아폴론 신전에 가서 살인죄에서 벗어날 방도를 물었지만 여사제 피티아도 답변을 거부했다. 분노한 헤라클레스는 신탁소의 세발솥 의자를 빼앗은 다음, 신탁을 말해 주지 않으면 델피를 쑥대밭으로 만들어 버리고 자신의 신탁소를 세우겠다고 위협했다.

아폴론이 나서서 말렸지만 헤라클레스는 심지어 그에게까지도 달려들었다. 제우스가 그들 사이에 번개를 쳐서 겨우 싸움을 말렸다. 피티아가 그제야 신탁을 내렸다.

〈세발솥 의자를 놓고 싸우는 헤라클레스와 아폴론〉, 기원전 525년경
(그리스 도기 그림)

"소아시아 리디아Lydia의 옴팔레Omphale 여왕에게 네 몸을 팔아 3년 동
안 노예로 봉사해라! 여왕에게서 받은 네 몸값은 이피토스의 아들들에
게 줘라! 그러면 너의 광기가 치료될 것이다."

헤라클레스는 그길로 당장 옴팔레 여왕을 찾아갔다. 옴팔레는 그 당시
남편 트몰로스Tmolos 왕이 죽은 후에 왕위를 이어받아 리디아를 통치하고
있었다. 사정을 전해 들은 여왕은 헤라클레스를 웃돈까지 얹어 샀다. 헤
라클레스는 자신의 몸값을 이피토스의 아들들에게 건넸지만, 그들은 끝
내 받지 않았다.

10장 ○ 스토리텔링의 원형 영웅 이야기

Louis Jean Francois Lagrenée, 〈헤라클레스와 옴팔레〉, 1776

〓〓〓〓〓 （12） 〓〓〓〓〓

리디아의 여왕 옴팔레 밑에서
노예 생활을 하다

　헤라클레스는 여왕의 노예로 지내면서 많은 일을 해냈다. 그는 우선 에페소스Ephesos의 악명 높은 도둑 케르코페스Kerkopes를 사로잡아 혼내 주었다. 이어 무턱대고 행인들을 붙잡아다가 자신의 포도원에서 강제노역을 시켰던 실레우스Syleus도 죽였다. 또 리디아 왕국을 오랫동안 약탈해 왔던 이토니Itoni라는 나라도 정벌했고, 사가리스Sagaris강변에 깊은 굴속에 살면서 사람들을 괴롭히고 농작물을 못 쓰게 만들었던 왕뱀도 해치웠다.

　헤라클레스는 옴팔레 여왕을 기쁘게 하는 것이라면 무엇이든지 다 했다. 여왕에게 자신의 올리브 몽둥이를 맡기고 여자 옷을 입은 채 실을 잣기도 했고, 소질에도 없던 노래 부르는 것도 마다하지 않았다. 여왕은 헤라클레스의 지극한 봉사에 탄복하여 3년이 되자 약속대로 그를 풀어 주었다. 그 순간 헤라클레스의 광기가 거짓말처럼 사라졌다.

　다시 자유의 몸이 된 헤라클레스는 이번에는 자신을 모욕한 왕들을 차례로 해치우기로 마음먹었다. 그가 맨 먼저 선택한 왕은 트로이Troy의 라오메돈Laomedon 왕이었다. 헤라클레스는 한때 열한 번째 과업인 아마존

Bartholomäus Spranger,
〈헤라클레스와 옴팔레〉,
1600년경
헤라클레스는 옴팔레의 옷을,
옴팔레는 헤라클레스의 올리브
몽둥이를 들고 있다.

여왕 히폴리테의 허리띠를 가져오는 일을 완수하고 돌아오다가 트로이
에 잠시 머문 적이 있었다.

그 당시 트로이 왕이 라오메돈이었다. 그는 그때 마침 아폴론과 포세
이돈에게 약속을 지키지 않았다가 곤욕을 치르고 있었다. 잘 알다시피 두
신은 한때 헤라와 함께 제우스에게 쿠데타를 일으킨 적이 있었다. 제우스
는 우여곡절 끝에 쿠데타를 제압한 뒤 그들에게서 1년간 신의 지위를 박
탈하고 트로이의 라오메돈 왕의 종노릇을 하도록 했다.

이 기간에 두 신은 아이기나Aigina섬의 왕 아이아코스Aiakos의 도움으로
난공불락의 트로이 성벽을 쌓았다. 하지만 성벽이 완성되자 라오메돈 왕
은 그들에게 약속한 삯을 주지 않았다. 아폴론과 포세이돈은 격노했다.

아폴론은 트로이에 역병을 보냈고, 포세이돈은 수시로 바다 괴물을 보내 트로이를 괴롭혔다. 트로이는 점점 황폐해졌다.

라오메돈 왕이 델피 아폴론 신전에 가 해결책을 물으니 그의 딸 헤시오네Hesione를 바다 괴물에게 바치면 재앙이 사라진다는 신탁이 나왔다. 라오메돈 왕은 어쩔 수 없이 딸 헤시오네를 바닷가에 솟은 암초에 묶어 두고 괴물을 기다리고 있었다. 헤라클레스는 그 당시 라오메돈 왕으로부터 이런 급박한 상황을 전해 듣고 그에게 이렇게 제안했다.

> "나에게 딸 헤시오네를 주시오! 당신이 갖고 있다는 멋진 암말도 주시오! 제우스 신이 당신의 숙부 가니메데스Ganymedes를 어렸을 때 독수리로 변신해 납치해 가고 그 대가로 주신 그 암말 말이오. 그러면 괴물을 해치우고 헤시오네를 구해 내겠소."

라오메돈 왕은 얼굴에 화색이 돌며 당장 헤라클레스의 제안에 동의했다. 얼마 후 마침내 바닷속에서 갑자기 괴물이 솟아나 헤시오네에게 다가오자 헤라클레스는 격렬한 싸움 끝에 녀석을 죽이고 라오메돈에게 대가를 요구했다. 하지만 라오메돈 왕은 공주 목숨도 건지고 역병도 물러가자 마음이 변해 약속 지키기를 거부했다. 헤라클레스가 당시 혼자서 대국 트로이와 전쟁을 치르기에는 버거웠다. 그는 하는 수 없이 언젠가 반드시 복수하겠다고 경고하며 그곳을 떠났었다.

헤라클레스가 3년 동안 여왕 밑에서 노예 생활을 했던 리디아와 라오메돈이 다스리던 트로이는 아주 가깝지는 않아도 모두 소아시아에 있었다. 그래서 헤라클레스는 자유의 몸이 되자마자 곧장 트로이로 달려가 라오메돈을 응징할 수도 있었다. 하지만 당시 트로이는 강력한 도시국가이

10장 ○ 스토리텔링의 원형 영웅 이야기

Joachim von
Sandrart,
〈포세이돈과
아폴론에게 삯
주기를 거절하는
라오메돈 왕〉,
연도 미상

자 포세이돈과 아폴론이 쌓은 단단한 성으로 둘러싸인 터라 헤라클레스
혼자 공격해서 무너뜨린다는 것은 도저히 불가능했다. 그래서 헤라클레
스는 우선 그리스 본토로 돌아가 50명이 노를 저을 수 있는 함선(50노선)
18척과 병사들을 모아 트로이로 향했다. 이때 그의 부관 역할을 한 영웅
이 바로 살라미스Salamis의 왕 텔라몬Telamon이었다.

🔲🔲🔲🔲🔲 **(13)** 🔲🔲🔲🔲🔲

약속을 파기한
트로이의 라오메돈 왕을 응징하다

 헤라클레스는 긴 항해 끝에 마침내 트로이 해안에 상륙하여 아르고스의 왕 오이클레스^{Oikles}에게 함선들을 맡긴 뒤 성을 향해 돌진했다. 그런데 허를 찌른 것은 트로이군이었다. 그들은 헤라클레스 군대의 동선을 파악하고 그들을 우회하여 해안에 정박해 있는 함선들을 기습공격했다. 이 전투에서 함선들을 지키던 오이클레스가 전사했다. 헤라클레스가 전령으로부터 급보를 전해 듣고 적시에 돌아오지 않았다면 하마터면 함선들도 모두 불에 탈 뻔했다. 트로이군은 결국 회군한 헤라클레스 군대에 쫓겨 성으로 밀려 들어갔다. 지루한 공방전이 벌어지다가 마침내 텔라몬의 활약으로 철옹성 같던 트로이 성도 무너지고 말았다.

 헤라클레스는 자신이 먼저 트로이 성벽을 돌파하지 못한 것에 심한 모욕감을 느끼고 갑자기 텔라몬을 죽이고 싶은 충동을 느꼈다. 텔라몬은 헤라클레스의 그런 마음을 미리 꿰뚫어 보았다. 그는 헤라클레스가 칼을 빼든 채 자신에게 다가오는 것을 보고 얼른 주변의 돌을 모아 제단을 쌓기 시작했다. 헤라클레스가 궁금한 나머지 잠깐 멈칫하며 그에게 무엇을 하는지 묻자 텔라몬이 대답했다. "저는 승리의 화신, 당신 헤라클레스를 위해 제단을 쌓는 중입니다." 헤라클레스는 텔라몬의 말을 듣자 살의가 봄 눈 녹듯 금세 사라졌다. 텔라몬과 어깨동무를 하고 입성할 정도였다.

헤라클레스는 성안에 들어오자마자 꼭꼭 숨어 있던 라오메돈을 찾아내 그 자리에서 바로 처단했다. 그의 아들들도 포다르케스Podarkes 하나만 남기고 모두 해치웠다. 이어 원래 라오메돈 왕이 약속한 헤시오네 공주와 암말을 차지했고 많은 트로이인도 포로로 삼았다. 그 후 헤라클레스는 비탄에 잠겨 있는 헤시오네가 마음에 걸려 그녀가 선택한 포로 중 하나를 풀어 주겠다고 자청했다. 헤시오네는 그의 말이 떨어지기가 무섭게 오라비 포다르케스를 지명했다. 헤라클레스가 뭐든 몸값을 지불하면 그를 풀어 주겠다고 하자 헤시오네는 그에게 얼른 자신의 숄을 벗어 주었다. 결국 포다르케스는 약속대로 그리스로 끌려가지 않고 라오메돈 왕의 뒤를 이어 트로이 왕이 되었다. 그는 헤라클레스가 그리스로 돌아가자 프리아모스Priamos로 개명했다. 그 이름은 '사다'라는 뜻의 그리스어 동사 '프리아마이priamai'에서 유래한 것이다.

헤라클레스는 사람들의 기대와는 달리 헤시오네를 자신이 차지하지 않고 텔라몬에게 주었다. 헤시오네는 나중에 텔라몬과의 사이에서 테우크로스Teukros라는 아들을 낳았다. 텔라몬은 정작 본처와의 사이에는 아들이 없었다. 헤라클레스는 자신에게 충성을 바친 텔라몬에게 도움을 주고 싶었다. 그래서 그리스로 귀환하는 중에 하늘을 쳐다보며 아버지 제우스를 향해 텔라몬에게 아들을 하나 점지해 달라고 간절히 기도했다. 헤라클레스가 기도를 마치자마자 갑자기 하늘에 독수리 한 마리가 나타나 그들이 타고 있던 함선 위를 선회했다. 제우스가 아들 헤라클레스의 기도를 들어주었다는 신호였다.

텔라몬의 아내 페리보이아Periboia는 나중에 과연 아들을 낳는다. 텔라몬은 그 아들 이름을 아이아스^{Aias}라 짓는다. 그 이름은 '독수리'라는 뜻의 그리스어 '아이에토스^{aietos}'에서 유래한 것이다. 아이아스는 장성하여 트로이 전쟁 때 대大 아이아스로 불리며 아킬레우스^{Achilleus} 다음으로 큰 전공을 세운다. 그래서 사실 트로이 전쟁은 두 번 있었던 셈이다. 한 번은 헤라클레스가 이끄는 그리스 연합군과 트로이의 라오메돈 왕 사이에서, 또 한 번은 아가멤논이 이끄는 그리스 연합군과 트로이의 프리아모스 왕 사이에서 말이다.

헤라클레스는 트로이를 정벌하고 그리스로 귀환하는 중에 잠깐 들른 코스^{Kos}섬에서 갑자기 아테나의 방문을 받았다. 그 당시 거인족 기간테스와 전쟁을 벌이던 제우스와 올림포스 신족은 헤라클레스의 도움 없이는 승리할 수 없다는 신탁을 듣고 아테나를 보내 그를 데리러 온 것이었다. 제1권 '신들의 전쟁'에서 언급한 것처럼 그는 급히 아테나를 따라 전쟁이 벌어지고 있는 플레그라^{Phlegra} 평원으로 달려가서 올림포스 신족을 도와 기간테스를 물리치는 데 혁혁한 전공을 세웠다.

〔🔲🔲🔲🔲🔲〕 **(14)** 〔🔲🔲🔲🔲🔲〕

복수극을 마무리하고
데이아네이라를 아내로 얻다

　헤라클레스는 이후 잠시 중단했던 복수극을 속행했다. 10년간이나 치우지 못해 악취가 진동했던 외양간을 치워 주면 약속한 삯을 주겠다고 해놓고 주지 않았던 엘리스의 아우게이아스 왕과 활의 명수 에우리토스의 아들 이피토스를 죽인 살인죄를 씻겨 달라는 부탁을 거절한 필로스의 왕 넬레우스를 처단했다. 이제 남은 것은 넬레우스처럼 정죄를 거절한 스파르타의 왕 히포코온과 그의 12명의 아들들. 히포코온의 아들들까지 그의 복수자 명단에 오른 것은 갑자기 달려드는 그들의 개를 돌로 쳐 죽였다는 이유로 그들이 헤라클레스의 사촌 오이오노스Oionos를 때려죽였기 때문이다.

　헤라클레스는 우선 아르카디아의 테게아Tegea의 왕 케페우스에게 지원을 요청했다. 케페우스는 헤라클레스를 돕고 싶어도 자신이 없는 사이에 다른 적이 테게아로 쳐들어올지 모른다고 걱정하여 선뜻 나서지 못했다. 사정을 전해 들은 헤라클레스는 케페우스의 외동딸에게 예전에 아테나에게 얻어 두었던 메두사의 머리카락 하나를 주면서 말했다.

"만약 아버지가 없는 사이 적들이 공격해 와 성을 포위하거든, 성벽에서 고개를 다른 쪽으로 돌린 다음 이 머리카락을 적진을 향해 세 번 보여라! 그러면 적들이 모두 돌로 변해 전멸할 것이다!"

　케페우스는 헤라클레스의 말을 듣고서야 안심하고 그를 따라 출정했다. 그 후 과연 헤라클레스가 알려 준 방법으로 케페우스의 나라 테게아는 적들의 공격을 막아 낼 수 있었지만 정작 그와 아들들은 히포코온과 벌인 격렬한 전투에서 전사하고 말았다. 헤라클레스의 동생 이피클레스도 이 전투에서 전사했다. 하지만 헤라클레스는 결국 히포코온과 그의 아들들을 몰살하고 복수를 마무리했다.

Cornelis van Haarlem, 〈헤라클레스와 아켈로오스〉, 1590

　　　　　　　　　10장 ○ 스토리텔링의 원형 영웅 이야기

헤라클레스는 복수를 모두 끝낸 다음 펠로폰네소스반도의 아르카디아 지방을 떠나 칼리돈Kalydon의 오이네우스Oineus 왕국에 정착했다. 오이네우스 왕에게는 데이아네이라Deianeira라는 딸이 있었는데 구혼자들이 문전성시를 이룰 정도로 아름다웠다. 헤라클레스도 구혼자가 되어 경합을 벌이다가 강의 신 아켈로오스Acheloos와 단둘이 남게 되었다. 헤라클레스는 레슬링으로 그와 담판을 지으면서 처음에는 여러 가지 모습으로 변신하여 요리조리 피하던 아켈로오스 때문에 무척 애를 먹었다. 하지만 황소로 변신한 아켈로오스의 두 뿔을 잡고 끈덕지게 늘어진 끝에 마침내 뿔 하나를 뽑아냈다.

아켈로오스는 그제야 패배를 깨끗이 인정하고 헤라클레스에게 데이아

Peter Paul Rubens,
〈풍요의 여신 아분단티아〉, 1630년경

네이라를 포기할 테니 자신의 뿔은 돌려달라고 간청했다. 그가 뿔을 돌려주자 아켈로오스는 그에게 그 대신 염소 아말테이아Amaltheia의 뿔을 하나 주었다. 아말테이아는 제우스가 어렸을 때 크레타에서 젖을 먹여 주었던 암염소였다. 제우스는 염소가 죽자 그 공적을 기리기 위해 그 뿔을 지닌 자에게는 원하는 것은 무엇이든 풍족하게 생기도록 해 주었다. 이것이 바로 풍요의 뿔 '코르누코피아Cornucopia'다. 이 뿔이 왜 강의 신 아켈로오스의 손에 들어갔는지는 알 수 없다. 어쨌든 후대의 화가들은 이 뿔을 보통 행운의 여신 포르투나Fortuna나 풍요의 여신 아분단티아Abundantia가 갖고 있는 것으로 묘사한다.

10장 ○ 스토리텔링의 원형 영웅 이야기

🔲🔲🔲🔲🔲 (15) 🔲🔲🔲🔲🔲

아내를 납치하려 한
켄타우로스 네소스를 죽이다

헤라클레스는 강의 신 아켈로오스와의 구혼 시합에서 승리하여 칼리돈의 공주 데이아네이라를 두 번째 아내로 맞이했다. 그는 그에 대한 보답으로 칼리돈의 숙적 테스프로토이Thesprotoi족의 수도 에피라Ephyra를 정복했다. 칼리돈으로 복귀한 헤라클레스는 환영파티에서 술에 취해 실수로 포도주로 목욕하는 추태를 부렸다. 술이 깨자 그는 깊은 수치심을 느끼고 자신을 그렇게 하도록 부추긴 장인 오이네우스 왕의 친척 에우노모스Eunomos를 때려죽였다. 오이네우스는 의도적으로 살인을 저지른 게 아니라는 이유로 사위를 용서해 주었다. 하지만 살인을 한 사람은 이유 불문하고 그 나라에서 추방해야 한다는 당시 관습법에 따라 헤라클레스는 칼리돈을 떠나야 했다.

헤라클레스는 원래 장인의 나라 칼리돈에 정착하려 했지만 하는 수 없이 아내 데이아네이라를 데리고 칼리돈을 떠나 트라키스Trachis로 가다가 에우에노스Euenos강가에 이르렀다. 그런데 그곳에는 네소스Nessos라는 켄타우로스Kentauros가 살고 있었다. 네소스는 노약자들을 등에 태워 강을 건네주고는 터무니없이 많은 통행료를 받는 것으로 악명이 높았다. 헤라클레스는 네소스의 도움이 굳이 필요하지 않았다. 힘이 천하장사인지라 아내도 자신이 업고 건너면 그만이었다. 하지만 네소스가 선뜻 공짜로 돕겠다고 자청하자 아내를 네소스에게 맡기고 천천히 그 뒤를 따라갔다.

헤라클레스가 가슴 깊이의 강 한가운데를 조심스럽게 건너고 있는데 갑자기 강 저편에서 먼저 떠난 아내의 자지러지는 비명이 들려왔다. 급히 그쪽을 보니 네소스가 아내를 납치하려고 등에 업고 전속력으로 달리고 있었다. 그는 재빨리 활을 꺼내 네소스를 향해 화살을 날려 그의 심장을 꿰뚫었다. 네소스는 헤라클레스의 화살을 맞고 피를 흘리며 죽어가면서도 복수심에 불타 순진한 데이아네이라를 꼬드겼다. 자신의 피는 사랑의

Gaspare Diziani, 〈데이아네이라의 납치〉, 연도 미상

10장 ○ 스토리텔링의 원형 영웅 이야기

묘약이라 받아 두었다가 남편이 변심하거든 옷에 발라 입히면 마음이 돌아온다는 것이었다.

데이아네이라는 마침 결혼한 이후부터 헤라클레스가 자꾸만 딴 여자들에게 눈길을 주는 것 같아 계속해서 속을 끓이고 있던 터라 네소스의 말에 귀가 솔깃해져서 그의 피를 조금 받아 두었다. 하지만 네소스의 피에는 남편이 화살촉에 발라 쓰던 괴물 뱀 히드라의 치명적인 독이 섞여 있다는 사실을 알 턱이 없었다. 그 후 헤라클레스는 트라키스에 정착한 뒤에도 여기저기 돌아다니며 많은 모험을 감행했다.

그러던 어느 날 헤라클레스는 문득 자신이 악당들이나 괴물들과 싸울

Pavel Sorokin,
〈헤라클레스와 리카스〉, 1849

때마다 승리할 수 있게 해 준 아버지 제우스에게 제단을 쌓고 제물을 바치고 싶다는 생각이 들었다. 그는 당장 전령 리카스Lichas에게 집에 가서 새 옷을 가져오라고 명령했다. 데이아네이라는 옷을 싸면서 자꾸 한눈을 파는 남편의 마음을 돌릴 수 있는 절호의 기회라고 생각하고 보관하고 있던 네소스의 피를 발랐다. 피는 신기하게도 물처럼 무색無色이라 전혀 표가 나지 않았다.

전령 리카스가 새 옷을 가져오자 헤라클레스는 곧장 옷을 갈아입었다. 바로 그 순간 옷에 묻어 있던 히드라의 독이 헤라클레스의 살갗을 파고들어가기 시작했다. 옷은 순식간에 살과 한 덩어리가 되었다. 헤라클레스가 옷을 억지로 벗겨 내려 했지만 살점이 옷감과 함께 뜯어지며 고통스러울 뿐이었다. 헤라클레스는 단말마의 비명을 지르며 옷을 가져온 전령 리카스를 두 손으로 움켜쥐고 땅바닥에 내동댕이치더니 다시 들어 뒤로 던져 버렸다. 이어 아내를 혼쭐내기 위해 고통을 참으며 간신히 트라키스의 집으로 돌아갔지만 데이아네이라는 남편의 소식을 전해 듣고 이미 목매자살한 뒤였다.

﨏﨏﨏﨏﨏 **(16)** 﨏﨏﨏﨏﨏

헤라클레스의 죽음과 교훈극
『갈림길의 헤라클레스』

　헤라클레스는 본능적으로 이제 자신이 죽을 때가 온 것을 예감했다. 그는 얼른 아들 힐로스Hyllos를 대동하고 혼신의 힘을 다해 근처에 있던 오이타Oita산 정상으로 올라가 그에게 장작으로 화장단을 쌓으라고 지시했다. 이윽고 화장단이 완성되어 헤라클레스가 그 위로 올라갔지만 불을 붙일 수 없었다. 그들 수중에 부싯돌이 없었기 때문이다. 마침 그때 멜리보이아Meliboia의 왕 필록테테스Philoktetes가 부하들과 함께 소 떼를 데리고 그 곁을 지나가고 있었다. 헤라클레스는 괴로워하면서도 그에게 자신의 활과 화살을 줄 테니 화장단에 불을 붙여 달라고 부탁했다. 그는 헤라

Ivan Akimovich Akimov, 〈헤라클레스의 화장단에 불을 붙여 주는 필록테테스〉, 1782

클레스의 제안에 흔쾌히 동의하고 즉시 부싯돌을 꺼내 불을 붙여 주었다.

　헤라클레스의 육체가 불타고 있는 동안 제우스는 올림포스 궁전에서 신들의 회의를 소집하여 실로 엄청난 과업을 완수한 헤라클레스를 신으로 만들어 주자고 제안했다. 이때 어떤 신도 제우스의 말에 이의를 제기하지 않아 헤라클레스는 마침내 만장일치로 올림포스 신들의 반열에 올랐다. 신들의 결정이 떨어지기가 무섭게 전령신 헤르메스(혹은 영웅들의 수호신 아테나)가 헤라클레스를 마차에 태워 올림포스 궁전으로 호송해 왔다. 헤라클레스가 신이 되어 올림포스 궁전으로 올라오자 헤라는 그제야 그에 대한 분노를 풀고 자신의 딸이자 청춘의 여신인 헤베Hebe를 아내로 주었다.

　헤라클레스는 지상에 사는 동안 계속 광기에 시달렸다. 물론 헤라의 개입도 있었지만 아마 주체할 수 없이 넘쳐흐르는 힘 때문이었을 것이다. 하지만 그는 자신의 광기를 헤라나 본능 탓으로만 돌리지 않고 그것을 다스리기 위해 부단한 노력을 기울였다. 그가 해낸 12가지 과업도 광기에 빠져 첫 번째 아내 메가라와 두 아들을 죽인 대가를 치르기 위해 자청한 것이 아니던가? 그래서 헤라클레스가 그리스 신화의 영웅 중 유일하게 신이 된 것은 바로 그의 끊임없는 노력 덕분이라고 할 수 있다.

　독일 고전주의 문학의 대가 프리드리히 실러F. Schiller도 헤라클레스의 그런 점을 높이 평가하여 아주 짧지만 깊은 울림을 주는 「제우스가 헤라클레스에게」라는 시를 썼다.

내가 준 넥타르Nektar를 마신 덕분에 네가 신성을 얻은 것이 아니라
너의 신적인 힘 덕분에 네가 넥타르를 얻은 것이다.

Noël Coypel, 〈헤라클레스의 신격화〉, 1700
제우스와 헤라 등 그리스 신들이 헤르메스의 안내를 받으며 마차를 타고 올림포스 궁전으로 올라오는
헤라클레스를 환영하고 있다.

헤라클레스가 젊었을 때부터 올바른 길을 가기 위해 얼마나 많은 노력을 기울였는지 잘 말해 주는 우화가 있다. 프로디카스Prodikas의 교훈극 『갈림길의 헤라클레스』에 의하면 헤라클레스가 막 청년기로 들어선 어느 날 비몽사몽간에 갈림길에 서 있는 꿈을 꾸었다. 그런데 한쪽 길에는 '욕망'이라는 이름을 지닌 요염하게 차려입은 여자가, 자기가 안내하는 길은 언제나 장밋빛이며 육체의 욕망뿐 아니라 모든 욕망을 마음껏 채울 수 있다며 함께 가자고 손짓했다. 그리고 다른 길에는 '덕성'이라는 이름을 지닌 정숙하게 차려입은 여자가, 자기가 안내하는 길은 고난과 고통의 길이지만 참된 행복을 얻을 수 있는 길이라며 함께 가자고 손짓했다.

갈림길에서 한순간 갈등하던 헤라클레스는 결국 후자의 길을 택했다.

Annibale Carracci, 〈갈림길의 헤라클레스〉, 1696
왼쪽의 덕성이 가리키는 꼬불꼬불한 언덕길 정상에 헤라클레스를 태우고 하늘로 데려갈 천마 페가소스가 보인다.

　　　　　　　　　　　　　　　　　10장 ○ 스토리텔링의 원형 영웅 이야기

이 일화에서 바로 '헤라클레스의 선택'이라는 격언이 유래했다. 그것은 '인생에서 쉽지만 타락한 길이 아니라, 힘들지만 올바른 길을 택하는 중요한 결단'을 의미한다. 삶에 대한 이런 태도는 페르세우스와 헤라클레스를 비롯하여 앞으로 계속해서 살펴보게 될 이아손, 테세우스, 아킬레우스, 오디세우스, 아이네이아스 등 그리스 신화 속 모든 영웅에게서 나타나는 가장 중요한 공통분모다.

황금 양피 원정대 아르고호의 모험

Day 98

(1)

그리스 신화 버전
'절대 반지' 황금 양피

아르고Argo호의 모험은 '아르고'라는 배를 타고 황금 양피를 찾아 나선 영웅들의 이야기다. 그렇다고 총 55명이나 되는 영웅들의 활약상이 모두 차례로 소개되는 것은 아니다. 이야기는 주로 원정대를 만들어 인솔한 영웅 이아손Iason을 중심으로 전개된다. 여기서 황금 양피는 권력을 상징한다. 이올코스Iolkos의 왕 펠리아스Pelias가 조카 이아손에게 황금 양피를 가져오면 권력을 넘겨주겠다고 제안한 것은 바로 그 때문이다. 하지만 이아손은 많은 어려움을 극복하며 그 일을 해내고도 왕위를 얻지 못한다. 심지어 조국에서 쫓겨나 망명생활을 하다가 자식도 모두 잃고 아내 메데이아Medeia에게 버림을 받아 절망한 채 술독에 빠져 지낸다.

이아손은 결국 술에 취한 채 해변에 전시해 놓았던 아르고호에 기대어 잠이 들었다가 갑자기 불어닥친 강한 바람에 부러진 돛대에 깔려 즉사한다. 이아손은 황금 양피를 얻고도 왜 이처럼 비극적인 추락을 하고만 것일까? 그것은 그가 부당한 방법으로 황금 양피를 탈취했기 때문이다. 황금 양피를 탈취해 오라고 시킨 펠리아스도 그 책임을 면치 못한다. 그는 이아손의 아내 메데이아의 꼬임에 빠진 딸들에 의해 무참하게 살해당한다. 그래서 황금 양피는 저주가 서려 있는 그리스 신화 버전 바그너R. Wagner의 '니벨룽의 반지'이자 영화 〈반지의 제왕〉에 등장하는 '절대 반지'다.

그리스 신화에는 또 다른 황금 양피 이야기가 있다. 여기서도 황금 양피는 권력을 상징한다. 이미 앞서 제1권에서 언급했듯이 탄탈로스Tantalos의 손자 아트레우스Atreus와 티에스테스Tyestes 형제는 할아버지 탄탈로스와 아버지 펠롭스Pelops가 저지른 범죄 때문에 저주를 받아 원수처럼 지냈다. 아버지 펠롭스가 죽자 자연히 권력투쟁이 벌어졌다. 형제는 권력을 놓고 다투다가 일정한 합의에 도달했다. 권력을 물려받을 자에게는 하늘에서 어떤 표시를 내려 줄 것이니 그때까지 기다리기로 한 것이다.

그러던 어느 날 제우스가 두 형제 중 형 아트레우스의 양 떼 사이에 황금 양피를 지닌 양을 한 마리 내려보냈다. 아트레우스는 그것이 권력투쟁에서 자기 손을 들어 주려고 하는 제우스의 뜻이라고 생각하고 양을 잡아 황금 양피를 광에 숨겨 둔 뒤 백성들을 소집했다. 황금 양피를 보여 주고 권력을 물려받기 위해서였다. 하지만 황금 양피는 벌써 그의 아내에 의해 동생의 수중에 들어가 있었다. 동생은 이미 오래전부터 형수와 부적절한 관계를 맺고 있던 터라 형에 대한 모든 정보를 알고 있었기 때문이다. 물론 동생 티에스테스는 이 범죄로 인해 제우스의 벌을 받았다. 부당한 방법으로 황금 양피를 탈취했기 때문이다. 그는 나라에서 추방당하고 형 아트레우스가 왕위에 올랐다.

그렇다면 아르고호의 모험에서 황금 양피는 어떻게 생겨난 것일까? 이아손은 왜 황금 양피를 가지러 에게해를 횡단하고 다르다넬스Dardanelles해협, 마르마라Marmara해, 보스포로스Bosporos해협을 거쳐 현재의 조지아 공화국에 해당하는 머나먼 흑해 연안 콜키스Kolchis까지 가야 했던 것일까? 앞으로 우리가 살펴보게 될 아르고호의 모험은 그리스 테살리아Tessalia 왕가 그리고 당시 세상의 동쪽 끝자락이었던 흑해 연안의 콜키스 왕가와 복잡하게 얽혀 전개된다.

테살리아와 콜키스 왕가

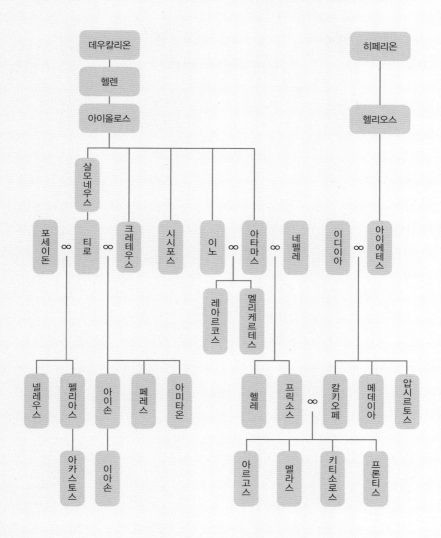

테살리아 아이올로스와
콜키스 아이에테스 왕가

테살리아의 왕 아이올로스Aiolos의 큰아들 아타마스Athamas는 보이오티아Boiotia의 오르코메노스Orchomenos의 왕이었다. 그는 아내 네펠레Nephele와의 사이에서 아들 프릭소스Phrixos와 딸 헬레Helle를 두었다. 네펠레가 죽자 아타마스는 후처 이노Ino를 얻었다. 이노는 아타마스 사이에서 두 아들 레아르코스Learchos와 멜리케르테스Melikertes를 낳은 뒤 전처의 소생이었던 프릭소스와 헬레를 몹시 구박했다. 심지어 나라에 심한 흉년이 들자 신탁을 조작하여 왕을 속이고 그들을 희생 제물로 바치려 했다.

지하세계에서 그걸 보다 못한 친어머니 네펠레는 전령신 헤르메스에게 부탁해서 자식들에게 황금 양피를 지닌 크리소말로스Chrysomallos라는 양을 한 마리 보냈다. 그 양은 인간처럼 말을 할 수 있었고 날 수도 있었다. 그들은 그 양을 타고 계모의 박해를 피해 당시 세상의 동쪽 끝자락에 해당하는 흑해 연안의 태양의 나라 콜키스로 도망쳤다. 하지만 딸 헬레는 도중에 오빠의 등을 잡고 있던 손을 놓치는 바람에 바다에 떨어져 죽고 말았다. 그때부터 헬레가 떨어져 죽은 바다는 그녀의 이름을 따 헬레스폰토스Hellespontos로 불리다가 현재는 다르다넬스해협이라고 한다. 다행히

〈프릭소스와 크리소말로스〉
(그리스 도기 그림의 복제품)

헬레의 오빠 프릭소스는 무사히 콜키스에 도착했다.

　그 당시 콜키스의 왕 아이에테스Aietes는 티탄 신족의 태양신 헬리오스와 강의 요정 페르세이스Perseis 사이에서 태어난 아들이었다. 그는 아내 이디아Idyia의 사이에 딸 칼키오페Chalkiope와 메데이아 그리고 아들 압시르토스Apsyrtos를 두었다. 프릭소스가 콜키스에 도착하여 사정을 설명하고 도움을 요청하자 아이에테스 왕은 그를 환대하며 반갑게 맞이했다. 더구나 아이에테스 왕은 프릭소스에게 자신의 딸 칼키오페를 아내로 주었다.

　그에 대한 보답으로 프릭소스는 자신이 타고 왔던 양을 잡아 도망자의 수호신인 제우스에게 바친 다음 황금 양피는 아이에테스 왕에게 선물로 주었다. 왕은 그것을 전쟁의 신 아레스의 숲에 있는 아름드리 참나무에 걸어 두고 절대로 잠들지 않는 커다란 용에게 지키도록 했다. 이후 칼키오페는 프릭소스 사이에서 아르고스Argos, 프론티스Phrontis, 멜라스Melas,

키티소로스Kytissoros 등 네 아들을 낳았다.

테살리아의 왕 아이올로스의 둘째 아들 크레테우스Kretheus는 이올코스의 왕으로 자신이 키우던 조카 티로Tyro를 아내로 삼았다. 하지만 티로는 바다의 신 포세이돈의 사랑을 받아 이미 넬레우스Neleus와 펠리아스라는 쌍둥이 형제를 낳아 남몰래 키우고 있었다. 뒤늦게 그 사실을 알게 된 크레테우스는 쌍둥이를 자신의 친아들로 받아들일 수밖에 없었다. 그 후 티로는 크레테우스에게 아이손Aison, 아미타온Amythaon, 페레스Pheres 3형제를 낳아 주었다. 그중 큰아들 아이손이 바로 아르고호 원정대를 지휘하게 되는 이아손의 아버지다. 신기하게도 아들의 이름 이아손Iason은 아버지의 이름 아이손Aison에서 알파벳 첫 두 글자의 순서만 바꾼 것이다.

어쨌든 크레테우스는 아무리 신의 은총이라고 해도 혼전 출산을 속인 아내 티로에게 무척 실망한 터라 시간이 흐를수록 그녀를 멀리하더니 결국 새 아내 시데로Sidero를 얻었다. 그러자 시데로는 남편 크레테우스를 등에 업고 티로를 몹시 학대했다. 그 소식을 듣고 티로가 포세이돈과의 사이에서 낳은 쌍둥이 형제 펠리아스와 넬레우스가 계모 시데로를 찾아가 죽이려 했다. 쌍둥이 형제의 칼날을 피해 도망가던 시데로가 헤라 신전으로 숨어들자 펠리아스는 이에 아랑곳하지 않고 신전 제단에서 잔인하게 그녀를 살해했다. 이때부터 헤라는 펠리아스에게 엄청난 분노를 품고 장차 아이손의 아들 이아손의 손을 빌려 그를 몰락시킬 계획을 세웠다.

🔲🔲🔲🔲🔲 **(3)** 🔲🔲🔲🔲🔲

포세이돈의 아들 펠리아스와
외짝 신발의 영웅 이아손

  펠리아스는 명목상으로는 이올코스의 왕 크레테우스의 아들이었지만 사실은 바다의 신 포세이돈의 아들이었다. 그는 자신의 어머니 티로를 괴롭힌다는 이유로 새어머니 시데로를 헤라 신전에서 죽일 만큼 성격이 포악했으며 권력에 대한 욕심이 엄청났다. 그는 명목상의 아버지 크레테우스가 죽자 쌍둥이 동생 넬레우스를 추방하고 이부형제異父兄弟인 아이손에게 돌아갈 왕위를 찬탈한 뒤 그도 추방해 버렸다. 그걸 보고 아이손의 동생이었던 페레스와 아미타온도 스스로 나라를 떠났다. 그들은 나중에 각각 페라이Pherai와 필로스Pylos시를 건설한다.

  펠리아스는 그 뒤에도 자신의 권력에 걸림돌이 될 만한 정적들을 모두 살해한 다음 델피Delphi의 아폴론 신전에 가서 자신의 장래를 물었다. 그러자 여사제 피티아Pythia가 앞으로 외짝 신발을 신은 자만 조심하면 권력에 아무런 이상이 없을 것이라는 신탁을 내렸다. 그사이 펠리아스에게 추방당한 아이손은 아내가 첫째 아들을 낳자 대외적으로는 사산했다고 소문을 내고는 비밀리에 그 아이를 반인반마半人半馬의 켄타우로스족인 케이론Cheiron에게 맡겼다. 케이론은 나중에 어린 아킬레우스Achilleus도 맡아

Jean-Baptiste Regnault, 〈아킬레우스에게 활쏘기를 가르치는 케이론〉, 1782

키울 정도로 그 당시 영웅들의 스승으로 아주 명망이 높았다. 아이손으로부터 핏덩이를 넘겨받은 케이론은 우선 그에게 이아손이라고 이름을 지어 준 다음 펠리온Pelion산 동굴에서 훌륭하게 교육을 시켰다.

영웅 조련사 케이론으로부터 16년 동안 여러 분야의 교육을 받으며 헌

　　　　　　　10장 ○ 스토리텔링의 원형 영웅 이야기

헌장부로 자란 이아손은 마침내 어느 날 펠리아스에게 빼앗긴 아버지의 왕권을 돌려달라고 요구하기로 결심했다. 마침 왕궁에서 펠리아스가 자신의 아버지 포세이돈을 위해 축제를 개최한다는 소문이 들려왔다. 좋은 기회라고 생각하고 길을 떠난 이아손은 우연히 아나우로스Anauros강변에서 어떤 노파를 만났다. 노파는 이아손을 보자 다짜고짜 자신을 업어 강을 건너게 해 달라고 떼를 썼다. 지금까지 벌써 며칠씩이나 불어난 물 때문에 강을 건너지 못하고 발만 동동 구르고 있었다는 것이다.

이아손은 노파의 무례한 태도에 약간 마음이 거슬렸지만 연로한 어머니를 생각하여 꾹 참고 노파를 등에 업고 강을 건너기 시작했다. 하지만 강 중간쯤 갔을 때 그만 발이 진창에 깊이 빠지는 바람에 신발 한 짝을 챙기지 못했다. 등에 노파를 업고 있는 터라 몸을 구부려 두 손으로 진창에서 신발을 빼낼 수도 없었다. 그렇다고 노파를 강 건너편에 부리고 다시 와서 신발을 찾기에는 축제 시간에 맞추기가 빠듯했다. 하는 수 없이 그는 노파를 건너편 강둑에 안전하게 건네준 다음 신발 한 짝만을 신고 황급히 펠리아스의 궁전으로 향했다.

그런데 이 노파는 다름 아닌 여신 헤라였다. 그녀는 이아손이 펠리아스와 대적할 만한 재목이 되는지 한번 시험하고 싶어 노파로 변신하여 그를 기다리고 있었던 것이다. 그녀는 이아손의 등 뒤에 업혀서 그의 인내심과 체력 그리고 인품 등을 가늠해 보고 만족한 듯 빙긋 미소를 지으며 애당초 계획한 대로 이아손을 통해 자신의 신전을 더럽힌 펠리아스에게 복수하기로 한 결심을 굳혔다.

ㄸㄸㄸㄸㄸ **(4)** ㄸㄸㄸㄸㄸ

54명의 영웅들을 모아 황금 양피를 찾아 나선
이아손

이아손이 외짝 신발을 신고 나타나 신분을 밝히며 아버지 아이손에게서 찬탈한 왕권을 요구하자, 펠리아스는 자신이 왕위에 오른 뒤 델피 아폴론 신전에서 들었던 '외짝 신발을 신은 자를 조심하라'는 신탁의 경고를 떠올렸다. 그래서 그는 당장이라도 이아손을 죽이고 싶었지만 축제 기간이라 보는 눈이 많았다. 또한 이아손이 왔다는 소식을 듣고 시내에 살던 그의 친척들과 아이손의 과거 지지자들이 대거 몰려왔다. 그래서 펠리아스는 이아손에게 거짓으로 이렇게 말했다.

"최근 꿈자리가 하도 뒤숭숭해서 델피 아폴론 신전에 해몽을 부탁했다. 그러자 여사제 피티아는 내 꿈을 이올코스 왕국에 극심한 역병이 퍼질 조짐으로 해석했다. 또한 그 이유는 우리 아이올로스 가문 출신으로 내 사촌이었던 프릭소스가 피신할 때 가져갔던 황금 양피가 아직도 야만족의 나라인 콜키스에 있기 때문이란다. 그러니 네가 늙은 나 대신 콜키스에 가서 황금 양피를 좀 가져와라. 그러면 네게 이올코스 왕권을 물려주겠다."

10장 ○ 스토리텔링의 원형 영웅 이야기

펠리아스는 이아손이 콜키스로 가는 도중에 틀림없이 사고를 당해 목숨을 잃을 것으로 확신했다. 설사 살아남는다고 해도 콜키스의 아이에테스 왕이 황금 양피를 내줄 리 만무했다. 소문에 의하면 아이에테스 왕은 황금 양피를 갖고 있는 동안에만 왕위를 지킬 수 있다는 신탁을 받았다고 했기 때문이다.

이아손은 펠리아스가 거짓말을 하고 있다는 사실을 단박에 간파했다. 그는 한순간 분노가 치밀어 올라 당장 펠리아스를 해치워 버릴까 생각도 해 봤다. 하지만 펠리아스의 주변에 있는 경호원들의 눈빛이 만만치 않았다. 자신을 따르는 지지자들이 있다고 하더라도 수적으로 크게 열세라서 승리를 장담할 수 없었다. 그는 결국 모험을 성공적으로 마쳐 펠리아스의 코를 납작하게 해 주기로 결심하고 그의 제안을 받아들였다.

다른 설에 따르면 크레테우스가 죽자, 펠리아스가 아니라 아이손이 정식 후계자가 된다. 아이손은 왕국을 다스리다가 노쇠하고 정치에 염증을 느낀 나머지 아들 이아손에게 권력을 물려주려 한다. 하지만 이아손의 나이가 너무 어려 이부형제인 펠리아스에게 아들이 장성할 때까지 임시로 권력을 맡긴 뒤 아들은 케이론에게 보내 교육을 시킨다.

이아손이 몇 년간의 황태자 수업을 마치고 돌아와 펠리아스에게 아버지가 맡긴 권력을 요구하자, 권력에 맛을 들인 그는 이아손이 모험을 해서 좀 더 힘과 경험을 쌓아야 한다면서 콜키스에 가서 원래 아이올로스 가문의 소유였던 황금 양피를 가져오면 권력을 물려주겠다고 말한다. 이아손은 펠리아스의 속내를 알아챘지만 여러 가지 상황을 고려하여 고심한 끝에 그의 제안을 받아들인다.

이아손은 당시 세상의 동쪽 끝자락에 있는 흑해 연안의 콜키스까지 가려면 자기 혼자서는 역부족이라고 생각하여 당장 전령을 띄워 그리스 전역에 흩어져 있는 영웅들을 모집했다. 지금으로 말하자면 인터넷 공고를 낸 것이다. 그러자 전국에서 내로라하는 54명의 영웅이 이올코스로 속속 모여들었다. 그리스 신화 속 영웅들은 아무리 위험한 모험이라도 마다하지 않았다. 그들은 일찍이 시련을 통해서만 진정한 영웅으로 거듭날 수 있다는 사실을 깨우쳤던 것이다.

신화작가마다 아르고호의 모험에 동참한 영웅들의 리스트는 다르지만 모두가 공통으로 언급하는 영웅들이 있다. 헤라클레스Herakles, 오르페우스Orpheus, 폴리데우케스Polydeukes와 카스토르Kastor 형제, 제테스Zetes와 칼라이스Kalais 형제, 텔라몬Telamon과 펠레우스Peleus 형제, 이다스Idas와 링케우스Lynkeus 형제, 아드메토스Admetos, 페리클리메노스Periklymenos, 아우게이아스Augeias, 아르고스Argos, 티피스Tiphys 등이 바로 그들이다.

이 외에도 자주 언급되는 영웅들은 멜레아그로스Meleagros와 예언가 이드몬Idmon과 몹소스Mopsos 등이다. 가끔 테세우스Theseus와 여자 영웅 아탈란테Atalante가 언급되기도 한다. 하지만 『아르고호의 모험Argonautika』을 쓴 아폴로니오스Apollonios에 의하면 테세우스는 이 시기에 절친 페이리토오스Peirithoos와 지하세계에 가 있었고, 아탈란테는 같이 가고 싶어 했지만 이아손이 정중하게 거절했다. 여자가 끼어 있으면 너도나도 그녀의 환심을 사려다가 영웅들 사이에 불화가 생길 수 있다는 우려에서였다.

10장 ○ 스토리텔링의 원형 영웅 이야기

에피로스 마케도니아 칼키디케 트라케 사모트라케(엘렉트라) 헬레스폰토스 프로폰티스 돌리오네스
올림포스산 팔레네 렘노스 임브로스
마그네시아 오사산 미리나 테네도스 트로이아 ▲이다산 미시아
이올코스 헬리온산 스포라데스 에게해
파가사이 ▲ 리디아
이오니아해 오트리산 ▲ 프티아 테네도스
아이톨리아 로크리스 에우보이아
보이오티아 카리아
아카이아 테베
엘리스 아티카
아르카디아 아이기나 카레이스토스곶
아르골리스
펠로폰네소스
메세니아
타이나론곶 키테라 크레타해
크레타 크노소스
▲딕테산

아르고호의 그리스 연안 모험 경로

Konstantinos Volanakis,
〈아르고호〉, 연도 미상

🔲🔲🔲🔲🔲🔲 **(5)** 🔲🔲🔲🔲🔲🔲

이아손이 아르고호를 건조하고
원정대 대장이 되다

영웅들이 이올코스로 속속 모여들기 시작하자 이아손은 우선 아레스토르Arestor의 아들로 그 당시 배 만드는 장인으로 이름을 떨쳤던 아르고스Argos에게 배를 한 척 부탁했다. 그러자 아르고스는 펠리온Pelion산의 소나무로 수공예의 신이기도 한 아테나의 도움을 받아 지금의 항공모함급에 해당하는 아주 커다란 배를 만들었다. 이아손은 배가 완성되자 그것을 만든 아르고스의 이름을 따서 아르고호라고 명명했다. 하지만 고대 로마의 정치가이자 철학자인 키케로Cicero에 따르면 배 이름은 호메로스Homeros가 오늘날의 '그리스인'이라는 의미로 즐겨 썼던 아르게이오스Argeios에서 유래했다. '아르게이오스'는 고대 그리스의 도시국가 '아르고스에 사는 사람들'이라는 의미다.

특히 아테나는 아르고호 선수에 제우스 신전으로 유명한 도도네Dodone에서 가져온 참나무를 박아 주었다. 그 참나무는 신기하게도 인간처럼 말을 할 수 있어서 장차 영웅들에게 마치 스피커처럼 큰 목소리로 조언을 해 주곤 한다. 하늘의 별자리 중 이 배의 이름을 딴 '아르고호자리(Argo Navis)'가 있다. 2012년 개봉된 '주이란 미국대사관 인질 구출 사건'을 토대로 만든 영화 제목도 〈아르고〉다. 왜 그런 제목을 붙였는지 그 이유가 궁금하다면 그 영화를 한번 보기 바란다. 절대 실망하지 않을 것이다. 덧붙여 1963년 영국에서 아르고호의 모험을 토대로 만들어진 〈아르고 황금 대탐험〉이라는 영화도 있다.

이아손은 출발 준비를 마친 다음 그리스 전역에서 모여든 총 54명의 영웅들을 앞에 두고 모험의 목적 등에 대해 일장 연설을 한 다음, 원정대 대장을 뽑자고 제안했다. 그러자 그들은 이구동성으로 모두 헤라클레스를 추대했다. 헤라클레스는 그 당시 12가지 과업을 수행 중이었는데 이미 상당한 명성을 누리고 있었고 일원 중 가장 힘이 셌다. 하지만 헤라클

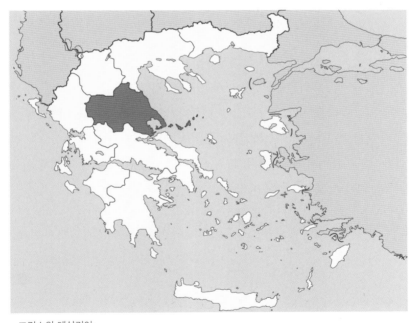

그리스의 테살리아
마치 늑대가 입을 벌리고 있는 모양의 지형에서 입속에 해당하는 부분이 아르고호가 출발한 파가사이만이고 위턱 부분이 마그네시아반도다.

레스는 대장직을 거절하며 원정대를 조직한 이아손이 대장을 맡아야 한다고 주장했다. 모두들 그 말에 찬성하고 티피스를 키잡이(조타수)로 임명한 뒤 아르고호의 진수식을 거행했다.

바로 그때 아르고스와 모험을 발주한 펠리아스의 아들 아카스토스Akastos가 허겁지겁 달려왔다. 아르고스는 자기가 직접 만든 배를 그냥 떠나보낼 수가 없었다. 또한 펠리아스의 외아들 아카스토스는 이아손을 좋아했고 모험을 하고 나서 얻을 명성에도 욕심이 났다. 그래서 아버지의 뜻을 어기고 원정에 동참했다. 그들은 내일 아침 출항하기로 하고 우선 항해의 신 아폴론에게 제물을 바치고 무사 귀환을 빌었다. 제사가 끝나자 예언가 이드몬은 자신을 제외한 모든 영웅들이 무사히 귀환할 것이라고 예언했다. 그는 일찍부터 자신이 콜키스로 가다가 죽는다는 것을 알고 있었지만 모험을 포기하지 않았다.

마침내 동이 트자 선수에 박혀 있던 말하는 참나무가 영웅들에게 큰 목소리로 빨리 출발하라고 독려했다. 아르고호는 마침내 이올코스의 파가사이Pagasai만을 출발하여 마그네시아Magnesia반도를 끼고돌면서 에게해 서쪽 해안을 따라 북쪽으로 올라갔다. 마침내 아르고호의 모험이 시작된 것이다. 며칠 뒤 아르고호의 왼편에 오사Ossa산이 보였다. 한참 후에 올림포스Olympos산이 보이자 그들은 바로 동쪽으로 항로를 틀었다.

寧寧寧寧寧寧 **(6)** 寧寧寧寧寧寧

아르고호의 첫 기항지
렘노스섬이 여인 천하가 된 사연

그들이 맨 먼저 정박한 곳은 렘노스Lemnos섬이었다. 몇 년 전 렘노스 여인들은 미와 사랑의 신 아프로디테Aphrodite 섬기기를 게을리한 적이 있었다. 여신은 그 벌로 여인들에게서 지독한 악취가 풍기게 했다. 남편들은 그때부터 아내들을 거들떠보지 않았다. 그 대신 그들은 트라케Thrake를 약탈하여 그곳 여인들을 집으로 납치해 와 사랑을 나누었다. 아이들도 트라케의 여인들에게서만 생겨났다. 그러자 렘노스 여인들은 질투심으로 눈이 뒤집혔다.

그들은 어느 날 남편들이 모두 배를 타고 고기를 잡으러 바다로 나간 틈을 타 회의를 소집하여 렘노스의 모든 남자를 몰살하기로 결의했다. 이어 저녁에 남편들이 돌아오자 잔뜩 술을 먹인 다음 곯아떨어진 그들을 모두 잔인하게 살해했다. 그들은 남편들뿐 아니라 트라케의 여인들도 모두 죽였다. 후환을 없애기 위해 자신들이 낳은 아들뿐 아니라 트라케의 여인들에게서 낳은 아들들도 모두 죽여 없앴다. 그때부터 그들은 트라케가 자국 여인들의 원수를 갚으러 오지 않을까 전전긍긍하고 있었다.

트라케 쪽으로부터 아르고호가 렘노스 해안에 도착하자 렘노스는 공

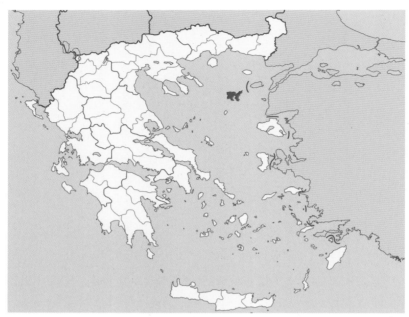

렘노스섬의 위치. 지도에 진하게 표시된 곳이 아르고호의 첫 기항지인 렘노스섬이다.

황 상태에 빠졌다. 그들은 그동안 트라케의 침공을 두려워하며 경계를 게을리하지 않았는데 드디어 우려하던 일이 터졌다고 오해했다. 렘노스의 여인들은 모두 한때 남자들이 쓰던 무구로 완전무장을 한 채 시장 광장에 모였다. 여왕 힙시필레Hypsipyle는 아버지이자 전왕前王 토아스Thoas의 무구로 무장했다. 그녀는 아버지를 차마 죽일 수 없어 몰래 배에 태워 살려 보냈었다. 이아손은 그녀에게 헤르메스의 아들 아이탈리데스Aithalides를 전령으로 보내 정중하게 식수 등 도움을 요청했다.

힙시필레가 전체 회의를 소집하여 영웅들을 해변에 묵게 한 다음, 아침에 물자를 충분하게 주어 조용히 떠나보내자고 제안했다. 그러자 힙시필레의 늙은 유모 폴릭소Polyxo가 그 말에 반대했다. 그녀는 자신들이 늙어 죽고 나면 누가 렘노스의 주인이 될지 생각해 보라고 충고했다. 그러면서 영웅들을 아예 렘노스섬에 눌러앉게 하자고 제안했다. 여인들은 약간 두렵기는 했지만 긴 토의 끝에 그 말에 동의했다. 여인 천국이었던 렘노스에서는 그동안 새로운 세대는 태어나지 않고 기존의 사람들만 죽어 나가, 자꾸 줄어들기만 하는 인구문제로 골머리를 앓고 있었던 것이다. 힙시필레는 자신의 전령을 보내 영웅들을 궁전으로 초대했다.

이아손을 비롯한 다른 영웅들은 이 초대에 기꺼이 응했다. 하지만 헤라클레스는 이아손의 행동이 마뜩잖아 시종 힐라스Hylas를 비롯하여 몇몇 영웅들과 함께 아르고호에 남았다. 이아손 일행이 힙시필레의 궁전에 도착하자 성대한 환영 만찬이 벌어졌다. 이때 영웅들에게 각각 렘노스 여인이 하나씩 파트너로 정해졌다. 힙시필레는 당연히 이아손의 파트너가 되었다. 만찬이 끝나자 영웅들은 이미 힙시필레로부터 렘노스의 딱한 사정을 전해 들은 터라 아르고호로 돌아가지 않고 각각 파트너를 따라 그녀의 집으로 향했다.

힙시필레도 궁전 침실에서 이아손과 달콤한 하룻밤을 보내면서 그에게 예전에 렘노스에서 벌어진 남자 살해사건을 자신들에게 유리하게 바꾸어서 전했다. 남편들이 자신들을 너무 박대하여 집에 들어오지 못하게 했더니 트라케 여인들과 함께 아들들까지 모두 데리고 트라케로 떠나 버렸다는 것이다. 그러면서 이아손에게 렘노스에 남아서 왕위를 맡아 달라고 간청했다. 하지만 이아손은 호의는 고맙지만 곧 떠나야 한다는 것을 분명히 했다.

렘노스의 여왕 힙시필레의 초대를 받아 그녀의 궁전으로 떠난 동료 영웅들이 며칠이 지나도 아르고호로 복귀하지 않자 헤라클레스는 부아가 치밀어 올랐다. 그는 이아손에게 자신의 전령을 보내 여자들과 놀아나려고 원정대를 조직했냐고 비아냥거렸다. 그제야 정신을 차린 이아손이 즉시 영웅들을 소집하여 부랴부랴 아르고호로 돌아왔다. 렘노스의 여인들은 아쉽고 안타까웠지만 그들을 떠나보내지 않을 수 없었다. 일단 목적은 이루지 않았는가.

Day 101

𐄂𐄂𐄂𐄂𐄂 **(7)** 𐄂𐄂𐄂𐄂𐄂

영웅들이 실수로
돌리오네스족의 키지코스 왕을 죽이다

아르고호의 영웅들이 떠난 뒤 렘노스에 씨가 마른 남자들을 대신해 줄 새로운 세대가 태어났다. 여왕 힙시필레는 에우네오스Euneos와 데이필로스Deipylos라는 쌍둥이 아들을 낳았다. 그녀는 아들을 낳으면 이올코스에 있는 할아버지 아이손에게 보내라는 이아손의 지시를 따르지 않았다. 그 후 힙시필레는 렘노스의 모든 남자를 죽이자는 맹세를 어기고 아버지 토아스를 살려 준 사실이 밝혀져 노예로 팔렸다. 하지만 그녀의 아들 에우네오스는 아르고호의 모험 한 세대 이후에 발발한 트로이 전쟁 당시 렘노스의 왕이 되어 있었다.

렘노스를 떠난 아르고호는 지금의 다르다넬스해협인 헬레스폰토스를 통과해서 돌리오네스Doliones족의 나라에 도착했다. 이 나라는 주둥이를 묶은 자루처럼 바다 쪽으로 불쑥 튀어나온 반도였다. 돌리오네스족의 키지코스Kyzikos 왕은 이아손보다 어렸다. 그는 예언가 메롭스Merops의 딸 클레이테Kleite와 결혼한 지 얼마 되지 않아 아직 아이도 없었다. 그는 아르고호의 영웅들을 극진히 대접하라는 신탁을 받은 터라 그들에게 풍성하게 주연을 베풀어 주었을 뿐 아니라, 떨어진 물자를 충분하게 보충해 주

아르고호의 보스포로스해협과 돌리오네스족의
나라 모험 경로

었다.

　다음 날 아침 이아손을 비롯한 대부분의 영웅들은 출발하기 전 아르
고호를 헤라클레스에게 맡긴 채 반도 중앙에 있는 딘디몬Dindymon산에
올랐다. 그들은 산 정상에서 앞으로 항해하게 될 동쪽 해안의 지형을 한
번 살펴보고 싶었다. 키지코스 왕은 지금의 마르마라해인 프로폰티스
Propontis 해안의 종족에 대해서는 자세하게 이야기해 주었지만 보스포로
스해협 너머의 나라에 대해서는 아는 게 없었다. 그런데 키지코스 왕은
그들과 이웃해 살고 있는 거인들에 대해서도 이아손 일행에게 경고를 하
지 않았다.

거인들은 6개의 팔이 달린 괴물들로, 돌리오네스족에게는 감히 해코지를 하지 못했다. 돌리오네스족이 바다의 신 포세이돈의 보호를 받았기 때문이다. 하지만 괴물 중 일부가 낯선 아르고호에 영웅들이 몇 명 남아 있지 않은 것을 간파하고 곧 약탈 대상으로 삼았다. 그들은 배를 지키고 있던 헤라클레스가 누구인지 알 턱이 없었다. 그들이 공격해 오자 헤라클레스는 무시무시한 올리브 몽둥이로 단숨에 몇을 해치웠다. 나머지 괴물들은 연락을 받고 급히 딘디몬산에서 내려온 다른 영웅들이 합세해서 모조리 소탕했다.

영웅들은 죽은 괴물들을 해안에 아무렇게나 버려두고 꾸불꾸불한 해안을 따라 동쪽으로 하루 종일 항해를 계속했다. 하지만 저녁 무렵 갑자기 역풍이 불어 배가 뒤로 자꾸 밀려갔다. 간신히 적당한 곳을 찾아 상륙했지만, 너무나 밤이 깊은 탓인지 노련한 키잡이 티피스조차도 그곳이 아침에 출발한 돌리오네스족의 인구 밀집 지역에서 아주 가까운 곳인지를 새까맣게 몰랐다.

돌리오네스족도 한밤의 어둠을 틈타 해안에 군대가 상륙하는 것을 보고 그들을 해적으로 오인했다. 그동안 해적들이 자주 해안 마을들을 약탈했기 때문이다. 돌리오네스족 군사들이 그들을 몰아내기 위해 해안으로 몰려왔다. 격렬한 전투가 벌어졌지만 돌리오네스족은 엄청난 사상자를 내고 성으로 도망쳤다. 아침이 되어서야 영웅들은 자신들이 죽인 자들이 누군지를 깨닫고 깜짝 놀랐다. 시신 중에는 키지코스 왕도 있었다. 그의 가슴에는 이아손의 창이 꽂혀 있었다.

아르고호의 영웅들과 돌리오네스족은 슬픔에 잠겨 왕의 시신을 성대하게 장사 지냈다. 키지코스의 젊은 왕비 클레이테는 슬픔을 이기지 못하고 장례 도중에 목매 자살했다. 장례식이 끝나자마자 갑자기 극심한 폭풍우가 일어나 잦아들 줄 몰랐다. 아르고호는 열이틀 동안이나 섬에서 꼼짝하지 못했다. 예언가 몹소스가 딘디몬산에 올라가 그곳에서 위대한 여신으로 추앙을 받았던 키벨레Kybele를 달래야 한다고 예언했다.

그들은 산 정상에 있는 여신의 낡은 제단에 나무로 여신상을 깎아 놓고 제물을 바쳤다. 그들은 완전무장을 한 채 제단 주위를 빙빙 돌면서 창과 방패를 두드렸다. 그 소리는 가장과 아버지와 남편을 잃은 돌리오네스족의 오열하는 소리를 뒤덮을 정도로 엄청났다. 제사가 끝나자 폭풍우가 순식간에 멎었다.

〈키벨레〉, 기원전 60년
고대 소아시아의 대지모신. 보통 머리에
탑형 왕관을 쓰고, 좌우로 2마리 사자가
호위하고 있는 옥좌에 앉아 있으며,
왼손에는 풍요의 뿔을 들고 있다.

10장 ○ 스토리텔링의 원형 영웅 이야기

샘물의 요정들에게 납치된 헤라클레스의 시종
힐라스

다음 날 아침 돌리오네스족의 나라를 출발한 아르고호 영웅들은 무료함을 달래기 위해 누가 지치지 않고 가장 오랫동안 노를 저을 수 있는가를 놓고 시합을 벌였다. 그런데 헤라클레스가 너무 세게 노를 젓는 바람에 시합 도중에 그만 노를 부러뜨리고 말았다. 그들은 시합을 중단하고 가까운 미시아Mysia 해안에 잠깐 정박하여 쌓인 피로를 풀기로 했다. 상륙 지점은 키오스Kios강 어귀에서 가까운 만이었다.

헤라클레스는 동료들이 쉬는 사이 숲으로 들어가 새 노를 만들 나무를 물색했고, 그의 시종으로 미동美童이었던 힐라스는 숲속 페가이Pegai 샘물에서 물을 길었다. 그런데 그가 샘물가에 엎드려 물을 뜨기 위해 수면을 향해 머리를 숙이는 순간, 그곳에 살고 있던 샘물의 요정들이 힐라스의 예쁜 얼굴을 보고 반한 나머지 그를 갑자기 물속으로 잡아당겼다. 그러자 힐라스는 '악!' 하는 소리를 내며 순식간에 그만 샘물 속으로 빨려 들어가고 말았다.

근처에서 영웅 폴리페모스Polyphemos가 힐라스의 외마디 비명을 듣고 달려왔건만 그의 흔적은 어디에서도 찾을 수 없었다. 그는 힐라스가 산적

John William Waterhouse, 〈힐라스와 요정들〉, 1896

들에게 납치당했다고 생각하고 부랴부랴 헤라클레스를 찾아 그 사실을 알렸다. 헤라클레스는 폴리페모스로부터 힐라스가 감쪽같이 사라졌다는 말을 듣고 깊은 충격을 받았다. 그는 밤새도록 미친 듯이 숲을 헤집고 돌아다니면서 힐라스의 이름을 부르며 그를 찾아 헤맸다.

아침이 되자 순풍이 불었다. 그러자 아르고호는 순풍을 이용하려고 대원 중 헤라클레스, 힐라스, 폴리페모스 등 세 사람이 승선하지 않은 줄도 모르고 당연히 대원들이 모두 있겠거니 지레짐작하고 급히 출발했다. 한참 후에야 비로소 그들은 배에 세 사람이 타지 않았다는 사실을 알아차렸다. 회항하려 했지만 북풍 신 보레아스Boreas의 아들 칼라이스와 제테스Zetes가 완강하게 반대했다.

바로 그때 바다의 하급 신 글라우코스Glaukos가 파도를 헤치고 나타나

10장 ○ 스토리텔링의 원형 영웅 이야기

헤라클레스가 콜키스로 가는 것은 제우스의 뜻이 아니라고 알려 주었다. 헤라클레스에게는 미케네의 에우리스테우스^{Eurysteus} 왕을 위해 아직 해야 할 과업이 남아 있다는 것이다. 글라우코스는 힐라스도 샘물의 요정들 남편이 되어 행복하게 살 것이며, 폴리페모스는 미시아에 키오스라는 도시를 건설할 운명이라는 말도 덧붙였다. 글라우코스의 말을 들은 영웅들은 가벼운 마음으로 항해를 계속했다.

Day 102

□□□□□ **(9)** □□□□□

베브리케스의 왕 아미코스와의 권투 시합, 하르피이아이

미시아를 출발한 아르고호는 꼬박 밤낮 하루를 쉬지 않고 달렸다. 영웅들은 지친 몸을 잠시 쉬게 하려고 눈에 보이는 아무 해안에나 정박했는데, 그곳은 바로 베브리케스^{Bebrykes}인들의 나라였다. 그들이 상륙하고 얼마 지나지 않아 그 나라의 왕 아미코스^{Amykos}가 부하들을 데리고 나타나 거만하게 말했다.

> "너희 이방인들은 잘 들어라! 우리나라에는 예부터 내려오는 관습이
> 있다. 너희들 중 하나는 나와 권투 시합을 해야 한다. 만약 나를 이기지
> 못하면 이 나라에서 살아서 나갈 수 없다."

이 말을 듣고 카스토르의 쌍둥이 형제 폴리데우케스가 나섰다. 그는 타고 난 권투선수였다. 아미코스 왕과 폴리데우케스는 한참을 서로 싸웠지만 승부가 나지 않았다. 시합은 잠시 쉬었다가 다시 시작되었다. 아미코스의 펀치는 거칠고 둔중했지만 폴리데우케스의 펀치는 부드럽고 날카로웠다. 마침내 폴리데우케스가 아미코스의 공격을 보기 좋게 피하더

니 잽싸게 앞으로 튀어나와 그에게 회심의 일격을 날렸다.

그의 주먹은 방심한 아미코스의 관자놀이를 정통으로 맞추어 뼈를 으스러뜨렸다. 아미코스는 비명도 지르지 못하고 그 자리에 꼬꾸라져 죽고 말았다. 왕이 맥없이 쓰러지는 것을 보고 베브리케스인들이 폴리데우케스에게 달려들었지만 대비하고 있던 영웅들이 즉시 그들과 맞섰다. 곧 격렬한 싸움이 일어났지만 베브리케스인들은 영웅들의 상대가 되지 못하고 줄행랑을 치고 말았다.

영웅들은 그곳에서 만 하루를 쉰 다음 이번에는 보스포로스해협에서 그리 멀지 않은 곳에 있는 피네우스Phineus의 나라에 도착했다. 피네우스는 북풍 신 보레아스의 딸 클레오파트라Kleopatra를 아내로 두었으니 아르고호의 영웅 중 보레아스의 아들 제테스와 칼라이스의 매부였다. 그곳 왕이자 예언가였던 피네우스는 백성들에게 신의 뜻을 너무 자세하게 알려주어 제우스의 미움을 사 시력을 잃고 말았다.

〈하르피이아이〉, 기원전 530~500년경
(그리스 도기 그림)

그뿐 아니었다. 그가 무엇을 먹으려 하면 어디선가 갑자기 머리는 여자이고 몸통은 새인 괴조怪鳥 하르피이아이Harpyiai 세 마리가 쏜살같이 날아와 음식을 낚아채 갔다. 조금 남아 있는 음식도 녀석들이 뿌린 악취가 풍겨 먹을 수가 없었다. 그는 수년 동안 제대로 먹지 못해 영양실조로 피골이 상접하여 거의 움직일 수가 없었다. 그는 아르고호의 영웅들이 상륙했다는 얘기를 듣고 이제 드디어 고통에서 벗어날 시간이 되었다고 생각했다. 신탁에 의하면 자신의 처남이자 아르고호 원정대의 일원인 제테스와 칼라이스가 괴조들을 쫓아 준다고 했기 때문이다.

아르고호의 영웅들은 피네우스의 사연을 듣고 당장 음식을 마련하여 그 앞에 미끼로 내놓았다. 과연 어디선가 하르피이아이가 나타나 잽싸게 그것을 낚아채 달아났다. 북풍 신의 아들답게 어깻죽지에 날개를 달고 있던 제테스와 칼라이스가 단단히 추격할 채비를 하고 있다가 재빨리 녀석들을 뒤쫓았다. 그러는 사이 영웅들은 피네우스를 깨끗하게 목욕시킨 다음, 그에게 진수성찬을 차려 주었다. 피네우스는 정말 아주 오랜만에 맛있게 식사를 하고 나더니 답례로 장차 그들이 콜키스로 가면서 겪게 될 난관들을 헤쳐 나갈 수 있는 방법들을 자세히 알려 주었다.

예언가 피네우스, 심플레가데스 암벽, 마리안디노이족

피네우스에 따르면 아르고호가 앞으로 맞게 될 가장 큰 난관은 두 개의 암벽으로 이루어진 심플레가데스Symplegades 사이를 통과하는 일이었다. '심플레가데스'는 '서로 부딪치는 암벽'이라는 뜻으로, 보스포로스해협 끝자락에 있으면서 흑해를 프로폰티스, 헬레스폰토스, 에게해와 이어 주는 관문이었으며, 사람이든 동물이든 그 사이를 지나가면 두 암벽이 서로 부딪치는 바람에 지금까지 그 누구도 배를 타고 흑해로 넘어갈 수 없었다. 피네우스는 이 두 암벽을 통과하는 방법뿐 아니라 흑해 남쪽 해안을 따라 콜키스로 가는 지형도 상세하게 설명해 주었다. 다만 황금 양피를 얻는 방법이나 귀환하는 항로에 대해서는 장차 많은 조력자들을 만나게 될 것이며 미와 사랑의 신 아프로디테의 도움을 믿으라고만 했다.

피네우스가 예언을 마치자마자 하르피이아이를 추격했던 제테스와 칼라이스가 돌아와 경과를 보고했다.

"우리들은 스트로파데스Strophades군도에서 그 괴조들을 따라잡았습니다. 그런데 우리가 칼을 빼 그들을 막 해치우려고 하는 순간 갑자기 무

지개의 여신 이리스Iris가 나타나 제우스 신의 명령을 전했습니다. 새들
은 단지 제우스 신의 명령만 수행했을 뿐 아무 잘못이 없다는 것입니
다. 우리는 할 수 없이 다시는 피네우스 노인을 괴롭히지 않는다는 약
속을 받아 내고 그들을 살려 주었습니다."

아르고호의 영웅들은 피네우스를 그의 충성스러운 신하 파라이비오스
Paraibios에게 맡긴 다음 자리를 털고 일어났다. 그 후 아르고호는 곡예하듯
꼬불꼬불하고 깎아지르는 듯한 보스포로스해협을 통과하여 마침내 피네
우스가 경고한 심플레가데스 근처에 도착했다. 암벽은 짙은 바다 안개에
싸여 있었다. 영웅들은 피네우스가 알려 준 대로 먼저 노를 저을 만반의
준비를 갖춘 다음, 그가 미리 건네준 비둘기 한 마리를 재빨리 심플레가

10장 ○ 스토리텔링의 원형 영웅 이야기

데스 사이로 날려 보냈다. 이어 두 암벽이 부딪쳐 비둘기의 꽁지 깃털 한 개만 살짝 빼내고 다시 튀어 해협 양쪽으로 갈라지는 사이, 온 힘을 다해 노를 저으며 그 사이를 통과하기 시작했다.

얼마 후 해협 양쪽으로 갈라졌던 심플레가데스가 다시 서로 부딪쳤지만 아르고호는 비둘기가 꽁지 깃털 한 개를 잃은 것처럼 선미船尾 장식이 약간 으깨진 채 두 암벽 사이를 무사히 통과한 후였다. 심플레가데스는 그때부터 마치 기죽은 사람처럼 의욕을 상실했는지 해협 양쪽에 각각 뿌리를 박고 무엇이 지나가도 다시는 움직이지 않았다. 그 후에도 마치 골바람처럼 흑해로부터 불어오는 거센 폭풍우가 아르고호의 전진을 방해했지만 영웅들은 활처럼 휠 정도로 열심히 노를 저어 마침내 흑해로 들어섰다.

아르고호는 항해를 계속하다가 아케루시아Acherusia곶에 잠깐 정박했다. 그 근처에는 지하세계에서 발원하는 아케론Acheron강이 흑해로 흐르는 어귀가 있었다. 일설에 의하면 헤라클레스는 나중에 열두 번째 과업을 완수하기 위해 펠로폰네소스반도의 타이나론Tainaron곶 밑에 나 있는 동굴이 아니라 바로 이 강을 통해 지하세계로 들어가 머리가 셋 달린 괴물 개 케르베로스Kerberos를 사로잡아 온다. 이렇듯 그리스 신화에도 이설들이 꽤 있다.

어쨌든 아르고호 영웅들이 뭍에 오르자 어떻게 알았는지 그곳에 살던 마리안디노이Mariandinoi족의 왕 리코스Lykos가 미리 마중을 나와 영웅들을 열렬하게 환영했다. 틈만 나면 쳐들어와 그들을 괴롭히던 베브리케스인들의 왕 아미코스가 아르고호의 영웅들 손에 죽었다는 소식이 벌써 그의 귀에까지 닿았던 것이다. 그는 영웅들에게 연신 고마움을 표시하고 그곳 지리에 아주 밝은 아들 다스킬로스Daskylos를 길잡이로 딸려 보내겠다고

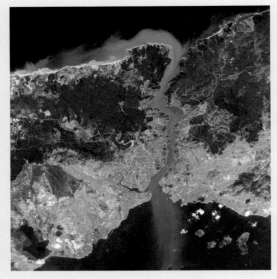

보스포로스해협

Bernard Picart,
〈심플레가데스를 통과
하는 아르고호〉, 1733

10장 ○ 스토리텔링의 원형 영웅 이야기

자청했다.

　황금 양피 원정대가 다음 날 비티니아Bithynia의 마리안디노이족의 나라에서 아르고호에 막 승선하려고 했을 때 예언가 이드몬이 수컷 멧돼지의 공격을 받았다. 멧돼지는 리코스Lykos강의 습지에 숨어 있다가 갑자기 그의 오른쪽 허벅지를 이빨로 물어뜯었다. 펠레우스와 이다스가 재빨리 뛰어나가 다시 이드몬을 공격하려는 멧돼지를 창으로 찔러 죽였다. 하지만 이드몬은 피를 너무 많이 흘린 탓에 목숨을 잃고 말았다. 아르고호의 영웅들은 출발을 미룬 채 3일 동안 그의 죽음을 애도했다.

᠍ᄆᄆᄆᄆᄆᄆᄆ **(11)** ᄆᄆᄆᄆᄆᄆᄆ

시노페의 테살리아 출신의 3형제,
아레스섬의 괴조

이드몬의 장례식이 끝나자 이번에는 키잡이 티피스가 이름 모를 병에 걸려 죽었다. 영웅들은 깊은 슬픔에 사로잡힌 채 이드몬의 봉분 옆에 티 피스의 봉분을 세워 주었다. 드디어 출발할 때가 되자 앙카이오스Ankaios, 에르기노스Erginos, 나우플리오스Nauplios, 에우페모스Euphemos가 차례로 티 피스가 담당했던 키잡이 역할을 맡겠다고 자원했다. 영웅들은 격론 끝에 앙카이오스를 티피스의 후임자로 선택했다. 비티니아로부터 그들은 며 칠 동안 동쪽으로 항해를 계속하다가 파플라고니아Paphlagonia 할리스Halys 강변의 시노페Sinope에 도착했다.

시노페는 원래 강이 아니라 아소포스Asopos강의 딸로, 물의 요정이었 다. 제우스는 시노페를 보는 순간 사랑에 빠져 무조건 달려들었다가 놀 라 달아나는 그녀를 추격 끝에 붙잡은 뒤 자신의 사랑을 받아 주면 어떤 소원이라도 들어 주겠다고 스틱스Styx강에 대고 맹세했다. 그러자 시노페 는 기다렸다는 듯이 즉시 처녀성을 지켜 달라고 간청했다. 제우스는 아차 싶었지만 이미 스틱스강에 대고 맹세한 터라 약속을 지키지 않을 수 없었 다. 그 후 시노페는 이곳에 자기 이름과 같은 지명의 도시를 세우고 여생

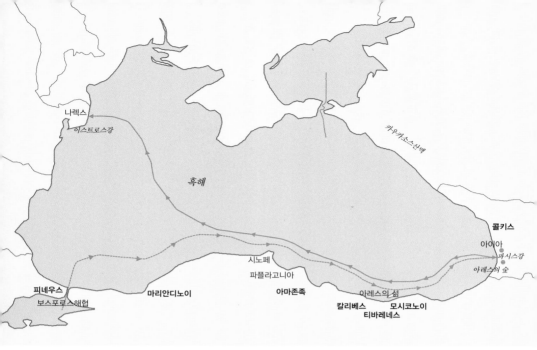

아르고호의 흑해 연안 모험 경로

을 행복하게 보냈다.

　시노페에서 영웅들은 우연히 세 청년을 만났다. 그들은 테살리아 출신의 3형제 데일레온Deileon, 아우톨리코스Autolykos, 플로기오스Phlogios였다. 그들은 사실 헤라클레스가 아홉 번째 과업으로 시노페와 이웃하고 있는 아마존Amazon족 여왕의 허리띠를 가지러 갈 때 따라갔다가 실수로 그와 헤어져서 이곳에 남게 되었다. 미시아 숲속에서 샘물을 긷다가 실종된 시종 힐라스를 찾느라 아르고호에서 낙오된 헤라클레스가 그사이 언제 이곳을 다녀갔는지는 알 수 없다. 마침 아르고호에는 힐라스 등 세 명의 노 젓는 자리가 비어 있던 터라 그들이 그 공석을 채워 주었다.

　그 후 아르고호는 예언가 피네우스가 권한 것처럼 아마존족, 칼리베스Chalybes족, 티바레네스Tibarenes족, 모시코노이Mosykonoi족의 나라는 상륙하지 않고 그대로 지나쳤다. 아마존족은 호전적인 여전사의 나라였다. 활 쏘는 데 방해가 된다고 오른쪽 가슴을 불로 지질 정도였다. 칼리베스족은 땅을 경작하지도 않고 가축을 기르지도 않으며 오로지 대장간 일로 먹고 사는 종족이었다. 나라에 철이 많이 났기 때문이다. 티바레네스족은 아 내가 분만의 고통을 겪을 때 남편도 마치 산욕을 치르는 것처럼 같이 신 음하는 것으로 유명했다. 모시코노이족은 나무 위에 집을 짓고 살았고 혼 음을 즐겼다.

영웅들이 이 나라들을 지나치자 그들 앞에 무인도 아레스의 섬이 나타 났다. 예언가 피네우스가 그곳에서 영웅들을 도와줄 자가 바다에서 나타

Gustave Moreau,
〈스팀팔로스 호숫
가의 헤라클레스〉,
1875~1880

10장 ○ 스토리텔링의 원형 영웅 이야기

난다며 꼭 들르라고 충고했던 섬이다. 하지만 피네우스는 하늘에서 날아
올 불행도 조심하라고 했다. 과연 섬에 가까이 오자 새 한 마리가 아르고
호 위를 선회하더니 화살처럼 청동 깃털 하나를 떨어뜨리고 날아갔다. 깃
털은 오일레우스Oileus의 어깨에 떨어져 박혔다. 그의 옆에 앉아 있던 에
뤼보테스가 재빨리 그 깃털을 뽑고 칼집에 달린 끈을 풀어 상처 부위를
붕대처럼 감아 주었다.

　이 새는 헤라클레스가 여섯 번째 과업으로 스팀팔로스Stymphalos 호숫가
에서 쫓아냈던 바로 그 괴조의 일부였다. 그때 녀석들 중 대부분이 헤라
클레스의 화살을 맞고 죽었지만 일부가 이 섬으로 달아나 정착한 것이다.
섬의 해안에 늘어선 나무에는 괴조들이 새까맣게 덮여 있었다. 아르고호
의 영웅들은 피네우스의 충고를 떠올리며 영웅 중 절반이 노를 젓는 동안
나머지 절반은 방패로 머리 위를 물 샐 틈 없이 가리고 함성을 지르며 칼
로 방패를 두드렸다. 괴조들이 엄청난 소음에 놀라 일제히 날개를 퍼덕이
며 멀리 달아나자 영웅들은 안전하게 섬에 상륙했다.

㘞㘞㘞㘞㘞 **(12)** 㘞㘞㘞㘞㘞

프릭소스의 네 아들과의 만남,
콜키스에 도착

그날 밤 엄청난 폭풍우가 일어났다. 어둠 속에서 배 파편 조각에 매달려 네 명의 청년이 아르고호 영웅들의 캠프 근처 해안으로 밀려왔다. 그들은 바로 콜키스로 황금 양털을 지닌 양을 타고 갔던 프릭소스와 아이에테스 왕의 공주인 칼키오페의 아들들로, 이름은 아르고스, 프론티스, 멜라스, 키티소로스였다. 그들은 아버지 프릭소스가 죽은 뒤 그리스로 가다가 폭풍우를 만나 난파를 당한 것이다. 그들이 그리스로 향한 것은 아버지의 유언에 따라 할아버지 아타마스가 세운 오르코메노스 왕국에 남겨둔 재산을 찾기 위해서였다.

주지하다시피 그들의 할아버지 아타마스와 이아손의 할아버지 크레테우스는 아이올로스의 아들들로서 형제 사이였다. 이아손은 자신과 친척인 그들을 진심으로 환영했다. 이어 그들에게 자신의 임무가 콜키스의 황금 양피를 그리스로 가져가는 것이라고 말하며 도움을 부탁했다. 아르고스와 그의 형제들은 기꺼이 돕겠다고 약속했다. 하지만 그들은 그것이 성질이 불같은 외할아버지 아이에테스의 심기를 건드리지 않을까 몹시 걱정되었다. 영웅들은 바다에서 그들을 도울 사람들이 나타날 거라고 말한 피네우스의 정확한 예언에 놀라움을 금치 못했다.

아르고호는 그 후 필리라Philyra섬의 해안을 따라갔다. 필리라는 원래 대양강 오케아노스Okeanos의 딸이었다. 제우스의 아버지 크로노스Kronos는 한때 그 섬에서 아내 레아Rhea의 눈을 피해 수말로 변신해 필리라와 사랑을 나누었다. 열 달 후 필리라는 테살리아의 펠리온산에서 상체는 인간이고 하체는 말인 아이를 낳았다. 그 아이가 바로 유명한 켄타우로스족의 현인 케이론이다. 앞서 언급했듯이 케이론은 장차 아킬레우스를 비롯한 수많은 영웅의 스승이 되는데, 이아손도 바로 그의 제자였다.

얼마 지나지 않아 아르고호 영웅들의 시야에 갑자기 탑처럼 우뚝 솟은 카우카소스Kaukasos산맥의 산들이 보였다. 마침내 아르고호가 콜키스에 도착한 것이다. 영웅들은 프릭소스 아들들의 안내를 받아 아르고호를 파시스Phasis강 어귀로 몰았다. 그 강은 콜키스의 수도 아이아Aia를 관통해 바다로 흘러들었다. 이아손은 먼저 콜키스의 신들에게 포도주와 꿀을 섞어 제주를 바친 다음 아르고호를 엄폐가 잘 되어 있는 강의 지류에 숨긴 다음 작전 회의를 소집했다.

고대의 콜키스는 현재 조지아 공화국 제2의 도시 바투미Batumi를 포함한 지역이다. 그래서 바투미 '유럽 광장'에는 마치 도시의 상징처럼 오른손에 황금 양피를 든 메데이아 입상이 높이 세워져 있다. 메데이아는 콜키스의 왕 아이에테스의 둘째 딸로, 나중에 이아손이 황금 양피를 탈취하는 데 결정적인 역할을 한다. 그렇다면 이아손과 메데이아는 과연 어떻게 만나게 되는 것일까? 그리고 메데이아는 왜 조국을 배신하고 이방인 이아손에게 자국의 보물을 넘겨주었을까?

이아손 일행이 콜키스에 도착한 바로 그 시각, 신들의 거처인 올림포스 궁전에서는 헤라가 아테나와 함께 영웅들을 도울 방도를 찾고 있었다. 두 여신은 콜키스의 왕 아이에테스와 대면을 앞둔 이아손 일행이 무척 걱정스러웠다. 아이에테스의 불같은 성격을 누구보다도 잘 알고 있었기 때문이다. 결국 헤라는 아테나와 함께 아프로디테를 찾아가 도움을 청하기로 결심했다. 그녀의 아들 에로스Eros를 시켜 아이에테스의 둘째 딸 메데이아 공주의 가슴속에 이아손에 대한 사랑의 불을 지피기 위해서였다.

Jacob de
Gheyn II,
〈아프로디테와
에로스〉,
1605~1610

　　　　　　　　　　10장 ○ 스토리텔링의 원형 영웅 이야기

🏛🏛🏛🏛🏛 (13) 🏛🏛🏛🏛🏛

원정대에게 과업을 주는 콜키스의 왕
아이에테스

헤라의 간곡한 부탁을 받은 아프로디테는 아들 에로스를 찾았다. 에로스는 마침 가니메데스Ganymedes와 주사위 놀이를 하고 있었다. 미동美童 가니메데스는 트로이의 왕 트로스Tros의 아들이었다. 제우스는 그의 용모에 반한 나머지 독수리로 변신하여 납치한 후 올림포스 궁전으로 데려와 연회에서 신들에게 술을 따르도록 했다. 예전에 청춘의 여신 헤베Hebe가 맡아서 하던 일이었다. 놀이에 열중한 에로스는 여간해서는 그녀의 말을 들을 것 같지 않았다. 아프로디테는 아들이 거절할 수 없는 장난감을 선물로 내밀며 말했다.

"아들아, 아이에테스의 둘째 딸 메데이아의 가슴에 이아손을 향한 사랑
이 불타오르도록 해 주려무나. 네가 그렇게만 해 주면 제우스 신께서
어렸을 적 갖고 놀던 귀한 이 황금 공을 주겠다."

이 말에 귀가 솔깃해진 에로스는 당장 놀이를 중단하고 재빨리 지상으로 내려갔다. 그는 콜키스 궁전에 도착하여 메데이아가 이아손을 쳐다보

Robert Lefèvre,
〈화살촉을 뾰족하
게 가는 에로스〉,
1798

는 순간 황금 화살을 날린 기회를 노리고 있었다. 물론 에로스의 모습은
인간의 눈에는 보이지 않았다.

한편 작전 회의에서 이아손은 무력으로 황금 양피를 빼앗자는 영웅들
을 설득하여 우선 프릭소스의 아들들과 함께 아이에테스 왕을 찾아가 정
중하게 황금 양피를 달라고 간청해 보겠다고 제안했다. 그는 그것이 받아
들여지지 않을 경우만 술수나 완력을 쓰겠다는 말도 덧붙였다. 영웅들 모
두가 그의 제안을 환영했다. 이아손은 영웅들 몇을 데리고 프릭소스 아들
들의 안내로 파시스강변의 공동묘지를 지나 콜키스 궁전으로 향했다.

궁전에 도착한 이아손 일행은 우선 프릭소스의 아내 칼키오페를 만났다. 그녀는 그리스 오르코메노스로 떠났던 아들들이 갑자기 나타나자 깜짝 놀랐다. 그들을 그리스로 보내 놓고 얼마나 걱정했는지 몰랐다. 다행히 자식들이 무사한 게 안심이 되기는 했지만 아무래도 이방인 이아손 일행이 자신을 먼저 찾아온 것을 보면 아무래도 뭔가 심상치 않은 일이 생긴 것 같았다. 그녀는 그간의 사정을 전해 듣고는 이아손에게 아들들을 구해 준 것에 대해 몇 번이나 감사를 표했다. 하지만 이아손이 콜키스에 온 목적을 말하며 도움을 요청하자 얼굴에 불안의 그림자가 짙게 드리워졌다.

이어 이아손 일행은 마침내 아이에테스와 왕비 이디이아를 알현했다. 왕은 외손자들이 이방인들과 함께 온 것이 마뜩잖았지만 자신이 가장 총애했던 막내 손자 키티소로스에게 무슨 일인지 한번 설명해 보라고 했다. 키티소로스는 이아손 일행은 자신과 형제들의 생명의 은인이며 신탁의 명령으로 황금 양피를 가지러 왔다고 대답했다. 그는 할아버지 아이에테스의 표정이 일그러지는 것을 보고 이렇게 덧붙였다.

"할아버지가 은총을 베풀어 주시면 그리스 영웅들은 우리나라 국경을 침범하여 약탈을 일삼는 사우로마테스Sauromates인들이 할아버지의 왕홀 밑에 머리를 조아리도록 하겠답니다."

아이에테스 왕은 막내 손자의 말을 듣기 전부터 이미 외손자들이 자신의 왕권을 빼앗기 위해 그리스에서 영웅들을 데려왔다고 오해했다. 그는 영웅들을 당장 죽이고 싶었지만 한번 시험하고 싶었다. 더욱이 그들의 대장이라는 녀석이 자신이 데려온 영웅들 중 대부분이 신의 자손들이라고 허풍을 떠는 게 가소로웠다. 그는 그들을 실컷 놀려 주다가 천천히 죽여도 손해 볼 것이 없다고 생각했다. 그래서 경멸적인 웃음을 지으며 이아손에게 말했다.

"내겐 헤파이스토스 신이 만들어 준 황소가 두 마리 있다. 황소는 발굽이 청동이며 입으로는 화염을 내뿜는다. 만약 사람의 뼈가 발굽에 부딪히면 바스러지고, 살이 화염에 닿으면 녹아 버린다. 너희들 중 아무나 그 황소에 멍에를 씌워 내가 주는 4일 분량의 밭을 하루 만에 갈아라! 그리고 씨앗 대신 내가 아테나 여신으로부터 받은, 그 옛날 테베를 건설한 카드모스Kadmos가 죽인 용의 이빨을 뿌려라! 이빨이 땅에 닿으면 한참 후에 땅속에서 천하무적의 전사들이 솟아날 것이다. 그 전사들도 이삭을 자르듯 모두 목을 베어 죽여라! 너희들 중 하나가 이 과업을 완수하면 황금 양피를 주겠다!"

꧁꧂꧁꧂ **(14)** ꧁꧂꧁꧂

에로스의 황금 화살을 맞고 사랑에 빠진
메데이아

이아손은 아이에테스 왕의 말
을 듣자마자 온몸이 마비된 듯
굳어 버렸다. 자신은 도저히 이
런 엄청난 일을 할 수 없을 것 같
았다. 하지만 우선 아이에테스의
제안을 받아들일 수밖에 별 뾰족
한 수가 없었다. 바로 그때 메데
이아 공주가 방에서 나와 아버지
옆에 서더니 이아손을 물끄러미
쳐다보았다. 그사이 어느새 이아
손의 가랑이 사이에 자리를 잡고
있던 에로스가 바로 그 순간을
놓칠 리가 없었다. 그는 즉시 황
금 화살을 날려 그녀의 가슴 정
중앙을 명중시켰다.

Davit Khmaladze, 〈황금 양피를 들고 있는
메데이아 입상〉, 2007
(조지아 공화국의 바투미)

화살은 메데이아의 가슴 속에서 불꽃처럼 타올랐다. 그 순간부터 메데이아는 갑자기 이아손에게 온통 마음을 빼앗겨 버리고 말았다. 정신이 혼미해져서 제대로 생각조차 할 수가 없었다. 도무지 아무런 생각이 떠오르지 않았다. 온몸과 마음이 달콤한 고통에 휩싸였다. 그녀는 계속해서 이아손에게 불타오르는 시선을 던졌다.

이아손은 이런 사실을 눈치채지 못한 채 수심에 싸여 아르고호로 발길을 돌렸다. 프릭소스의 아들 중 아르고스가 그걸 보고 좋은 방법이 있으니 걱정하지 말라며 그를 안심시켰다. 아르고스는 어머니 칼키오페를 다시 찾아가 이모 메데이아의 도움을 구할 생각이었다. 이모만 도와준다면 그 일은 쉽게 해낼 수 있었다. 콜키스에서 마법과 약초의 여신 헤카테Hekate의 사제였던 메데이아는 마법에 능했으며 약초도 잘 다룰 줄 알았기 때문이다.

그러는 동안 메데이아는 내내 이아손만을 생각하며 눈앞에 아른거리는 그의 모습을 떨쳐 버리지 못했다. 그녀는 이아손의 일거수일투족을 떠올리며 애를 태웠다. 그녀의 눈앞에는 아직도 이아손의 모습이 어땠는지, 그가 어떤 옷을 입었는지, 그 모든 것이 생생히 떠올랐다. 그가 무슨 말을 했는지, 그가 의자에 앉아 있다가 문 쪽으로 어떻게 걸어 나갔는지도 눈앞에 아른거렸다. 이리저리 생각하다가 그녀는 급기야 그런 남자는 이아손밖에 이 세상에 없다고 생각했다. 그녀의 귀에서는 계속해서 그의 목소리와 그가 했던 달콤한 말들이 울려 퍼졌다.

고민하던 메데이아는 결국 아버지의 뜻에 어긋나도 이아손을 돕기로 결심했다. 이아손을 그대로 두었다간 분명 죽을 것이 뻔했다. 그녀는 언니 칼키오페를 찾아가 이아손 일행을 도와주겠다고 말하려 했다. 언니의 아들들을 위한다는 명목이었지만, 사실은 사랑하는 사람을 도저히 죽게

10장 ○ 스토리텔링의 원형 영웅 이야기

내버려 둘 수 없는 노릇이었다. 하지만 생각이 이에 미치자 메데이아는 아버지를 배반해야 한다는 수치심과 이아손에 대한 사랑 사이에서 심각하게 갈등하기 시작했다.

아버지 아이에테스와 이아손을 사이에 두고 갈등하던 메데이아는 선뜻 발걸음을 떼지 못했다. 그녀는 몇 번이나 칼키오페 언니에게 가려고 자신의 방을 나섰다가 다시 방으로 들어왔다. 그녀가 출발하려고 하면 수치심이 그녀를 방안으로 내몰았고, 수치심으로 멈추어 서면 대담한 욕망이 그녀를 방 밖으로 다시 내쫓았다. 그녀는 그렇게 세 번째 방을 나서 언니에게 가려고 했다가 다시 멈추어 서고 말았다. 결국 다시 자기 방으로 돌아온 메데이아는 울음을 터뜨리며 침대에 몸을 던졌다.

〔〔〔〔〔〔 (15) 〕〕〕〕〕〕

이아손에게 사랑을 대가로 묘약을 주는
메데이아

하녀 하나가 흐느끼는 메데이아를 발견하고 걱정이 되어 칼키오페에게 그 사실을 알려 줬다. 칼키오페는 마침 아들 아르고스와 함께 메데이아를 설득할 방도를 궁리하고 있던 터였다. 그녀는 지금이 좋은 기회라고 생각하고 동생 메데이아를 찾아가 동생을 위로하며 자신의 마음을 털어 놓았다. 조카들을 위해 제발 이방인 이아손을 도와달라는 것이다. 언니의 부탁에 용기를 얻은 메데이아는 마지못해 그러는 것처럼 은밀하게 이아손을 만나기로 약속했다.

메데이아가 이아손을 만난 곳은 자신이 사제로 있는 마법의 여신 헤카테 신전이었다. 신전은 왕궁으로부터 멀리 떨어진 외진 곳에 있었기 때문에 사람들의 눈을 피할 수 있었다. 이 자리에서 메데이아는 이아손에게 카우카소스산 크로커스Crocus꽃의 새빨간 즙이 들어 있는 병 하나를 건네주며 사용 방법을 알려 주었다. 그 즙은 바로 두 마리 황소가 뿜어 대는 화염으로부터 그와 무구를 만 하루 동안 보호해 줄 묘약이었다. 이 기적의 꽃은 한때 프로메테우스Prometheus가 카우카소스산 절벽에 묶여 형벌을 받으면서 독수리에게 간을 쪼아 먹힐 때 흘린 피가 땅에 떨어진 곳에서

John William Waterhouse, 〈이아손과 메데이아〉, 1907

자라난 것이었다.

  이어 메데이아가 이아손에게 용의 이빨을 뿌려 땅에서 솟아 나온 전사들을 해치울 수 있는 방법도 일러 주었다. 그러면서 내건 유일한 조건은 자신을 미래의 신붓감으로 그리스 이올코스에 데려가 달라는 것이었다. 이아손은 메데이아로부터 그 병을 받아 들고 올림포스의 모든 신들에 걸고 그녀에게 항상 충실하겠다고 맹세한 뒤, 곧 다시 만날 것을 기약하며 아르고호로 돌아왔다. 그 후 그는 영웅들이 모두 잠이 들자 메데이아가 일러 준 대로 한적한 곳을 찾아 신들께 제물을 바친 뒤에 병뚜껑을 열고 그 즙을 온몸과 그리고 창과 방패 등 무구에 문질러 발랐다.

  다음 날 이아손은 이 즙의 힘으로 두 마리 황소를 제압하여 멍에를 얹

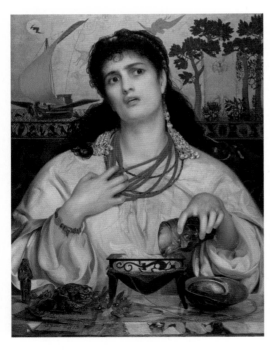

Frederick Sandys, 〈메데이아〉,
1866~1868

　　　　　　　10장 ○ 스토리텔링의 원형 영웅 이야기

어 쟁기로 4일 분량의 밭을 반나절 만에 갈 수 있었다. 그가 열심히 밭을 갈면서 아이에테스가 건네준 용의 이빨을 뿌리자 과연 땅속에서 무장한 전사들이 솟아 나왔다. 이아손은 메데이아가 당부한 대로 그들과 맞서 싸우려 하지 않고 몰래 그들 사이에 커다란 돌을 하나 던졌다. 그러자 전사들은 누가 돌을 던졌냐며 서로 심하게 싸우다가 거의 죽고 마지막에는 몇밖에 남지 않았다. 그들도 격렬하게 싸운 터라 모두 심하게 부상을 당한 상태였다. 이아손이 그들을 손쉽게 해치우고 나자 해는 어느덧 서쪽으로 뉘엿뉘엿 넘어가기 시작했다.

아이에테스 왕은 이아손이 예상과는 달리 자신이 내건 과업을 손쉽게 완수하자 놀라움을 금치 못하면서도 딸 메데이아를 의심했다. 마법사인 딸 말고는 이 세상에서 황소를 제압할 사람은 아무도 없었기 때문이다. 하지만 그는 당장 시시비비를 가릴 시간이 없었다. 그는 이아손에게 내일 약속대로 황금 양피는 건네주겠다고 하면서 부하들을 시켜 이슥한 밤에 수도 아이아를 관통하는 파시스강 기슭에 정박하고 있는 아르고호를 불태워 영웅들을 몰살해 버릴 계획을 세웠다.

메데이아는 아버지의 음모를 일찍부터 꿰뚫어 보았다. 아버지의 성격상 이아손이 과업을 완수해도 황금 양피를 줄 리 만무했다. 그녀는 사태가 급박하게 돌아가는 것을 보고 급히 아르고호를 찾아가 영웅들에게 위험한 상황을 알린 다음, 이아손을 아레스의 숲으로 데려갔다. 숲 한가운데에는 과연 황금 양피가 아름드리 참나무에 걸려 있었고 잠들지 않는 용이 지키고 있었다. 이 용은 제우스가 번개를 던져 죽인 괴물 티포에우스 Typhoeus의 피에서 태어났다.

황금 양피 탈취, 오라비를 살해하는
메데이아

　황금 양피를 지키고 있던 용은 똬리를 틀고 있었으며 몸집이 아르고호
보다도 더 컸다. 메데이아는 쉭쉭대는 용을 노래로 살살 달래면서 눈꺼풀
위에 수면제처럼 갓 자른 노간주나무즙을 몇 방울 떨어뜨렸다. 그러자 녀
석은 갑자기 스르르 눈꺼풀을 내리더니 깊은 잠에 빠져들었고, 이아손은
참나무에서 얼른 황금 양피를 거둬서는 그녀와 함께 아르고호가 정박하
고 있는 파시스강변으로 내려갔다.

　아르고호가 테살리아 이올코스로 귀환할 때는 예언가 피네우스의 충
고에 따라 콜키스로 올 때 항로가 아니라 이스트로스Istros강을 이용했다.
이스트로스강은 현재의 도나우Donau강으로 당시 수량이 풍부했으며 유
럽 대륙을 관통했다. 어떤 설에 의하면 아르고호는 흑해로 흘러드는 이스
트로스강 어귀에서 뒤늦게 쾌속선을 타고 추격에 나선 아이에테스의 함
대에 따라잡혔다. 절체절명의 순간 메데이아는 미리 데려온 어린 동생 압
시르토스를 죽인 다음 토막을 내서 바다에 던졌다. 그러자 아이에테스는
사랑하는 아들의 시신을 수습하기 위해 추격을 멈추지 않을 수 없었다.

　하지만 아폴로니오스의 『아르고호의 모험』에 의하면 이아손을 따라간

Herbert James Draper, 〈황금 양피〉, 1904
메데이아의 지휘 아래 아르고호의 영웅들이 압시르토스를 바다에 던지고 있다. 하지만 본문과는 달리 토막을 내지는 않고 두 영웅이 그를 통째로 들어서 바다에 던지고 있다.

1차 추격대는 아이에테스 왕이 아니라 메데이아의 오라비 압시르토스가 이끌었다. 그는 흑해가 아니라 이오니아Ionia해로 흘러드는 이스트로스강 어귀에서 아르고호를 따라잡았다. 수에서 열세를 느낀 이아손은 압시르토스와 협상을 벌여 우선 그 근처 아르테미스에게 바쳐진 무인도에 메데이아와 황금 양피를 내려놓고 며칠 동안 그곳 신전의 여사제에게 맡기기로 합의했다. 아울러 그 지역을 통치하던 브리고이Brygoi인들의 왕이 며칠 뒤 그 사건을 심의하여 메데이아가 집으로 돌아가야 할지, 아니면 이아손을 따라 그리스로 가야 할지, 황금 양피는 누구의 것이 되어야 할지 등을 판결하기로 했다.

콜키스로 송환당할까 봐 불안해진 메데이아는 선수를 치기로 했다. 그녀는 오라비 압시르토스에게 은밀하게 전령을 보내, 자신이 사실은 이아손에게 납치된 것이라고 주장하면서, 황금 양피를 갖고 탈출할 방도를 함께 찾아보자며 은밀하게 자신이 머물고 있는 무인도에서 단둘이 만나자는 전갈을 보냈다. 그날 밤 압시르토스가 과연 호위병도 없이 단신으로 동생을 찾아왔다. 그러자 메데이아의 계획대로 그곳에 미리 매복해 있던 이아손이 뒤에서 그를 급습하여 살해했다. 얼마 후 아르고호의 영웅들은 압시르토스의 죽음을 알리며 콜키스 함대를 공격했다. 그러자 대장을 잃어 전투 의욕을 상실한 함대는 뿔뿔이 흩어져 도망쳤다.

콜키스의 추격대는 따돌렸어도 아르고호는 이오니아해에서 이리저리 방황하며 항로를 찾지 못했다. 영웅들이 어찌할 바를 모르고 우왕좌왕하고 있는 사이, 갑자기 아르고호를 건조할 때 아테나가 선수에 박아 놓은 도도네산産 참나무가 큰 목소리로 신탁을 알렸다. 이아손이 마녀 키르케 Kirke에게 가서 메데이아의 오라비 압시르토스를 죽인 살인죄를 씻어야 집에 돌아갈 수 있다는 것이었다. 키르케는 티탄 신족의 태양신 헬리오스의 딸로 콜키스 왕 아이에테스와 남매였으니 메데이아의 고모였다.

아르고호 영웅들은 당장 뱃머리를 돌려 에리다노스 Eridanos와 로다노스 Rodanos강을 거쳐 키르케가 살던 아이아이에 Aiaie섬으로 가서 그녀로부터 살인죄에 대해 정죄를 받았다. 그 당시 두 강은 이탈리아 북부를 관통하고 있었다. 영웅들은 그 강들을 이용하여 남쪽으로 우회하지 않고 이탈리아의 서해인 티르레니아 Tyrrhenia해에 있는 키르케의 섬으로 갈 수 있었던 것이다. 키르케는 조카 메데이아가 하도 간청하는지라 마지못해 정죄 의식을 베풀어 준 다음 얼른 그들을 섬에서 내쫓았다.

10장 ○ 스토리텔링의 원형 영웅 이야기

〰〰〰〰〰 **(17)** 〰〰〰〰〰

세이레네스, 플랑크타이 암초밭, 네레이데스의 안내

아르고호가 키르케의 섬 다음으로 지나간 곳은 세이레네스Seirenes가 사는 섬이었다. 세이레네스는 몸통은 새이고 머리는 여자인 바다의 괴조들을 총칭하는 이름으로 단수형은 세이렌Seiren이다. 민방위 훈련 때 울리는 '사이렌siren'의 어원이 바로 '세이렌'이다. 다른 설에 의하면 세이레네스는 하체는 물고기이고 상체는 여자인 인어의 모습이거나 아름다운 여자의 모습이다. 그들은 매혹적인 노래로 지나가는 뱃사람들을 홀려 죽게 만들었다. 커피 전문점 '스타벅스Starbucks' 로고는 세이렌이 인어라는 설에 근거해서 만든 것이다. 이번에는 천재 음악가 오르페우스가 나서서 리라로 만들어 내는 더 고혹적인 연주와 노랫소리로 세이레네스가 만들어 내는 마법의 노랫소리를 압도했다.

오르페우스가 일종의 방어막을 쳐 준 셈이다. 하지만 영웅 중 부테스Butes가 세이레네스의 노랫소리에 홀려 순식간에 갑판에서 뛰어내려 그들이 사는 섬으로 헤엄쳐 가려고 했다. 그걸 보고 아프로디테가 얼른 그를 구해 시칠리아Sikelia의 에릭스Eryx산으로 데려가 애인으로 삼았다. 다른 설에 의하면 세이레네스는 예술을 담당했던 9명의 무사Mousa 여신들과의

Knut Ekvall,
〈어부와 세이렌〉, 연도 미상

노래 경연에서 이미 패배하고 날개를 잃은 뒤였기에 재차 오르페우스에게 패배하자 자살했다. 하지만 한 세대 후에 트로이 전쟁이 끝나고 오디세우스가 귀향하면서 그 섬을 지날 때 세이레네스는 아직도 건재했다.

아르고호가 그 후에 도착한 곳은 바다의 갈림길이었다. 한쪽은 스킬라Skylla와 카립디스Charybdis가 사는 바위 절벽 사잇길이었고, 다른 쪽은 바위 암초 밭 플랑크타이Planktai였다. 둘 다 끔찍한 길이었다. 스킬라는 윗부분은 여자의 모습이지만 아랫부분은 개 머리가 6개 달린 괴물로 그곳을 지나가는 배에서 한꺼번에 선원들을 6명씩 낚아채 갔다. 또한 카립디스는 스킬라가 둥지를 틀고 있는 절벽 맞은편의 바다 밑에 사는 엄청난 소용

　10장 ○ 스토리텔링의 원형 영웅 이야기

<스킬라>, 기원전 450~425년경
(그리스 도기 그림)

돌이로 그 옆을 지나가는 모든 것을 단숨에 집어삼켜 버렸다. 이에 비해 플랑크타이는 심하게 요동치는 바위 암초 밭으로, 그 밑에 헤파이스토스의 대장간이 있어 그 주변은 늘 큰 소음이 일며 수증기와 화염에 싸여 있었다.

아르고호가 어디로 가야 할지 망설이고 있는 사이, 바다의 요정들인 네레이데스Nereides가 나타났다. 네레이데스는 바다의 노인 네레우스Nereus와 오케아노스의 딸 도리스Doris 사이에서 태어난 50명의 딸을 총칭하는 이름이다. 바다의 신 포세이돈의 아내 암피트리테Amphitrite나 아킬레우스의 어머니 테티스Thetis도 네레이데스였다. 그들은 이아손의 수호신 헤라의 명을 받고 아르고호를 플랑크타이 쪽으로 안내했다. 헤라는 이미 무지개의 여신 이리스를 헤파이스토스에게 보내 그곳에 있는 대장간을 잠시 쉬도록 부탁했다. 네레이데스의 맏언니 테티스가 아르고호 선수를 잡고 끌자 나머지 요정들이 선미를 밀어 아르고호는 마침내 위험한 암초 밭 플랑크타이를 무사히 빠져나갔다.

오케아노스

오케아노스

히페르보레이오이

▲리파이오이스산

이스트로스강

스키티아

▲헤르키니아 바위산

에리다노스강

로다노스강

엘렉트리스섬

이스트로스강

카울리아코스산

카우카소스

콜키스

아우소니아

브리고이

▲

앙구론산

아이아이에섬

힐로이

아이○

세이레네스섬

어오니아해

티레니아해

사르디니아해

보스포로스

카람비스곶

파시스강

할리스강

헬레스폰토스

이울코스

스킬라와 카립디스
(플랑크타이)

드레파네섬
(케르키라)

아이기나

키프로스

헤라클레스의 기둥

칼리스테
(테라)

아나페

리비아해

크레타

오케아노스

사르티스

트리톤 호수

트리톤강(나일)

리비아

이집트

아르고호의 귀환 경로

10장 ○ 스토리텔링의 원형 영웅 이야기

콜키스 2차 추격대,
드레파네섬 아레테 왕비의 도움

콜키스의 추격대는 압시르토스의 함대만 있었던 것은 아니다. 아이에테스는 1차 추격대가 돌아오지 않자 아르고호가 갔던 길을 따라 또 다른 추격대를 보냈다. 아이에테스는 부하들에게 메데이아와 황금 양피 없이는 절대 돌아오지 말라고 엄포를 놓았다. 콜키스의 2차 추격대가 아르고호의 흔적을 쫓아 지금은 코르푸Korfu 혹은 케르키라Kerkyra로 불리는 드레파네Drepane섬에 도착했을 때 아르고호는 그 맞은 편에 있는 마크리스Makris라는 조그만 섬에 정박해 있었다.

당시 드레파네섬에는 파이아케스Phaiakes인들이 살고 있었고 왕은 알키노오스Alkinoos였다. 한 세대 후에 오디세우스Odysseus와 아이네이아스Aineias가 바다를 방랑하다가 이 섬을 거쳐 갈 때도 왕은 여전히 알키노오스였다. 아르고호의 영웅들은 2차 추격대가 온 줄도 모르고 드디어 긴 여정이 거의 끝난 것을 기뻐하며 자축하고 있었다. 하지만 그사이 추격대 대장은 알키노오스 왕과 아레테Arete 왕비를 찾아가 콜키스의 왕 아이에테스의 이름으로 메데이아와 황금 양피를 넘겨달라고 요구했다.

뒤늦게 2차 추격대의 존재를 알게 된 아르고호의 영웅들은 적잖이 당황했다. 그러자 이번에도 메데이아가 나서서 아레테 왕비를 찾아가 그간의 사정을 전하며 자신이 조국 콜키스로 송환되면 틀림없이 죽을 것이라며 제발 도와달라고 간청했다. 왕비는 메데이아의 처지를 안타깝게 생각하고 돕기로 작정했다. 그녀는 그날 밤 잠자리에서 남편 알키노오스 왕에게 그동안 얼마나 많은 아버지가 딸들을 부당하게 대했는지 그 사례를 열거했다.

그녀는 제일 먼저 테베Thebe의 왕 닉테우스Nykteus가 딸 안티오페Antiope에게 가한 가혹행위에 대해 말을 꺼냈다. 닉테우스는 딸 안티오페가 사티로스Satyros로 변신한 제우스의 사랑을 받아 임신하자 학대를 시작했다. 안티오페가 그를 피해 달아나자 닉테우스는 화병이 나, 자살하면서 동생 리코스Lykos에게 자신의 원수를 갚아 달라고 유언했다. 그 후 안티오페는 작은아버지 리코스에게 붙잡혀 그의 사주를 받은 작은어머니 디르케Dirke

Jean-Baptiste Marie Pierre, 〈제우스와 안티오페〉, 1745~1749

10장 ○ 스토리텔링의 원형 영웅 이야기

로부터 갖은 수모를 당했다.

아레테 왕비는 두 번째로 아르고스의 왕 아크리시오스Akrisios가 딸 다나에Danae에게 가한 잔인한 행동을 예로 들었다. 아크리시오스는 외손자의 손에 죽을 것이라는 신탁을 듣고 아직 결혼도 하지 않은 딸을 칠흑같이 어두운 청동 탑에 가뒀다. 그런데도 딸이 황금 소나기로 변신한 제우스의 사랑을 받고 청동 탑에서 아들 페르세우스를 낳자 둘을 나무 궤짝에 넣어 바다에 버렸다. 아레테는 마지막으로 남자를 만났다는 사실만으로 딸 메토페Metope를 학대한 에페이로스Epeiros의 왕 에케토스Echetos를 예로 들며 말했다.

"지금도 불쌍한 메토페 공주는 잔인한 아버지 에케토스 왕의 명령으로 감옥에서 신음하고 있어요! 그녀는 청동 바늘에 찔려 눈이 먼 채 청동 보리를 무거운 맷돌로 빻아야 해요. 아버지는 딸에게 '이 보리를 다 빻으면 시력이 돌아올 것이다!'라고 조롱했답니다. 콜키스의 아이에테스 왕도 메데이아 공주를 데려다가 틀림없이 그들과 똑같이 잔인하게 대할 거예요."

아레테는 결국 알키노오스 왕으로부터 다음 날 그가 어떤 기준으로 판결을 내릴지 알아냈다. 그는 아내에게 이렇게 심중을 털어놓았다.

"메데이아가 아직 결혼하지 않은 처녀라면 콜키스로 돌아가야 하오. 하지만 더 이상 처녀가 아니라면 이아손 곁에 있도록 할 것이오. 그녀가 갖고 온 황금 양피도 마찬가지요."

아레테는 남편이 깊이 잠들자 이아손에게 믿을 만한 시녀를 보내 이 소식을 알렸다. 이아손은 즉시 아르고호 근처에 있던 동굴에서 메데이아와 결혼식을 올렸다. 아르고호의 영웅들은 푸짐한 향연을 베풀어 결혼식을 축하했고 신방 침상에 황금 양피를 깔았다.

다음 날, 과연 알키노오스 왕은 아르고호 영웅들과 콜키스 추격대를 모아 놓고 아레테 왕비가 이아손에게 미리 알려 준 판결 원칙을 발표했다. 이어 메데이아가 이아손의 아내라는 사실이 증명되었다. 그 결과 메데이아와 황금 양피를 확보하는 데 실패한 콜키스 추격대는 아이에테스가 무서워 빈손으로 돌아갈 수 없었다. 그래서 그들 중 일부는 드레파네섬에 눌러앉았고, 나머지는 일리리아Illyria제도를 점령하여 그곳에 정착했다.

〔19〕

시르티스 사구, 트리토니스 호수,
트리톤, 탈로스

아르고호는 드레파네섬에 6일을 머문 뒤 그다음 날 새벽 순풍이 불어오자 그곳을 떠났다. 아르고호는 돛을 활짝 펴고 씽씽 달린 끝에 금세 암브라키아Ambrakia만을 거쳐 에키나데스Echinades군도를 지나쳤다. 이어 얼마 지나지 않아 영웅들 시야에 그리스의 펠로폰네소스반도가 들어왔다. 하지만 그들은 아직 그리스에 상륙할 운명이 아니었다. 어디선가 갑자기 사나운 북풍이 불더니 아르고호를 꼬박 9일 동안이나 아프리카의 리비아 해 쪽으로 몰고 갔기 때문이다. 아르고호는 그렇게 북풍에 계속 밀리다가 결국 한번 들어가면 좀처럼 빠져나오기 힘든 리비아 끝자락 시르티스Syrtis 사구로 접어들었다.

게다가 아르고호는 엄청난 파도에 밀려 해안에서 1마일쯤 떨어진 모래 속에 처박히는 신세가 되고 말았다. 영웅들이 아르고호에서 내려서 보니 눈이 닿는 곳은 사방이 온통 사막뿐이었다. 그들은 모두 죽음을 예감하고 모래에 구덩이를 파고 외투를 덮고 누웠다. 마지막으로 그동안 북풍과 싸우느라 자지 못한 잠이나 실컷 자고 싶었다. 그런데 이아손의 꿈속에 염소 가죽옷을 입은 리비아의 요정들이 나타나 아리송한 신탁을 전했다.

"이아손이여, 잠시 후 바다에서 말이 튀어나와 모래사막 속으로 사라지
거든 그 발자국을 따라 아르고호를 떠메고 가라!"

이아손이 잠에서 깨어 동료들에게 그 신탁을 말해 주자, 영웅들은 모두
그 뜻을 이해할 수 없어 삼삼오오 모여 웅성거리기만 했다. 도대체 어떻
게 바다에서 말이 튀어나온단 말인가. 바로 그 순간 갑자기 정말 바다에
서 말이 한 마리 튀어나오더니 사막에 깊은 발자국을 남기며 순식간에 멀
리 사라졌다. 그제야 그들은 신탁을 떠올리고 모두 환호성을 지르며 마치
해군 특수부대원들이 훈련을 받을 때처럼 즉시 아르고호를 들어 어깨에

〈트리톤과 싸우는 헤라클레스〉,
기원전 520~510년경
(그리스 도기 그림)

메고 그 발자국을 따라갔다. 그들은 그렇게 12일이나 걸어 이동한 끝에 마침내 트리토니스Tritonis 호수에 도착했다. 그런데 이번에는 도저히 호수의 출구를 찾을 수 없었다. 아르고호의 영웅들은 또다시 절망에 사로잡혔다.

그 순간 이아손이 갑자기 델피의 아폴론 신전에서 받은 세발솥을 기억해 냈다. 그는 콜키스로 떠나기 전에 신탁을 물으러 델피에 간 적이 있었다. 그때 여사제 피티아는 그에게 세발솥 두 개를 주면서 그중 하나를 귀환 중 절체절명의 위기에 빠졌을 때 트리톤Triton에게 바치라고 했었다. 트리톤은 바다의 신 포세이돈과 바다의 요정 암피트리테의 아들로, 상체는 남자이고 하체는 물고기인 인어였다. 이아손이 제단을 쌓고 바다에 세발솥을 바치며 신의 이름을 연호하자 과연 트리톤이 나타나 한 손으로는 세발솥을 손에 쥐고 다른 손으로는 아르고호의 선수를 잡은 채 호수 출구 쪽으로 끌고 갔다.

트리토니스 호수를 간신히 빠져나온 아르고호는 아프리카 북부 해안을 따라오다가 북쪽으로 뱃머리를 돌려 크레타Kreta섬에 도착했다. 하지만 영웅들은 섬에 상륙할 수가 없었다. 해안에서 크레타의 파수꾼인 청동 거인 탈로스Talos가 아르고호에 돌을 던지며 영웅들이 섬에 오르는 것을 방해했기 때문이다. 그걸 보고 이번에도 메데이아가 나섰다. 그녀는 부드럽게 탈로스의 이름을 부르며 자신이 건네주는 영약을 마시면 영원히 죽지 않는다고 유혹했다. 하지만 그것은 사실 수면제에 불과했다.

탈로스가 잽싸게 영약을 낚아채서 벌컥벌컥 마신 뒤 쓰러져 금세 깊은 잠에 빠지자 메데이아는 그의 목에서부터 발목까지 흐르는 하나밖에 없는 혈관을 막고 있던 청동 못을 발목에서 빼냈다. 바로 그 순간 못 구멍으로부터 피 역할을 하던 무색의 신성한 영액이 콸콸 흘러나와 탈로스는 죽고 말았다. 다른 설에 의하면 탈로스는 메데이아의 눈빛에 매료되어 비틀거리다가 바위에 부딪혀 발목에 상처를 입는 바람에 영액을 모두 흘리고 죽었다. 또 다른 설에 의하면 아르고호의 영웅들 중 포이아스Poias가 화살로 그의 발목을 쏘아 죽였다.

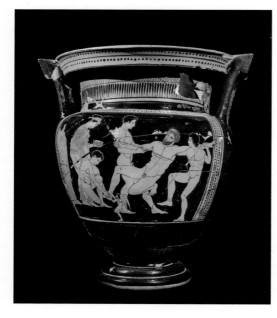

〈탈로스〉, 기원전 450~400년경
메데이아가 영약이 들어있는 상자를 들고 있으며, 아르고호의 영웅 중 둘이 탈로스의 양팔을 잡고 있는 사이, 다른 한 명이 무릎을 꿇고 발목의 청동못을 빼내고 있다(그리스 도기 그림).

10장 ○ 스토리텔링의 원형 영웅 이야기

〔20〕

귀환, 이아손의 배신, 두 아들을 살해하는 메데이아

크레타를 떠나 항해를 계속하던 아르고호는 저녁이 되자 남쪽에서 불어오는 폭풍우에 휩싸였다. 주위는 짙은 어둠이 깔려 한 치 앞도 분간할 수 없었다. 이아손이 항해의 신 아폴론을 부르며 도움을 간청했다. 그러자 아폴론이 그의 기도를 듣고 한 줄기 밝은 빛을 비추어 아르고호 우현으로 스포라데스Sporades군도 중 하나인 아주 작은 섬 하나를 보여 주었다. 그 순간 키잡이 앙카이오스가 재빨리 아르고호를 그곳에 무사히 상륙시켰다. 아침이 되자 폭풍우가 가라앉고 그들은 다시 출발하여 아이기나 Aigina섬을 거쳐 마침내 이올코스에 무사히 귀환했다.

하지만 이아손으로부터 황금 양피를 건네받은 펠리아스는 그에게 약속한 왕권을 물려주지 않았다. 그는 왕권을 요구하는 이아손에게 차일피일 확답을 미루더니 결국 그를 없앨 계획을 세웠다. 그것을 알아차린 메데이아는 선수를 치기로 하고 효심이 남달랐던 펠리아스의 두 딸을 이용하기로 했다. 그녀는 그들을 초대하여 여러 가지 약초를 솥에 넣어 끓여 약물을 만드는 시범을 보였다. 얼마 후 메데이아가 늙은 양을 토막 내 솥에 집어넣자 뚜껑을 머리로 박차며 새끼 양이 튀어나왔다.

〈펠리아스에게 황금 양피를 건네주는 이아손〉,
기원전 340~330년경
(그리스 도기 그림)

　놀라움을 금치 못하는 펠리아스의 딸들에게 메데이아는 연로한 아버
지도 똑같이 젊어질 수 있다고 꼬드겼다. 그 말을 믿고 펠리아스의 딸들
이 아버지를 강제로 죽여 토막 내 가져와 솥에 넣었다. 하지만 메데이아
가 이미 솥의 약초 물을 아무 약효가 없는 맹물로 바꾸어 놓은 후였다. 펠
리아스가 죽었어도 메데이아의 예상과는 달리 이아손은 이올코스의 왕이
되지 못했다. 코린토스의 원로회의는 펠리아스의 후계자로 그의 아들이
자 황금 양피 원정대의 일원이었던 아카스토스를 지명했기 때문이다. 아
카스토스는 왕위에 오르자 제일 먼저 선왕의 죽음을 수사하기 시작했다.
　신변의 위험을 느낀 메데이아와 이아손은 어린 두 아들과 측근들을 데
리고 이웃 나라인 코린토스Korinthos로 망명길을 떠났다. 당시 코린토스 왕
크레온Kreon은 자기 뒤를 이을 아들이 없었다. 그래서 이아손을 자기 후
계자로 삼으려고 외동딸 글라우케Glauke를 그와 약혼시킨 다음 앞으로 그

둘 사이에서 태어날 외손자가 왕위에 오르는 데 걸림돌이 될 메데이아와 두 아들을 코린토스에서 추방하려 했다. 이아손은 이러한 크레온의 태도에 수수방관하며 조강지처 메데이아를 점점 멀리했다. 메데이아는 권력에 눈이 어두워 자신을 헌신짝처럼 버리려는 이아손에게 절망했다. 그녀는 여러 차례 이아손을 만나 애원도 하고 협박도 해 보았지만 아무런 소용이 없었다.

그녀는 심적 갈등과 주저 끝에 결국 남편의 약혼녀 글라우케와 두 아들을 죽여 이아손에게 처절하게 복수해 주기로 결심했다. 그것이 이아손을 직접 죽이는 것보다 그에게 더 큰 고통을 안겨 줄 수 있을 것으로 생각했다. 메데이아는 그 당시 마침 코린토스를 방문했던 아테네Athene의 왕 아이게우스Aigeus에게 부탁하여 미리 피난처를 마련해 둔 다음, 먼저 글라우케 공주에게 독을 묻힌 결혼 예복을 선물하여 그녀를 죽게 만들었다. 이어 두 아들을 자신의 손으로 직접 죽이고 살던 집에 불을 지른 다음, 콜키스에서 가져와 모처에 숨겨 두었던 두 마리 용이 끄는 하늘을 나는 마차를 타고 아테네로 도망쳤다.

Charles–André van Loo, 〈두 마리 용이 끄는 하늘을 나는 마차를 타고 도망치는 메데이아〉, 1760

10장 ○ 스토리텔링의 원형 영웅 이야기

⌐⌐⌐⌐⌐⌐ **(21)** ⌐⌐⌐⌐⌐⌐

영웅 펠리아스와 이아손은
왜 추락했을까?

우리는 앞서 신들의 전쟁에서 우라노스Ouranos와 크로노스가 부당한 방법으로 권력을 지키려다 끝내 몰락하는 것을 보았다. 우라노스는 자식들을 아내 가이아의 몸속으로 집어넣는 폭력을 휘두르다 아들 크로노스에게 거세당해 권력을 잃었다. 우라노스의 뒤를 이은 크로노스도 자식들을 집어삼키는 만행을 저지르다 아들 제우스에 의해 권좌에서 밀려났다.

아르고호의 모험에 등장하는 두 영웅 펠리아스와 이아손도 지나친 권력욕 때문에 갈등과 분쟁을 초래하다 결국 비참한 최후를 맞이했다. 먼저 펠리아스는 이부異父동생 아이손의 권력을 강제로 빼앗았다. 이어 조카 이아손이 장성해서 자신을 찾아와 아버지의 왕권을 돌려달라고 하자 조카를 당시 세상의 동쪽 끝자락 콜키스로 보내 죽이려 했다. 그는 또한 권력욕에 취해 콜키스에서 황금 양피를 가져오면 이아손에게 권력을 돌려주겠다는 약속을 지키지 않았다.

이아손도 아버지의 권력을 되찾으려 한 것은 충분히 이해가 가지만 그 방법이 옳지 못했다. 황금 양피는 처음에는 그의 숙부인 프릭소스가 타고 간 양의 가죽이었으니 그의 가문 것이 맞다. 하지만 나중에는 프릭소스가 그것을 아이에테스에게 선물로 주었으니 이제 더 이상 그의 가문 것이 아니다. 그는 그런 콜키스의 국보인 황금 양피를 강제로 약탈했다. 또한 이올코스로 귀환해서는 아내 메데이아가 속임수를 써서 펠리아스 왕을 살해하는 것을 방조했다.

특히 이아손이 코린토스로 망명하여 생사고락을 같이 한 아내 메데이아를 배반하고 글라우케 공주와 결혼하려고 한 것은 치명적인 잘못이었다. 메데이아는 이아손에게 어떤 존재인가? 그녀는 친구와 가족과 조국을 버리고 오직 이아손만 믿고 따라오지 않았는가. 그녀가 없었다면 이아

Erasmus Quellinus the Younger, 〈황금 양피를 들고 있는 이아손〉, 1630

　　　　　　　　　　　10장 ○ 스토리텔링의 원형 영웅 이야기

손이 과연 황금 양피를 갖고 이올코스로 무사히 귀환할 수 있었겠는가?
이아손은 그런 메데이아를 저버리고 코린토스 공주와 결혼하여 얻게 될
왕권에만 혈안이 되어 있었다. 다음은 에우리피데스Euripides의 비극 「메데
이아」에서 메데이아와 이아손이 나누는 마지막 대화 중 이아손이 메데이
아를 타박하며 하는 말이다.

"제발 좀 얌전히 있으시오! 헤어날 길 없는 고생 자루들을 잔뜩 짊어지
고 내가 이올코스 땅에서 이리로 옮겨왔을 때, 추방자인 나에게 공주와

Anselm Feuerbach,
〈유골함 옆의 메데이아〉, 1873.
아이러니하게도 유골함 겉면에
메데이아가 두 아들을
살해하는 장면이 그려져 있다.

의 결혼보다 더한 횡재가 어디 있었겠소? 그것은 당신이 분개하고 있
듯이 그대와의 결혼에 싫증이 나서도 아니고, 새장가를 들고 싶어 안달
이 나서도 아니며, 또 자식이 많은 사람과 경쟁하고 싶어서도 아니오.
자식들은 이미 태어난 것으로 충분하오. 나는 그 애들에게 불만이 없
소. 그것은 ―이 점이 가장 중요하오― 우리가 잘살고 궁하지 않기 위
해서요. 가난한 사람은 친구들도 모두 피해 버린다는 것을 내가 미리
알고 있었기 때문이오."

이아손은 공주와의 결혼을 '횡재'라고 부른다. 그는 아내 메데이아 때
문에 저절로 굴러들어 온 그 엄청난 횡재를 놓칠까 안절부절못한다. 그의
머릿속은 온통 공주와의 결혼으로 누리게 될 부귀영화에 대한 환상으로
가득 차 있다. 메데이아가 위의 마지막 대화에서 이아손에게 간청한 것은
제발 자신과 아이들의 추방만은 막아 달라는 것이었다. 그런데도 이아손
은 그것을 공주와 결혼을 하지 말아 달라는 말로 알아들을 정도로 새 결
혼에 온 신경이 집중되어 있다. 그가 공주와 결혼하는 이유로 끌어다 대
는 "우리가 잘살고 궁하지 않기 위해서"라는 말이 얼마나 자가당착적인
발언인지 모를 정도로 들떠 있다. 메데이아와 아이들이 추방되고 나면 이
아손이 말하는 '우리'에는 이아손 외에 도대체 누가 남겠는가?

10장 ○ 스토리텔링의 원형 영웅 이야기

권력에 대한 집착으로 초심을 잃어
실패한 영웅들

물론 메데이아가 자신을 배반한 이아손에 대한 응징으로 코린토스 공
주와 두 아들을 살해한 것은 비난받아 마땅하다. 그녀의 살인 행위를 옹
호할 마음은 추호도 없다. 하지만 이아손에 대한 메데이아의 분노나 환
멸을 생각하면 그녀의 행위는 충분히 정상 참작할 만하다. 그 말은 메데
이아가 당대 세간의 평가처럼 원래 사악한 여자이기 때문에, 혹은 사랑에
빠진 여자이기 때문에 그런 범죄를 저지른 것은 아니라는 뜻이다. 메데이
아의 행동은 성별을 떠나 누구든지 그런 상황에 처해 있다면 나올 수 있
는 반응이다. '친구와 가족과 조국을 버리고 오직 이아손만 믿고' 따라온
그녀가 이아손에게 버림을 받는다면 도대체 어디로 갈 수 있겠는가? 쥐
도 사지에 몰리면 고양이를 문다고 하지 않았던가?

영웅 이아손의 마지막 모습은 아무리 생각해도 아쉽고 안타깝기만 하
다. 그는 펠리아스에게 아버지의 왕권을 돌려달라고 했을 때만 해도, 또
영웅들을 모아 아르고호의 모험을 준비할 때만 해도, 그리고 보스포로스
의 심플레가데스를 지나 콜키스에 도착해서 아이에테스 왕에게 황금 양
피를 요구했을 때만 해도, 불의라고는 조금도 모르는 패기 넘치는 청년이

었을 것이다. 권력에 전혀 때가 묻지 않은 순수한 열혈 청년이었을 것이다. 그래서 그는 콜키스에 도착해서도 무력으로 황금 양피를 빼앗자는 동료들을 달래 아이에테스에게 먼저 사정을 말하고 정중하게 간청하겠다고 제안하지 않는가?

하지만 이아손은 메데이아의 도움으로 황금 양피를 탈취할 때부터 점점 변질되기 시작한다. 특히 그는 이올코스로 돌아와 왕권 인수에 실패하면서 완전히 초심을 잃어버린다. 이어 코린토스로 망명하면서부터 권력에 대한 집착이 거의 광기에 가까울 정도로까지 심해진다. 이아손은 어쩔수 없이 황금 양피를 탈취했다고 해도 그것을 지키기 위해 처남 압시르토스를 죽이지 말았어야 했다. 메데이아가 펠리아스 왕을 죽이려 했을 때 그녀를 말렸어야 했다. 코린토스에서 새로 얻게 될 권력에 취해 조강지처인 메데이아와 두 아들을 버리지 말았어야 했다. 적어도 그들의 추방만은 막았어야 했다.

이아손은 우리가 다루고 있는 영웅 중 아마 가장 먼 길을 여행하면서 가장 많은 인생 경험을 쌓은 영웅일 것이다. 하지만 그는 그렇게 어렵고 힘든 모험을 해 놓고도 깨달은 게 없다. 그렇게 수많은 경험을 하고도 정신적인 성장이 보이지 않는다. 이아손은 산전수전 다 겪은 영웅으로서 펠리아스가 황금 양피를 받고도 왕권 이양을 거부했을 때, 아니면 망명지 코린토스에서 크레온 왕이 왕권을 전제로 글라우케 공주와의 결혼을 제안했을 때, 권력의 무상함을 깨닫고 모든 것을 내려놓아야 했다.

앞서 언급한 것처럼 황금 양피는 그리스 신화 버전 '니벨룽의 반지'이자 '절대 반지'로서 권력을 상징한다. 니벨룽의 반지나 절대 반지, 황금 양피처럼 권력에도 저주가 서려 있다. 불의한 방법으로 권력을 빼앗거나 획득하면 그 저주를 피할 수 없다. 폭력과 거짓으로 정권을 유지하려 해도 마찬가지다. 아니, 불의와 폭력과 거짓에 기초한 권력뿐 아니라 모든 권력의 속성은 불온하다. 누구도 권력의 마력에서 벗어날 수 없다. 아르고호의 모험은 우리에게 권력의 위험성을 경고한다. 제1권에 등장한 벨레로폰Bellerophon이 오만 때문에 추락했다면 이아손은 권력에 대한 집착으로 초심을 잃어 실패한 영웅이다.

(23)

가부장제의 희생양 크리스타 볼프의
메데이아

메데이아는 그동안 에우리피데스를 비롯한 수많은 작가들이 작품의 소재로 쓰면서 끊임없이 논란의 대상이 되어 온 인물이다. 문학 작품 속에 그려지는 메데이아의 모습은 크게 두 가지로 구분된다. 하나는 자식 살해의 주제를 처음으로 작품에 도입한 에우리피데스의 해석에 따라 메데이아를 그리스 신화 최고의 악녀로 보는 시각이고, 다른 하나는 메데이아에 대한 좀 더 오래된 기록들을 찾아 그녀를 가부장제의 희생양으로 복권시키려는 시도다.

에우리피데스 이래로 메데이아에 대한 평가는 최근까지 전자가 주류를 이루었다. 하지만 1970년대 이후 일기 시작한 여성 해방 운동의 영향으로 현재는 후자 쪽으로 무게중심이 옮겨지고 있다. 후자의 대표주자라고 해도 과언이 아닌 독일 여성 작가 크리스타 볼프C. Wolf의 『메데이아』는 위와 같은 전통적인 신화의 내용을 모두 거부한다.

그녀는 이 소설을 쓰기 전 찾아낸 메데이아에 대한 희귀한 자료들과 해외에 있는 신화 전문가들을 통해 메데이아가 원래 여신이자 사제였고 치료사였다는 사실을 밝혀낸다. 아울러 메데이아는 '좋은 충고를 아는 자'

라는 뜻이며 어원적으로 볼 때 '지혜'라는 의미를 지닌 '메티스Metis'와 연관이 있으며 '의학(medicine)'이라는 말도 나중에 그 이름에서 유래한다는 사실도 알아낸다.

볼프는 이것을 근거로 메데이아를 "오해의 어둠으로부터" 구하기 위해 자신의 작품의 내용을 기존의 작품들과는 근본적으로 다르게 바꾼다. 볼프의 소설 속에서 메데이아의 아버지 아이에테스는 콜키스 왕국의 권력을 잡고 나서 연임 포함 총 14년의 임기를 모두 채웠는데도 아들에게 권력을 이양하려 하지 않는다. 주위의 사퇴 압력에 시달리던 아이에테스는 결국 심복들을 시켜 권력 계승자인 아들을 살해한다.

볼프의 메데이아는 우연히 그런 범죄를 알게 되자 폭력적인 조국 콜키스에 더 이상 남아 있을 수 없다고 생각한다. 이아손 일행이 콜키스에 도착하여 아이에테스 왕에게 황금 양피를 요구했을 당시, 그녀는 이처럼 조국을 떠날 결심을 하고 그 방법을 놓고 고심하고 있었다. 그래서 메데이아는 이아손이 도착하자 그와 황금 양피를 놓고 거래를 한다. 아버지가

Anselm Feuerbach, 〈메데이아〉, 1870

내주기를 거부하는 황금 양피를 갖게 해 줄 테니 자기를 그리스로 데려가 달라는 것이다. 이아손은 목적이 아니라 수단이었던 셈이다.

메데이아는 그때의 심정을 이렇게 토로한다. "내가 이아손과 함께 떠난 것은 타락하고 몰락한 콜키스에 그대로 남아 있을 수 없었기 때문이었다." 따라서 볼프에 의하면 메데이아가 조국을 버린 것은 결코 이아손과의 사랑 때문이 아니었다. 그것은 아버지가 휘두르는 가부장제의 폭력을 거부하는 정치적인 결단이었다. 또한 볼프의 메데이아는 첫눈에 반해 이아손과 결혼하지 않는다. 그녀는 그리스의 이올코스로 가는 아르고호에서 많은 이야기를 나눈 끝에 그에게 청혼하여 승낙을 받는다.

볼프의 메데이아는 또한 작품의 마지막에서 이아손에 대한 모든 미련을 접고 아이들을 비교적 안전한 헤라 신전에 임시로 맡긴다. 사고무친인

코린토스의 글라우케의 샘

10장 ○ 스토리텔링의 원형 영웅 이야기

그녀가 나중에 일정한 거처가 정해지면 데려가기 위해서다. 이어 마지막으로 이아손을 만나 새 아내 글라우케에게 잘해 주라고 부탁한다.

메데이아는 글라우케에게도 자신이 콜키스에서 가져와 그동안 소중하게 간직하고 있던 귀한 옷 한 벌을 결혼 선물로 직접 갖다준 다음 마침내 코린토스를 떠난다. 그런데 이 옷을 입은 글라우케는 추방당한 메데이아에 대한 죄의식에 사로잡혀 우물로 뛰어들어 자살한다. 현재 코린토스에는 그 당시 글라우케가 뛰어들었다는 '글라우케의 샘'이 있다.

에우리피데스의 비극
「메데이아」 새롭게 읽기

크리스타 볼프의 『메데이아』에 따르면 메데이아가 모든 것을 체념하고 아이들을 코린토스의 헤라 신전에 잠시 맡겨 두고 코린토스를 떠나자마자 후환을 없애려는 크레온의 사주로 일단의 코린토스인들이 헤라 신전에 난입하여 메데이아의 자식들을 잔인하게 살해하고 그 죄를 추방당한 메데이아에게 뒤집어씌운다. 그 후 코린토스인들은 7년에 한 번 어머니에 의해 살해당한 자식들을 위한다는 명목으로 헤라 신전에서 제사를 지낸다. 메데이아에 대한 정말 완벽한 조작극이 진행된 것이다.

볼프는 여신이자 사제 그리고 치료사로서 전혀 부정적인 측면이라고는 찾아볼 수 없던 메데이아가 그리스 최고의 마녀나 악녀로 전락한 것은 바로 그사이 사회에서 무엇인가 획기적인 변화가 일어났기 때문이라고 확신한다. 볼프에 따르면 그 변화란 바로 가모장제 사회에서 가부장제 사회로의 이행이다. 여신, 사제, 치료사에서 악녀로 추락한 메데이아는 모권제 사회에서 부권제 사회로의 이행 과정을 극명하게 보여 주는 인물이라는 것이다.

볼프는 결국 메데이아에 대한 폄하와 왜곡은 가부장제가 확고하게 뿌리를 내리면서 시작되었다고 주장하며 이렇게 말한다.

"남성적인 욕구와 가치관에 의해 점점 더 강하게 규정되는 문화는 일반
적으로 여성적인 것과 여성에 대해 두려움을 나타냅니다. 그래서 점차
거칠고, 사악하며, 조야한 충동에 사로잡힌 여성상, 사악한 여마술사나
마녀상이 필요했던 것입니다."

이런 입장을 견지하는 사람들은 에우리피데스의 「메데이아」에 대해서
도 전통적인 해석과는 완전히 다른 해석을 가한다. 그들에 의하면 「메데
이아」에는 메데이아가 비록 사랑 때문에 가족도 버리고, 동생과 자식들
을 살해한 악녀로 묘사되고 있지만, 그녀가 그렇게 할 수밖에 없었던 외
부적인 상황도 함께 자세하게 기술되어 있다. 다시 말해 에우리피데스 역
시 메데이아가 당하고 있는 비극의 원인을 그녀의 악한 성격이 아니라 가
부장제 논리에 편승해서 그녀를 버리려 한 파렴치하고 기회주의적인 이
아손에게서 찾고 있다는 주장이다.

따라서 왜곡된 메데이아의 상을 바로 잡으려는 사람들에 의하면 우리
는 에우리피데스의 비극 「메데이아」를 주인공 메데이아의 편에서 다시
새롭게 읽어야 한다. 그들은 가령 에우리피데스가 이아손을 무척 초라하
게 묘사하고 있다는 점을 예로 든다. 그러면서 에우리피데스도 분명히 그
것을 의식하고 작품을 썼을 것이라고 주장한다.

사실 「메데이아」에서 이아손은 당당한 영웅의 모습이 아니라 치졸한 소
인배로 묘사되어 있다. 자신을 맹렬하게 비난하는 메데이아에게 자신의
행동을 변명하는 이아손의 모습은 아주 옹색하고 비열하며 헤라클레스
등 다른 영웅들에게서 볼 수 있는 진정한 영웅의 면모를 찾아보기 힘들다.

이아손은 메데이아가 자신과 대화 중에 하늘의 제우스를 향해 '왜 인간에게 가짜 황금을 구분할 수 있는 능력은 주었으면서도, 사악한 인간을 알아볼 수 있는 능력은 주지 않았느냐'고 원망하자, 물론 자신이 그동안 그녀의 도움을 전혀 받지 않은 것은 아니지만 자신에게 결정적인 도움을 준 것은 바로 미의 여신 아프로디테와 사랑의 신 에로스였다며 그 도움마저도 평가절하한다.

"하지만 당신은 내게 준 것보다도 정작 그 대가로 받은 게 더 많다는 사실은 전혀 모르고 있는 것 같구려. 우선 당신은 고향인 야만족의 나라를 떠나 나랑 그리스에 살면서 정의를 배웠고 폭력을 멀리하는 법을 배웠소. 또한 당신은 전 그리스인에게 똑똑하다는 사실이 알려지게 되어 큰 명성을 얻고 있소. 당신이 만약 여전히 대지의 끝자락인 그 변방에 살고 있다면 어찌 그게 가당키나 하겠소? 만약 누가 집에 아무리 많은 황금을 갖고 있고, 오르페우스처럼 아무리 노래를 잘 부른다고 해도 그런 사실이 알려지지 않는다면 그게 무슨 소용이 있겠소?"

〈에우리피데스의 비극 「메데이아」의 마지막 장면〉, 기원전 4세기경 (그리스 도기 그림)

10장 ○ 스토리텔링의 원형 영웅 이야기

칼리돈의 멧돼지 사냥

Day 110

〰〰〰〰〰 **(1)** 〰〰〰〰〰

칼리돈에 출현한 멧돼지와
멜레아그로스의 탄생 비화

칼리돈^{Kalydon}의 멧돼지 사냥은 아이톨리아^{Aitolia} 지방의 칼리돈의 왕자이자 영웅 멜레아그로스^{Meleagros}의 이야기와 함께 전개된다. 멜레아그로스는 칼리돈의 왕 오이네우스^{Oineus}의 둘째 아들이었다. 오이네우스의 아내는 테스티오스^{Thestios}의 딸 알타이아^{Althaia}였다. 오이네우스 부부에게는 원래 톡세우스^{Toxeus}라는 첫째 아들이 있었다. 하지만 그는 어릴 적에 아버지 오이네우스의 손에 죽임을 당했다. 그가 도시 방어를 위해 성곽 주변에 파 놓았던 도랑을 천방지축으로 뛰어넘어 다녔기 때문이다.

도랑은 누구나 쉽게 넘을 수 있을 정도로 폭이 아주 좁고 깊지도 않았다. 하지만 그것을 넘는 자는 누구든 법에 따라 상징적인 적으로 간주해서 죽여야 했다. 로마의 레무스Remus도 형 로물루스Romulus가 자기의 영역인 팔라티누스Palatinus 언덕 주변에 파놓은 도랑을 넘었다가 형의 손에 죽임을 당하지 않았는가? 알타이아는 첫아들을 잃은 슬픔을 잊기라도 하려는 듯 곧이어 둘째 아들 멜레아그로스를 낳았다. 하지만 오이네우스는 멜

Alexander Rothaug, 〈운명의 여신 세 자매〉, 1910년경
왼쪽부터 클로토, 아트로포스, 라케시스. 세 자매 중 클로토가 막내다.

　　　　　　　　　10장 ○ 스토리텔링의 원형 영웅 이야기

레아그로스의 명목상 아버지였을 뿐 그의 친부는 사실 전쟁의 신 아레스였다.

멜레아그로스가 태어나 이레가 되었을 때 운명의 여신 모이라이Moirai 세 자매가 갑자기 알타이아의 침실에 나타났다. 먼저 운명의 실을 잣는 클로토Klotho가 말했다. "이 아이는 아주 영리할 것이다!" 이어 운명의 실을 나누어 주는 라케시스Lachesis가 말했다. "이 아이는 아주 용감할 것이다!" 하지만 마지막으로 가위를 들고 운명의 실을 끊는 아트로포스Atropos 가 화로에 있는 장작 하나를 가

리키며 말했다. "이 아이는 저 장작이 다 탈 때까지만 살 것이다!" 알타이아는 이 말을 듣고 화들짝 놀라 침대에서 벌떡 일어나 얼른 운명의 여신 아트로포스가 가리킨 장작을 꺼내 불을 끈 다음, 항아리에 소중하게 보관해 두었다.

그 후 멜레아그로스는 과연 아레스의 아들답게 천하무적의 용감한 전사로 자라났다. 그는 소년 시절 벌써 황금 양피를 찾아 나선 아르고Argo호의 모험에 참여하기도 했다. 오이네우스가 아들에게 가지 말라고 아무리 말려도 막무가내였다. 걱정

〈멜레아그로스〉, 기원전 340~330년경
(그리스 청동 제품의 로마 시대 복제품)

이 된 오이네우스는 하는 수 없이 아들을 돌보도록 동생 라오코온Laokoon
을 딸려 보냈다. 멜레아그로스는 아르고호의 모험에서 돌아온 지 오래지
않아 이다스Idas와 마르페사Marpessa의 딸 클레오파트라Kleopatra와 결혼하
여 폴리도라Polydora라는 딸이 있었다.

　바로 이즈음 오이네우스가 가을걷이가 끝난 뒤 올림포스 12주신에게
제물을 바쳤는데 실수로 아르테미스를 빠뜨렸다. 여신은 태양신 헬리오
스로부터 오이네우스가 자신에게만 제물을 바치지 않았다는 사실을 전
해 듣고 분노했다. 그래서 앙심을 품고 칼리돈 왕국에 엄청나게 크고 난
폭한 멧돼지 한 마리를 보냈다. 녀석은 웬만한 황소 크기의 몸집에, 온통
하얀색인 강모는 꼬챙이처럼 딱딱했으며, 코끼리처럼 강한 엄니를 갖고
있었다.

　멧돼지 녀석은 또한 나중에 영웅 테세우스Theseus의 손에 죽는 악명 높
은 크롬미온Krommyon의 암돼지 파이아Phaia의 새끼로, 헤라클레스가 네 번
째 과업으로 처치하는 에리만토스Erymanthos산의 멧돼지와는 형제 사이였
다. 녀석은 어느 날 갑자기 칼리돈 왕국에 나타나더니 가축뿐 아니라 백
성들도 죽이고, 들판을 휘젓고 다니며 곡식을 온통 못 쓰게 만들었다. 멧
돼지 때문에 백성들의 원성이 자자하자 칼리돈의 왕 오이네우스는 그리
스 전역에 전령을 보내 아들 멜레아그로스와 함께 멧돼지를 사냥할 영웅
들을 불러 모았다. 그는 멧돼지를 죽이는 사람에게 그 가죽과 엄니를 주
겠다고 약속했다.

〰〰〰〰〰　**(2)**　〰〰〰〰〰

칼리돈으로 모여든 영웅들과 홍일점 영웅
아탈란테

그러자 멧돼지를 사냥하기 위해 그리스 전역에서 영웅들이 칼리돈으로 몰려들었다. 칼리돈의 멧돼지 사냥은 앞서 살펴본 아르고호의 모험을 빼닮았다. 아르고호의 모험에도 총 54명의 영웅이 함께했다. 그들이 함께 모인 것은 모험의 목적인 황금 양피가 아니었다. 그들은 다만 모험을 통해 영웅다운 영웅이 되고 싶었을 뿐이다. 칼리돈의 멧돼지 사냥에도 그리스 전역에서 영웅들이 대거 몰려왔다. 그들이 달려온 것은 상으로 내건 멧돼지 가죽과 엄니 때문이 아니었다. 그들이 원한 것은 포악한 멧돼지 사냥이라는 모험에 함께했다는 명예뿐이었다. 그래서 그랬을까? 사냥하러 온 영웅 중에는 아르고호의 모험에 동참한 멜레아그로스의 전우들도 끼어 있었다.

칼리돈에 모여든 영웅들 명단은 파우사니아스Pausanias, 히기누스Hyginus, 오비디우스Ovidius, 아폴로도로스Apollodoros 등 작가에 따라 달라도 그중 중요한 영웅들을 열거하면 다음과 같다. 맨 먼저 스파르타Sparta에서는 카스토르Kastor와 폴리데우케스Polydeukes 쌍둥이 형제가, 메세네에서는 이다스와 링케우스Linkeus 쌍둥이 형제가 왔다. 아테네Athene에서는 테세우스가,

4. 칼리돈의 멧돼지 사냥

라리사Larissa에서는 페이리토오스Peirithoos가 왔다. 이올코스Iolkos에서는 이아손Iason이, 페라이Pherai에서는 아드메토스Admetos가 왔다. 필로스Pylos에서는 네스토르Nestor가, 마그네시아Magnesia에서는 카이네우스Kaineus가 왔다. 테베Thebe에서는 헤라클레스의 쌍둥이 형제 이피클레스Iphikles가, 아르고스Argos에서는 암피아라오스Amphiaraos가 왔다.

살라미스Salamis에서는 텔라몬Telamon이, 프티아Phthia에서는 텔라몬의 형제 펠레우스Peleus와 그의 장인 에우리티온Eurytion이 왔다. 펠레우스는 나중에 바다의 여신 테티스와 결혼하는데 그러기 전 이미 에우리티온의 딸과 결혼한 상태였다. 또한 아르카디아Arkadia에서는 앙카이오스Ankaios와 케페우스Kepheus 형제 그리고 여전사 아탈란테Atalante가 합류했다. 멜레아그로스의 외삼촌이자 테스티오스의 아들인 플렉시포스Plexippos와 에우리필로스Eurypylos도 사냥에 참가했다. 어떤 일인지 평소 칼리돈 왕국과 적대적이었던 청동종족 쿠레테스Kuretes와 반인반마 켄타우로스Kentauros족 영웅들도 칼리돈을 돕겠다고 나섰다.

특히 홍일점 아탈란테는 이아소스Iasos와 클리메네Klymene의 외동딸이었다. 이아소스는 아탈

Pierre Lepautre, 〈아탈란테〉, 1703~1705
(기원전 1세기 그리스 진품의 로마 시대 복제품)

란테가 아내 배 속에 있을 때 장차 태어날 아이가 자신의 뒤를 이을 아들이라고 확신했다. 하지만 기대와는 달리 딸이 태어나자 실망한 나머지, 갓난아기를 칼리돈 근처의 파르테논Parthenon 언덕에 버렸다. 그러자 아르테미스가 아기를 불쌍히 여겨 암곰 한 마리를 보내 새끼처럼 품고 젖을 먹여 주었다. 그러던 어느 날 그곳을 지나던 사냥꾼들이 아탈란테를 발견하고 데려다 사냥꾼으로 키웠다.

아탈란테는 항상 무장하고 다니는데다 일찍부터 독신자의 수호신 아르테미스를 숭배하여 독신으로 살기로 맹세했다. 아르테미스도 그녀의 수호신임을 숨기지 않았다. 언젠가 아탈란테가 사냥을 하다가 몹시 갈증에 시달리던 때가 있었다. 위기의 순간 그녀가 아르테미스를 연호하며 갑자기 창끝으로 자기 앞에 있는 바위를 치자 신기하게도 갈라진 바위틈에서 세찬 물줄기가 솟아올랐다.

Day 111

🁢🁢🁢🁢🁢 **(3)** 🁢🁢🁢🁢🁢

아탈란테를 겁탈하려다 죽임을 당하는
두 켄타우로스

칼리돈의 왕 오이네우스는 멧돼지 사냥을 위해 몰려든 영웅들에게 9일 동안이나 극진하게 잔치를 베풀어 주었다. 잔치 마지막 날 술에 취한 앙카이오스와 케페우스 형제가 오이네우스에게 강하게 불만을 표시했다. 여자와는 함께 사냥할 수 없다는 것이었다. 아버지 오이네우스로부터 멧돼지 사냥의 전권을 받은 멜레아그로스가 앞에 나섰다. "당신들 마음대로 하시오! 정 하기 싫다면 사냥에서 빠지시오! 당신들이 없다고 사냥이 안 되겠소?"

앙카이오스와 케페우스는 이 말을 듣고 뜻을 굽히지 않을 수 없었다. 그들은 아무 말 없이 슬그머니 뒤로 물러나 앉았다. 멜레아그로스가 아탈란테에게 호의를 보인 것은 그럴 만한 이유가 있었다. 그는 비록 결혼한 몸이었지만 아탈란테를 보고 첫눈에 반해 버렸다. 아탈란테를 대면하는 순간부터 계속해서 멜레아그로스는 한숨을 쉬면서 외쳤다. "아, 저 여자와 결혼하는 사람은 얼마나 행복할까!"

멜레아그로스의 외삼촌들은 처음부터 조카가 아탈란테에게 품고 있는 마음이 예사롭지 않다는 것을 눈치챘다. 그들은 아탈란테가 나중에 화근

10장 ○ 스토리텔링의 원형 영웅 이야기

이 되지 않을까 걱정하며 그녀에게 적개심을 품었다. 영웅들이 모여든 지 열흘째 되는 날 드디어 멧돼지 사냥이 시작되었다. 암피아라오스와 아탈란테는 활과 화살로, 다른 영웅들은 사냥용 창과 투창이나 도끼로 무장하고 있었다. 사냥은 처음부터 체계가 없었다. 영웅들 대부분이 금세 초심을 잊은 채 멧돼지 가죽과 엄니를 차지하고 싶어 안달이 났기 때문이다.

다시 멜레아그로스가 중재에 나섰다. 영웅들은 그의 제안대로 일정한 간격을 두고 반달 모양의 호를 그리며 멧돼지가 숨어 있는 숲을 뒤지기 시작했다. 하지만 처음 피를 흘린 것은 멧돼지가 아니라 인간이었다. 아탈란테는 다른 영웅들과 상당히 떨어져서 혼자 숲의 맨 오른쪽을 뒤지고 있었다. 켄타우로스족 힐라이오스Hylaios와 로이코스Rhoikos가 이 사실을 눈치챘다. 그들은 아탈란테를 겁탈하려는 의도로 그녀에게 살금살금 다가갔다. 그 사실을 눈치채고 분노한 아탈란테가 그들을 향해 잽싸게 화살 두 개를 연이어 날렸다. 화살은 정확하게 그들의 목을 꿰뚫었다.

아탈란테는 조용히 아무 일이 없었다는 듯이 멧돼지 수색을 계속했다. 멜레아그로스 쪽으로 다가가 간격을 약간 좁혔을 뿐이다. 멧돼지는 영웅들의 수색에 쫓겨 기진한 채 초지로 뒤덮인 습지에 몸을 숨기고 있었다. 영웅들이 점점 포위망을 좁혀오자 녀석이 갑자기 용수철처럼 은신처에서 튀어나왔다. 녀석은 날카로운 엄니로 영웅들 두 명을 찔러 죽이고 또 한 명의 무릎을 못 쓰게 만들어 놓더니 급기야 네스토르에게 달려들었다. 그 순간 그는 재빨리 근처 나무 위로 올라가 간신히 위기를 모면했다. 나중에 트로이 전쟁에서 명성을 떨치는 백전노장 네스토르도 무척 급하긴 급했던 모양이다.

이어 이아손과 몇몇 영웅들이 멧돼지를 향해 투창을 던졌지만 모두 목표물을 크게 빗나갔다. 이피클레스가 던진 창이 녀석의 어깨를 살짝 스쳤

Peter Paul Rubens, 〈멜레아그로스와 아탈란테의 사냥〉, 1616~1620

을 뿐이다. 이번에는 텔라몬과 펠레우스가 창을 들고 용감하게 앞으로 나섰다. 하지만 텔라몬이 실수로 나무뿌리에 발이 걸려 넘어지자 펠레우스가 그에게 손을 내밀었다. 멧돼지가 그 기회를 놓칠 리 없었다. 녀석은 그들에게 번개처럼 돌진했다. 바로 그 순간 아탈란테가 멧돼지를 겨누고 화살을 날렸다. 그녀의 화살은 지금까지 목표물을 벗어난 적이 없었다.`

이번에도 그녀의 화살은 보기 좋게 멧돼지의 귀 뒤로 날아가 꽂혔다. 치명상은 아니었어도 겁을 먹은 멧돼지 녀석은 피를 흘리며 갑자기 방향을 바꿔 달아나기 시작했다. 그때 앙카이오스가 아탈란테를 조롱하며 외쳤다. "아탈란테여, 사냥은 그렇게 하는 것이 아니다! 여길 봐라! 이렇게 하는 것이다!" 그는 자신의 사냥용 도끼를 빙빙 흔들더니 멧돼지 앞으로 다가가 장작을 패듯이 내리치려 했다. 그러나 그보다 멧돼지가 더 빨랐다. 멧돼지는 단숨에 날카로운 이빨로 앙카이오스의 남근을 물어 뜯어 버렸고, 앙카이오스는 단말마의 비명을 지르며 꼬꾸라졌다.

10장 ○ 스토리텔링의 원형 영웅 이야기

멧돼지 가죽을 놓고 불거진 분쟁과
멜레아그로스의 죽음

　멧돼지에게 남근이 물려 죽은 앙카이오스를 보고 흥분한 펠레우스가 멧돼지를 향해 창을 던졌다. 그러나 창은 멧돼지가 아니라 그 근처에 있던 동료이자 장인 에우리티온에게 날아가 그를 절명시켰다. 그 순간 암피아라오스가 멧돼지를 향해 화살을 날렸다. 화살은 다행히 멧돼지의 눈을 뚫었다. 방향 감각을 잃은 멧돼지가 주춤한 사이 테세우스가 창을 던졌지만 빗나갔다.

　멜레아그로스가 창을 던진 것은 바로 그때였다. 창던지기의 달인 아레스의 아들답게 그의 창은 보기 좋게 녀석의 오른쪽 옆구리에 박혔다. 녀석은 푹 쓰러지며 고통스러운듯 창을 빼내고 몸부림쳤다. 하지만 멜레아그로스가 재빨리 녀석에게 다가가 창을 잡더니 더 깊숙이 밀어 넣었다. 창은 녀석의 심장을 뚫고 반대편 옆구리까지 관통했다. 멧돼지는 한참을 버둥거리더니 마침내 하얀 배를 드러내고 대자로 뻗고 말았다. 멜레아그로스는 칼을 꺼내 즉시 녀석의 가죽을 벗겨냈다. 이어 엄니는 자신이 차지하고 가죽을 아탈란테에게 건네주며 말했다.

Peter Paul Rubens, 〈멜레아그로스와
아탈란테〉, 1635~1637

"맨 처음 멧돼지를 쏘아 맞힌 것은 당신이었습니다. 당신이 아니었으
면 우리는 녀석을 공격할 엄두를 내지 못했을 것입니다. 당신의 화살
을 맞고 녀석은 거의 반쯤 죽었으니까요."

이 말을 듣고 멜레아그로스의 외삼촌들은 심한 모욕감을 느꼈다. 먼저
큰외삼촌 플렉시포스가 영웅들 앞에 나서며 말했다.

"승리의 전리품인 멧돼지 가죽은 내 조카 멜레아그로스가 차지해야 합
니다. 만약 그가 갖지 않겠다면 그것은 마땅히 사냥에 참가한 영웅 중
그와 가장 가까운 친척에게 돌아가야 합니다. 바로 그 사람이 이 멧돼

　　　　　10장 ○ 스토리텔링의 원형 영웅 이야기

지 사냥을 조직한 오이네우스님의 처남인 내가 아니라면 그 누구이겠습니까?"

플렉시포스가 말을 마치자 그의 동생 에우리필로스가 말했다.

"엄밀히 말해 멧돼지를 맨 처음 맞힌 사람은 아탈란테가 아니라 이피클레스였습니다. 여러분들도 모두 보셨겠지만 그의 창이 녀석의 살갗을 스치고 지나갔으니까요."

이 말을 듣는 순간 멜레아그로스는 그만 이성을 잃고 말았다. 그는 그 자리에서 두 외삼촌의 목을 칼로 베어 버렸다. 멜레아그로스의 어머니 알타이아는 오라비들이 아들의 손에 죽었다는 얘기를 듣자 너무나도 분노한 나머지 제정신을 잃었다. 그녀는 멜레아그로스가 갓난아기였을 때 운명의 여신들의 말을 듣고 항아리에 숨겨 두었던 장작을 기억해 냈다.

그녀는 복수심에 불타 그 장작을 꺼내와 불 속에 던져 버렸다. 장작이 타오르자 멜레아그로스는 즉시 고통스러워하며 최후를 맞이했다. 알타이아는 아들이 죽고 나자 비로소 죄책감에 시달렸고 결국 스스로 목을 매 목숨을 끊고 말았다. 그러자 멜레아그로스의 아내 클레오파트라도 남편의 죽음을 슬퍼하다가 시어머니의 뒤를 이어 목을 매 자살했다. 멜라니페Melanippe와 에우리메데Eurymede 등 멜레아그로스의 다섯 명의 누이들은 오라비의 죽음을 슬퍼하면서 오열을 그치지 않았다. 아르테미스는 그들을 측은하게 생각하여 멜레아그리데스Meleagrides라는 뿔닭으로 변신시켰다.

François Boucher, 〈멜레아그로스의 죽음〉, 1727

(5)

멜레아그로스의 죽음에 대한 이설과 아버지를 찾은 아탈란테

호메로스의 『일리아스*Ilias*』는 멜레아그로스의 죽음을 이와는 사뭇 다르게 전한다. 멜레아그로스가 아탈란테를 향한 사랑에 눈이 멀어 외삼촌들을 죽이는 것까지는 같다. 그러나 그의 어머니가 오라비들의 죽음을 전해 듣고 예의 그 장작을 꺼내 화로에 던지지는 않는다. 어머니는 단지 아들을 죽도록 저주했다. 그 뒤 멧돼지 가죽을 놓고 사냥에 참가했던 쿠레테스족과 칼리돈인 사이에 전쟁이 벌어졌다.

멜레아그로스는 전쟁 초기에 이 전투에 참가하여 전세를 유리하게 이끌었다. 하지만 그는 어머니가 자신을 저주했다는 얘기를 듣고 나서부터는 싸울 마음이 없어져 방안에 틀어박혀 지냈다. 그는 전투를 계속하면 어머니의 저주로 인해 정말 자신이 목숨을 잃지 않을까 두려웠다. 복수의 여신인 에리니에스*Erinyes*가 삼촌들을 죽인 자신을 벌할지도 몰랐다.

멜레아그로스가 전투에서 손을 떼자 전세는 금세 쿠레테스족에게 유리해졌다. 결국 칼리돈인들은 계속 패하다가 성안으로 밀려 포위되고 말았다. 칼리돈의 원로들이 멜레아그로스를 찾아와 도움을 요청해도 멜레아그로스는 꿈쩍도 하지 않았다. 사제들은 물론, 심지어 친구들과 부모

Eugène Roger, 〈아내의 간청으로 무기를 드는 멜레아그로스〉, 1830

그리고 누이들도 와서 무릎을 꿇고 간청해도 미동도 하지 않았다.

　그사이 쿠레테스족은 자주 어두운 밤을 틈타 시내로 잠입해 도시를 불태우고 약탈을 일삼았다. 마지막으로 멜레아그로스의 아내 클레오파트라가 나섰다. 그녀는 칼리돈이 함락될 경우 자신을 비롯한 가족과 자식의 운명이 어떻게 될지 생각해 보라고 남편을 설득했다. 마침내 마음이 움직인 멜레아그로스는 무구를 갖추고 전쟁터에 나가 전세를 역전시켰지만 자신은 결국 전사하고 말았다.

　멜레아그로스가 죽은 뒤 아탈란테는 어떻게 되었을까? 칼리돈의 멧돼지 사냥이 끝나자 아탈란테의 명성이 전 그리스에 널리 퍼졌다. 그녀의 아버지 이아소스는 소문으로 그녀의 사연을 전해 듣고 짚히는 데가 있었

　　　　　　　　　　　　　　　10장 ○ 스토리텔링의 원형 영웅 이야기

다. 그는 몸소 아탈란테를 만나 보고 그녀가 갓난아기 때 자신이 버린 딸이라는 사실을 알아챘다. 그는 아탈란테에게 출생의 비밀을 말해 주고 그녀를 다시 자식으로 받아들였다. 아탈란테가 자신의 궁정에 도착하자마자 이아소스가 말했다.

"얘야, 이제 남편을 맞을 준비를 하거라! 여자의 최고 행복은 무엇보다도 좋은 남자 만나 가정을 꾸리는 것이다."

이아소스는 핏덩이일 때 버린 딸에게 양심의 가책을 느꼈다. 그는 딸의 결혼이라도 성대하게 치러 줄 참이었다. 하지만 아버지의 말을 듣는 순간 아탈란테는 깊은 고민에 빠졌다. 델피의 아폴론 신탁은 언젠가 그녀에게 결혼을 하면 불행한 일이 벌어질 것이라고 경고했었다. 그때부터 그녀는 아르테미스처럼 독신으로 살기로 맹세하지 않았는가. 결혼을 피할 방책을 궁리하던 아탈란테는 좋은 생각을 떠올리고는 아버지에게 이렇게 대답했다.

"아버지 말씀대로 하겠어요. 하지만 조건이 있어요. 저를 아내로 맞이하려는 사람은 달리기 시합에서 저를 이겨야만 해요! 제가 지면 기꺼이 그 사람의 아내가 되겠어요. 하지만 그 사람이 지면 제게 목숨을 내놓아야 해요! 물론 구혼자들은 저보다 먼저 출발하도록 약간의 우선권을 주겠어요."

아버지가 대답했다. "좋다, 그렇게 하거라!"

☖☖☖☖☖ **(6)** ☖☖☖☖☖

달리기 시합에서 패배하고 결혼한 뒤 사자로 변신한
아탈란테

아탈란테는 달리기라면 자신이 있었다. 숲속에서 사슴과 시합을 해도 지지 않을 정도였다. 그만큼 그녀는 천부적인 달리기 선수였다. 이 세상 누구도 그녀를 이길 수 없었다. 그녀는 아무리 뒤처져 있어도 단숨에 상대를 따라잡았다. 하지만 그 사실을 알 턱이 없는 구혼자들은 이아소스의 궁전에 문전성시를 이루었다.

구혼자들이 아탈란테와 시합을 벌일 때마다 심판을 보던 히포메네스 Hippomenes(혹은 멜라니온Melanion)라는 청년이 있었다. 그는 처음에는 아탈란테의 미모가 전혀 눈에 들어오지 않았다. 수많은 남자가 그녀에게 구혼해서 목숨을 잃는 걸 보고는 도대체 이해가 되지 않았다. 그러던 어느 날 히포메네스는 아탈란테가 시합에서 어떤 구혼자를 물리친 뒤 땀에 흠뻑 젖은 모습을 보고 깜짝 놀라며 중얼거렸다.

"내 눈이 지금까지 뭘 본거야? 저런 미모를 보고도 여태 알아채지 못했다니! 내 반드시 아탈란테를 차지하고 말리라!"

10장 ○ 스토리텔링의 원형 영웅 이야기

그는 우선 아탈란테와 구혼 시합을 벌이기 전 미와 사랑의 여신 아프로디테 신전을 찾아가 자신을 도와달라며 간절히 기도했다. 아프로디테는 평소 남녀간의 사랑을 무시하는 아탈란테가 마음에 들지 않았다. 그녀를 언젠가 호되게 혼내 주겠노라고 벼르고 있던 터라 당장 히포메네스의 기도를 들어주기로 결심했다. 그녀는 히포메네스가 자신에게 기도하는 동안 키프로스Kypros에 있는 자신의 정원에서 황금 사과 3개를 따와 그의 손에 쥐어 주며 사용 방법을 알려 줬다.

마침내 구혼 시합이 벌어지고 예측대로 아탈란테는 먼저 출발한 히포메네스를 쉽게 따라잡았다. 히포메네스는 아프로디테가 시킨 대로 그 순간 사과 하나를 떨어뜨렸고, 아탈란테는 사과를 줍기 위해 잠시 멈칫했다. 아탈란테가 사과를 주운 다음 다시 자신을 추월하려고 하자 히포메네스는 또다시 사과 하나를 떨어뜨렸고 아탈란테는 다시 잠깐 멈추어 사과를 주웠다. 결승점 가까운 데서 아탈란테가 다시 자신을 추월하려고 하자 히포메네스는 마지막 사과를 떨어뜨렸고 아탈란테가 주춤한 사이 간발의 차이로 먼저 결승점을 통과했다.

Noël Hallé, 〈히포메네스와 아탈란테의 달리기 시합〉, 1762~1765

아탈란테가 달리기 시합을 하다가 왜 멈추어 섰는지는 알 수 없다. 자신의 실력을 과신해서 그랬을까? 아니면 황금 사과에 눈이 멀어서 그랬을까? 아니면 잘생긴 히포메네스가 마음에 들어 일부러 그랬을까? 어쨌든 히포메네스는 아프로디테의 도움으로 아탈란테와의 달리기 시합에서 이겨 그녀를 아내로 맞이했다. 아탈란테도 사실 히포메네스와의 결혼생활이 싫지는 않았다. 오히려 점점 행복을 느꼈다. 하지만 그녀는 어렵사리 얻은 행복을 오랫동안 누릴 수 없었다. 곧 신탁의 경고가 현실로 드러났기 때문이다.

히포메네스는 승리에 너무 도취된 나머지 자신을 도와준 미와 사랑의 여신 아프로디테에게 감사의 제물을 바치는 것을 잊어버렸다. 분노한 여신은 두 사람이 파르나소스Parnassos산의 제우스 신전 제단 위에서 사랑을 나누도록 했다. 격노한 제우스는 자신의 신전을 더럽힌 그들을 암수 두 마리 사자로 변신시켰다. 고대 그리스인은 사자는 같은 종인 사자가 아니라 표범과 짝을 짓는다고 생각했다. 그렇다면 사자로 변신한 아탈란테 부부는 죽을 때까지 사랑을 나누지 못한 것이다. 형벌치고는 너무 가혹한 형벌인 셈이다.

그리스 신화에는 여자 영웅이 없다. 영웅은 모두 남자를 의미한다. 하지만 예외는 있는 법. 칼리돈의 멧돼지 사냥에 참여했던 아탈란테가 바로 그 주인공이다. 그녀는 그리스 신화 최초의 여자 영웅이라고 해도 손색이 없다. 아탈란테는 그리스 신화의 아마존Amazon족 여전사를 방불케 한다. 그들은 활쏘기에 거치적거린다는 이유로 어렸을 때 오른쪽 가슴을 불로 지져 없앨 정도로 용맹스러웠다. 아탈란테도 사냥 중 자신을 겁탈하려 한 치한 두 명을 화살 두 발로 간단하게 해치울 정도로 활의 명수였다. 남자 영웅들을 제치고 맨 처음 멧돼지에게 화살을 명중시킨 것도 바로 그녀였다.

헤라클레스 키즈 테세우스의 모험

Day 113

(1)

아버지 없이
트로이젠의 외갓집에서 성장하다

『플루타르코스 영웅전*Bioi Paralleloi*』에 따르면 테세우스Theseus는 어렸을 적부터 헤라클레스Herakles의 업적을 무척 부러워하면서 그를 닮고 싶어 했다. 지금으로 치면 테세우스는 헤라클레스의 열렬한 팬이었던 셈이다. 특히 그는 헤라클레스를 직접 만났던 사람들로부터 그가 했던 말이나 행동을 듣기 좋아했다.

플루타르코스Plutarchos는 테세우스가 헤라클레스에 대해 품고 있던 마음을 살라미스Salamis 전쟁의 영웅 테미스토클레스Themistokles 장군이 어렸을 적 자신의 우상이었던 밀티아데스Miltiades 장군이 마라톤 전투에서 승

테세우스의 모험

리했다는 얘기를 듣고 그를 닮고 싶은 열망에 밤새 잠을 이루지 못한 마음과 비교했다.

테세우스의 마음은 이렇게 늘 헤라클레스에 대한 존경심으로 가득 차 있었다. 그는 밤에는 꿈속에서 혁혁한 전공을 세우는 헤라클레스를 만났고, 낮에는 헤라클레스처럼 되고 싶은 열망으로 애를 태웠다. 이런 점에서 테세우스는 '리틀 헤라클레스'이자 '헤라클레스 키즈'라 불릴 만하다.

테세우스의 아버지 아이게우스Aigeus는 아테네Athene가 속한 아티카Attika 지역의 왕이었다. 그는 아티카의 전설적인 왕 판디온Pandion의 큰아들로, 아버지가 죽은 뒤 아티카가 여러 정치세력으로 분열되자, 팔라스Pallas를 비롯한 형제들과 힘을 합해 아티카를 다시 통일하고, 형제들의 반란 등 숱한 시련들을 이겨낸 뒤 부강한 아테네의 초석을 쌓은 인물이다.

아이게우스는 통일의 대업을 이루었지만 가슴에 늘 커다란 걱정거리를 안고 살았다. 아무리 애를 써도 첫째와 둘째 아내에게서 자신의 뒤를

〈피티아와 아이게우스〉,
기원전 440~430년경
(그리스 도기 그림)

이을 아들이 생기지 않았기 때문이다. 그는 어느 날 델피Delphi의 아폴론
신전을 찾아 그 이유를 물었다. 그러자 여사제 피티아Pythia가 말했다. "아
테네로 돌아가기 전에 포도주 부대의 주둥이를 풀지 말라!" 아이게우스는
이 말을 듣고 포도주를 정말 마시지 말라는 것인지, 아니면 마시라는 것
인지 정확한 신의 뜻을 가늠할 수 없었다.

그는 그 궁금증을 풀기 위해 귀향길에 트로이젠Troizen이라는 나라에 들
렀다. 그곳은 전 그리스에서 현인으로 명성이 자자한 피테우스Pittheus 왕
이 다스리던 나라였다. 아이게우스는 그라면 신탁의 의미를 속 시원히 풀
어내 줄 것 같았다. 아이게우스는 피테우스를 만나자마자 자신이 델피에
서 받은 아리송한 신탁의 의미를 물었다. 피테우스는 즉시 신탁의 뜻을
간파했지만 곧바로 알려 주지 않고 우선 술이나 한잔하자며 그날 밤 아이
게우스를 대취하게 만든 다음 자신의 딸 아이트라Aithra와 동침하게 했다.

다음 날 아침 아이게우스는 자기 옆에 아이트라 공주가 잠들어 있는 것

을 보고 깜짝 놀랐다. 하지만 그는 곧 신탁을 떠올리곤 아테네로 떠나기에 앞서 아이트라를 커다란 바위가 있는 숲속으로 데려갔다. 이어 그 바위를 들어 옆에 놓고 그 밑에 구덩이를 팠다. 그리고는 그 안에 칼 한 자루와 신발 한 켤레를 넣은 뒤 흙으로 덮고 다시 바위를 제자리에 놓은 다음 말했다.

"당신은 장차 아들을 낳을 것이오. 그 아이가 성인이 되어 이 바위를 들어 올릴 만큼 장성하거든 이 신표를 들려 내게 보내시오! 나는 아테네의 왕 아이게우스요!"

아이게우스는 아이트라에게 이렇게 당부하고 서둘러 길을 떠났다. 하지만 그는 지난밤 자신이 포도주에 취해 곯아떨어진 사이에 바다의 신 포세이돈이 아이트라와 동침한 사실은 알 턱이 없었다. 아이게우스는 아테네로 오다가 당시 크레온Kreon 왕이 통치하던 코린토스Korinthos 왕궁에 들러 하룻밤 묵었다가 마침 그곳에서 망명 생활을 하고 있던 황금 양피 원정대 대장 이아손Iason의 아내 메데이아Medeia의 간청을 받아들여 나중에 아테네로 자신을 찾아오면 도와주겠다고 약속했다.

10장 ○ 스토리텔링의 원형 영웅 이야기

쉬운 해로가 아닌 험한 육로로
아버지를 찾아 나서다

아이게우스가 떠나고 아이트라는 과연 태기를 느끼기 시작하여 열 달
후 아들을 낳자 테세우스라고 이름을 지었다. 테세우스는 16세가 되자
유난히 힘이 세고 영리한 청년으로 성장했다. 그는 특히 당시 유행하던
레슬링을 단순히 힘을 과시하는 스포츠가 아닌 예술의 경지로 올려놓았
다. 레슬링을 할 때면 그는 신기에 가까운 기술을 펼쳤다. 그러던 어느 날
테세우스는 어머니에게 어렸을 적부터 늘 마음 깊은 곳에 담아 두고 있던
말을 꺼냈다.

"어머니, 제 아버지는 누구시지요?" 아이트라는 마침내 아들을 아버지
에게 떠나보낼 때가 되었음을 직감하고 예의 숲속 바위 옆으로 데려가서
그것을 들어 보라고 했다. 테세우스가 손쉽게 단숨에 바위를 들어 올리자
그 밑에 묻혀 있던 칼을 가리키며 말했다.

> "아들아, 너의 아버지는 아테네의 왕 아이게우스다. 이제 아테네로 아
> 버지를 찾아가거라! 이 신표를 갖고 가면 아버지가 너를 금방 알아볼
> 것이다."

Antonio Balestra, 〈아버지의 칼을 발견하는 테세우스〉, 18세기

외할아버지와 어머니는 길을 떠나는 테세우스에게 악당들로 들끓는 긴 육로가 아니라 안전하고 짧은 해로를 통해 아테네로 가라고 충고했다. 하지만 테세우스는 굳이 코린토스의 이스트모스Isthmos 지협을 통과하는 위험한 육로로 가겠다고 고집을 피웠다. 테세우스는 외할아버지와 어머니의 만류에도 불구하고 결국 육로를 택해 수많은 악당을 차례차례 해치우고 마침내 아테네에 도착하여 아버지 아이게우스를 만나 후계자가 된다.

테세우스뿐 아니라 우리가 이미 살펴본 페르세우스Perseus, 헤라클레스, 이아손 등 그리스 신화의 영웅들은 모두 하나같이 갈림길에서 갈등했다. 이어 약속이나 한 듯이 그 갈림길에서 향락이나 황금보다는 명예나 명성을 얻는 길을 택했다. 그 길은 고난의 길이자 고통의 길이었다. 하지만 바로 그러기 때문에 영웅은 진정한 영웅으로 거듭날 수 있었다. 영웅들은 쉽고 밋밋한 길을 싫어했다. 그들은 본능적으로 어렵고 꼬불꼬불한 길을 찾아다녔다.

테세우스가 아테네로 아버지 아이게우스를 찾아가면서 겪는 모험을 자세하게 살펴보기에 앞서 지금까지 이야기한 내용에서 두 가지 궁금한 사실을 먼저 언급하는 것이 필요하다. 하나는 아이게우스가 바위 밑에 묻어 두었던 신발 한 켤레의 행방이다. 도대체 그 신발은 왜 바위 밑에 넣어 두었고, 어디로 사라졌느냐는 것이다. 또 하나는 왜 신탁의 내용과는 반대로 아이게우스는 포도주를 마서 아들을 얻게 되었는가 하는 것이다.

먼저 신발에 대해서는 그리스 신화에서 어떤 기록이나 언급을 찾아볼 수 없다. 아이게우스는 아마 경황 중에 아들이 장성할 때가 되면 신발이 부패해서 못 쓰게 될 것이라는 사실을 깜박했을 수도 있다. 또한 그 당시 신탁은 은유법, 비유법, 반어법 등을 써서 해독하기가 아주 어려웠다고 한다. 아이게우스가 받은 신탁의 글자 그대로의 메시지는 포도주를 마시지 말라는 것이었지만 그 속내는 아마 정반대였던 모양이다.

Day 114

ロロロロロ **(3)** ロロロロロ

페리페테스, 시니스,
암퇘지 파이아, 케르키온

테세우스가 아버지 아이게우스를 찾아 아테네로 가면서 맨 먼저 들른 곳은 에피다우로스Epidauros였다. 그곳에는 페리페테스Periphetes라는 악당이 살고 있었다. 그는 대장장이의 신 헤파이스토스와 안티클레이아Antikleia의 아들로, 아버지처럼 한쪽 다리가 불편했으며 한 손에 항상 코리네테스Korynetes라는 청동 몽둥이를 들고 다녔다. 페리페테스는 '몽둥이를 지닌 자'라는 뜻이다.

페리페테스는 길목에 자리를 잡고 있다가 지나가는 나그네를 불러 가까이 오게 한 다음 다짜고짜 몽둥이로 그의 머리를 쳐 죽였다. 테세우스는 페리페테스가 자신을 불러 갑자기 몽둥이로 치려 하자 얼른 그것을 빼앗아 그의 머리를 쳐 죽인 다음, 몽둥이는 전리품으로 챙겨 자신의 무기로 사용했다. 테세우스는 '헤라클레스 키즈'답게 헤라클레스가 들고 다니면서 무기로 썼던 올리브 몽둥이를 벤치마킹한 것이다.

테세우스는 이스트모스에서 두 번째 악당 시니스Sinis를 만났다. 그는 '소나무를 구부리는 자'라는 뜻의 '피티오캄프테스Pityokamptes'로 불렸다. 시니스도 길목에 자리를 잡고 있다가 나그네가 지나가면 짐짓 끙끙대며

〈테세우스와 시니스〉,
기원전 490~480년경
(그리스 도기 그림)

〈테세우스와 크롬미온의 암퇘지〉,
기원전 460년경

소나무를 구부리는 체하면서 자신을 돕게 만든 다음, 별안간 그를 제압하여 소나무 가지에 재빨리 사지를 묶고 손을 놓았다. 그 순간 소나무가 제자리로 튕기면서 그를 허공에 날려 땅바닥에 떨어져 죽게 만들었다. 테세우스는 자신을 제압하려는 시니스를 역공하여 그가 나그네를 죽인 방식 그대로 처치했다.

　테세우스는 그 후 메가라Megara와 코린토스 사이에 있는 크롬미온 Krommyon에서 엄청나게 큰 야생 괴물 암퇘지와 맞닥뜨렸다. 이 암퇘지는 괴물 에키드나Echidna와 티포에우스Typhoeus의 자식으로 녀석을 길렀던 노파의 이름을 따라 파이아Phaia라고 불렸으며 막 싹트는 씨앗까지 먹어 버려 그 지역 농부들에게는 아주 큰 골칫거리였다. 테세우스는 저돌적으로 달려드는 암퇘지를 보자 얼른 윗옷을 벗어 마치 투우를 하듯 흔들면서 녀석을 요리조리 피했고, 결국 암퇘지가 탈진하자 칼로 녀석의 목을 찔러 처치했다.

　테세우스가 그다음으로 도착한 곳은 해안을 따라 이어진 스키론Skiron

〈테세우스와 스키론〉, 기원전 480년경
(그리스 도기 그림)

(혹은 스케이론Skeiron) 절벽 길이었다. 절벽에 그런 이름이 붙은 것은 그곳에 자리를 잡고 앉아 나그네들을 해쳤던 스키론이라는 악당 때문이었다. 그는 여행객을 가로막고 통행세 명목으로 자신의 발을 씻기게 하다가 갑자기 절벽 밑으로 밀어 버렸다. 그러면 그 밑에 있던 엄청나게 큰 식인 바다거북이 그 나그네의 시신을 먹었다. 테세우스는 스키론의 발을 씻어 주는 척하다가 갑자기 그 발을 잡고 그를 절벽 밑으로 던져 바다거북의 밥이 되게 만들었다.

테세우스가 스키론 절벽 길을 지나 엘레우시스Eleusis에 도착하자 이번에는 케르키온Kerkyon 왕이 그에게 시비를 걸어 왔다. 그는 레슬링의 달인으로 나그네에게 레슬링 시합을 강요해서 자신을 이겨야만 통과시켜 주고 패배하면 목숨을 빼앗았다. 지금까지 아무도 그를 이기지 못했다. 하지만 케르키온은 천부적인 레슬링 선수 테세우스를 당해 낼 재간이 없었다. 시합이 시작되자마자 테세우스는 순식간에 케르키온의 양다리를 잡고 쓰러뜨린 다음 등에 올라탄 채로 목을 졸라 죽였다.

　　　　　　　　　10장 ○ 스토리텔링의 원형 영웅 이야기

프로크루스테스,
아테네 도착, 악녀 메데이아와의 만남

엘레우시스 근처 케피소스Kephissos강가에 에리네오스Erineos라는 도시가 있었다. 이곳 큰길가에는 다마스테스Damastes라는 악당이 진을 치고 있었다. 그는 지나가는 나그네를 온갖 감언이설로 구슬려 자기 집에 하룻밤 묵게 했다. 그는 나그네가 깨어 있을 때는 정성을 다해 친절을 베푸는 체했다. 하지만 나그네가 여독에 지쳐 깊이 잠이 들라치면 조심스럽게 그를 떠메고 옆방으로 데려가 그곳에 있던 특수 침대와 그의 키를 비교했다. 나그네가 살아남으려면 키가 침대 길이와 한 치의 오차도 없이 같아야 했다.

다마스테스는 만약 나그네의 키가 침대보다 작으면 사지를 강제로 늘여 죽였고 길면 도끼로 그만큼 잘라 죽였다. 나그네의 키가 침대 길이와 일치하는 경우는 한 번도 없었다. 다마스테스의 손에 죽은 나그네는 대부분 키가 침대 길이보다 작았다. 그래서 그는 주로 '잡아 늘이는 자'라는 뜻의 '프로크루스테스Prokrustes'라는 별명으로 불렸다. 테세우스는 잠든 척하고 있다가 다마스테스를 제압하여 그가 여행객들에게 했던 방식대로 그를 침대에 눕혀 늘여 죽였다. 이 이야기에서 '프로크루스테스의 침대'라

〈테세우스와 프로크루스테스〉, 기원전 440~430년경
(그리스 도기 그림)

는 격언이 나왔다. 그것은 '자기 생각에 맞추어 다른 사람의 생각을 뜯어
고치려 하는 교조주의적인 입장이나 정책'을 뜻한다.

모험을 이어 가던 테세우스는 마침내 아테네에 도착하여 곧바로 궁전
이 있는 아크로폴리스Akropolis로 향했다. 아테네인들은 테세우스가 바로
악명 높은 악당들과 괴물 암퇘지를 해치운 영웅이라는 소문을 듣고 그를
열렬하게 환영했다. 아이게우스 왕도 테세우스의 업적을 전해 들은 터라
우선 그를 위해 성대한 연회를 베풀었다. 그는 테세우스의 출신이나 이름
을 묻지 않았다. 손님에게 제대로 대접하고 나서야 그것을 묻는 게 그 당
시 예법이었다. 테세우스도 같은 이유로 자신의 출신이나 이름을 말하지
않았다. 손님도 충분하게 대접을 받은 다음에야 비로소 자신의 출신을 밝

10장 ○ 스토리텔링의 원형 영웅 이야기

히는 것이 당시 예법이었다.

그런데 그 당시 아테네 궁전에는 한때 영웅 이아손의 아내였던 흑해 연안 콜키스Kolchis 출신의 메데이아가 아이게우스의 세 번째 아내가 되어 살고 있었다. 앞서 살펴봤던 것처럼 아이게우스는 16년 전 첫째와 둘째 아내에게서 후사가 생기지 않자 그 이유를 알아보기 위해 델피 아폴론 신전을 찾았다가, 돌아오는 길에 트로이젠에서 아이트라 공주와 하룻밤 풋사랑을 하고 난 뒤 코린토스에 잠깐 들른 적이 있었다. 그때 메데이아는 자신을 배신한 남편 이아손에게 복수혈전을 펼치기 전 아이게우스에게 면담을 신청하여 그가 원하는 아들을 낳아 주는 대가로 나중에 자신을 도와주겠다는 약속을 받아 냈었다.

메데이아는 이렇게 피난처를 미리 마련해 둔 다음, 남편의 약혼녀이자 코린토스의 공주 글라우케Glauke와 이아손 사이에서 태어난 자신의 두 아들을 죽인 뒤 용이 끄는 수레를 타고 하늘을 날아 아테네로 도망쳤었다. 그녀가 아이게우스에게 그때의 약속을 상기시키며 보호를 요청하자 그는 메데이아의 손을 잡아 주고 세 번째 아내로 삼았다. 그 후 메데이아는 정말 아이게우스에게 메도스Medos라는 아들을 낳아 주고 그 아들이 아이게우스의 후계자가 되기만을 학수고대하고 있었다. 수태 시기를 따져 보면 메도스는 나이 차이가 없어도 테세우스의 이복동생인 셈이다.

크레타의 황소, 부자 상봉,
삼촌 팔라스의 반란

테세우스가 아테네에 도착하자 메데이아는 특유의 예지력으로 일약 아테네의 영웅으로 떠오른 그 청년이 누군지 단박에 알아보았다. 그녀는 테세우스의 정체가 밝혀지면 아들 메도스의 왕위 계승이 물거품이 될 것으로 생각했다. 그래서 테세우스를 없애기 위해 남편 아이게우스의 동생 팔라스가 형에게 품고 있는 역심을 이용하기로 했다. 팔라스는 그동안 50명의 아들들과 함께 형의 왕위를 호시탐탐 노려 왔다. 메데이아는 아이게우스에게 말했다.

> "저런 영웅은 두고두고 당신에게 동생 팔라스 같은 골칫거리가 될 거예요. 후환은 아예 싹부터 자르는 게 좋아요."

아이게우스는 지금까지 동생과 조카들에게 당한 일들을 떠올리며 몸서리를 쳤다. 이어 테세우스를 잠재적인 정적으로 간주하고 그를 없앨 계획을 세웠다. 바로 그때 그의 머릿속에 아테네 근처 마라톤Marathon 지역을 휘젓고 다니던 미친 황소가 떠올랐다. 당시 헤라클레스가 그 황소를 잡아 와 에우리스테우스Eurysteus 왕에게 바치자 그는 다시 녀석을 자신의 수호신 헤라에게 바쳤다. 하지만 미운 오리 새끼 헤라클레스가 잡은 황소 선물이 달가울 리 없었던 여신은 녀석을 받자마자 즉시 풀어 주어 버렸다.

고삐 풀린 황소는 펠로폰네소스 Peloponnesos반도를 가로질러 아테네 근처 마라톤으로 뛰어가더니 그 지역을 쑥대밭으로 만들었다. 어떤 영웅도 황소를 잡지 못하고 애꿎은 목숨만 잃었을 뿐이다. 아이게우스는 이 황소를 이용해 테세우스를 해치우기로 작정했다. 예전에 크레타Kreta의 왕자 안드로게오스Androgeos도 이 방법으로 제거하지 않았던가. 하지만 아이게우스와 메데이아가 기대했던 것과는 달

〈테세우스와 마라톤의 황소〉,
기원전 500년경
(그리스 도기 그림)

리 테세우스는 출정하자마자 단숨에 황소를 제압해서 잡아 왔다. 메데이아는 집요했다. 그녀는 이번에는 축하 파티에서 독을 탄 포도주를 아이게우스에게 건네면서 테세우스에게 권하도록 시켰다.

바야흐로 아버지가 아들을 죽이는 비극적인 사건이 벌어질 순간이었다. 테세우스가 막 잔을 들어 마시려는 순간 아이게우스는 우연히 그가 허리춤에 차고 있는 칼을 보았다. 그것은 트로이젠에서 자신이 바위 밑에

넣어 둔 바로 그 칼이었다. 깜짝 놀란 아이게우스는 황급히 테세우스에게 달려가 손을 쳐 잔을 떨어뜨리고 아들과 감격의 포옹을 했다. 그걸 본 메데이아는 아들을 데리고 다시 용이 끄는 하늘을 나는 마차를 타고 소아시아 이란^{Iran}고원으로 달아났다. 고대 그리스 역사가 헤로도토스에 따르면 메데이아가 그곳에서 함께 살았던 부족은 인도 아리안^{Aryan}족이었는데 나중에 부족 이름을 그녀의 이름을 따서 '메드^{Medes}'로 바꾸었다. 메드족은 한때 소아시아에 메디아^{Media}라는 나라를 세웠다가 페르시아^{Persia}에 합병되었다.

아테네 시민 모두가 아이게우스와 테세우스의 극적인 상봉을 기뻐하고 축하했다. 하지만 아이게우스의 동생 팔라스와 그 아들들만은 그렇지

Jean-Hippolyte Flandrin, 〈자신의 아들 테세우스를 알아보는 아이게우스〉, 1832

10장 ○ 스토리텔링의 원형 영웅 이야기

않았다. 그들은 아이게우스가 죽으면 메데이아의 아들 메도스를 죽이고 권력을 차지할 속셈이었다. 하지만 테세우스가 나타난 이상 그것은 이제 헛된 꿈에 불과했다. 그들은 마침내 은밀하게 쿠데타 계획을 세웠다. 하지만 어디나 이탈자가 있는 법. 레오스Leos라는 자가 그들을 배반하고 테세우스에게 쿠데타 계획을 폭로했다. 테세우스는 그들의 본거지를 급습하여 쿠데타 세력 대부분을 소탕했다. 팔라스와 그의 아들들만 겨우 외국으로 달아났을 뿐이다. 그 후 아테네는 태평성대를 이루었다. 하지만 얼마 되지 않아 크레타에 인신 공양으로 보낼 7명의 처녀총각을 선발하는 문제로 온 나라가 큰 슬픔에 빠지고 말았다.

囫囵囵囵囵囵　　**(6)**　　囵囵囵囵囵囵

미로 감옥에 갇힌 괴물
미노타우로스의 탄생 비화

　그렇다면 아테네는 왜 크레타에 그런 조공을 바쳐야 했을까? 테세우스가 태어나기 전 크레타의 왕 미노스Minos의 아들 안드로게오스가 아테네에서 생활한 적이 있었다. 크레타에서 선진도시 아테네로 유학을 왔던 셈이다. 아이게우스가 언젠가 아테네에서 영웅들을 위해 경기를 개최하자 안드로게오스는 모든 경쟁자를 물리치고 우승했다. 아이게우스는 안드로게오스가 장차 권좌에 위협적인 존재가 될지 모른다고 생각했다. 덜컥 겁이 난 아이게우스는 그를 마라톤으로 보내 그 지역을 휘젓고 다니던 미친 황소를 잡아 오도록 했다. 안드로게오스는 용감하게 출정했지만 황소와 싸우다가 그만 녀석의 뿔에 받혀 죽고 말았다. 분노한 크레타의 왕 미노스는 아이게우스를 응징하기 위해 아테네를 공격했다.

　전쟁이 발발하자 아테네는 전세도 불리했지만 엎친 데 덮친 격으로 시내에 역병까지 나돌았다. 아이게우스가 델피의 아폴론 신전에 재앙을 피할 방도를 묻자 미노스가 요구하는 조건은 모두 들어주라는 신탁이 나왔다. 미노스는 휴전을 대가로 9년마다 아테네의 처녀총각을 7명씩 요구했다. 이어 조공으로 받은 그들을 미로 감옥에 가두어 둔 괴물 미노타우로스Minotauros에게 먹잇감으로 주었다. '미노타우로스'는 '미노스의 황소'라는 뜻으로 황소 머리에 사람 몸을 한 괴물로, 제1권에서 살펴본 것처럼 탄생 비화가 황당무계하기 이를 데 없다.

괴물의 아버지는 바로 헤라클레스가 12가지 과업 중 하나로 에우리스테우스 왕에게 잡아서 갖다주었던 크레타의 황소였다. 미노스는 크레타의 왕이 되기 전 왕위를 놓고 형제들과 경쟁하고 있었다. 그는 자신의 수호신 포세이돈에게 황소 한 마리를 바다에서 튀어나오게 해 주면 왕위에 오른 다음 그 황소를 다시 바치겠다고 기도했다. 미노스가 형제들을 모아 놓고 바다를 향해 기도하자 포세이돈은 갑자기 엄청난 파도에 실어 멋진 황소 한 마리를 보내 주었다. 그걸 보고 형제들은 포세이돈의 후원을 받는 미노스가 두려워 왕위를 포기했다.

〈파시파에〉, 79
(이탈리아 폼페이 베티의 집
벽화)

하지만 미노스는 왕이 된 후 그 황소를 씨수소로 쓰기 위해 우리에 가두고 포세이돈에게는 다른 황소를 잡아 바쳤다. 분노한 포세이돈은 미노스의 아내 파시파에Pasiphae가 그 황소와 사랑에 빠지도록 만들었다. 황소에 대한 정념으로 애를 태우던 왕비 파시파에는 때마침 아테네에서 조카를 죽인 벌로 크레타로 망명해 살고 있던 천재 조각가이자 건축가였던 다이달로스Daidalos에게 나무로 암소를 한 마리 만들어 달라고 부탁했다. 다이달로스의 기술은 정말 신기에 가까웠다. 그가 단풍나무로 만든 암소는 마치 살아 움직이는 듯했다. 파시파에가 속이 빈 나무 암소 안으로 들어가 황소를 유혹하여 마침내 아들 미노타우로스를 낳을 정도였으니 말이다.

아내가 괴물을 낳자 미노스 왕은 몹시 수치스러웠다. 백성들이 괴물을

〈미노타우로스〉,
기원전 515년경
(그리스 도기 그림)

10장 ○ 스토리텔링의 원형 영웅 이야기

로마 시대의 모자이크
〈라비린토스에 갇힌
미노타우로스〉
(포르투칼의 코임브라)

보고 쑥덕거릴 것이 뻔했다. 그는 괴물 탄생의 주역 다이달로스를 불러 한번 들어가면 절대로 빠져나올 수 없는 감옥을 만들라고 명령했다. 그게 바로 '라비린토스Labyrinthos'라고 불렸던 미로 감옥이었다. '미로'를 뜻하는 영어 '래버린스Labyrinth'는 바로 '라비린토스'에서 유래한 것이다. 감옥이 완성되자 미노스 왕은 괴물 미노타우로스를 그곳에 가두고 거친 성정을 달래기 위해 9년마다 아테네 출신의 처녀총각을 7명씩 먹잇감으로 주었다. 그런데 마침 테세우스가 숙부 팔라스와 사촌들의 쿠데타를 진압한 직후에 바로 그 시기가 도래한 것이다.

Day 116

㈜㈜㈜㈜㈜ (7) ㈜㈜㈜㈜㈜

크레타의 괴물
미노타우로스의 먹이로 자원하다

아테네의 처녀총각을 각각 7명씩 크레타에 공물로 바치는 행사는 이번이 벌써 세 번째로, 선발 방식은 추첨이었는데 황태자 테세우스는 물론 예외였다. 다른 설에 의하면 테세우스가 그 추첨에서 제외되자 아테네 시민들이 거세게 항의했다. 테세우스가 그걸 보고 자신도 그 대상이 되겠다고 자원했다. 신의 뜻이라서 그랬을까? 그는 결국 추첨에서 7명의 총각 중 하나로 선발되었다.

또 다른 설에 의하면 인질을 선발하기 위해 크레타의 미노스 왕이 아테네로 직접 왔다. 미노스는 테세우스가 외모도 잘생겼을 뿐 아니라 체격까지 건강해서 그를 선택했다. 하지만 가장 잘 알려진 설에 의하면 테세우스는 7명의 총각 중 하나로 자원했다. 괴물 미노타우로스를 죽이고 돌아오겠다는 것이다. 아버지 아이게우스가 아무리 말려도 그 고집을 꺾을 수 없었다.

아이게우스 왕은 실낱같은 희망이지만 테세우스가 미노타우로스를 죽이고 살아 돌아올지 모른다고 생각했다. 그는 아들에게 부탁했다.

10장 ○ 스토리텔링의 원형 영웅 이야기

"나는 오늘부터 아테네 근교 수니온^{Sounion}곶 바위에서 크레타 쪽을 보며 너를 기다릴 것이다. 그러니 살아서 돌아올 때는 키잡이에게 검은 돛을 흰 돛으로 바꿔 달도록 해라. 조금이라도 빨리 네가 무사하다는 소식을 알고 싶구나."

미노스는 크레타로 가는 도중 처녀 인질 중 페리보이아^{Periboia}에게 마음을 빼앗겼다. 그녀는 메가라의 왕 알카토오스^{Alkathoos}의 딸로 테세우스와 친척이었다. 미노스가 자꾸 그녀에게 치근덕거리자 테세우스는 그녀를 적극적으로 보호하고 나섰다. 미노스가 테세우스에게 언짢은 표정을 짓자 테세우스도 미노스에게 극도의 불쾌감을 표시했다.

이렇게 첫 단추부터 잘못 끼워진 테세우스와 미노스 사이에 얼마 후 가벼운 입씨름이 벌어졌다. 급기야 두 사람은 서로 신의 아들이 아니라고 부정하기에 이르렀다. 주지하다시피 아이게우스는 테세우스의 명목상 아버지였고 그의 친부는 바다의 신 포세이돈이었다. 이에 비해 미노스는 황소로 변신한 제우스에게 납치당한 페니키아^{Phoinike}의 공주 에우로페^{Europe}가 크레타에서 낳은 아들이었다.

발끈한 미노스가 먼저 자신의 출생을 증명하기 위해 하늘을 향해 제우스에게 자신이 아들이라는 징조를 내려 달라고 기도했다. 그러자 제우스가 즉시 번개와 천둥을 쳐 화답했다. 의기양양해진 미노스는 이번에는 손가락에서 반지를 빼내 바다에 던지고는 테세우스가 포세이돈의 아들이 확실하다면 바다에 들어가 그 반지를 찾아와 보라고 제안했다.

미노스의 말이 떨어지기가 무섭게 테세우스가 바다에 뛰어들자 돌고래 떼가 나타나 테세우스를 바다 궁전으로 안내했다. 그러자 바다의 요정들인 50명의 네레이데스^{Nereides}가 환영하며 미노스의 반지를 돌려주었다.

또한 네레이데스 중 하나이자 바다의 신 포세이돈의 왕비인 암피트리테 Amphitrite는 덤으로 테세우스에게 보석이 달린 왕관을 선물로 주었다. 테세우스는 다시 배로 돌아와 미노스에게 반지는 돌려주고 왕관은 자신이 차지했다.

기원전 4세기에 실존했던 아테네의 역사가 필로코로스Philochoros에 따르면 미노스는 오래전부터 자신의 부하이자 함대 사령관이었던 타우로스Tauros를 무척 싫어했다. 타우로스는 성질이 아주 거친 타고난 운동선수였다. 그래서 해마다 크레타에서 개최되는 운동경기에서 상이란 상은 모조리 휩쓸었다. 미노스는 또한 타우로스가 아내 파시파에와 부적절한 관계를 맺고 있다고 의심했지만 공개적으로 그를 잡아들일 수도 없었다. 타우로스의 인기가 하늘을 찌르고 있었기 때문이다.

테세우스가 인질들과 함께 크레타에 도착한 직후 우연히 연례행사였던 그 운동경기가 개최되었다. 미노스는 테세우스에게도 그 경기에 출전하라고 명령했다. 그는 은근히 테세우스가 눈엣가시 같은 타우로스를 혼내 주기를 바랐다. 테세우스가 예상대로 타우로스를 가볍게 제치고 경기에서 우승하자 미노스는 열광했다. 그는 자진해서 앞으로는 아테네에서 처녀총각을 공물로 받지 않겠다고 선언했다.

10장 ○ 스토리텔링의 원형 영웅 이야기

아리아드네 공주의 도움으로
미로 감옥에서 탈출하다

미노스에게는 아리아드네Ariadne와 파이드라Phaidra라는 두 딸이 있었다. 그중 아리아드네가 운동경기에서 타우로스와 겨루는 것을 보고 테세우스에게 온통 마음을 빼앗겼다. 그녀는 테세우스가 괴물을 죽일 수 있을지는 몰라도 미로 감옥 라비린토스에서 빠져나올 수 없다는 것을 알았다. 그녀는 사랑하는 사람을 죽게 내버려 둘 수 없어 얼른 감옥을 설계한 다이달로스에게 달려가 도움을 간청했다.

다이달로스는 사정을 전해 듣고 위험을 무릅쓰고라도 테세우스를 돕고 싶었다. 비록 자신이 아테네에서 추방된 신세이지만 테세우스와는 동향이었기 때문이다. 그는 아리아드네에게 실꾸리 하나를 주면서 말했다.

"공주님, 그 감옥은 내가 만들었지만 나도 한번 들어가면 나올 수 없습니다. 그러나 방법은 있습니다. 테세우스에게 이 실꾸리를 이용하라고 하세요. 실을 감옥 입구에 묶고 풀면서 안으로 들어가라고 하세요. 괴물을 죽인 다음에는 실을 따라 다시 나오면 됩니다."

아리아드네는 테세우스에게 실꾸리를 건네주면서 간청했다.

"아무 조건 없어요. 제발 절 아테네로 데려가 아내로 삼겠다고 약속만
해 주세요."

결국 테세우스는 아리아드네의 도움으로 괴물 미노타우로스를 죽이고
무사히 미로 감옥을 빠져나와 약속대로 아리아드네를 데리고 아테네로

10장 ○ 스토리텔링의 원형 영웅 이야기

Charles-Édouard Chaise, 〈미노타우로스를 처치한 테세우스〉, 1791

향했다. 크레타 군사들은 나중에 테세우스가 탈출했다는 것을 알았지만 그를 추격할 수 없었다. 테세우스가 출항하기 전 미리 크레타의 모든 함 선 밑에 구멍을 뚫어 놓았기 때문이다. 아리아드네가 테세우스에게 건넨 실꾸리에서 '아리아드네의 실Ariadne's thread'이라는 격언이 유래했다. 그것 은 '어떤 어려운 상황에 처했을 때 그것을 벗어나는 해결책'을 뜻한다.

그런데 아리아드네는 아테네로 갈 운명이 아니었다. 테세우스가 식수 를 조달하기 위해 잠시 들른 낙소스Naxos섬에서 그녀를 떼어 놓고 떠나 기 때문이다. 제1권에서도 살펴본 것처럼 그가 아리아드네를 버린 이유

에 대해서는 여러 설이 있다. 포도주의 신 디오니소스Dionysos가 테세우스
의 꿈에 나타나 그녀를 낙소스섬에 놓고 가라고 했다거나, 낙소스섬에서
그녀를 납치했다거나, 테세우스에게서 강제로 빼앗아 갔다는 설도 있다.
또한 아리아드네가 낙소스섬에서 디오니소스 신전의 사제 오이나로스
Oinaros와 결혼했다거나, 테세우스에게는 아테네에 파노페우스Panopeus의
딸 아이글레Aigle라는 신붓감이 이미 있었다는 설도 있다.

　하지만 가장 잘 알려진 설에 의하면 테세우스는 아리아드네를 의도적
으로 버렸다. 그는 그녀를 아테네로 데려갈 수 없었다. 아니 데려가고 싶
지 않았다. 그는 무턱대고 모든 것을 희생하고 사랑을 구걸하는 아리아
드네가 너무 부담스러웠다. 사랑을 위해 가족과 조국을 헌신짝처럼 버리
는 여인에게 전혀 매력을 느끼지 못했다. 튕겨야 제맛이라고 하지 않았는
가. 테세우스는 결국 깊이 잠든 아리아드네를 낙소스섬에 버려두고 떠났
다. 얼마 후 포도주의 신 디오니소스가 낙소스섬에 들렀다가, 테세우스에

Evelyn De Morgan, 〈낙소스섬의 아리아드네〉, 1877

　　　　　　　　　　10장 ○ 스토리텔링의 원형 영웅 이야기

〈테세우스의 모험〉, 기원전 440~430년경
(그리스 도기 그림)

게서 버림받아 깊은 절망에 빠져 있는 아리아드네를 발견하고는 그녀를
위로하며 아내로 삼았다.

Day 117

㊙㊙㊙㊙㊙ **(9)** ㊙㊙㊙㊙㊙

수니온곶에서 바다에 몸을 던져 자살하는
아이게우스

낙소스섬을 떠난 테세우스의 눈에 멀리서 아테네가 자리 잡고 있는 아티카반도가 아슴아슴 보이기 시작했지만 테세우스는 배의 검은 돛을 흰 돛으로 바꾸지 못했다. 그는 낙소스섬에 버리고 온 아리아드네에 대한 양심의 가책으로 후회하다가 아버지와의 약속을 그만 깜박 잊고 만 것이다. 아들이 크레타로 떠난 후부터 노령의 아이게우스는 날마다 아티카반도 끝자락 수니온곶 바위에 서서 크레타 쪽 바다를 응시한 채 테세우스의 배가 나타나기만을 기다렸다. 마침내 아들이 탄 배가 멀리서 아스라이 보이기 시작했다.

아이게우스는 재빨리 돛의 색깔을 확인하고 엄청난 충격에 빠졌다. 크레타로 떠날 때와 마찬가지로 여전히 검은색이었기 때문이다. 단 하나 남은 후계자를 잃었다고 지레짐작한 아이게우스는 더 이상 살 희망이 없었다. 그는 곧바로 서 있던 바위에서 바다로 몸을 던졌다. 그때부터 아이게우스가 자살한 바다는 그의 이름을 따 '아이가이온 펠라고스Aigaion Pelagos'로 불렸다. 그것은 '아이게우스의 바다'라는 뜻으로, 영어로는 'Aegean Sea', 우리말로는 '에게해'라고 한다. 아테네의 외항 팔레론Phaleron에 상륙

수니온곶. 왼쪽으로 보이는 건물은 '나오스(Naos)' 카페다. 나오스는 그리스어로 '신전'이라는 뜻이다.

한 테세우스는 무사 귀환의 기쁨을 누릴 틈도 없이 우선 아버지의 장례를
치러야 했다.

아테네의 왕이 된 후에도 테세우스는 '아르고호의 모험'과 '칼리돈의 멧
돼지 사냥'에 참가는 했어도 눈에 띄게 큰 역할을 한 것 같지는 않다. 명
단에는 있어도 활약상에 대해서는 아무런 기록이 없기 때문이다. '아르고
호의 모험'은 그리스 이올코스Iolkos의 영웅 이아손이 54명의 영웅들을 모
아 흑해 연안 콜키스로 황금 양피를 찾아 나선 이야기다. '칼리돈의 멧돼
지 사냥'은 칼리돈의 왕자 멜레아그로스Meleagros가 칼리돈 지방을 휘젓고
다녔던 괴물 멧돼지를 처치하기 위해 여자 영웅 아탈란테Atalante를 비롯
한 많은 영웅을 불러 모아 벌인 사냥을 말한다.

테세우스는 그 후 흑해 연안의 아마존족 정벌에서는 큰 성과를 거두
었다. 아마존족은 이미 헤라클레스가 한 번 휘젓고 간 후여서 세력이 많

이 약해져 있었다. 테세우스는 아마존족을 공격하여 수도 테미스키라 Themiskyra를 유린하고 여왕 안티오페Antiope를 인질로 잡아 와 아내로 삼았다. 향수병 때문이었을까? 안티오페는 아들 히폴리토스Hippolytos를 낳더니 시름시름 앓다가 그만 죽고 말았다. 히폴리토스에 대해서는 제1권 '사랑 이야기'에도 나오지만 이 대목에서 다시 한번 자세히 살펴볼 필요가 있다.

세월이 훌쩍 흘러 히폴리토스가 헌헌장부로 성장한 무렵, 테세우스와 크레타의 파이드라 공주 사이에 혼담이 오갔다. 크레타의 왕은 이제 미노스가 아니라 그의 아들이자 파이드라의 오빠 데우칼리온Deukalion이었다. 데우칼리온은 테세우스가 파이드라의 언니 아리아드네를 버린 과거가 있지만 그와 매제가 되는 것이 싫지 않았다. 그건 파이드라가 장차 낳게 될 아들이 테세우스의 합법적인 후계자가 될 수 있다는 정치적인 계산에서였다. 테세우스는 안티오페와의 사이에서 얻은 아들 히폴리토스를 후사가 없던 외할아버지 피테우스의 뒤를 잇도록 트로이젠에 보냈기 때문이다.

테세우스는 결국 바라던 대로 파이드라를 후처로 맞이하여 두 아들 데모폰Demophon과 아카마스Akamas를 두었다. 이렇게 아테네의 후계 구도가 공고화되자 외국에 망명해 있던 테세우스의 숙부 팔라스와 그의 아들들은 마음이 조급해졌다. 그들은 아테네로 잠입하여 다시 한번 마지막으로 반란을 꾀했지만 실패하고, 테세우스의 손에 모두 살해되고 말았다. 테세우스는 비록 반란범이라도 혈육을 죽인 죄로 그 당시 관습법에 따라 1년 동안 아테네를 떠나야 했다. 그는 이 기간을 자신이 태어나 어린 시절과 청년기를 보냈던 외할아버지의 나라 트로이젠에서 지냈다.

히폴리토스를 죽음으로 내모는 새어머니
파이드라

테세우스는 후처 파이드라가 전처의 아들 히폴리토스에 대해 전혀 반감이 없을 것으로 생각했다. 히폴리토스는 이미 트로이젠의 후계자로 정해진 이상 파이드라의 아들들이 아테네의 왕위를 계승하는 데에 전혀 걸림돌이 되지 않았기 때문이다. 그런데 파이드라는 히폴리토스에게 그와는 전혀 다른 감정을 품고 있었다. 그녀는 히폴리토스가 언젠가 아테네로 아버지를 보러 왔을 때 첫눈에 반하고 말았다. 그때부터 그녀는 아테네 아크로폴리스 언덕 한구석에 미와 사랑의 신 아프로디테의 제단을 마련하고 맑은 날 멀리서 희미하게 보이는 트로이젠 쪽을 바라보며 히폴리토스를 그리워했다.

그런 파이드라에게 남편의 트로이젠 망명 생활은 히폴리토스에 대한 애욕을 충족시킬 수 있는 그야말로 절호의 기회가 아닐 수 없었다. 하지만 그녀는 유모로부터 히폴리토스의 근황을 전해 듣고 실망감을 감추지 못했다. 히폴리토스가 독신자의 수호신 아르테미스를 숭배하여 독신으로 살기로 맹세했다는 것이다. 과연 그는 아르테미스처럼 친구들과 사냥을 즐기며 살았고 미와 사랑의 신 아프로디테에게 바치는 제사를 경멸했으며 여자는 거들떠보지도 않았다. 당연히 새어머니인 자신에게는 눈길 한번 던져 주지 않았다. 파이드라는 애가 닳아 점점 여위어 갔다.

유모가 그걸 보고 안타까운 마음에 은밀하게 히폴리토스를 찾아가 파이드라의 애타는 마음을 전했다. 히폴리토스는 소스라치게 놀라며 말도 안 되는 소리라며 유모의 말을 막았다. 이어 유모와 파이드라를 싸잡아 마녀라고 꾸짖으며 사악한 말을 들었으니 귀를 씻어야겠다고 말했다. 아울러 끔찍한 사실을 누구에게도 발설하지 말라고 단단히 일러두었다. 파이드라는 유모의 말을 전해 듣고 심한 모욕감에 절망했다. 결국엔 광기에 빠져서 남편이 없는 사이 유서 한 장을 써 놓고 목매 자살했다. 얼마 후 집으로 돌아온 테세우스가 자살한 아내의 손에 쥐여 있는 유서를 읽었다.

Lawrence Alma-Tadema, 〈히폴리토스의 죽음〉, 1860

10장 ○ 스토리텔링의 원형 영웅 이야기

유서에는 이렇게 쓰여 있었다.

"당신이 없는 사이 히폴리토스가 제 방에 들어와 저를 욕보였습니다.
저는 수치심을 참을 수 없어 먼저 저세상으로 떠납니다."

분노한 테세우스는 당장 히폴리토스를 트로이젠에서 추방했다. 아들
이 아무리 결백을 주장해도 그 말을 믿지 않았다. 심지어 그는 자신의 친
부 포세이돈에게 히폴리토스를 죽여 달라고 기도했다. 히폴리토스는 마
침 트로이젠을 떠나기 위해 마차를 타고 해안을 달리고 있었는데 갑자기
바다에서 황소 한 마리가 불쑥 튀어나왔다. 말들이 황소를 보고 놀라 요
동을 치자 마차가 뒤집혔다. 히폴리토스는 고삐에 목이 엉켜 질질 끌려가
다가 결국 길가 바위에 부딪혀 목숨을 잃고 말았다. 테세우스가 아르테미
스를 통해 진실을 알았을 때는 이미 때가 늦은 후였다.

Day 118

〿〿〿〿〿〿 **(11)** 〿〿〿〿〿〿

켄타우로스족과 라피타이족의 전쟁:
켄타우로마키아

테세우스는 페이리토오스Peirithoos와 아주 진한 우정을 나눈 것으로 유명하다. 페이리토오스는 라피타이Lapithai족의 왕 익시온Ixion의 아들이었다. 그는 평소 테세우스 이야기를 귀에 못이 박이도록 들은 터라 그의 싸움 실력을 한번 시험해 보고 싶었다. 그는 마라톤 지역에 있는 아테네 왕실 소유 가축 떼를 훔쳐 테세우스를 유인했다. 테세우스가 자신을 추격하자 그는 조금 도망치는 척하다가 갑자기 몸을 돌려 그와 맞섰다. 테세우스와 페이리토오스는 하루 종일 싸워도 승부가 나지 않자 서로에게 매료당해 영원한 우정을 맹세했다.

얼마 후 페이리토오스와 아트락스Atrax의 딸 히포다메이아Hippodameia의 결혼식이 벌어졌다. 그때 페이리토오스의 친척인 반인반마伴人伴馬 켄타우로스Kentauros족도 초대되었다. 그런데 결혼식이 끝나고 피로연이 절정에 이를 무렵 술에 취한 켄타우로스족이 난동을 부리다가 페이리토오스의 신부 히포다메이아와 다른 여자들을 등에 태워 납치하려 했다. 테세우스는 이때 페이리토오스를 도와 수많은 켄타우로스족을 해치웠다. 이게 바로 '켄타우로마키아Kentauromachia'라고 부르는 '켄타우로스족과 라피타

Sebastiano Ricci, 〈라피타이족과 켄타우로스족의 전투〉, 1705년경

이족의 전쟁'이다. 괴물과 영웅의 싸움을 대변하는 이 사건은 야만과 문명의 대결을 상징하며 파르테논Parthenon 신전의 메토프Metope에도 부조로 새겨져 있다.

그렇다면 라피타이족인 페이리토오스와 켄타우로스족은 어떻게 친척이 될 수 있었을까? 그것은 켄타우로스족의 시조가 바로 페이리토오스의 아버지 익시온이었기 때문이다. 익시온은 테살리아의 왕으로 데이오네우스Deioneus의 딸 디아Dia와 결혼했다. 그는 결혼 전, 장인에게 많은 지참금을 약속했지만 막상 결혼을 하자 그 약속을 지키지 않았다. 기다리다 지친 장인은 익시온의 암말들을 담보물로 가져갔다. 분노한 익시온은 흉계를 꾸며 놓고 장인을 집으로 유인했다. 암말들을 돌려주면 약속한 지참금을 모두 주겠다는 것이다.

장인이 아무것도 눈치채지 못한 채 찾아오자 익시온은 그를 석탄이 벌
겋게 이글이글 타고 있는 구덩이에 밀어 넣어 죽였다. 그것은 인류 최초
의 근친 살해였다. 인간이든 신이든 누구도 그가 범한 끔찍한 살인죄를
씻어 주려 하지 않았다. 결국 평소 그를 예뻐하던 신들의 왕 제우스가 나
서서 그 일을 떠맡았다. 그는 익시온의 죄를 씻어 주고 그를 올림포스 궁
전으로 초대하기까지 했다. 하지만 파렴치한 익시온은 제우스의 호의를
또 다른 범죄로 갚았다. 그는 자꾸만 한눈을 파는 남편 제우스 때문에 헤
라가 외로울 것이라고 오해하고 그녀를 유혹했다.

정숙한 가정의 신 헤라는 기가 막혔다. 그녀는 그 사실을 당장 남편 제
우스에게 알렸다. 제우스는 아내의 말을 믿지 못했다. 그는 익시온을 한

Peter Paul Rubens, 〈가짜 헤라에게 속는 라피타이족의 왕 익시온〉, 1615

258   10장 ○ 스토리텔링의 원형 영웅 이야기

번 시험해 보려고 구름으로 헤라와 똑같은 모습을 한 네펠레Nephele라는 여인을 만들어 익시온의 침대에 밀어 넣어 보았다. 그러자 익시온은 마침내 자신의 유혹이 성공했다고 믿고 헤라와 동침했다. 제우스는 배은망덕한 익시온의 행동에 분노했다. 그는 익시온을 불 마차 바퀴에 살아 있는 뱀들로 단단히 묶어 하늘을 계속해서 굴러다니게 했다가, 나중에는 지하세계에서 가장 깊은 타르타로스Tartaros로 떨어뜨려 영원한 고통에 시달리게 했다.

그 후 구름 인간 네펠레는 켄타우로스Kentauros라는 아들을 낳았다. 그는 등이 심하게 굽었으며 커 갈수록 사람들과 갈등을 일으켰다. 켄타우로스는 급기야 마그네시아Magnesia 펠리온Pelion산 속으로 들어가 혼자 살더니, 그곳 야생 암말들과 짝을 이루어 자식들을 생산하여 반인반마인 켄타

Cornelis van Haerlem,
〈익시온의 추락〉, 1588년경

우로스족의 조상이 되었다. 전 세계를 휩쓸고 있는 코로나19 바이러스의 변이종 이름 중 하나도 바로 '켄타우로스'다. 똑같은 반인반마여도 케이론Cheiron은 익시온의 후손이 아니었다. 그는 앞서 언급한 것처럼 티탄 신족의 왕이자 제우스의 아버지 크로노스와 대양강의 신 오케아노스의 딸 필리라Philyra의 아들이었다. 크로노스는 아내 레아가 자신 몰래 크레타의 동굴에 빼돌려 키우던 어린 아들 제우스를 찾아다니면서 그녀의 눈을 속이기 위해 말의 모습을 하고 있었다. 그때 크로노스는 우연히 필리라를 만나 사랑을 나누었고, 나중에 그들 사이에서 반인반마의 켄타우로스 케이론이 태어났다.

10장 ○ 스토리텔링의 원형 영웅 이야기

(12)

절친 페이리토오스와 제우스의 딸들을
납치하다

출신 성분 때문이었을까? 익시온의 후손 켄타우로스족은 모두 폭력적이고 문란했던 반면에 크로노스의 아들 케이론은 이 세상에서 가장 현명하고 선했으며 일찍부터 영웅들의 스승으로 이름을 날렸다. 수많은 영웅이 그의 명성을 듣고 가르침을 받기 위해 그가 기거하던 펠리온산의 동굴로 찾아왔다. 그중 유명한 영웅으로는 앞서 언급한 이아손과 아킬레우스를 들 수 있다. 그는 영웅들에게 전술, 사냥, 음악, 윤리 등을 가르쳤다. 특히 의학에 천부적인 소질을 갖고 있어서 아폴론의 아들 아스클레피오스Asklepios에게 의학을 가르쳤다. 아스클레피오스는 결국 사후에 의술의 신으로 등극한다.

페이리토오스는 이처럼 잔인하기로 악명 높은 아버지 익시온의 피를 이어받아서 그런지, 친구 테세우스에게 좋지 않은 영향을 끼쳤다. 언젠가 그들은 자신들의 용기를 증명하기 위해 제우스의 딸을 납치하기로 약속했다. 형뻘이었던 테세우스가 먼저 스파르타Sparta의 공주 헬레네Helene를 지목했다. 그 당시 헬레네는 10살이나 12살에 불과했다. 테세우스는 페이리토오스의 도움으로 쉽게 헬레네를 납치했다. 그는 그녀를 아티카의

5. 헤라클레스 키즈 테세우스의 모험   261

Pelagio Palagi, 〈어린 헬레네를 납치하는 테세우스와 페이리토오스〉, 1814

아피드나이Aphidnai로 데려가 어머니 아이트라Aithra에게 맡긴 다음 페이리
토오스의 납치를 도우러 갔다.

페이리토오스는 수많은 제우스의 딸 중에서 하필이면 지하세계의 왕
하데스의 왕비 페르세포네Persephone를 지목했다. 테세우스는 내키지 않
았어도 페이리토오스를 따라 지하세계로 가지 않을 수 없었다. 두 사람
은 어떤 상황에서든 친구를 돕기로 맹세했기 때문이다. 그들은 헤라클레
스처럼 펠로폰네소스반도 끝자락 타이나론Tainaron곶 아래에 있던 동굴을
통해 지하세계로 내려갔다.

페이리토오스가 찾아온 용건을 말하자 하데스는 묵묵히 듣고만 있다
가 그들에게 친절하게 자리를 권하며 시종에게 신선한 음료를 가져오라
고 했다. 하지만 그들이 하데스가 가리킨 돌의자에 앉자마자 더 이상 일

　　　　　　　　　10장 ○ 스토리텔링의 원형 영웅 이야기

어날 수 없었다. 쇠사슬이나 뱀이 그들을 의자에 꽁꽁 묶었다는 설도 있고, 살이 의자의 돌에 파고 들어갔다는 설도 있다. 가장 유력한 설에 의하면 그들은 의자에 앉자마자 지하세계에 온 목적뿐 아니라 모든 기억을 잊어버리고 죽음과도 같은 깊은 잠에 빠져 버렸다. 그것은 망각의 의자였기 때문이다.

테세우스는 아마 헤라클레스가 아니었다면 지하세계에 그대로 영원히 머물렀을 것이다. 헤라클레스가 열두 번째 과업으로 케르베로스Kerberos를 데리러 지하세계로 왔을 때였다. 그가 녀석을 어깨에 메고 막 돌아서는 순간 의자에 앉아 곯아떨어져 있는 테세우스와 페이리토오스를 발견했다. 그는 먼저 테세우스를 의자에서 일으킨 다음 페이리토오스에게 손을 댔다. 그 순간 지진이 일어난 것처럼 땅이 심하게 흔들려 그는 감히 페이리토오스를 의자에서 일으켜 줄 수 없었다. 다른 설에 의하면 헤라클레스는 테세우스가 그렇게 된 것이 자신 탓이라고 생각했다. 그는 테세우스가 자신의 행동을 그대로 따라한다는 소문을 들었다. 그래서 페이리토오스는 그대로 두고 테세우스만 흔들어 깨워 지상으로 데려왔다.

෴෴෴෴෴ **(13)** ෴෴෴෴෴

지하세계에서 돌아와
비참한 최후를 맞이하다

테세우스가 지하세계에 가 있는 동안 황금 양피 원정대 아르고호의 모험에도 참가한 적이 있던 쌍둥이 형제 카스토르Kastor와 폴리데우케스Polydeukes가 스파르타와 아르카디아Arkadia의 군대를 이끌고 누이 헬레네가 억류돼 있던 아티카의 아피드나이를 급습했다. 그들은 누이동생 헬레네를 구해 냈을 뿐 아니라 그녀의 유모로 쓰기 위해 헬레네를 돌보고 있던 테세우스의 어머니 아이트라도 납치해 갔다. 이어 아테네로 쳐들어가 페테오스Peteos의 아들 메네스테우스Menestheus를 공석인 아테네의 새로운 왕으로 옹립했다.

그 후 테세우스가 지하세계에서 헤라클레스의 도움으로 아테네로 돌아왔지만 시민들은 오랫동안 왕위를 비운 그를 외면했다. 게다가 메네스테우스는 괜히 남의 나라 공주 헬레네를 납치하여 전쟁을 초래한 테세우스를 비난하며 아테네 시민들이 그에게 반감을 품도록 선동했다. 특히 테세우스가 강제로 아테네에 편입한 지역 사람들을 꼬드겨 자기편으로 끌어들였다. 아테네에는 더 이상 테세우스가 설 자리가 없었다. 그는 은밀하게 후처 파이드라에게서 태어난 어린 두 아들 데모폰과 아카마스를 에우

Jean-Bruno Gassies, 〈헬레네를 구출하는 카스토르와 폴리데우케스〉, 1817 그림 왼쪽에서 고개를 푹 숙인 채 두 병사에게 끌려가는 여인은 헬레네를 돌보고 있던 테세우스의 어머니 아이트라다.

보이아Euboia의 엘레페노르Elephenor에게 맡긴 다음 스키로스Skyros섬으로 향했다.

스키로스섬에는 한때 테세우스의 친할아버지 스키리오스Skyrios가 지배하던 곳으로 아버지 아이게우스의 재산과 영향력이 일부 남아 있었다. 그는 스키로스섬을 발판으로 재기하고 싶었다. 그는 스키로스섬의 리코메데스Lykomedes 왕에게 아버지 아이게우스의 재산을 요구하고 도움을 요청했다. 리코메데스는 겉으로는 그를 환영하는 체했어도 사실은 테세우스의 명성과 영향력을 무척 시기하고 두려워하고 있었다. 스키로스섬의 백성들이 테세우스에 대해 품고 있는 존경심도 마음에 거슬렸다. 그래서 어느 날 테세우스와 함께 해안 절벽을 산책하다가 순식간에 그를 바다로 밀어 떨어뜨려 죽였다.

테세우스의 아들 데모폰과 아카마스는 그 후 세월이 흘러 트로이 전쟁이 발발하자 몸을 의탁하고 있던 엘레페노르를 따라 참전하여 외할머니

아이트라를 구해 왔다. 그녀는 그사이 성년이 되어 스파르타의 왕비가 된 후 트로이 왕자 파리스Paris에게 다시 납치당한 헬레네를 따라 트로이에 머물고 있었다. 테세우스가 없는 사이 아테네의 왕이 된 메네스테우스도 트로이 전쟁에 참전했다가 귀향 중 들른 에게해의 멜로스Melos섬의 왕이 되어 그곳에 눌러앉았다. 그래서 트로이 전쟁이 끝나고 귀향한 데모폰이 메네스테우스의 뒤를 이어 아테네의 왕위에 올랐다.

아테네인들은 테세우스가 크레타의 괴물 미노타우로스를 죽이고 타고 돌아온 배는 잘 보관하여 기념물로 삼았으면서도 테세우스에 대해서는 몇 세대가 지나도록 좀처럼 과거의 존경심을 보이지 않았다. 상황은 그리스군이 페르시아군과 벌인 마라톤 전투 때 역전되었다. 그리스 병사들이 마라톤 전투에서 승리한 것은 테세우스 덕분이라고 주장했기 때문이다. 테세우스가 자신들과 함께 페르시아군에 대항하여 용감하게 싸우는 환영을 보았다는 것이다. 그래서 아테네인들은 스키로스섬 어딘가에 있을 테세우스의 뼈를 수습하여 가져오기로 했다.

하지만 스키로스섬에 사는 그 누구도 그의 유해가 어디 있는지 몰랐다. 마침내 아테네의 장군 키몬Kimon이 나서서 스키로스섬으로 건너가서 테세우스의 유해를 대대적으로 수색했다. 그러던 어느 날 그는 하늘을 선회하던 독수리 한 마리가 갑자기 어떤 언덕에 앉더니 그곳을 부리와 발톱으로 쪼고 할퀴는 것을 보았다. 이상한 예감이 들어 병사들을 시켜 그 장소를 파 보았더니 바로 그곳에 사람의 뼈가 안장되어 있었다. 그는 그 뼈를 테세우스의 유골이라고 생각하고 아테네로 모셔 갔다. 아테네인들은 그때부터 테세우스를 신처럼 섬겼다.

〰〰〰〰〰 **(14)** 〰〰〰〰〰

테세우스와 헤라클레스의
8가지 닮은꼴

　테세우스는 '헤라클레스 키즈'답게 여러 면에서 헤라클레스를 빼닮았다. 그들의 닮은꼴은 첫 번째 것만 제외하고 모두 헤라클레스를 닮고 싶어 했던 테세우스의 열망의 소산이다.

　첫째, 테세우스는 실제 포세이돈의 아들이고 헤라클레스는 제우스의 아들인데 정작 당사자들은 처음에는 그 사실을 모른 채 명목상 아버지를 진짜 아버지로 생각하고 성장했다. 두 영웅 모두 소위 '출생의 비밀'을 갖고 태어난 것이다.

　영웅의 원조 페르세우스도 황금 소나기로 변신한 제우스의 아들로 태어나지 않았는가? 신화 속 영웅들은 이렇듯 거의 모두 신의 아들이라는 출생의 비밀을 갖고 태어났다. 왜 그럴까? 영웅의 특별한 힘, 능력, 사명 등을 강조하기 위한 장치이리라.

　둘째, 테세우스가 쉽고 해적도 없어 안전한 해로를 마다하고 멀고 길목마다 악당들이 도사리고 있는 위험한 육로를 택한 것은 헤라클레스가 갈림길에서 쉽지만 타락한 길이 아니라, 힘들지만 올바른 길을 택한 것과 유사하다.

셋째, 테세우스는 첫 번째 모험에서 페리페테스를 죽이고 코리네테스라는 청동 몽둥이를 빼앗아 무기로 활용했는데, 그것은 헤라클레스가 늘 갖고 다니던 올리브 몽둥이를 연상시킨다.

넷째, 테세우스도 헤라클레스처럼 미친 황소를 제압했다. 더군다나 그들이 제압한 황소는 똑같은 황소였다. 그래서 테세우스는 헤라클레스가 산 채로 잡아서 에우리스테우스에게 건네주었던 크레타의 미친 황소가 마라톤을 쑥대밭으로 만들자 그곳으로 달려가 녀석을 해치웠다.

다섯째, 테세우스도 헤라클레스처럼 여인 왕국 아마존족을 정벌했다. 그것은 두 영웅의 유사성을 보여 줄 뿐 아니라 여성성에 대한 남성성의 우월함을 상징한다. 나중에 아킬레우스도 트로이 전쟁에서 백척간두에 놓인 트로이를 도우러 왔던 아마존족의 여왕 펜테질레이아Penthesileia를 죽였다.

여섯째, 테세우스는 헤라클레스 못지않게 여성 편력이 심했다. 테세우스는 트로이젠에 살 때 아낙소Anaxo라는 여인을 납치해 겁탈했으며, 자신을 도와준 크레타의 공주 아리아드네를 아테네로 데려오다 낙소스섬

〈마라톤의 황소와 싸우는 테세우스〉,
기원전 440~430년경
(그리스 도기 그림)

10장 ○ 스토리텔링의 원형 영웅 이야기

에 버려 두고 왔고, 아마존족의 여왕 안티오페를 납치해 와 살다가 그녀가 요절하자 아리아드네의 동생 파이드라를 후처로 맞이했다. 나중에는 50살이나 되어서도 어린 헬레네를 납치했다.

일곱째, 테세우스의 불같은 성격도 헤라클레스를 빼닮았다. 테세우스는 욱하는 성격 때문에 아들 히폴리토스를 죽음으로 내몰았는데, 헤라클레스도 참지 못하는 성격 때문에 애먼 사람들을 많이 죽였다.

여덟째, 테세우스도 헤라클레스처럼 지하세계를 다녀왔다. 뱁새가 황새 따라가다가 가랑이 찢어진다는 속담이 있다. 이 속담은 비록 우리 것이지만 그리스 신화의 테세우스에게도 적용된다. 테세우스는 물론 처음에는 아무 문제 없이 역경을 헤쳐나갔다.

하지만 세 번이나 가볍게 지하세계를 다녀온 헤라클레스에 비하면 아무래도 그에게 지하세계만은 역부족이었던 것 같다. 그는 헤라클레스를 흉내 내다가 결국 한계를 드러내고 만다. 친구 페이리토오스와 함께 헤라클레스처럼 지하세계에서 페르세포네를 데려오려다 하데스에게 걸려 죽음과도 같은 깊은 잠에 빠졌기 때문이다. 테세우스는 너무 자신감이 팽배해 있었다. 헤라클레스가 한 일을 자신이라고 못 할까 싶었다. 지금까지 모든 일을 성공적으로 해치웠으니 지하세계도 단숨에 다녀올 수 있다고 믿어 의심치 않았다.

테세우스가 친구 페이리토오스와 감히 신들의 왕 제우스의 딸을 납치하기로 한 것은 오만이다. 앞서 제1권 '인간의 탐욕과 오만'에서 말한 것처럼 "영웅은 잘나갈 때 조심해야 한다. 신은 영웅이 최정상에 있을 때 그에게 오만이라는 깊은 함정을 파놓고 시험하기 때문이다. 거칠 것 없는 영웅에게 오만은 꿀처럼 달콤하다. 그래서 영웅은 아무 생각 없이 오만을 맛보다가 결국 추락하고 만다."

Day 120

〰〰〰〰〰 **(15)** 〰〰〰〰〰

한국의 테세우스:
고구려의 2대 왕 유리

우리나라의 고구려 건국 신화에 등장하는 유리 왕자는 테세우스와 거의 비슷한 여정을 거친다. 출생의 비밀을 갖고 태어난다는 것, 그들의 아버지가 왕이라는 것, 홀어머니 밑에서 자라다가 아버지를 찾아가는 것, 신표로 칼을 들고 가는 것 등이 비슷하다 못해 아주 똑같다. 두 영웅의 여정을 통해 세계적인 신화학자 조지프 캠벨이 말한 '천의 얼굴을 가진 영웅'의 면모가 여실히 드러나는 셈이다.

유리의 아버지 주몽은 천제天帝 해모수 사이에서 하백의 딸 유화가 낳은 알에서 태어났다. 그는 우여곡절 끝에 북부여 금와왕 밑에서 장성하여 아내 예씨를 얻었다. 하지만 그는 금와왕 아들들의 위협을 피해 부여를 탈출하면서 아내 예씨를 데리고 갈 수 없었다. 아내가 임신한 데다가 미래도 아주 불투명했기 때문이다. 그는 아내를 어머니 곁에 남겨 두고 떠나면서 장차 아들이 태어나 "일곱 모가 난 돌 위 소나무" 밑에 숨겨 둔 자신의 유물을 찾아서 가져오면 그를 아들로 인정하고 후계자로 삼겠다고 말했다.

이규보의 『동명왕편』에 따르면 주몽이 졸본으로 떠나고 얼마 후에 태

10장 ○ 스토리텔링의 원형 영웅 이야기

어난 유리는 어려서부터 활쏘기에 특이한 재주가 있었다. 담장이나 나뭇가지에 앉아 있는 참새를 쏘면 그야말로 백발백중이었다. 어느 날 유리는 물동이를 이고 가는 동네 아주머니를 보고 장난기가 발동하여 화살을 날려 물동이에 구멍을 냈다. 아주머니가 화를 내며 그를 아비 없는 후레자식이라고 꾸짖었다. 유리가 부끄러워하며 얼른 화살촉에 진흙을 매달아 다시 화살로 동이 구멍을 막은 다음 집으로 돌아와 어머니에게 물었다. "제 아버지는 누구십니까?"

어머니가 장난삼아 아버지가 없다고 하자 유리는 아비 없는 놈이 살아 무슨 의미가 있겠냐며 목에 칼을 대고 찌르려 하는 시늉을 했다. 깜짝 놀란 어머니가 아들을 말리며 그제야 아들의 출생의 비밀을 말해 주었다.

"아까 한 말은 장난 삼아 한 말이다. 너의 아버지는 천제의 손자이고, 하백의 외손인데 부여의 신하가 되는 것을 원망하다가 도망하여 남쪽 땅에 가서 국가를 창건하였다. 네가 가보겠느냐?"

유리는 어머니에게 "아버지는 임금이 되셨는데 자신은 남의 신하가 되어 몹시 부끄럽다"며 아버지를 당장 찾아가겠다고 대답했다. 그러자 어머니는 유리에게 아버지가 말한 수수께끼를 풀어 신표를 가져가야 한다고 말해 주었다.

"너의 아버지가 갈 때 말을 남기기를 '내가 일곱 골짜기 돌 위 소나무에 물건을 감추어 두었으니 그것을 찾아내는 자가 내 자식이다'고 하였다."

그날부터 유리는 소나무와 골짜기라는 말 때문에 산속을 헤맸지만 만

날 허탕을 쳤다. 어느 날 산속을 돌아다니다가 지쳐 집에 돌아와 마루에 앉아 쉬고 있는데 마루 기둥 위에서 구슬픈 소리가 났다. 무심코 기둥을 살펴보니 그것은 소나무로 만든 것이고 주춧돌 모양이 일곱 모서리였다. 결국 유리는 칠각형 주춧돌 구멍에 숨겨진 칼 반쪽을 찾아 들고 아버지 주몽을 찾아갔다.

유리가 졸본으로 아버지를 찾아가면서 겪은 모험에 대해서는 자세한 기록이 남아 있지 않지만 테세우스 못지않게 많은 악당을 물리쳤을 것이다. 어쨌든 주몽이 유리가 건네준 칼 반쪽을 받아 자기가 갖고 있던 나머지 반쪽과 맞추어 보니 신기하게도 그 틈으로 피가 흐르면서 온전한 칼 한 자루가 되었다. 그러자 주몽은 유리를 아들로 인정하고 태자로 삼았다. 그 후 유리는 아버지 주몽을 이어 「황조가」로 잘 알려진 고구려 2대 유리왕이 된다.

한국의 페르세우스:
신라의 4대 왕 석탈해

　페르세우스도 어머니 다나에Danae와 함께 궤짝에 넣어져서 버려졌다가 홀어머니 밑에서 걸출한 영웅으로 성장하여 티린스Tiryns와 미케네Mykene의 왕이 된다는 점에서 우리나라 삼국시대의 신라의 탈해를 빼닮았다. 『삼국유사』에 따르면 탈해는 왜국倭國에서 1천 리 떨어진 용성국 출신이었다. 그는 함달파왕과 적녀국왕의 딸 사이에서 태어났다. 그런데 탈해의 어머니는 임신한 지 7년 만에 알 하나를 낳았다. 그러자 왕은 '사람으로서 알을 낳은 것은 상서롭지 못하니 버려야 한다'고 명령했다.

　탈해의 어머니는 어쩔 수 없이 그 알을 비단에 고이 싸서 보물과 함께 궤짝에 넣어 바다에 띄워 보냈다. 궤짝은 처음에는 가락국의 수도인 김해에 도착했지만, 가락국 사람들이 기이하게 여겨 거두지 않았다. 이어 궤짝은 신라의 아진포에 도착했다. 페르세우스가 궤짝을 타고 세리포스Seriphos섬에 도착하는 것과 마찬가지다. 얼마 후 우연히 궤짝을 발견한 노파가 그것을 열어 보니 안에 아기가 들어 있었다. 바다를 떠다니는 동안 알이 부화하여 아기가 태어난 것이다.

　불쌍한 생각이 든 노파는 그 아기를 집으로 데려다가 탈해라고 이름 짓고 자식처럼 키웠다. 이 노파는 해안에서 페르세우스 모자를 발견하고 집에 데려가 거처를 마련해 준 착한 어부 딕티스Diktys를 연상시킨다. 원래 이름이 없던 궤짝의 알에서 깨어난 왕자가 석탈해라는 이름을 갖게 된 사연은 이렇다. 궤짝이 신라 해안에 도착하자 까치 한 마리가 그 위에 앉아 울면서 떠나지 않았다. 그래서 노파는 한자 '까치 작鵲'에서 '조鳥'를 떼어 버리고 '석昔'을 아이의 성으로 삼았다. 아울러 궤짝을 뚫고 나왔기 때문에 이름은 '탈해脫解'로 지었던 것이다.

탈해는 장성하자 키가 아홉 자나 되었고, 풍채가 뛰어나고 명랑하였으며 모든 면에서 다른 아이들보다 뛰어났다. 그는 처음에는 고기잡이를 업으로 삼아 어머니처럼 노파를 지극정성으로 모셨다. 어느 날 노파는 탈해에게 자극을 주기 위해 이렇게 말했다. "너는 보통 사람이 아니다. 체격과 모습이 특이하니 마땅히 학문을 배워서 공명을 세울 것이다." 그러자 탈해는 학문에 매진했는데 풍수지리에도 밝았다.

어느 날 탈해는 토함산에 올라 경주의 지세를 보다가 호공의 집이 지세가 뛰어남을 알고 계략을 써서 그 집을 빼앗기로 결심했다. 그는 밤에 몰래 호공의 집에 가서 마당에 숯과 숫돌을 묻고, 다음 날 호공을 찾아가 그 집이 원래 자기 조상의 집이라고 주장하며 반환을 요구했다. 결국 두 사람 사이에 분쟁이 일어나고 결론이 나지 않자 그들은 관청을 찾아갔다. 관청에서 탈해에게 호공의 집이 자기 조상의 집이라는 근거를 묻자 자기 조상은 대대로 대장장이였는데 아주 오래전에 강제로 빼앗긴 것이라고 주장하며 마당을 파 보자고 제안했다.

관리들이 땅을 파 보자, 과연 숯과 숫돌이 나와서 호공은 탈해에게 꼼짝없이 집을 빼앗기고 말았다. 이처럼 계책에 능하고 지혜로운 사람이었던 탈해는 소문을 들은 신라의 2대 왕인 남해왕의 사위가 되고 3대 노례

왕에 이어 4대 왕이 되었다. 이렇듯 테세우스와 유리, 페르세우스와 탈해 이야기는 얼개는 같지만 세계 각국의 영웅들이 여정은 똑같아도 마치 '천의 얼굴을 가진' 것처럼 세부 내용은 사뭇 다르다. 테세우스가 아버지에게 보일 신표를 찾기 위해 필요했던 것은 바위를 들어 올릴 만한 힘이었지만, 유리가 필요했던 것은 아버지의 수수께끼를 풀 수 있는 지혜였다.

또한 테세우스는 아버지에게 온전한 칼을 가져가지만, 유리는 부러진 반쪽 칼을 가져간다. 게다가 유리는 그 칼 반쪽을 들고 가서 아버지가 갖고 있는 다른 칼 반쪽과 맞추어 보는 또 다른 시험을 통과해야 한다. 페르세우스에게 필요했던 것도 괴물 메두사Medusa를 죽일 수 있는 청동 방패, 마법 자루, 비행하는 신발 등 무기였지만, 탈해에게 필요했던 것은 호공을 누를 수 있는 지혜였다. 우리 조상의 지혜에 대한 남다른 사랑을 확인해 볼 수 있는 대목이다.

11장

제1, 2차
테베 전쟁

에테오클레스의 약속 위반, 「테베를 공격한 일곱 장수」

테베 전쟁은 테베^{Thebe}의 왕 오이디푸스^{Oidipous}의 이야기와 밀접하게 연결되어 있다. 제1권 '그리스 신화 3대 명문 가문'의 '라이오스 가문'에서 언급했듯이 오이디푸스는 자신도 모르게 아버지를 죽이고 어머니와 결혼하여 2남 2녀를 낳고 행복하게 살다가 자식들이 성인이 되고 나서야 비로소 모든 사건의 전말을 알게 되자 엄청난 충격을 받고 자신의 두 눈을 스스로 찔러 실명하고 나서 큰딸 안티고네^{Antigone}의 손을 잡고 거지처럼 참회의 방랑 생활을 떠났다.

그러자 오이디푸스의 두 아들 폴리네이케스^{Polyneikes}와 에테오클레스^{Eteokles}가 테베의 왕위를 놓고 권력투쟁을 벌였다. 그들은 갈등과 격론 끝에 서로 1년씩 번갈아 가면서 테베를 통치하기로 합의했다. 먼저 폴리네이케스가 왕위에 올라 1년 뒤 동생에게 왕위를 물려주었다. 하지만 1년 뒤 에테오클레스는 삼촌 크레온^{Kreon}의 사주로 약속을 지키지 않고 형을 암살할 계획을 세웠다. 그러자 생명의 위협을 느낀 폴리네이케스는 아르

Giovanni Silvagni, 〈에테오클레스와 폴리네이케스〉, 1800년경

고스Argos로 망명했다.

아르고스의 왕 아드라스토스Adrastos에게는 아르게이아Argeia와 데이필레Deipyle라는 두 명의 딸이 있었다. 그들은 무척 아름다웠다. 그리스 전역에서 그들에게 구혼하기 위해 수많은 영웅이 아르고스로 몰려와 문전성시를 이룰 정도였다. 하지만 아드라스토스 왕은 쉽게 결정을 내리지 못했다. 그는 결국 델피Delphi의 아폴론 신전에 가서 신탁을 청했다. 그러자 여사제 피티아Pythia가 이렇게 대답했다. "너의 궁전 마당에서 싸우고 있는 수멧돼지와 사자의 목에 멍에를 얹고 이륜마차를 몰아라!"

구혼자 중에는 칼리돈Kalydon 출신의 티데우스Tydeus와 테베 출신의 오이디푸스의 아들 폴리네이케스도 있었다. 폴리네이케스는 급히 테베를 탈출하면서도, 시조 할머니 하르모니아Harmonia가 아테나와 헤파이스토스로부터 결혼 선물로 받아, 어머니 이오카스테Iokaste까지 가문의 맏며느리에게 대대로 물려주던 예복 페플로스Peplos와 황금 목걸이를 동생 몰래

11장 ○ 제1, 2차 테베 전쟁

챙겨서 갖고 나왔다.

티데우스는 칼리돈의 왕 오이네우스^{Oineus}와 페리보이아^{Periboia}의 아들이었다. 그는 어느 날 사냥을 하다가 화살 오발로 삼촌을 죽였다. 그는 단순한 사고라고 주장했어도 칼리돈인들은 그가 운명을 피하기 위해 삼촌을 죽였다고 여겼다. 그 삼촌이 언젠가 티데우스를 죽일 것이라는 예언이 있었기 때문이다. 그는 결국 칼리돈에서 추방당해 아르고스로 망명했다.

폴리네이케스와 티데우스는 어느 날 밤 아드라스토스의 궁정 마당에서 우연히 만나 말다툼 끝에 일대일 결투를 벌였다. 아드라스토스가 시끄러운 소리에 밖으로 나가 그들을 말리지 않았다면 큰 사달이 났을 판이었다. 아드라스토스는 우연히 그들 방패에 그려져 있는 문장을 보고 소스라치게 놀랐다. 두 구혼자는 각각 조국을 상징하는 동물을 방패에 새기고 다녔다. 테베와 칼리돈의 상징은 바로 각각 사자와 수멧돼지였다.

아드라스토스는 신탁을 기억해 내고 두 딸 중 아르게이아는 폴리네이케스에게, 데이필레는 티데우스에게 주었다. 두 사람에게 나라를 되찾도록 해 주겠다는 약속도 했다. 그는 그들에게 우선 가까이 있는 테베를 공격하자고 제안했다. 그는 자신의 조카 카파네우스^{Kapaneus}, 동생 히포메돈^{Hippomedon}, 매제이자 예언가 암피아라오스^{Amphiaraos}, 아탈란테^{Atalante}의 아들 파르테노파이오스^{Parthenopaios} 등 아르고스에 있는 휘하 장수들에게 폴리네이케스와 티데우스를 도와 테베로 진군하라고 명령했다. 하지만 매제 암피아라오스가 명령에 따르지 않았다. 그는 아르고스의 왕 아드라스토스만 제외하고 모두 전사할 것이라는 사실을 예견했기 때문이다.

암피아라오스는 제우스와 아폴론의 총애를 받는 예언가였다. 하지만 아드라스토스는 그가 하는 말은 무엇이든지 의심했다. 암피아라오스가 자신의 아버지 탈라오스^{Talaos}를 죽이고 자신도 아르고스에서 추방한 적이 있었기 때문이다. 물론 얼마 지나지 않아 암피아라오스가 진심으로 후회하며 화해를 간청했다. 아드라스토스에게 아르고스의 왕위도 돌려주었다.

하지만 아드라스토스는 여전히 암피아라오스를 마뜩잖게 생각했다. 그래서 그들은 사사건건 의견이 충돌했다. 한번은 아드라스토스의 누이동생이자 암피아라오스의 아내 에리필레Eriphyle가 나서지 않았더라면 칼부림이 날 뻔했다. 그녀는 칼을 빼 들고 싸우려는 두 사람 사이에 필사적으로 몸을 던져 둘을 떼어 놓은 다음 앞으로 분쟁이 있을 때마다 자신의 판결을 따르도록 맹세하게 했다.

알렉토르Alektor의 아들 이피스Iphis는 폴리네이케스를 불러 이 사실을 귀띔해 주며 충고했다.

> "헤파이스토스 신이 자네 가문의 시조 할머니인 하르모니아에게 결혼 선물로 준 황금 목걸이를 자네가 갖고 있다고 들었네. 만약 자네가 암피아라오스의 아내 에리필레에게 그것을 주면서 부탁하면 그녀는 당장 남편에게 우리와 같이 참전하라고 권할 것이네."

폴리네이케스로부터 하르모니아의 황금 목걸이를 선물 받은 에리필레는 예상대로 남편이 테베 전쟁에 참전해야 한다고 결정했다. 아내의 결정이 내려지자 암피아라오스는 어쩔 수 없이 그녀와 한 맹세 때문에 원정대에 합류해야 했다. 그래서 원정대는 폴리네이케스, 티데우스 그리고 앞서 언급한 아드라스토스와 4명의 아르고스 장수 등 총 일곱 장수의 지휘 아래 출발했다. 이게 바로 제1차 테베 전쟁이다. 그래서 비극작가 아이스킬로스Aischylos는 이 전쟁을 소재로 비극을 쓰면서 「테베를 공격한 일곱 장

John Flaxman, 〈일곱 장수의 맹세〉, 1879

수Hepta epi Thebas」라는 제목을 붙였다.

힙시필레의 비극, 네메아 경기의 유래, 티데우스의 활약

테베는 그 당시 7개의 성문이 있는 난공불락의 요새였다. 암피아라오스는 테베로 출병하기 전날 두 아들 알크마이온Alkmaion과 암필로코스Amphylochos를 불러 당부했다.

"이번 제1차 테베 전쟁은 우리가 패한다. 하지만 너희들이 치르게 될 다음 전쟁은 틀림없이 승리할 것이다! 그러니 너희들은 제2차 테베 전쟁에 꼭 참전해야 한다! 또 하나 부탁이 있다. 그때 테베를 함락시킨 다음에는 어머니를 죽여 내 원수를 갚아 다오! 너희 어머니는 뇌물에 눈이 어두워 남편을 사지로 몰아넣고 말았다!"

테베 원정대는 그 당시 리쿠르고스Lykurgos 왕이 다스리고 있던 네메아Nemea를 통과해야 했다. 먼 길을 온 원정대는 몹시 목이 탔다. 물을 찾아 헤매던 원정대는 아기를 안고 있는 힙시필레Hypsipyle라는 한 노파를 만났다. 그녀는 원래 렘노스Lemnos섬의 여왕이었다. 렘노스의 여자들은 한때 섬의 모든 남자를 죽이기로 모의한 적이 있었다. 남편들이 아내들을 무시하고 납치해 온 트라케Thrake의 여자들과만 놀아났기 때문이다.

마침내 거사 날짜가 되어 섬에 있는 모든 남자는 도륙당했어도 렘노스의 왕 토아스Thoas만은 목숨을 건졌다. 그의 딸 힙시필레가 몰래 아버지를 빼돌려 배에 태워 섬 밖으로 살려 보냈기 때문이다. 나중에 그 사실이 밝혀지자 렘노스의 여자들은 자신들을 속인 힙시필레를 외지인에게 노예로 팔았다. 여기저기 떠돌던 힙시필레는 마침내 이곳까지 와서 네메아의 왕 리쿠르고스의 아들 오펠테스Opheltes의 보모로 살고 있었다.

힙시필레는 아르고스군의 부탁을 받고 그들을 근처의 샘터로 안내하는 동안 오펠테스를 잠깐 파슬리 풀밭 위에 내려놓았다. 바로 그 순간 독사 한 마리가 나타나 그 아이의 사지를 휘감았다. 힙시필레를 비롯한 아르고스군이 목을 축이고 돌아왔을 때는 이미 오펠테스는 독사에 물려 죽은 뒤였다. 그들은 독사를 죽이고 아이를 묻어 줄 수밖에 없었다.

예언가 암피아라오스가 이것이 나쁜 징조라고 경고하자 그들은 그 아이를 '몰락의 시작'이라는 뜻을 지닌 '아르케모로스Archemoros'라고 부르며 그의 죽음을 기리기 위해 '네메아 경기'를 창시했다. 그 뒤부터 2년마다 열린 네메아 경기의 심판들은 오펠테스를 기리기 위해 항상 검은 옷을 입고, 우승자에게는 아이를 뉘어 놓았던 파슬리로 엮은 관을 수여했다. 네메아 경기는 '올림피아 경기'와 함께 고대 그리스의 4대 범汎헬레니즘 경기 중 하나였다. 다른 설에 의하면 네메아 경기는 영웅 헤라클레스Herakles가 첫 번째 과업인 네메아의 사자를 잡은 걸 기념하기 위해 개최되었다. 또 다른 설에 의하면 헤라클레스가 첫 번째 과업을 완수한 뒤 아버지 제우스를 기리기 위해 네메아 경기를 창시했다.

네메아 고대 경기장 유적, 기원전 330~300년경
이 경기장에서는 현재 4년마다 올림픽이 열리는 해에 고대 네메아 경기를 기념하는 운동 경기가 벌어진다.

아르고스의 일곱 장수는 그날 처음으로 개최된 네메아 경기에서 각각 다른 종목에서 우승하는 기염을 토했다. 암피아라오스는 높이뛰기와 원반던지기 두 경기에서, 아드라스토스는 신마神馬 아레이온Areion(혹은 아리온Arion)을 타고 마차 경기에서 우승했다. 아레이온은 곡물의 여신 데메테르Demeter와 바다의 신 포세이돈과의 사이에서 태어난 날개 달린 명마로 인간처럼 말도 할 수 있었다.

아레이온이 두 신 사이에서 태어난 데는 특별한 사연이 깃들어 있다. 데메테르는 언젠가 딸 페르세포네가 지하세계의 신 하데스에게 납치되

11장 ○ 제1, 2차 테베 전쟁

자 딸을 찾아 헤맸다. 그걸 보고 평소 데메테르에게 호감을 품고 있던 바다의 신 포세이돈도 뒤를 따라다니며 기회를 노렸다. 데메테르가 그것을 눈치채고 말로 변신해 달아나자 포세이돈도 말로 변신해 그녀를 추격하여 사랑을 나누었다. 바로 이들 사이에서 태어난 말이 아레이온이다. 어쨌든 나머지 장수 중 파르테노파이오스는 활쏘기에서, 티데우스는 권투에서 우승했다. 레슬링에서는 폴리네이케스가, 달리기에서는 카파네우스가, 창던지기에서는 히포메돈이 우승했다.

리쿠르고스 왕은 아들의 죽음에 분노하여 유모 힙시필레를 감옥에 가둔 다음 적당한 때에 처형하려 했다. 하지만 운명의 여신들은 그녀를 죽게 놔두지 않았다. 마침 그 무렵 황금 양피 원정대 대장 이아손Iason과의 사이에서 태어난 그녀의 쌍둥이 아들 에우네오스Euneos와 데이필로스Deipylos가 수소문 끝에 렘노스섬에서 어머니를 찾아왔다. 리쿠르고스 왕은 힙시필레의 비극적 운명을 자세히 듣고 나서 눈물을 흘리며 그녀를 용서해 주었다. 어차피 힙시필레의 잘못도 아니지 않은가. 그래서 힙시필레는 두 아들과 함께 렘노스섬으로 돌아갔다.

원정군이 테베 근처 키타이론Kithairon산에 도착하자 아드라스토스는 티데우스를 특사로 보내 에테오클레스에게 폴리네이케스를 위해 왕위를 양보하라고 요구했다. 테베인들이 이 요구를 거절하자 티데우스는 테베의 장수들에게 일대일 결투를 신청하여 싸울 때마다 계속 승리를 거뒀다. 그러자 마지막 일대일 결투에서 이기고 돌아가는 그를 매복한 50명의 테베 군사가 습격했다. 하지만 그는 대장 마이온Maion 하나만 살려 주고 그들을 모두 몰살했다.

마이온을 살려 준 것은 그들의 몰살 소식을 테베에 알려 줄 사람이 필요했기 때문이다. 기가 질린 테베인들은 성안에서 꿈쩍도 하지 않았다.

그사이 아르고스 군대는 성벽 가까이에 진격하여 일곱 장수가 각각 테베의 일곱 성문을 하나씩 마주 보고 대치하고 있었다. 테베의 에테오클레스는 최정예 부대를 이끌고 폴리네이케스에 맞서 성문 하나를 지키고 있었다.

당시 테베에는 테이레시아스Teiresias라는 유명한 예언가가 있었다. 그는 양치기 에우에레스Eueres와 요정 카리클로Chariklo의 아들로 맹인이었다. 그가 맹인이 된 데는 몇 가지 설이 있다. 우선 태어날 때부터 예언력이 뛰어나서 인간에게 신들의 뜻을 너무 자세하게 알려 주어 신들의 분노를 사 눈이 멀었다는 설이 있다. 또한 우연히 아테나의 알몸을 봐서 여신의 분노를 사 눈이 멀었다는 설도 있다. 아테나와 친했던 카리클로가 여신에게 그의 시력을 다시 회복시켜 달라고 부탁하자 그 대신 마음의 눈을 뜨게 해서 그를 대단한 예언가로 만들어 주었다는 것이다.

예언가 테이레시아스, 메노이케우스의 희생, 테베군의 승리

오비디우스는 『변신 이야기』에서 테이레시아스가 눈이 멀게 된 사연에 대해 앞서 언급한 두 가지 설과는 사뭇 다른 이야기를 전한다. 그는 어느 날 킬레네Kyllene산 근처에서 뱀이 교미하는 것을 보고 그들을 떼어 놓았다가 여자가 되었다. 갑자기 자동으로 성전환이 되어 버린 것이다. 그런데 여자로 살던 테이레시아스는 7년 후 우연히 같은 장소를 지나다가 또 뱀 두 마리가 교미하는 것을 보고 녀석들을 떼어 놓았다가 다시 남자로 돌아왔다. 그러던 어느 날 헤라와 제우스가 남녀가 사랑을 나눌 때 누가 더 즐거운가를 놓고 다투다가 남녀의 삶을 모두 살아 보았던 테이레시아스를 불러 물어보았다.

질문을 받은 테이레시아스는 거침없이 대답했다. "당연히 여자입니다. 즐거움이 열이라면 남자는 하나고 여자는 아홉입니다." 테이레시아스의 말을 듣고 자존심이 상한 헤라는 그의 눈을 멀게 해 버렸고, 미안한 마음에 제우스는 그에게 예언력을 주었다. 테이레시아스의 예언은 지금까지

한 번도 빗나간 적이 없었다. 테베에 큰일이 벌어지면 그의 의견을 묻는 것은 당연했다.

에테오클레스는 당장 테이레시아스를 불러 위기를 탈출할 수 있는 방도를 물었다. 그러자 그가 이렇게 대답했다. "테베 왕가의 왕자가 자발적으로 전쟁의 신 아레스의 희생 제물이 되면 테베가 승리하게 될 것입니다!" 우연히 이 말을 듣고 폴리네이케스와 에테오클레스의 외삼촌인 크레온의 아들 메노이케우스Menoikeus가 성벽에서 아래로 몸을 날려 자살했다. 테베가 승리할 수 있는 조건이 충족된 것이다.

바로 그 순간 아르고스군의 총공격이 시작되었다. 테베의 첫 번째 성문은 파르테노파이오스가, 두 번째 성문은 암피아라오스가, 세 번째 성문은 히포메돈이, 네 번째 성문은 티데우스가 담당했다. 또한 다섯 번째 성문은 폴리네이케스가, 여섯 번째 성문은 카파네우스가, 일곱 번째 성문은 아드라스토스가 담당했다. 아르고스군이 성 앞으로 새까맣게 몰려오자 테베군은 처음에는 투석전을 펼치더니 나중에는 활과 창으로 용감하게 맞섰다.

아르고스군은 두 차례에 걸친 공격에서 테베군의 완강한 저항에 부딪혀 후퇴할 수밖에 없었다. 테베 성문 가까이 다가갈 수조차 없었다. 그러자 폴리네이케스가 큰 소리로 군사들을 격려했다.

"아르고스군이여, 뭐가 두려워 성문으로 돌진하지 못하는가? 먼저 약속을 깬 것은 테베의 에테오클레스다. 어떤 신이 약속을 헌신짝처럼 저버린 자들을 도와주겠는가? 승리는 분명 우리 것이다. 자, 보병, 기병, 전차병 모두 힘을 합해 총공격하라!"

아르고스군이 함성을 지르며 세 번째로 성문을 향해 돌진했다. 맨 먼저 카파네우스가 자신이 담당한 성문에 가까스로 도달했다. 그는 성문을 부수기가 여의치 않자 성벽에 사다리를 대고 기어오르면서 오만하게 떠벌렸다. "내 기어코 테베를 불바다로 만들 것이다! 제우스 신이라도 나를 막지 못할 것이다!" 제우스가 하늘에서 이 말을 듣고 분기탱천했다. 제우스는 재빨리 그에게 번개를 던져 목숨을 빼앗았다.

카파네우스의 죽음을 계기로 테베군은 다시 용기를 냈다. 그들은 성안만을 고집하지 않고 전세에 따라 성 안팎에서 파상 공격을 감행했다. 마침내 테베의 이스마로스Ismaros가 히포메돈을 죽이는 데 성공했다. 파르테노파이오스는 테베의 페리클리메노스Periklymenos가 성루에서 던진 커다란 바위를 맞고 두개골이 쪼개져 즉사했다. 티데우스도 테베 장수 멜라니포스Melanippos의 공격을 받고 치명상을 입었다.

아테나는 평소 티데우스에게 호의를 품고 있었다. 여신은 숨을 헐떡이며 반죽음 상태로 누워 있는 그가 불쌍했다. 그녀는 급히 아버지 제우스에게 달려갔다. 티데우스를 다시 소생시킬 수 있는 생명의 영약을 얻기 위해서였다. 하지만 암피아라오스는 아르고스인을 전쟁의 소용돌이에 몰아넣은 티데우스가 미웠다. 교활했던 그는 곧바로 티데우스를 쓰러뜨린 테베 장수 멜라니포스에게 달려가 단숨에 그의 목을 벴다.

이어 목숨이 경각에 달린 티데우스에게 그 목을 건네주며 말했다. "티데우스, 여기에 원수의 목이 있다! 두개골을 쪼개 뇌수를 들이마셔! 그러면 넌 다시 소생할 거야!" 티데우스는 비몽사몽간에 그가 시키는 대로 했다. 바로 이 순간 생명의 영약을 갖고 도착한 아테나는 티데우스의 야만적인 행동을 보고 깊은 충격에 빠졌다. 그래서 약을 땅바닥에 엎지르고 구토를 일으키며 뒤로 물러섰다. 결국 티데우스는 얼마 후 거칠게 숨을

Anne-Louis Girodet-
Trioson,
〈신성 모독자 카파네우스
두상〉, 연도 미상
카파네우스의 불경스럽고 오만
한 성격이 얼굴에 역력하게 드
러나 있다.

〈사다리를 타고 테베 성벽을
기어오르는 카파네우스〉,
기원전 340년경
성루에서 그를 내려다보고 있
는 것은 크레온이다(그리스 도
기 그림).

　　　　　　　　11장 ○ 제1, 2차 테베 전쟁

몰아쉬더니 숨을 거두고 말았다.

　아르고스의 일곱 장수 중 이제 남은 것은 폴리네이케스, 암피아라오스 그리고 아드라스토스 셋뿐이었다. 더 이상의 불필요한 죽음을 막기 위해 폴리네이케스가 에테오클레스에게 일대일 결투로 싸움을 끝내자고 제안했다. 에테오클레스가 이 결투를 받아들였다. 결국 두 사람은 격렬하게 싸우다가 서로 치명상을 입고 상대방의 칼에 찔려 죽고 말았다. 그러자 그들의 삼촌 크레온이 테베군의 지휘권을 넘겨받아 혼비백산한 아르고스 군사들을 모두 섬멸해 버렸다.

　암피아라오스는 신마 아레이온이 끄는 마차를 타고 이스메노스Ismenos 강변을 따라 도망쳤다. 추격하던 테베 장군 페리클리메노스가 그의 어깨 사이를 창으로 찌르려고 하는 순간 그의 수호신 제우스가 번개로 그의 발 앞의 땅이 갈라지도록 했다. 그는 마차 그리고 마부 바톤Baton과 함께 테베인들의 눈에서 감쪽같이 지하세계로 사라졌다. 그때부터 암피아라오스는 제우스로부터 불멸의 삶을 선사받아 아티카Attika의 오로포스Oropos에서 신탁을 내렸다.

제2차 테베 전쟁의 주역 에피고노이,
모친 살해범 알크마이온

일곱 성문이 있는 테베를 공격한 아르고스의 일곱 장수의 아들들은 '후계자'라는 뜻의 '에피고노이Epigonoi'로 불렸다. 암피아라오스의 두 아들 알크마이온과 암필로코스, 아드라스토스의 아들 아이기알레우스Aigialeus, 티데우스의 아들 디오메데스Diomedes, 파르테노파이오스의 아들 프로마코스Promachos, 카파네우스의 아들 스테넬로스Sthenelos, 폴리네이케스의 아들 테르산드로스Thersandros, 히포메돈의 아들 폴리도로스Polydoros 등이 바로 그들이다.

에피고노이들이 장성하자 폴리네이케스의 아들 테르산드로스는 테베를 함락시켜 아버지의 한을 풀어 드리고 싶었다. 그는 먼저 델피의 아폴론 신전에 가서 전쟁에서 이기려면 어떻게 해야 할지 물었다. 그러자 암피아라오스의 아들 알크마이온이 원정대 대장이 된다면 전쟁에서 승리할 것이라는 신탁이 내려왔다. 하지만 테르산드로스의 부탁을 받은 다른 에피고노이들은 아버지의 원수를 갚기로 굳게 맹세했건만 알크마이온만은 전쟁에 참여하지 않으려 했다. 그는 형제 암필로코스와 이 전쟁이 과연 필요한가를 놓고 격론을 벌이기도 했다. 아무리 해도 결론이 나지 않자 그들은 결국 어머니 에리필레에게 자신들을 대신해 결정을 내려 달라고 간청했다. 어머니의 결정대로 따르겠다고 맹세까지 했다.

폴리네이케스의 아들 테르산드로스는 상황이 아버지 때와 똑같이 전개되는 것을 직감하고 아버지가 했던 선례를 따랐다. 그는 알크마이온의 어머니 에리필레에게 이번에는 아버지의 유품인 페플로스 예복을 뇌물로 주며 아들들을 전쟁에 참여하도록 설득해 달라고 부탁했다. 뇌물을 받은 에리필레는 결국 아들들이 전쟁에 참여해야 한다고 결정했다. 알크마이온은 주저하면서도 어머니의 말을 듣겠다고 맹세한 터라 원정대 대장을 맡지 않을 수 없었다.

테베 성벽 밑에서 벌어진 첫 전투에서 아르고스의 일곱 장수의 후계자들 중 아드라스토스의 아들 아이기알레우스가 글리사스Glisas강변에서 벌어진 전투에서 에테오클레스의 아들이자 당시 테베의 왕이었던 라오다마스Laodamas의 손에 죽임을 당했다. 그가 전사했다는 이야기를 듣고 테베의 예언가 테이레시아스가 이번 전쟁에서는 테베가 초토화될 거라며 이렇게 말했다.

> "테베는 제1차 테베 전쟁의 유일한 생존자였던 아드라스토스가 살아 있을 때까지만 버틸 것이다! 그런데 그는 아들이 전사했다는 소식을 들으면 괴로운 나머지 바로 죽을 것이다. 그래서 모두 오늘 밤 안으로 테베를 버리고 떠나는 것이 좋을 것이다! 내 말을 듣든지 그냥 귓등으로 흘려버리든지 나에게는 아무 상관 없다. 나는 어차피 테베가 아르고스 군의 손아귀에 떨어지는 날 죽을 것이다!"

Henry Singleton, 〈만토와 테이레시아스〉,
1792

테이레시아스의 예언을 들은 테베인들은 밤이 되자 필요한 짐을 꾸려 아내와 아이들을 데리고 북쪽으로 도망치기 시작했다. 그들은 테베에서 충분히 멀어졌다고 생각한 곳에 멈추어 서서 헤스티아이아Hestiaia라는 도시를 건설했다. 그들과 함께 왔던 테이레시아스는 새벽녘에 목이 말라 텔푸사Telphusa라는 샘물가에 도착하여 물 한 모금을 마시자마자 갑자기 숨이 멎어 절명했다.

바로 그 시각 아르고스군은 버려진 도시 테베로 진입하여 성벽을 부수고 귀중품을 약탈했다. 그날은 바로 아드라스토스가 아들 아이기알레우스가 죽었다는 비보를 전해 듣고 고통에 겨워 죽은 날이기도 했다. 그들은 가장 좋은 전리품을 델피의 아폴론 신전에 바쳤다. 그 전리품 중에는 테이레시아스의 딸 만토Manto도 있었다. 그녀는 나중에 그 신전의 여사제 피티아가 되었다.

하지만 이게 제2차 테베 전쟁의 끝이 아니다. 우연히 테르산드로스가 알크마이온이 알아들을 수 있는 거리에서 아르고스군이 승리한 것은 자기 덕분이라고 우쭐댔다. 전에 아버지 폴리네이케스처럼 자신도 이번에 에리필레에게 뇌물을 써 아들의 마음을 움직이게 만들었다는 것이다. 알크마이온은 그제야 비로소 어머니 에리필레의 탐욕이 아버지의 죽음을 초래했고 하마터면 자신도 죽일 뻔했다는 것을 깨달았다. 아버지가 생전에 테베로 출정하기 전 부탁한 말도 생각났다.

고민하던 그는 어떻게 해야 할지 델피의 아폴론 신전에서 신탁을 물었다. 그러자 여사제 피티아가 대답했다. "너의 어머니는 죽어 마땅하다!" 알크마이온은 이 말을 듣고 집으로 귀환하자마자 동생 암필로코스와 함께 어머니를 살해했다. 어머니 에레필레는 칼을 맞고 쓰러지면서 그를 저주하며 외쳤다. "그리스와 아시아의 어느 곳도, 아니 전 세계 어느 곳도 모친 살해범인 너에게 피난처를 제공하지 않을 것이다!"

이어 복수의 여신 세 자매 에리니에스가 그를 광기로 몰아넣으며 추격하기 시작했다. 알크마이온은 그들을 피해 맨 먼저 테스프로티아Thesprotia로 달아났지만 도시는 그에게 출입을 불허했다. 알크마이온은 다음으로 프소피스Psophis로 갔다. 프소피스의 왕 페게우스Phegeus는 아폴론을 생각해서 그를 정죄해 주고 자신의 딸 아르시노에Arsinoe를 아내로 주었다. 그러자 알크마이온은 그녀에게 결혼 선물로 어머니의 유품인 페플로스 예복과 황금 목걸이를 주었다.

하지만 복수의 여신 에리니에스들은 알크마이온의 죄가 씻겼다는 걸 인정하지 않고 계속해서 추격했다. 프소피스도 모친 살해범 알크마이온이 머물고 있는 탓에 점점 더 황폐해졌다. 그는 하는 수 없이 델피의 아폴론 신전으로 가서 어디로 가야 할지 물었다. 그러자 신탁은 그에게 강의 신 아켈로오스를 찾아가면 분명 좋은 방도가 생길 것이라고 충고했다.

아켈로오스는 과연 알크마이온이 찾아오자 외면하지 않고 그의 죄를 씻어 준 뒤 자신의 딸 칼리로에Kallirrhoe를 아내로 주었다. 게다가 자신이 수호신으로 있는 아켈로오스강 하류 바다 쪽에서 최근에 솟아올라 그의 어머니 에리필레의 저주가 깃들지 않은 삼각주에 정착하라는 꿀팁까지 주었다. 알크마이온은 그곳에서 참으로 오랜만에 평화로운 나날들을 보낼 수 있었다.

비극의 씨앗이 된
삼류급 영웅들의 탐욕과 권력욕

하지만 그 후 1년이 흐르자 알크마이온의 아내 칼리로에는 허영심에 사로잡혀 자신의 미모를 잃지 않을까 노심초사하다가 끝내 남편과의 잠자리마저 거부하기 시작했다. 자신을 원한다면 전처 아르시노에에게 결혼선물로 준 페플로스 예복과 황금 목걸이를 가져오라는 것이다.

알크마이온은 칼리로에를 무척 사랑했기 때문에 프소피스로 돌아갔다. 이어 장인 페게우스에게 재혼했다는 사실을 숨긴 채 델피의 신탁을 조작했다.

> "제가 아내에게 준 페플로스 예복과 황금 목걸이를 델피의 아폴론 신전에 바치지 않으면 절대로 복수의 여신 에리니에스의 추격에서 벗어날수 없다고 합니다!"

페게우스는 이 말을 믿고 딸을 설득하여 그 두 선물을 내놓게 했다. 그의 딸 아르시노에는 남편 알크마이온이 복수의 여신들의 추격권에서 벗어나면 자신에게 다시 돌아올 것으로 굳게 믿었다. 하지만 알크마이온의 하인 하나가 페게우스에게 주인의 둘째 부인 칼리로에의 존재를 폭로했다. 페게우스는 분노했다. 그래서 두 아들 아게노르Agenor와 프로누스Pronous에게 알크마이온이 궁전을 떠나거든 길목에 매복해 있다가 급습하여 죽이라고 명령했다.

아르시노에는 창가에서 떠나는 남편 알크마이온의 뒷모습을 바라보다가 우연히 그 살인 장면을 목격했다. 그녀는 남편의 거짓 행각을 모르고 아버지와 오라비들을 비난했다. "아버지와 오라비들은 알크마이온을 죽여 손님의 권리를 무시하고 나를 과부로 만들었어요!" 아버지가 진실을 말해 주려 해도 딸은 귀를 틀어막고 아무 소리도 듣지 않았다. 그녀는 아버지와 두 오라비에게 죽음의 저주를 퍼부었다. "다음번 초승달이 뜨기 바로 직전 아버지와 오라비들은 죽음을 맞이할 거예요!"

참다못한 아버지는 그녀를 궤짝에 넣어 네메아의 왕에게 노예로 줘 버리고 동시에 두 아들에게 명령했다. "이 페플로스 예복과 황금 목걸이를 델피의 아폴론 신에게 바치거라! 그러면 아폴론 신이 그것들이 다시는 재앙을 불러오지 못하도록 할 것이다!" 페게우스의 두 아들은 아버지의 말에 복종하며 당장 두 보물을 갖고 델피의 아폴론 신전을 향해 길을 떠났다.

그사이 알크마이온의 둘째 부인 칼리로에는 프소피스에서 일어난 남편의 살해 사건을 소문으로 들어 알고 있었다. 그녀는 신들에게 알크마이온 사이에서 낳은 어린 두 아들 암포테로스Amphoteros와 아카르난Akarnan이 당장 성인이 되어 아버지의 원수를 갚게 해 달라고 기도했다. 제우스가 그 기도를 들어주었고 두 아들은 하룻밤 사이에 성인 남자가 되어 단단히 무장한 채 네메아로 향했다. 그들은 도중에 페게우스의 두 아들이 델피에서 돌아오다가 네메아 왕의 노예가 된 여동생 아르시노에를 만나고 있다는 사실을 알았다.

페게우스의 두 아들은 누이에게 진실을 말해 주면 자신들과 아버지에게 퍼부은 저주를 거두어들일 것으로 생각했다. 하지만 누이는 오라비들의 말을 전혀 믿지 않았다. 세 남매가 옥신각신하는 사이 갑자기 성인이 된 칼리로에의 두 아들이 페게우스의 두 아들을 급습하여 살해했다. 이어 프소피스로 가서 페게우스와 그의 아내도 살해했다. 그때가 바로 아르시노에가 아버지와 두 오라비를 저주할 때 예언했던 초승달이 뜨기 바로 직전이었다.

제1차 테베 전쟁은 에테오클레스가 형 폴리네이케스와 합의한 약속을 지키지 않아 발발했다. 약속을 지키지 않아 전쟁을 부르고 결국 비참한 최후를 맞이하는 자들은 영웅 헤라클레스의 모험에도 몇 명 등장한다. 그들이 지나친 탐욕으로 약속을 지키지 않았다면 에테오클레스는 지나친 권력욕으로 약속을 지키지 않았다. 폴리네이케스도 마찬가지다. 그는 아르고스의 외국 용병을 고용해서라도 테베의 권력을 잡으려 했다. 그것은 우라노스와 크로노스가 지나친 권력욕에 빠져 신들의 전쟁을 초래한 것과 유사하다.

폴리네이케스와 에테오클레스가 얼마나 권력욕에 사로잡혀 있는가는 아버지 오이디푸스에 대한 태도에 아주 잘 나타나 있다. 그들은 무엇보다 눈도 멀고 불쌍한 아버지가 방랑 생활을 하지 않도록 막아야 했다. 아버지가 굳이 자진해서 떠나겠다고 고집을 피웠어도 누이 안티고네처럼 따라다니며 수발을 들어야 했다. 하지만 그들은 아버지가 하루아침에 거지로 추락하여 궁전을 떠나는데도 수수방관한 채 이후 공석이 될 왕위를 차

Henry Fuseli, 〈자신의 아들 폴리네이케스를 저주하는 오이디푸스〉, 1786

지하는 데만 혈안이 되어 있었다. 소포클레스Sophokles는 「콜로노스의 오이디푸스Oidipous epi kolonoi」에서 아예 권력욕에 눈먼 두 아들이 아버지를 추방했다고 기술하고 있다.

그런데 형제 사이에 일촉즉발의 전운이 감돌고 있던 때에 갑자기 그들은 지금까지의 태도를 바꾸어 콜로노스Kolonos로 아버지를 모시러 왔다. 에테오클레스는 삼촌 크레온을 보내 아버지를 모셔 가려 했고, 폴리네이케스는 얼마나 급했으면 아르고스 용병을 끌고 테베로 진격하는 중에 직접 아버지를 모시러 왔다. 형제가 갑자기 아버지를 모시겠다고 한 이유는

11장 ○ 제1, 2차 테베 전쟁

무엇이었을까? 그것은 바로 그즈음 소문으로 들은 신탁 때문이었다. 오이디푸스가 죽을 때가 되어 아테네 근교 콜로노스에 도착하자, 신들은 앞으로 그가 임종을 맞는 곳이 번창할 거라는 신탁을 내렸다.

그러자 형제는 전쟁에서 승리하여 왕위를 차지하려는 권력욕에서 아버지를 모시겠다고 찾아온 것이다. 형제에게 아버지는 목적이 아니라 수단이 된 셈이다. 그걸 뻔히 알고 있는 오이디푸스가 그들을 따라갈 리 만무했다. 그는 군사들을 끌고 와 자신을 강제로 데려가려는 크레온을 당시 콜로노스까지 관할하고 있던 아테네의 왕 테세우스Theseus의 도움으로 물리쳤다. 또한 폴리네이케스에게는 동생과 싸우다가 서로 찌르고 찔려 죽게 될 것이라고 저주를 퍼부으며 쫓아냈다. 그 후 마침내 제1차 테베 전쟁이 터지고 형제는 결국 아버지의 저주대로 일대일 결투를 벌이다 모두 비참한 최후를 맞고 말았다.

폴리네이케스와 에테오클레스 등 제1차 테베 전쟁의 주인공들은 페르세우스, 헤라클레스, 테세우스 등 천하를 주유하며 모험을 하던 중앙무대의 영웅들이 아니라 국내 문제, 혹은 기껏해야 이웃 나라의 문제에나 집착하는 지방 무대의 영웅들이다. 제2차 테베 전쟁에 참전하는 에피고노이도 사정은 마찬가지이다. 그들은 결코 인간에게 도움이 될 만한 일을 하기 위해 괴물들이나 악당들과 전쟁을 벌이지 않는다. 그들이 하는 일이란 고작 아버지들이 이루지 못한 테베 정복의 과업을 달성하는 것이다. 그들의 시야는 좁고 근시안적이어서 개인적인 복수에만 고착되어 있는 것이다. 그래서 그들은 모두 삼류급 영웅들이다.

특히 폴리네이케스가 암피아라오스의 아내 에리필레에게 뇌물을 주어 암피아라오스를 억지로 전쟁에 끌어들인 것은 테베 전쟁의 영웅들이 얼마나 수준 이하인지를 단적으로 말해 준다. 폴리네이케스의 아들 테르산드로스도 아버지가 했던 것처럼 에리필레에게 뇌물을 주어 그녀의 아들 알크마이온을 억지로 전쟁에 끌어들였다. 페르세우스, 헤라클레스, 테세우스 등 그리스 신화의 내로라하는 영웅들은 뇌물을 쓸 줄도 받을 줄도 몰랐다. 그들은 모든 것을 신의 뜻에 맡긴 채 오직 자신들의 힘과 지혜만을 이용해서 과업을 완수했을 뿐이다.

테베 전쟁의 진정한 영웅 안티고네, 델피의 아폴론 신탁

테베 전쟁의 진정한 영웅은 그 전쟁에 참여했던 영웅들이 아니라 오히려 오이디푸스의 딸 안티고네다. 그녀는 칼리돈의 멧돼지 사냥에서 대단한 활약을 펼쳤던 아탈란테에 이어 그리스 신화의 두 번째 여자 영웅이라고 불러도 전혀 손색이 없다. 남자 영웅들은 마치 그녀의 출현을 알리는 팡파르 역할을 하는 듯하다. 그녀의 가장 위대한 점은 모든 사람의 지탄의 대상이 되었던 아버지 오이디푸스를 끝까지 따라다니며 극진하게 봉양했다는 점이다. 아버지를 죽이고 어머니와 결혼한 오이디푸스는 어디를 가도 멸시와 천대를 받았을 것이다.

근친상간으로 태어난 안티고네 자신도 사람들로부터 손가락질을 많이 받았을 것이다. 하지만 안티고네는 그런 것에 전혀 아랑곳하지 않고 꿋꿋하게 아버지가 죽을 때까지 수행하며 보살폈다. 가부장제 사회에서 아버지를 돌보는 것은 아들의 몫이다. 안티고네는 오빠들이 저버린 의무를 자진해서 떠맡아 훌륭하게 수행한 영웅이다.

또한 제1권 '그리스 신화 3대 명문 가문' 중 '카드모스 가문'에서 살펴본 것처럼 오빠 폴리네이케스의 장례를 치러 주었다고 자신을 단죄하는 크레온에게 당당하게 맞서는 안티고네의 모습은 마치 정의의 화신처럼 보인다. 안티고네는 소포클레스의 비극 「안티고네」에서 왜 포고령을 어겼냐는 크레온의 질문에 이렇게 대답한다.

> "제게 그런 포고령을 내린 것은 제우스 신이 아니었으니까요. 하계의 신들과 함께 사시는 정의의 여신께서도 사람들 사이에 그런 법을 세우지 않아요. 저는 또한 한낱 인간에 불과한 당신의 포고령이 신들의 변함없는 불문율들을 무시할 수 있을 만큼 강력하다고는 생각하지 않았어요. 그 불문율들은 어제오늘에 생긴 게 아니라 영원히 살아 있고, 아무도 그 불문율이 어디서 왔는지 모르니까요. 저는 한 인간의 의지가 두려워 그 불문율들을 어김으로써 신들 앞에서 벌 받고 싶지 않았어요."

제2차 테베 전쟁의 주역인 알크마이온은 탄탈로스Tantalos 가문의 오레스테스Orestes에 이어 그리스 신화의 두 번째 모친 살해범이다. 그는 전쟁에서 이긴 후 우연히 참전을 꺼렸던 자신을 어머니가 뇌물을 받고 전쟁터로 보낸 사실을 듣게 된다. 그 순간 아버지 암피아라오스가 제1차 테베 전쟁이 발발하자 군사들을 이끌고 테베로 떠나기 바로 직전 자신에게 했던 말을 떠올린다. 그때 암피아라오스는 뇌물을 받은 어머니의 강요로 어쩔 수 없이 테베로 떠나니, 혹시 자신이 전사하면 꼭 어머니를 죽여 자신의 억울한 죽음에 대해 복수를 해 달라고 한다.

하지만 어떻게 어머니를 죽일 수 있겠는가. 고민 끝에 그는 델피의 아폴론 신전을 찾아가 신탁을 구한다. 그리고 신탁대로 동생과 함께 어머니를 살해한 뒤 복수의 여신 세 자매인 에리니에스의 추격을 받는다. 여신들의 추격은 끈질겼다. 아무리 피하려 해도 찰거머리처럼 달라붙었다. 결국 그는 도피 중 결혼했던 첫째 아내 아르시노에의 동생들 손에 살해된다.

그런데 알크마이온의 죽음의 원인이 자못 흥미롭다. 그 원인은 결국 페플로스 예복과 황금 목걸이였기 때문이다. 그는 후처의 부탁으로 전처에게 결혼 선물로 준 그 보물들을 신탁을 조작하여 빼앗으려다가 죽는다. 그래서 다시 황금 양피와 황금 사과의 저주가 이름만 바뀐 채 테베 전쟁에서 재현된다. 여기선 페플로스와 황금 목걸이의 저주라고 해야 정확하겠지만 간단하게 황금 목걸이의 저주쯤으로 하는 것이 좋겠다.

앞서 '파리스의 심판'에서는 황금 사과가, '황금 양피 원정대 아르고호의 모험'에서 황금 양피가, '칼리돈의 멧돼지 사냥'에 참여했던 여자 영웅 아탈란테의 이야기에서는 다시 황금 사과가 그런 것처럼, 제1, 2차 테베 전쟁에서도 황금 목걸이의 저주는 폴리네이케스와 알크마이온을 비롯하여 많은 사람을 불행으로 몰아간다. 이것을 황금에는 치명적인 독이 들어 있다는 교훈으로 해석하면 어떨까? 그래서 옛 성현들이 황금 보기를 돌같이 하라고 한 것은 아닐까?

'신탁神託'은 영어로 '오라클oracle'이라고 하는데 '신의 뜻이 전달되는 장소' 혹은 '신의 뜻'을 의미하며, '말하는 장소'라는 뜻의 라틴어 오라쿨룸oraculum에서 유래했다. 테베 전쟁에서는 '신탁'이라는 말이 자주 등장한다. 암피아라오스의 아들 알크마이온은 직접 델피에 가서 아폴론 신탁을 묻기도 하고 마음대로 조작도 한다. 두 번에 걸친 테베 전쟁의 승패를 정확하게 맞춘 그리스 신화 최고의 예언가 테이레시아스도 신탁의 대리인

이다. 테베 전쟁에서 포로로 잡힌 테이레시아스의 딸 만토도 델피의 여사
제 피티아가 된다. 테베 전쟁에서 살아남아 도망치다 제우스의 은총을 받
아 산 채로 사라진 암피아라오스도 후에 오로포스 신탁소의 주인이 된다.

　제우스는 티탄 신족과의 싸움에서 승리한 뒤 제일 먼저 아폴론에게 신
탁소였던 델피를 인수하라고 명령했다. 아폴론이 델피 성소에 입성하려
고 하자 왕뱀 혹은 용 피톤Python이 필사적으로 막아섰다. 아폴론은 이때
벌어진 싸움에서 녀석을 화살로 쏘아 죽이고 테미스로부터 평화롭게 신
탁소를 넘겨받았다. 델피는 아폴론이 왕뱀 피톤을 죽인 뒤부터는 '피토

Pietro Benvenuti, 〈왕뱀 피톤
을 죽인 승리자 아폴론〉, 1813

11장 ○ 제1, 2차 테베 전쟁

Pytho'로 불리기도 했다.

델피는 고대 그리스의 정중앙으로 잘 알려져 있다. 어원적으로도 델피는 자궁을 뜻하는 '델피스Delphys'라는 말에서 유래했다. 또한 신화에 의하면 제우스가 세상의 서쪽과 동쪽 끝에서 동시에 독수리 두 마리를 날려 녀석들이 만난 곳이 바로 델피라는 곳이다. 그래서 델피에는 '배꼽'을 뜻하는 '옴팔로스Omphalos'라는 돌이 그 지점에 세워져 있었다. 이 돌은 운석처럼 하늘에서 떨어졌는데 원래 가이아에게 제물을 바치는 제단이었을 것으로 추정하고 있다.

델피에는 또한 크로노스가 젖먹이 제우스인 줄 알고 삼켰다가 게워낸 돌도 전시되어 숭배를 받았는데, 크기나 형태가 옴팔로스와 아주 비슷해서 사람들이 가끔 혼동하는 경우가 있었다고 한다. 어쨌든 아폴론이 델피 신탁소를 성공적으로 인수하자 제우스는 그곳에 아폴론 신전을 세우고 올림포스 신족의 신탁을 관리하도록 했다. 그래서 그리스 신화에서 가장 많이 등장하는 신탁소가 바로 델피 아폴론 신전이다.

누구든 델피 신탁을 듣기 위해서는 까다로운 절차를 거쳐야 했다. 우선 신전에 들어가기 전 입구에 있는 카스탈리아Kastalia 샘에서 몸을 씻어야 했다. 신탁을 받는 순서는 추첨으로 정했다. 하지만 아폴론 신전에 많은 재물을 바쳤거나 큰 도움을 준 사람은 남들보다 우선권이 있었다. 아주 많은 사람이 신탁을 받으러 몰려들었기 때문에 몇 달씩 순서를 기다려야 하는 때도 있었다.

신탁은 네 단계의 과정을 거쳐 내려졌다. 첫째, 의뢰인은 적당한 희생 동물을 골라 아폴론 신께 바친 다음, 보조 사제에게 신탁을 받으러 온 이유를 설명했다. 둘째, 보조 사제는 이 말을 신전 가장 깊숙한 골방인 아디톤Adyton에 있는 수석사제이자 여사제인 피티아에게 전했다. 셋째, 보조

델피의 아폴론 신전 유적
맨 뒤쪽 아래로 약간 꺼진 곳이 수석사제 피티아가 머물던 지하 아디톤이다.

사제로부터 이 말을 전해 들은 피티아는 세발솥에 앉은 채 바위틈에서 솟
아나는 유황 가스를 마시고 월계수 잎을 씹으며 환각 상태에서 아폴론과
접신接神하여 신탁을 중얼거렸다. 마지막으로 보조 사제는 피티아의 말을
해석하여 시로 적어 의뢰인에게 전해 주었다.

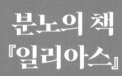

12장

분노의 책
『일리아스』

슐리만과 트로이, 트로이 왕가,
제1차 트로이 전쟁

　트로이 전쟁은 기원전 12세기경 동양의 트로이Troy 연합군과 서양의 그리스 도시국가 연합군 사이에 벌어졌던 최초의 세계대전이다. 트로이 전쟁은 신화적인 사실로만 알려져 있다가 독일의 고고학자 하인리히 슐리만H. Schliemann이 1870년 트로이 유적을 발굴함으로써 역사적인 사실로 드러났다. 그가 트로이 전쟁에 열광하여 트로이 발굴에 나서게 된 이야기는 아주 흥미롭다.

　슐리만은 어렸을 때 아버지로부터 요한 하인리히 마이니어J. H. Meynier가 쓴 『어린이를 위한 세계사』라는 책을 선물 받았는데 그중 어떤 삽화에 특별한 관심을 보였다. 그 삽화는 트로이 전쟁에서 유일하게 살아남은 트로이의 장수 아이네이아스Aineias가 불타는 트로이성을 배경으로 연로한 아버지 앙키세스Anchises를 등에 업고 어린 아들 아스카니오스Askanios의 손을 잡은 채 아내 크레우사Kreusa와 함께 트로이를 탈출하는 장면이었다.

　이 삽화를 유심히 살펴보던 어린 슐리만은 "저토록 튼튼한 성벽은 결

Federico Barocci, 〈트로이를 탈출하는 아이네이아스〉, 1598

코 불에 타서 없어지지 않고 분명 땅속에 남아 있을 거야!"라고 중얼거리면서 아버지에게 어른이 되면 반드시 트로이 성벽을 찾아내겠다고 말했다. 그는 아버지가 트로이 전쟁은 지어낸 이야기일 뿐 사실이 아니라고 말해 주어도 내내 뜻을 굽히지 않았고 마침내 세계적인 거부가 되어 트로이를 발굴하는 쾌거를 이루었다.

'트로이'는 에게해에서 다르다넬스Dardanelles해협으로 들어가는 남쪽 입구 근처에 있던 도시로 고대 그리스에서는 '일리오스Ilios', '일리온Ilion', '트로이아Troia' 등으로 불렀다. '트로이Troy'는 '트로이아'의 영어식 표현이다. 넓은 의미로 트로이인이란 트로이 전쟁이 일어났을 당시 그리스군에 대항하기 위해 성벽으로 둘러싸인 도시 트로이로 모여들었던 사람들을 모두 지칭한다. 트로이 영향권에 있었던 주변 지역은 '트로아스Troas'로 불

12장 ○ 분노의 책 『일리아스』

렀다.

트로아스의 원주민은 원래 그들의 왕 테우크로스Teukros의 이름을 따라 '테우크로이Teukroi족'으로 불렸다. 테우크로스는 크레타Kreta에서 소아시아로 건너온 강의 신 스카만드로스Skamandros와 트로이 근처 이데Ide산의 요정 이다이아Idaia의 아들이었다. 그가 트로아스 지역을 다스리던 시기에 제우스와 엘렉트라Elektra의 아들 다르다노스Dardanos가 펠로폰네소스의 아르카디아Arkadia에서 사모트라케Samothrake섬을 거쳐 트로아스로 이주해 왔다.

다르다노스는 테우크로스의 딸 바테이아Bateia와 결혼하여 이데산 기슭에 자신의 이름을 따라 '다르다니아Dardania'라는 도시를 세웠다. 장인 테우크로스가 죽자 다르다노스는 그가 통치하던 곳까지 넘겨받아 자신이 다스리는 전 지역을 다르다니아로, 백성들도 '다르다니아인'으로 불렸다. 그 후 다르다노스의 아들 에리크토니오스Erichthonios는 아버지의 권력을 물려받고 강의 신 시모에이스Simoeis의 딸 아스티오케Astyoche와 결혼하여 아들 트로스Tros를 낳았다.

트로스는 아버지 다르다노스의 뒤를 이어 왕위에 오르자 왕궁이 있는 도성을 자신의 이름을 따라 '트로이아'로, 그 주변 지역을 '트로아스'라고 부르기 시작했다. 트로스는 가니메데스Ganymedes, 아사라코스Assarakos, 일로스Ilos 등 세 아들을 두었다. 그중 가니메데스는 당시 인간들 중 가장 아름다웠다. 제우스는 가니메데스의 소문을 듣고 독수리로 변신한 다음 그를 올림포스 궁전으로 납치하여 신들의 술 시중꾼으로 만들고 트로스에게는 아들의 몸값으로 신마神馬 몇 마리를 주었다. 아사라코스는 아버지의 뒤를 이어 다르다니아를 다스렸다.

일로스는 프리기아Phrygia의 다른 지역으로 이주하여 그곳 왕이 개최한

경기에 참가하여 우승했다. 그러자 왕은 그에게 딸을 주고 신탁에 따라 암소 한 마리를 주면서 녀석이 처음으로 멈춰 쉬는 곳에 도시를 건설하라고 충고했다. 일로스는 장인의 말대로 마치 테베Thebe를 건설한 카드모스Kadmos처럼 암소를 따라갔다. 그런데 암소는 그를 고향 트로아스로 데리고 갔다. 그곳은 바로 이데산과 바다 사이에 펼쳐져 있는 넓은 평야에 우뚝 솟은 아테Ate 언덕이었다.

일로스는 그곳에 자신의 이름을 따 '일리온(혹은 일리오스)'이라는 성을 세웠다. 왕궁 주위에 성벽도 쌓아 '페르가모스Pergamos'라고 이름 지었다. 일로스는 자신이 살고 있는 도성 일리온을 아버지 트로스처럼 '트로이아'로 부르기도 했다. 호메로스의 작품 『일리아스』는 바로 '일리온의 노래'라는 뜻이다. '일리아스'는 영어로는 '일리아드Iliad'라고 하는데 결국 '트로이아의 노래', 다시 말해 '트로이의 노래'라는 뜻이다. 그래서 일로스는 토로이인의 시조인 셈이다.

일로스는 어느 날 하늘을 우러러보며 신들의 왕 제우스에게 자신이 세운 도시 일리온을 보호해 주겠다는 징표를 내려 달라고 기도했다. 그러자 제우스는 그에게 올림포스 궁전에서 방어의 신 아테나를 새긴 팔라디온Palladion 상을 던져 주었다. 일리온 사람들은 그때부터 그 상을 성안에서 소중하게 간직했다. 그것이 분실되면 도시가 몰락할 것이라고 굳게 믿었기 때문이다. '팔라디온'은 영어로는 '팔라디움Palladium'이라고 하는데 아테나 여신의 별명 '팔라스Pallas'에서 유래한 명칭이다.

일로스에게는 딸 하나와 아들 하나가 있었다. 딸 테미스테Themiste는 아버지의 형제 아사라코스의 아들 카피스Kapys와 결혼하여 앙키세스를 낳았다. 아들 라오메돈Laomedon은 아버지의 뒤를 이어 강력한 왕권을 확립했다. 특히 그는 바다의 신 포세이돈과 태양신 아폴론의 도움으로 일리온

주변에 단단한 성벽을 쌓았다. 두 신은 그때 제우스의 명령으로 신의 지위를 잃고 라오메돈 왕의 종노릇을 하고 있었다. 그들은 헤라와 공모하여 제우스에게 쿠데타를 일으켰다가 실패하고 그 벌을 받고 있는 중이었다.

포세이돈과 아폴론이 힘들게 대공사를 끝냈건만 라오메돈은 그들에게 약속한 삯을 주지 않았다. 라오메돈의 처사에 분노한 두 신은 1년 뒤 신의 신분을 회복하자마자 복수에 나섰다. 포세이돈은 일리온에 바다의 괴물을 보내 사람들을 잡아먹게 했고, 아폴론은 역병을 보내 도시를 황폐하게 했다. 라오메돈이 도시를 구하기 위해 신탁을 물으니 딸 헤시오네Hesione를 그 괴물에게 바치라는 대답이 나왔다. 공주가 괴물에게 잡혀가려는 절체절명의 순간, 12가지 과업을 수행하던 중 우연히 일리온에 들른 헤라클레스Herakles가 라오메돈의 딱한 처지를 알게 되었다.

헤라클레스는 라오메돈에게 괴물을 물리치는 대가로 한 세대 전 제우스가 가니메데스를 납치해 간 몸값으로 준 신마들을 요구했다. 그런데 헤라클레스의 활약으로 괴물도 죽고 역병도 물러갔는데도 라오메돈은 약속을 지키지 않았다. 헤라클레스는 분통이 터졌지만 후에 반드시 원수를 갚아 주겠다고 다짐하며 물러갈 수밖에 없었다. 일리온의 군사가 자기 혼자 상대하기에는 너무 벅찼기 때문이다. 몇 년 뒤 헤라클레스는 정말 부하 텔라몬Telamon과 함께 군사들을 이끌고 일리온으로 쳐들어왔다. 이게 바로 제1차 트로이 전쟁이다. 우리가 일반적으로 트로이 전쟁으로 알고 있는 것은 엄밀히 말하자면 제2차 트로이 전쟁이다.

트로이 왕가

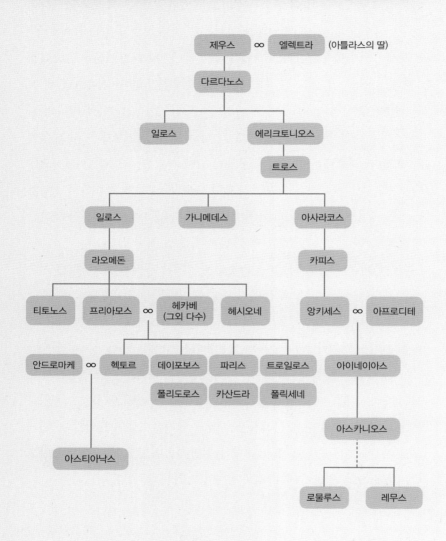

프리아모스,
그리스인을 총칭하는 고대의 명칭들

헤라클레스가 군대를 이끌고 트로이를 공격하자 라오메돈 왕과 그의 아들들은 용감히 맞서 싸웠지만, 외동딸 헤시오네와 막내아들 포르다케스Pordakes만 포로로 잡히고 모두 전사하고 말았다. 앞서 '헤라클레스의 모험'에서 언급했듯이 헤라클레스는 혁혁한 전공을 세운 부하 텔라몬에게 헤시오네를 주며 그녀에게 소원 한 가지를 들어주겠다고 했다.

헤시오네가 동생 포르다케스를 달라고 하자 헤라클레스는 몸값을 요구했다. 포르다케스는 포로이기 때문에 몸값을 내고 사야 하는 노예 신분이라는 것이다. 이 말을 듣고 헤시오네는 헤라클레스에게 자신이 걸치고 있던 베일을 벗어 주고 포르다케스를 구해 냈다. 이렇게 기적적으로 살아남은 포르다케스는 그 후 '프리아모스Priamos'로 이름을 바꾸고 아버지 라오메돈의 왕위를 이었다. 프리아모스는 '사다'라는 뜻의 그리스어 '프리아마이priamai'에서 유래한 이름이다.

프리아모스는 다르다니아뿐 아니라 주변의 다른 군소도시들에도 지배권을 확대하여 트로이의 역대 왕 중에서 가장 강력한 왕권을 확립했다. 그는 처음에는 메롭스Merops의 딸 아리스베Arisbe와 결혼하여 아이사코스Aisakos를 낳지만, 곧 그녀를 친구인 히르타코스Hyrtakos에게 내주고 헤카베Hekabe와 결혼했다. 헤카베는 보스포로스Bosporos해협 동쪽 상가리오스Sangarios강 근방 출신이었는데 프리아모스의 이름난 아들들은 거의 다 그녀에게서 태어났다.

헤카베의 아들로는 헥토르Hektor, 파리스Paris, 데이포보스Deiphobos, 헬레노스Helenos, 팜몬Pammon, 폴리테스Polites, 안티포스Antiphos, 히포노오스Hipponoos, 폴리도로스Polydoros, 트로일로스Troilros 등이 있고, 딸로는 크레우사, 라오디케Laodike, 카산드라Kassandra, 폴릭세네Polyxene 등이 있다. 특히 크레우사는 트로이를 탈출하는 남편 아이네이아스를 따라가다가 뒤처지는 바람에, 그리스군에게 잡혔다가 아프로디테의 도움으로 살아나지만 남편과 영영 헤어지고 만다.

프리아모스는 후궁에게서도 많은 자식을 얻었다. 후궁의 아들로는 멜라니포스Melanippos, 필라이몬Philaimon, 글라우코스Glaukos, 히포다마스Hippodamas, 리카온Lykaon, 드리옵스Dryops, 비아스Bias, 에우안드로스Euandros, 라오도코스Laodokos, 이도메네우스Idomeneus, 아스카니오스Askanios, 데모코온Demokoon 등이 있고, 딸로는 메두사Medusa, 리시마케Lysimache, 메데시카스테Medesikaste, 아리스토데메Aristodeme 등이 있다. 프리아모스에게는 총 50명의 아들이 있었다고 전해진다.

바로 이 프리아모스 대에서 나중에 제2차 트로이 전쟁이 일어나자 트로이는 주변 도시국가나 섬나라 그리고 소아시아의 여러 나라들과 동맹을 맺어 그리스 연합군에 맞섰다. 그중 가장 많은 군대를 보낸 곳은 다르다니아와 리키아Lykia였다. 다르다니아는 트로이 근처의 도시국가이자 지

미앤더 문양이 쓰인 프리즈 조각

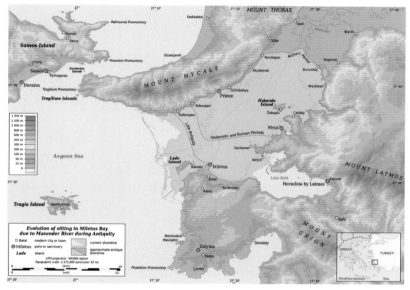

마이안드로스강
오른쪽 위에서 바다로 흘러들어가는 마이안드로스강의 퇴적물 때문에 밀레토스만이 세월이 흐르면서 점점 육지로 변해 가는 과정을 볼 수 있다.

역 이름이었고, 리키아는 소아시아 남쪽 마이안드로스Maiandros강변에 있던 나라였다. 참고로 마이안드로스강은 길이가 무려 389㎞에 달하며, 굴곡이 너무 심해 '사행천蛇行川'이라는 뜻의 영어 단어 '미앤더meander'의 어원이 됐다. 우리말로는 '번개무늬' 혹은 '뇌문雷紋'이라고 하는 '미앤더 문양meander pattern'도 이 강 이름에서 유래했다.

트로이 전쟁을 다룬 호메로스의 『일리아스』에는 당연히 영어식 지명인 '트로이'나 '그리스'가 나올 수 없다. '트로이'는 주지하다시피 그리스어인 '트로이아', '일리오스', '일리온' 등으로 불렸다. 또한 그리스는 그 당시 통일국가가 아니라 수백 개의 독립된 도시국가로 이루어져 있었기 때문에 전체를 아우르는 국명이 있을 수 없었다. 트로이 전쟁에 참전한 그리스군은 그런 도시국가들이 함선이나 군사들을 십시일반으로 모아 만든 연합군이었다. 그럼에도 불구하고 우리는 앞으로 '트로이'나 '그리스'라는 국명을 사용할 것이다. 이미 전 세계인이 표준어처럼 사용하고 있기 때문이다.

'그리스'라는 국명은 원래 라틴어 '그라이키아Graecia'를 영어로 옮긴 것이다. 그라이키아는 로마인들이 이탈리아 남부와 시칠리아 해안에 건설된 그리스 식민도시들을 '대大 그리스'라는 뜻의 '마그나 그라이키아Magna Graecia'로 총칭한 데서 유래했다. 『일리아스』에는 물론 '그리스인' 다시 말해 '그리스군'을 총칭하는 말은 등장한다. 그것은 바로 '아카이오이Achaioi 족', '다나오스Danaos인', '아르고스Argos인' 등이다. 그중 '아카이오이족'이라는 말이 가장 빈번하게 쓰인다.

'아카이오이족(영어로는 아카이아Achaia족)'은 고대에 그리스반도에 이주하여 현대 그리스인의 조상이 된 인도유럽어족의 하나다. 그들은 원래 테살리아Thessalia의 프티오티스Phthiotis 지역에 내려와 정착했다가 나중에 북쪽에서 인도유럽어족의 일파인 도리에이스Dorieis족(영어로는 도리아Doria족)이 그곳으로 남하하자 아르카디아 북쪽의 코린토스Korinthos만 해안으로 밀려 그 지역 이름인 '아카이아'의 유래가 되었다. 그래서 그들이 처음 살

왔던 '프티오티스'의 정식 명칭도 '아카이아 프티오티스'이지만 주로 아카이아를 빼고 '프티오티스'라고 한다.

'다나오스'는 제1권 '그리스 신화 3대 명문 가문'의 '다나오스 가문'에서 언급했듯이 포세이돈의 아들인 벨로스Belos와 강의 신 네일로스Neilos의 딸 앙키노에Anchinoe의 아들로, 여러 아내에게서 50명의 딸을 얻었다. 그는 아버지 벨로스에게서 리비아 왕국을 물려받았지만, 쌍둥이 동생 아이깁토스Aigyptos와 그의 50명 아들이 두려워 딸들을 모두 데리고 시조 할머니 이오Io의 고향 아르고스로 망명하여 후에 그곳의 왕 겔라노르Gelanor로부터 왕권을 물려받았다.

'아르고스'는 펠로폰네소스Peloponnesos반도 아르골리스Argolis 지역에 있는 도시로, 그리스에서 가장 비옥한 도시국가 중 하나로 꼽혔으며, 미케네Mykene가 생기기 전까지 그 지역의 맹주 역할을 했다. 그래서 '다나오스인'과 '아르고스인'은 좁은 의미로는 '다나오스의 후손'이나 '아르고스에 사는 사람들'이라는 뜻이지만, 호메로스의 『일리아스』에서는 '그리스군'을 총칭하는 말로 사용되고 있다.

호메로스는 『일리아스』에서 '헬라스Hellas'를 테살리아 남부에 있던 도시국가에 국한해서 사용하고 있다. 헬라스인은 트로이 전쟁이 일어나자 근처 도시국가인 프티아Phthia를 다스리던 아킬레우스Achilleus 편에 군대를 보냈다. 그런데 헬라스는 원래 대홍수에서 살아남아 그리스인의 시조가 되는 데우칼리온Deukalion의 아들 헬렌Hellen이 세운 도시국가였다.

그런 이유에서였을까? 기원전 7세기경 호메로스가 『일리아스』에서 자주 사용했던 '아카이오이인'이라는 말이 자취를 감추면서 점점 '헬라스(현대 그리스어로는 엘라다Ελλάδα)'가 그리스 문화권 전체를 아우르는 말로 새롭게 자리매김한다. 이 전통을 이어받아 현재 그리스에서도 '헬라스'는 '그리스'라는 의미로, '헬렌의 후손'이라는 뜻을 지닌 '헬레네스Hellenes'는 '그리스인'이라는 의미로 사용된다. 그리스의 공식 명칭도 사실 '그리스 공화국'이 아니라 '엘리니키 디모크라티아Ελληνική Δημοκρατία', 다시 말해 '헬라스 공화국'이다.

테티스와 펠레우스의 결혼식,
불화의 여신 에리스

그렇다면 제2차 트로이 전쟁(이하 트로이 전쟁)은 도대체 어떻게 해서 일어났을까? 트로이 전쟁의 발발 원인은 일반적으로 아킬레우스의 부모인 펠레우스Peleus와 테티스Thetis의 결혼식장에서 촉발된 '파리스의 심판'으로 알려져 있다. 테티스는 태초의 바다의 신 폰토스Pontos의 아들 네레우스Nereus와 대양강의 신 오케아노스의 딸 도리스Doris 사이에서 태어난 딸로, 부모의 피를 이어받아 자신 또한 바다의 여신이었다. 그녀는 50명이나 되는 네레우스의 딸 중 가장 아름다워 일찍부터 신들의 왕 제우스와 바다의 신 포세이돈의 구애를 받았다.

하지만 두 신은 테티스와의 사이에서 낳은 아들이 아버지를 훨씬 능가하여 권력을 찬탈할 것이라는 프로메테우스Prometheus의 예언을 듣고 그녀를 깨끗이 단념했다. 나아가 제우스는 테티스에게 신이 아닌 인간을 남편으로 골라 주기로 결심했다. 테티스와 다른 신과의 사이에서 태어난 자식도 자신의 권좌에 위협이 될지 모르기 때문이다. 테티스의 신랑감을 물색하던 제우스의 눈에 띈 사람이 바로 프티아의 왕 펠레우스였다.

제우스가 중매를 섰지만 테티스는 펠레우스를 완강하게 거부했다. 그녀는 펠레우스가 다가오면 물, 불, 바람, 나무, 새, 호랑이, 사자, 뱀, 오징어 등으로 변신하며 그의 포옹을 피했다. 하지만 펠레우스는 반인반마의 켄타우로스Kentauros족으로서 당시 현자로 이름을 떨친 케이론Cheiron의 충고에 따라 그녀를 놓치지 않고 끈덕지게 붙들고 있다가 원래의 모습으로 돌아온 그녀를 안았다. 펠레우스와 테티스의 결혼식은 펠리온Pelion산에서 거행되었고 불화의 여신 에리스Eris만 제외하고 모든 신들이 초대받았다. 불화의 여신이 있으면 결혼식이 잘못될 수 있다는 제우스의 염려에서였다.

펠레우스와 테티스의 결혼식에서 예술을 담당했던 9명의 무사이Mousai(영어로는 뮤즈Muse)여신들은 축가를 불렀고 신들은 각자 결혼 선물들을 가져왔다. 가장 눈에 띄는 결혼 선물은 케이론의 물푸레나무 창과 포세이돈의 발리오스Balios와 크산토스Xanthos라는 두 마리 말이었다. 이 창은 나중에 펠레우스의 아들 아킬레우스가 가장 아끼는 무기가 되었고 말들도 그의 마차를 끌었다. 특히 크산토스는 인간처럼 말을 할 수 있었다.

그런데 결혼식이 끝나고 피로연이 벌어지고 있을 때 갑자기 불화의 여신 에리스가 나타나 황금 사과 하나를 떨어뜨렸다. 사과 겉에는 "가장 아름다운 여신에게"라고 쓰여 있었다. 에리스는 밤의 여신 닉스Nyx가 혼자 낳은 딸로, 주로 고통, 전쟁, 살인, 싸움, 거짓 등을 불러일으켰다. 그녀는 결혼식에 초대받지 못한 것에 분노하여 여신들 사이에 분쟁을 일으키고 싶었던 것이다.

아니나 다를까. 가정의 여신 헤라, 지혜와 전쟁의 여신 아테나, 미와 사랑의 여신 아프로디테 세 여신이 그 황금 사과를 놓고 서로 자기 것이라

Joachim Wtewael, 〈펠레우스와 테티스의 결혼〉, 1612
그림 위쪽 하늘에 에리스가 날개를 저으며 오른손에 든 황금 사과를 떨어뜨리려 하고 있다.

고 다투었다. 세 여신은 옥신각신하다가 결론을 내지 못하고 결국 제우스
에게 판결을 부탁했다. 제우스는 세 여신 중 하나를 택해 다른 두 여신의
원한을 사고 싶지 않았다. 그래서 가장 아름다운 여신을 고르는 일은 인
간들 중 가장 잘생긴 남자인 트로이의 왕자 파리스가 해야 한다고 둘러대
위기를 모면했다.

파리스는 트로이의 왕 프리아모스의 아들로, 그 당시 트로이 근처 이데
산에서 소와 양들을 돌보고 있었다. 파리스는 불행한 운명을 타고났다.
그의 어머니 헤카베는 그를 임신했을 때 이상한 꿈을 꾸었다. 그녀는 꿈

Jacob Jordaens, 〈불화의 황금 사과〉, 1633
황금 사과는 이미 제우스의 손에 들려 있다. 그는 그것을 옆에 있는 헤르메스에게 건네주면서 명령을 하달하고 있는 것처럼 보인다.

속에서 활활 타오르는 횃불 하나를 낳았는데 그 불꽃이 점점 트로이 시내로 번지더니 시 전체를 잿더미로 만들어 버렸다. 프리아모스가 아들이자 예언가인 아이사코스에게 해몽을 부탁하자, 그는 충격적인 얘기를 해 주었다. 태내의 아이가 트로이를 몰락시킬 운명이라는 것이다.

헤카베는 아들이 태어나자 제 손으로 차마 죽일 수 없어 핏덩이를 이불에 싸서 시종에게 건네면서 이데산에 버리도록 했다. 자연스럽게 산짐승의 먹이가 되게 하려는 의도였다. 하지만 목동 아겔라오스^{Agelaos}가 우연히 숲속을 지나다가 파리스를 발견하여 집으로 데려가 훌륭하게 키워 냈다. 어느덧 준수하고 용맹스러운 청년으로 자란 파리스는 친아버지로 알고 있던 아겔라오스의 가축을 도둑들로부터 안전하게 지켜 냈다. 그가 '보호자'라는 뜻을 지닌 '알렉산드로스^{Alexandros}'라는 별명을 얻게 된 것은

　　　　　　　　　　　12장 ○ 분노의 책 『일리아스』

바로 그 때문이다.

그러던 어느 날 트로이의 왕 프리아모스의 부하들이 아겔라오스의 가축 중 가장 멋진 황소 한 마리를 징발해 갔다. 어려서 죽은 왕자를 기리는 경기에서 우승자의 상품으로 쓴다는 것이다. '어려서 죽은 왕자'란 바로 파리스를 가리킨다. 하지만 파리스는 아무것도 모른 채 단지 빼앗긴 아버지의 황소를 찾겠다는 일념으로 그 경기에 참가하여 많은 경쟁자를 물리치고 우승했다. 경쟁자 중에는 프리아모스의 아들들도 있었다. 그들은 신분이 낮은 무명의 청년에게 패한 것이 몹시 분개했다.

결국 왕자 중 데이포보스가 화를 참지 못하고 칼을 빼 들어 그의 목을 치려 하자 파리스는 궁전 안에 세워져 있던 제우스 신의 제단으로 도망쳤다. 바로 그 순간 예언가였던 공주 카산드라가 동생을 알아보았다. 당장 아겔라오스가 궁전으로 소환되어, 심문 끝에 그 청년이 정말 그동안 죽은 줄로만 알고 있던 왕자임이 밝혀졌다. 그 후 파리스는 트로이 궁전에서 지내기도 했지만 주로 예전처럼 이데산에서 목동으로 살았다. 몸에 밴 생활 습관은 하루아침에 바뀌는 법이 아니다.

헤르메스가 세 여신을 대동하고 파리스에게 황금 사과를 건네주며 제우스의 명령을 전한 그날도 파리스는 이데산에서 소들에게 꼴을 먹이고 있었다. 이때 파리스가 세 여신을 만나 누가 가장 아름다운지 판결하는 소위 '미스 그리스 여신 선발대회' 장면은 제1권의 '제우스의 12가지 리더십'에서 앞부분만 간단히 살펴보았다. 이번에는 영국 작가 로버트 폰 랑케 그레이브스R. von R. Graves 의 『그리스 신화』에 따라 새로운 버전으로 자세히 살펴보자. 그레이브스에 따르면 파리스는 헤르메스로부터 상황을 전해 듣고 당황한 표정을 지으며 말했다. "저같이 한낱 보잘것없는 목동이 어떻게 여신들의 아름다움을 판결할 심판관이 될 수 있겠습니까? 차

라리 이 사과를 세 여신에게 똑같이 쪼개어 나누어 드리겠습니다." 그러자 헤르메스가 황급히 대답했다. "아니, 그래선 안 된다. 너는 그 사과를 한 여신에게만 드려야 한다. 나는 또한 네게 앞으로 아무런 충고도 할 수가 없다. 너는 네 능력으로 스스로 판단을 내려야 한다!" 그러자 파리스가 탄식하며 말했다.

"그렇게 하겠습니다. 하지만 저는 우선 선택받지 못할 여신들께 제게 진노하지 마실 것을 간청합니다. 저는 아주 어리석고 나약한 인간에 불과하기 때문입니다."

파리스의 심판,
헬레네의 납치

세 여신이 그의 결정에 따르겠다고 약속하자 파리스가 헤르메스에게 또다시 물었다. "여신들의 현재 모습으로 판결하는 게 좋겠습니까, 아니면 옷을 벗은 모습으로 하는 게 좋겠습니까?" "경합의 원칙도 네가 결정해야 한다." 헤르메스가 입가에 살짝 미소를 지으며 대답했다. "그렇다면 이번 경우에는 여신들이 옷을 벗어 주었으면 합니다." 헤르메스는 여신들에게 그렇게 하라고 부탁하고 정중하게 등을 돌렸다. 파리스는 감히 여신들에게 지금으로 치면 수영복 심사를 하겠다고 나선 것이다.

파리스가 요청한 대로 세 여신이 모두 옷을 벗자 그가 말했다. "여신들께서 반대만 안 하신다면 저는 여신들을 한 분씩 살펴보겠습니다. 먼저 헤라 여신께서 이리 오십시오! 다른 두 여신께서는 잠시 우리 둘만 있게 해 주시길 바랍니다." 그러자 헤라는 파리스에게 천천히 몸을 돌리면서 자신의 멋진 몸을 보이며 말했다. "내 몸을 잘 살펴본 다음 만약 네가 나를 가장 아름다운 여신으로 선택해 준다면, 너를 아시아의 군주로, 또 이 세상에서 가장 큰 부자로 만들어 주겠다."

"여신님, 저는 뇌물을 받지 않습니다. 고맙습니다. 이걸로 충분합니다. 제가 살펴보고 싶은 것은 다 보았습니다. 자, 다음은 아테나 여신께서 이리 와 주십시오!"

그러자 두 번째로 호명을 받은 아테나가 자신 있게 나서며 이렇게 말했다. "자, 내 몸을 잘 살펴봐라, 그리고 내 말을 잘 들어라. 만약 네가 나를 가장 아름다운 여신으로 선택해 준다면, 나는 네가 전투할 때마다 승리자로 만들어 줄 뿐만 아니라, 이 세상 모든 남자 중에서 가장 현명한 사람으로 만들어 주겠다."

그러자 파리스가 이렇게 말했다. "여신님, 저는 군인이 아니라, 하찮은 목동에 불과합니다. 저는 트로이 지역에 평화가 유지되고 프리아모스 왕의 지배권이 흔들리지 않게 할 수 있는 분은 당신뿐이라는 것을 잘 알고 있습니다. 저는 단지 황금 사과에 대해 정당하게 판결할 것을 약속드릴 수 있을 뿐입니다. 이제 옷을 입으시고 투구도 쓰십시오. 자, 마지막으로 아프로디테 여신, 준비되셨습니까?"

아프로디테가 그에게 다가오자 파리스는 볼이 빨개졌다. 그녀는 파리스와 몸이 거의 닿을 정도로 가까이 다가왔기 때문이다.

"자, 파리스야, 아무것도 놓치지 말고 내 몸을 자세히 살펴봐라. 그런데 너는 정말 아름다운 청년이구나. 왜 도시로 가서 문명 생활을 누리지 않는 거냐? 네가 그리스로 가서 나처럼 아름답고 정열적인 헬레네Helene와 같이 산다면 어떻겠니? 너는 혹시 헬레네에 대해 들어 본 적이 있느냐?"

"아뇨, 아직요, 여신님. 그렇다면 제게 헬레네가 어떤 여인인지 설명해 주시겠습니까?"

"헬레네는 제우스 신의 딸인데, 이 세상에서 가장 아름다운 여인이다.

어린아이였을 때 벌써 그녀를 차지하려고 전쟁이 일어날 정도였지. 그래서 성인이 되자 그리스의 모든 왕자가 그녀에게 구혼했었다. 지금 그녀는 미케네의 왕 아가멤논Agamemnon의 동생이자 스파르타Sparta의 왕 메넬라오스Menelaos의 아내다. 하지만 그것은 그렇게 중요하지 않다. 너만 원한다면 그녀를 차지할 수도 있다." 그러자 파리스가 다급하게 물었다. "이미 결혼했는데 어떻게 그럴 수 있지요?"

"아이고, 넌 정말 순진하구나! 넌 그런 일을 처리하는 게 신으로서 내 임무라는 것을 들어 보지 못했느냐? 내가 너한테 제안을 하나 하겠다. 내 아들 에로스를 안내자 삼아 그리스로 떠나자. 우리가 스파르타에 도착하면 나와 내 아들은 헬레네가 단숨에 너와 사랑에 빠지도록 도와주겠다."

Peter Paul Rubens, 〈파리스의 심판〉, 1632~1635
왼쪽부터 아테나, 아프로디테, 헤라, 헤르메스, 파리스. 아테나 옆에는 무구가, 아프로디테 뒤에는 에로스가, 헤라 옆에는 공작새가 보인다.

"그 말을 맹세하실 수 있겠습니까?" 파리스가 흥분하여 물었다. 아프로디테가 엄숙하게 맹세하자, 파리스는 더 생각할 것도 없이 세 여신을 당장 모아 놓고 황금 사과는 아프로디테 여신의 것이라고 판결했다.

이 사건이 바로 루벤스P. P. Rubens를 비롯한 수많은 화가가 즐겨 그림의 소재로 삼았던 유명한 〈파리스의 심판〉이다. 그 후 파리스는 곧장 트로이 궁전으로 돌아가 아프로디테와 함께 스파르타로 떠날 채비를 했다. 예언가이자 형제자매였던 헬레노스Helenos와 카산드라가 파리스를 말렸지만 아무 소용이 없었다. 파리스와 아프로디테가 스파르타 왕궁에 도착하자 메넬라오스는 그들을 극진하게 대접했다.

메넬라오스는 마침 외할아버지 카트레우스Katreus의 장례식에 참석하기 위해 크레타로 떠나면서도 헬레네에게 파리스를 잘 대접하라고 신신당부했다. 파리스는 남편 메넬라오스가 없는 틈을 노려 헬레네에게 트로이로 가 같이 살자고 유혹했다. 이때 헬레네가 파리스를 따라가지 않으려 했다는 설이 있다. 그래서 아프로디테가 아들 에로스를 시켜 헬레네의 마음에 사랑의 불씨를 지폈다는 것이다.

하지만 유력한 설에 의하면 그녀는 젊고 잘생긴 파리스에 반해 그를 따라갔다. 그것도 모자라 궁전에 있는 금은보화를 몽땅 갖고 갔다. 헬레네의 납치를 소재로 그림을 그린 후세의 화가들도 이것을 의식했는지 두 가지 입장으로 나뉜다. 그래서 어떤 화가의 그림에서는 헬레네가 납치당하지 않으려고 발버둥을 친다. 이에 비해 다른 그림에서는 헬레네가 파리스의 손을 잡고 즐겁게 따라간다.

헬레네는 클리타임네스트라Klytaimnestra와 쌍둥이 자매로, 제우스와 스파르타의 왕 틴다레오스Tyndareos의 아내 레다Leda 사이에서 태어났다. 레다는 백조를 무척 좋아했다. 사전에 그런 정보를 입수한 제우스는 아리따

Francesco Primaticcio, 〈헬레네의 납치〉, 1530∼1539

Guido Reni, 〈헬레네의 납치〉, 1620∼1626 파리스는 헬레네의 손목을 잡고 있고, 헬레네 뒤에는 그녀의 시녀로 보이는 여인이 보석함을 들고 뒤따르고 있다. 추격하는 스파르타의 병사도 보이지 않고 헬레네는 자진해서 파리스를 따라가는 것처럼 보인다.

4. 파리스의 심판, 헬레네의 납치

운 백조로 변신한 뒤 그녀에게 접근하여 자신의 욕심을 채웠다. 열 달 후 레다는 알 두 개를 낳았다. 이윽고 알이 부화하자 각각의 알에서 남녀 한 쌍의 쌍둥이가 태어났다.

제1권 '사랑 이야기'에서 언급했듯이 알 하나에서는 폴리데우케스 Polydeukes와 헬레네가, 다른 알에서는 카스토르Kastor와 클리타임네스트라가 태어났다. 그중 폴리데우케스와 헬레네의 친부는 제우스였고, 카스토르와 클리타임네스트라의 친부는 틴다레오스였다. 카스토르와 폴리데우케스는 아버지는 서로 달랐지만 모두 '제우스의 아들들'이라는 뜻의 '디오스쿠로이Dioskuroi'로 불렸다.

헬레네는 아주 어렸을 때부터 미모가 출중했다. 아테네의 영웅 테세우

Bacchiacca, 〈레다와 백조〉,
16세기

12장 ○ 분노의 책 『일리아스』

스Theseus가 그 소문을 듣고 절친 페이리토오스Peirithoos의 도움으로 고작 10살 혹은 12살밖에 되지 않은 그녀를 납치하자 오빠들이 구해 준 적이 있을 정도였다. 헬레네가 파리스에게 납치당한 게 맞다면 두 번이나 납치당한 셈이다. 그녀가 혼인할 나이가 되자 틴다레오스의 집은 그리스 전역에서 몰려든 구혼자들로 문전성시를 이루었다. 하지만 틴다레오스는 기뻐하기는커녕 어찌할 바 모르고 전전긍긍하고 있었다. 만약 그들 중 하나를 택하면 다른 구혼자들이 그 결정에 불만을 품어 큰 싸움이 벌어질 수 있었기 때문이다.

제2차 트로이 전쟁의 발발,
그리스군과 트로이군

꾀쟁이 오디세우스[Odysseus]가 틴다레오스의 고충을 간파했다. 그는 틴다레오스에게 자신을 그의 형제인 이카리오스[Ikarios]의 딸 페넬로페[Penelope]와 혼인하게 해 주면 문제를 해결해 주겠다고 제안했다. 영리한 오디세우스는 이미 자신이 헬레네의 남편이 될 것이라고는 전혀 생각하지 않았던 것이다. 초조한 틴다레오스가 그의 말에 동의하자 오디세우스는 구혼자들로부터 누가 헬레네의 신랑이 돼도 그 사실을 받아들일 것이며, 또한 앞으로 그녀에게 무슨 일이 생기면 서로 힘을 합해 도와주겠다는 맹세를 받아 내라고 충고했다.

오디세우스가 시킨 대로 하자 구혼자들은 모두 틴다레오스의 요구에 순순히 응했다. 그제야 헬레네는 아버지의 지시대로 당시 최강의 도시국가 미케네의 왕 아가멤논의 동생 메넬라오스를 택했다. 얼마 후 틴다레오스는 두 아들 폴리데우케스와 카스토르가 죽자 스파르타의 왕위를 사위에게 물려주었다. 메넬라오스 부부에게는 헤르미오네[Hermione]라는 딸이 하나 있었다. 파리스가 헬레네를 찾아갔을 때 헤르미오네는 9살이었다. 영화 〈해리포터〉에 등장하는 '헤르미온느'는 바로 이 '헤르미오네'에서 따온 이름이다.

아내 헬레네가 손님 파리스와 함께 사라지자 남편 메넬라오스는 화가 머리끝까지 치밀어 올랐다. 아내도 미웠지만 자신의 환대를 배반하고 남자와 남편으로서의 자신의 권위에 먹칠한 트로이의 왕자 파리스가 더 가증스러웠다. 메넬라오스는 미케네로 형 아가멤논을 찾아가 도움을 청하고 전국에 파발마를 띄워 과거에 장인 틴다레오스 앞에서 맹세한 구혼자들을 아울리스Aulis항으로 불러 모았다. 마침내 트로이 전쟁의 서막이 오른 것이다. 그런데 몇몇 구혼자가 출병 의무를 이행하려 하지 않았다.

오디세우스는 마침 페넬로페와 신혼의 단꿈에 젖어 출병에 응하지 않고 미적거렸다. 더구나 귀여운 아들 텔레마코스Telemachos가 태어난 지 얼마 되지 않은 터라 더욱더 전쟁터로 가고 싶지 않았다. 그래서 메넬라오스와 팔라메데스Palamedes가 자신을 설득하러 찾아오자 미친 시늉을 했다. 그는 소 두 마리 대신에 당나귀와 말을 쟁기에 매어 밭을 갈며 씨앗 대신 소금을 뿌리고 있었다. 팔라메데스는 그를 시험해 보려고 그 옆에서 남편을 지켜보고 있던 페넬로페의 품에서 얼른 어린 텔레마코스를 낚아채 쟁기 앞에 갖다 놓았다. 그러자 오디세우스는 아들 앞에서 쟁기질을 멈추었고 속임수가 드러나 그들을 따라가지 않을 수 없었다. 오디세우스는 세계 최초의 병역기피자였던 셈이다.

시키온Sikyon의 거부 에케폴로스Echepolos는 몸값을 지불하고 출병 의무를 면제받았다. 그는 아가멤논에게 훌륭한 암말 한 마리를 선물했다. 파포스Paphos의 왕 키니라스Kinyras도 기발한 방법으로 출병을 피했다. 메넬라오스, 오디세우스, 탈티비오스Talthybios 등이 찾아와 출병을 요구하자 그는 아가멤논에게 흉갑 하나를 선물한 뒤 조만간 50척의 함선을 보내겠다고 약속했다. 얼마 후 그는 정말 약속대로 함선을 보냈다. 하지만 50척 중 45척은 진흙으로 만든 장난감 함선이었다.

펠레우스와 테티스의 아들 아킬레우스는 헬레네에게 구혼하기에는 나이가 너무 어려 출병할 의무는 없었다. 그는 신탁대로 아버지 펠레우스보다 훨씬 뛰어난 전사로 자라났다. 그런데 테티스는 일찍부터 아들이 장차 트로이 전쟁이 발발하여 참전하면 요절할 것이라는 신탁을 받았다. 그래서 전쟁 이야기가 나돌기 시작하자 아들을 미리 숨기기로 결심했다. 아킬레우스는 성격상 전쟁이 일어나면 틀림없이 참전할 것으로 생각했기 때문이다.

테티스는 아들을 스키로스Skyros의 리코메데스Lykomedes 궁전으로 보내 여장을 시켜 공주들 사이에서 지내도록 했다. 아킬레우스는 그곳에서 9년 동안 지내면서 데이다메이아Deidameia 공주와 사랑을 나누어 네오프톨레모스Neoptolemos를 낳기도 했다. 출병이 임박하자 예언가 칼카스Kalchas는 아킬레우스가 없으면 전쟁에서 이길 수 없다고 예언했다. 이번에는 오디세우스가 아가멤논으로부터 아킬레우스를 찾아 데려와 달라는 부탁을 받았다.

오디세우스는 수소문 끝에 아킬레우스가 스키로스의 왕 리코메데스의 공주들 사이에 숨어 있다는 사실을 알아냈다. 그래서 방물장수로 변장한 오디세우스가 공주들을 찾아갔지만 어찌도 교묘하게 위장을 했는지 공주들 중 누가 아킬레우스인지 알 수가 없었다. 고민 끝에 오디세우스는 공주들 앞에 장신구들과 자수 용품을 늘어놓으면서 멋진 칼을 하나 섞어 놓았다. 과연 한 공주가 그 칼을 만지작거리며 관심을 보였다. 오디세우스는 그가 아킬레우스임을 직감하고 그를 설득해서 아울리스항으로 데

Anthonis van Dyck, 〈리코메데스의 딸들 사이에서 정체가 드러나는 아킬레우스〉, 1632

려왔다.

그리스 전역에서 영웅들이 이렇게 군사들과 함선들을 이끌고 속속 보이오티아Boiotia의 아울리스항으로 집결했다. 항구에 모인 그리스군의 함선의 수가 총 1,186척이었다고 하니 그 규모를 짐작할 만하다. 그리스군의 중요한 장수들로는 미케네의 왕 아가멤논, 스파르타의 왕 메넬라오스, 가장 용맹스러웠던 아킬레우스와 그의 둘도 없는 친구 파트로클로스Patroklos, 언변이 좋고 교활한 이타케Ithake의 오디세우스, 멧돼지처럼 저돌적인 전사 디오메데스Diomedes를 들 수 있다.

그들 이외에도 그리스군에는 아킬레우스 다음으로 용맹스러웠던 살라미스Salamis의 대大 아이아스Aias, 창던지기의 명수인 로크리스Lokris의 소小

아이아스Aias, 아레스처럼 용감무쌍했던 테살리아Thessalia의 프로테실라오스Protesilaos, 헤라클레스의 활과 화살을 지닌 필록테테스Philoktetes, 나우플리오스Nauplios의 아들 팔라메데스, 80대의 백전노장이었던 필로스Pylos의 네스토르Nestor 등 여러 내로라하는 장수들이 있었다. 예언가 칼카스와 군의관 마카온Machaon도 합류했다.

다음으로 트로이의 중요한 장수로는 우선 프리아모스와 그의 아들 헥토르와 파리스를 들 수 있다. 특히 헥토르는 트로이군의 실질적인 지휘자였고 술수를 모르는 고결한 인물로 트로이 장수 중에서 가장 뛰어나서, 그리스군은 그를 가장 두려워했다. 그들 이외에도 트로이에는 안테노르Antenor, 멜라니포스, 후에 트로이 유민을 이끌고 이탈리아에 도착하여 로마의 초석을 닦는 아이네이아스, 그의 아버지 앙키세스, 파리스가 죽은 뒤 헬레네를 아내로 맞이하는 데이포보스, 글라우코스Glaukos, 프리아모스의 아들이자 예언가인 헬레노스 등의 장수들이 있었다.

이들 국내의 장수들 이외에도 소아시아 리키아에서는 제우스의 아들 사르페돈Sarpedon이, 흑해 연안 아마존Amazon족의 나라에서는 여왕 펜테실레이아Penthesileia가, 그리고 에티오피아Ethiopia에서는 새벽의 여신 에오스Eos의 아들 멤논Memnon이 달려와 트로이 진영에 합류했으며, 트라키아, 키코네스, 프리기아, 미시아 등에서도 많은 군사를 보내 트로이를 지원했다. 프리아모스의 가족으로는 아내 헤카베, 막내딸 폴릭세네, 예언가 카산드라, 헥토르의 아내 안드로마케Andromache와 그들의 어린 아들 아스티아낙스Astyanax 등이 있었다.

이피게네이아의 희생,
'퍼스트 펭귄' 프로테실라오스

그리스군은 아울리스항에 집결하여 2년간 전쟁 준비를 마친 뒤 트로이를 향해 출항하려고 했지만 도무지 바람이 불지 않아 배를 띄울 수가 없었다. 예언가 칼카스에게 물어보니 그것은 아르테미스의 분노 때문이었다. 예전에 아가멤논이 아울리스항 근처의 산속에서 아주 멋진 사슴을 사냥한 적이 있는데 그게 바로 여신이 가장 아끼는 사슴이었다는 것이다. 칼카스는 여신의 분노를 풀어 주기 위해서는 아가멤논의 큰딸 이피게네이아Iphigeneia를 여신에게 바쳐야 한다고 대답했다.

아가멤논은 차마 딸을 죽일 수 없었지만 다른 장수들의 성화를 배겨낼 재간이 없었다. 결국 그는 이피게네이아를 아울리스항으로 불렀다. 명목은 오디세우스의 계략대로 그리스군 최고의 영웅 아킬레우스와 결혼시킨다는 것이었다. 그런데 아르테미스 제단에서 사제 칼카스가 막 그녀의 목을 치려는 순간 갑자기 사방이 짙은 안개로 휩싸였다. 안개가 걷히자 이피게네이아는 감쪽같이 사라지고 그녀가 있던 자리엔 암사슴 한 마리

Gabriel-François Doyen, 〈이피게네이아의 희생〉, 1749

만 남아 있었다.

사제는 여신의 뜻으로 생각하고 그 사슴을 잡아 제물로 바쳤다. 사람들은 이피게네이아도 제물로 바쳐진 만큼 결국 죽었을 것이라고 생각했다. 하지만 여신은 이피게네이아를 가엾게 생각하여 흑해 연안 타우리케Taurike섬에 있는 자신의 신전으로 데려가 여사제로 삼았다. 아르테미스에게 사슴을 제물로 바치자 거짓말처럼 바람이 불어 그리스군은 트로이로 진격했다.

그리스군은 막상 출병은 했어도 트로이로 가는 항로를 알 수 없었다. 항해를 계속하던 그리스군은 결국 미시아Mysia를 트로이로 착각하여 그곳에 상륙하여 전투를 벌였다. 하지만 미시아의 왕 텔레포스Telephos의 완강한 저항에 부딪혀 많은 병력을 잃고 아울리스항으로 다시 돌아오고 말았다. 이 전투에서 텔레포스는 테르산드로스Thersandros를 비롯한 몇몇 그리스 장수들을 죽였지만, 자신도 아킬레우스의 창에 허벅지를 맞고 부상을 당했다. 그의 상처는 아무리 치료해도 낫지 않았다.

텔레포스는 결국 "상처를 입힌 자가 치료하리라"는 델피Delphi 아폴론 신전의 신탁을 듣고 미시아에서 아울리스항으로 아킬레우스를 찾아가 상처를 치료해 주면 트로이로 가는 길을 안내하겠다고 제안했다. 다만 텔레포스는 전투에 참여하는 것은 거부했다. 트로이의 왕 프리아모스의 사위로서 차마 그렇게 할 수 없다는 이유였다. 아킬레우스가 이에 동의하고 자신의 창에 묻어 있는 녹을 떼어 내 텔레포스의 상처에 발라 낫게 해 주었다. 부상에서 회복한 텔레포스는 약속대로 그리스 함선들을 트로이까지 안전하게 안내했다.

그리스 장수 중 필록테테스만은 불행히도 트로이 땅을 밟을 수 없었다. 그는 명궁수로, 헤라클레스의 활과 화살을 갖고 있었다. 헤라클레스는 모든 과업을 마친 뒤 죽음이 임박하자 오이타Oita산에 화장단을 쌓고 그 위에 올라갔지만 불을 붙여 줄 사람이 없었다. 마침 그 곁을 지나가던 필록테테스가 그 일을 해 주고 그 대가로 그의 활과 화살을 받았던 것이다. 그런데 필록테테스는 그리스군이 크리세Chryse항에 기항하여 신들에게 제물을 바치며 기도를 드리는 동안 불행하게도 그만 풀섶에 숨어 있던 물뱀에 발을 물리고 말았다.

필록테테스의 상처는 곧 부패하기 시작하여 참을 수 없이 지독한 악취를 풍겼다. 게다가 그는 고통스러운 나머지 단말마의 비명을 질러 댔다. 그리스군은 결국 필록테테스를 오디세우스의 제안대로 렘노스Lemnos섬에 버리고 떠났다. 그는 그곳에 거의 10년 동안 머물면서 갖은 고생을 하

Gerard Francksz, 〈렘노스섬의 필록테테스〉, 1647

12장 ○ 분노의 책 『일리아스』

다가 전쟁 막바지에야 비로소 트로이에 도착하여 헤라클레스의 활과 화살로 트로이의 왕자 파리스를 죽이는 전공을 세운다.

그리스군은 트로이 해안에 도착하자 우선 메넬라오스와 오디세우스를 성에 특사로 파견했다. 문제를 평화롭게 해결하고 싶었기 때문이다. 그들은 프리아모스를 찾아가 헬레네와 그녀가 가져간 보물을 돌려주면 군대를 데리고 그리스로 돌아가겠다고 제안했다. 트로이 원로들은 전쟁을 피하고자 그 요구를 들어주려 했다.

하지만 주도권을 쥐고 있던 주전파들이 말을 듣지 않았다. 그들은 심지어 특사들을 죽이려 했다. 안테노르의 적극적인 변호가 없었다면 메넬라오스와 오디세우스는 목숨을 잃었을 것이다. 안테노르는 그들을 자기 집에 묵게 해 주고 융숭하게 대접까지 했다. 메넬라오스와 오디세우스는 그리스 함선으로 돌아와 그간의 사정을 보고하고 전쟁의 불가피성을 주장했다.

그리스군은 이제 전투태세에 돌입하여 상륙 준비를 모두 끝냈지만 아무도 먼저 트로이 땅에 발을 딛으려 하지 않았다. 트로이 땅에 처음으로 발을 대는 자는 죽을 것이라는 신탁이 있었기 때문이다. 하지만 테살리아 필라케Phylake 출신의 영웅 프로테실라오스가 용감하게 나섰다. 그는 죽을 줄 알면서도 맨 먼저 트로이에 상륙하여 적군 여럿을 죽이고 장렬하게 전사했다. 프로테실라오스는 말하자면 '퍼스트 펭귄the first penguin'이었던 셈이다.

남극의 펭귄들은 사냥하기 위해 바닷가로 몰려들어도 천적이 무서워 막상 바다에 뛰어들기를 주저한다. 하지만 펭귄 한 마리가 용기를 내어 먼저 바다에 뛰어들면 다른 펭귄들도 그제야 녀석을 따라 바다에 뛰어들기 시작한다. 그래서 사람들은 맨 먼저 뛰어든 용감한 펭귄을 '퍼스트 펭귄'이라고 부른다. 프로테실라오스에 이어 주저하던 그리스군이 마침내 속속 트로이 땅에 상륙하여 격렬한 전투가 벌어졌다. 이때 아킬레우스가 처음으로 죽인 트로이 장수가 바로 키크노스Kyknos였다. 키크노스는 포세이돈의 아들로, 몸에 상처를 입힐 수 없었다. 이에 아킬레우스는 그를 넘어뜨린 다음 목 졸라 죽였다.

그리스군은 아킬레우스의 지휘 아래 우선 트로이의 주변 도시들을 하나하나 정복하기 시작했다. 아킬레우스는 플라코스Plakos산 기슭의 테베에서 에에티온Eetion 왕과 그의 7명의 아들들을 한꺼번에 몰살시켰다. 그들은 헥토르의 아내 안드로마케의 아버지와 오라비들이었다. 아킬레우스는 이데산 기슭의 다르다니아에서도 시민들을 분산시키고 도시를 불태우면서 지도자인 아이네이아스를 인근에 있는 리르네소스Lyrnessos로 쫓아냈다. 그는 테네도스Tenedos섬에서도 어머니 테티스의 경고를 무시하고 아폴론의 아들 테네스Tenes 왕을 죽여 전쟁 내내 신들의 미움을 초래했다.

10여 년 동안 계속된 전투에서 아킬레우스는 트로이와 동맹을 맺은 해상 도시 12개와 육상 도시 11개를 잔인하게 파괴하였다. 트로이인들은

테베의 주화, 기원전 3세기경
앞면에는 데메테르가 있고, 뒷면에는 가장 먼저 함선에서 내려 돌격하는 프로테실라오스가 있다.

　　　　　　　　　　　　　　　　12장 ○ 분노의 책 『일리아스』

아킬레우스의 이름만 들어도 벌벌 떨며 도망갈 정도였다. 그리스군은 트로이 주변 도시에 감행한 약탈 작전으로 트로이의 지원군과 보급로를 끊어 놓았을 뿐 아니라 빼앗은 물품으로 아군의 식량을 확보하고 장수들의 물욕을 채울 수 있었다. 더구나 약탈한 여인들은 장수들이나 병사들에게 제공되어 성 노리개로 전락했다. 이때 아가멤논은 크리세섬 출신의 크리세이스Chryseis를, 아킬레우스는 리르네소스 출신의 브리세이스Briseis를 전리품으로 데려갔다.

아킬레우스와 아가멤논의
불화

호메로스의 『일리아스』는 트로이 전쟁 10년 동안 벌어진 사건을 시간의 흐름에 따라 차근차근 기록한 것은 아니다. 10년째 막바지에 생긴 아킬레우스와 아가멤논의 불화에서 불거진 아킬레우스의 분노에서 시작하여 트로이의 맹장 헥토르의 죽음으로 끝난다. 헥토르의 죽음도 결국 아킬레우스의 분노의 결과이기 때문에 학자들은 『일리아스』를 '분노의 책'이라고 부른다. 『일리아스』는 '분노의 책'답게 이렇게 시작한다.

"노래하소서, 여신이여! 그리스군에게 엄청난 고통을 안겨 주고 수많은 영웅을 지하세계의 왕 하데스에게로 보내고 그들의 시신은 개와 새들의 먹이가 되도록 한 펠레우스의 아들 아킬레우스의 잔인한 분노를!"

여기서 서술자가 부르는 '여신'은 시인들의 시적인 영감을 관장하는 무사Mousa다. 무사는 제우스와 티탄 12신 중 하나인 기억의 여신 므네모시

Giuseppe Fagnani, 〈뮤즈 여신들의 맏언니 칼리오페〉, 1869

네Mnemosyne 사이에서 태어난 9명의 여신을 총칭하는 이름으로, 그중 최고의 여신은 서사시를 담당했던 칼리오페Kalliope다. 영어로는 '뮤즈'라고 하며 복수는 '무사이'다. 호메로스를 비롯한 그리스 문화권 서사시 작가들은 글을 쓰다가도 힘에 부친다고 생각이 들면 작품 어디서든 여신들을 부르며 도움을 요청했다.

그렇다면 『일리아스』에서 아킬레우스의 분노를 촉발시킨 아가멤논과의 불화는 어떻게 생겨났을까? 그것은 바로 포로로 잡혀 아가멤논에게 배분된 크리세이스의 아버지 크리세스Chryses가 아가멤논을 찾아와 딸을 돌려달라고 하면서 불거지기 시작했다. 크리세스는 크리세섬에 있는 아폴론 신전의 사제였다. 그는 수많은 금은보화를 배에 가득 싣고 와서는 아가멤논에게 몸값은 충분히 지불할 테니 제발 딸을 돌려달라고 정중하게 간청했다.

하지만 아가멤논은 백발이 성성한 노인의 청을 면박까지 주면서 매몰차게 거절했다. 그러자 집으로 돌아온 크리세스는 아폴론 신전에서 자신을 모욕한 아가멤논에게 복수를 해 달라고 기도했다. 아폴론은 크리세스

〈아가멤논에게 딸을 돌려달라고
간청하는 크리세스〉,
기원전 360~350년경
(그리스 도기 그림)

12장 ○ 분노의 책 『일리아스』

의 기도에 화답하여 즉시 그리스군 진영에 역병의 화살을 날려 수많은 군마와 병사들을 죽게 만들었다. 예언가 칼카스에게 역병의 이유를 물어보니, 그는 아가멤논이 크리세스에게 딸을 돌려주지 않아 아폴론이 분노한 것이니 그에게 딸만 돌려주면 역병은 깨끗이 물러갈 것이라는 신탁을 전했다.

아가멤논은 급히 장수들 회의를 소집하여 크리세이스를 돌려보내는 대신 다른 여인으로 보상해 달라고 요구했다. 이에 대해 아킬레우스가 나서서 이미 배분이 끝나 남아 있는 포로가 없으니 나중에 트로이가 함락되면 세 배 네 배 충분히 보상하겠다고 하자, 분노한 아가멤논은 그렇다면 "당신의 것이든 아이아스의 것이든 오디세우스의 것이든" 가져가겠다고 억지를 부렸다. 아킬레우스는 자신의 전리품까지 거명하자 더 이상 참지 못하고 아가멤논을 강하게 비난하며 앞으로 전투에서 발을 빼고 고향으로 돌아가겠다고 선언했다.

"파렴치하고 교활한 자여, 이러면 누가 당신 말에 복종하겠소? 내가 트로이에 온 것은 당신 동생 메넬라오스의 원수를 갚기 위해서였소. 하지만 당신은 이런 사실도 잊은 채 내 전리품을 빼앗아 가겠다고 위협하다니! 우리가 트로이와 연맹한 도시를 함락할 때마다 나는 한번도 당신과 똑같은 대우를 받지 못했소. 위험을 무릅쓰고 싸운 건 나였는데도 언제나 당신 전리품이 더 많고 좋았으며 나는 보잘것없는 것을 갖고 막사로 돌아가곤 했소. 하지만 이제 나는 함선을 타고 고향 프티아로 돌아가겠소. 여기서 모욕을 받아 가면서 당신 재산을 늘려 주느니 차라리 그러는 편이 훨씬 나을 것 같소."

만약 이 대목에서 아가멤논이 한 발 뒤로 물러섰다면 아마 사태는 수습됐을 것이다. 하지만 아가멤논은 아킬레우스의 말에 전혀 아랑곳하지 않고 싸울 장수는 얼마든지 있으니 싸우기가 그렇게 무서우면 얼른 부하들을 데리고 도망치라고 비아냥거렸다. 이 말을 듣고 분기탱천한 아킬레우스가 아가멤논을 응징할 생각으로 허리춤에 찬 칼의 손잡이에 슬며시 손을 갖다 댔다. 바로 그 순간 하늘의 올림포스 궁전에서 이들을 지켜보고 있던 아테나가 다른 사람의 눈에는 보이지 않게 나타나더니 아킬레우스의 머리끄덩이를 잡아당기며 귀엣말로 이렇게 충고했다.

"나는 네 분노를 가라앉히려고 하늘에서 급히 내려왔노라. 헤라 여신도 나와 같은 생각이시다. 우리는 너희 두 사람을 똑같이 사랑하고 염려하고 있노라. 자 그러니 칼집에서 칼을 빼지 말도록 하라. 그 대신 아가멤논을 말로 꾸짖도록 하라. 그러면 다음번에는 네가 지금까지 받은 전리품의 세 배를 받게 될 것이다. 그러니 자제하고 우리 말에 복종하도록 하라."

아테나뿐 아니라 헤라까지 합세해서 만류하니 천하의 아킬레우스인들 어쩌겠는가? 그는 하는 수 없이 애써 분노를 삭이며 살짝 뽑았던 칼을 도로 칼집에 꽂아 넣은 뒤 아가멤논에게 실컷 욕설과 비난을 퍼부은 다음 회의장을 박차고 나갔다.

그 후 아가멤논은 오디세우스에게 크리세이스를 배에 태워 크리세섬으로 데려다주라고 한 다음, 자신의 전령인 탈티비오스와 에우리바테스Eurybates를 불러 당장 아킬레우스의 막사에서 브리세이스를 데려오라고 명령했다. 아킬레우스는 두 전령에게 순순히 브리세이스를 넘겨주고 나

Giovan Battista Gaulli, 〈아킬레우스와 아가멤논의 불화〉, 1695
아킬레우스는 공중에서 아테나가 오른손을 내밀며 자신을 만류하는 것을 보고 칼을 빼려다가 그만둔다.

서 다시 치밀어 오르는 분노를 주체하지 못한 채 부리나케 바닷가로 달려
가 어머니인 바다의 여신 테티스를 부르며 대성통곡했다. 아들의 애절한
울음소리를 듣고 바다 깊은 곳에서 테티스가 나타나 아들로부터 자초지
종을 전해 듣더니 곧장 올림포스 궁전으로 제우스를 찾아가 왼손으로 그
의 무릎을 잡고 오른손으로 그의 턱을 만지며 하소연했다.

"제우스 신이여! 제가 예전에 헤라 여신이 쿠데타를 일으켰을 때 도와
드린 것처럼 저를 도와 제 아들 아킬레우스의 명예를 높여 주소서. 그
아이는 아가멤논의 동생 메넬라오스를 위해 트로이에서 전쟁을 치르
다가 요절할 운명을 타고 태어났습니다. 그런데도 지금 아가멤논이 그
아이를 모욕하고 전리품을 빼앗아 갔나이다. 그러니 당신이 그 아이의

명예를 높여 주소서. 제우스 신이시여! 그리스군이 그 아이가 몹시 아
쉬워질 때까지 앞으로 트로이군이 계속해서 승리하게 하소서."

한때 자신의 연인이자, 헤라가 일으킨 쿠데타로 인해 감옥에 갇힌 절체
절명의 위기에서 자신을 구해 준 테티스가 이렇게 간절하게 부탁하자 제
우스는 알겠으니 걱정하지 말라며 그녀를 안심시켜 돌려보냈다. 이후 아
킬레우스는 자신이 선언한 대로 정말 전투에서 발을 빼고 막사에 틀어박
혀 고향 프티아로 철수할 준비를 했다. 그러자 사기가 저하된 그리스군은
이후 벌어진 전투에서 트로이군에 연전연패했다.

Jean-Auguste-
Dominique Ingres,
〈제우스와 테티스〉, 1812
왼쪽 위로 테티스가 제우스에
게 간청하는 장면을 훔쳐보고
있는 헤라의 모습이 보인다.

12장 ○ 분노의 책 『일리아스』

Day 134

파트로클로스의 죽음, 아킬레우스의 분노

다급해진 아가멤논은 오디세우스를 대표로 사절단을 꾸려 아킬레우스의 막사로 보내 자신의 실수를 인정하고 도와달라고 요청하지만, 아킬레우스는 그가 내민 화해의 손길을 단호하게 뿌리쳤다. 오디세우스가 아가멤논이 브리세이스와 함께 아킬레우스에게 덤으로 주겠다고 약속했던 수많은 선물을 열거하며 마음을 돌려 보려고 애를 써도 그는 단호하게 잘라 말했다.

"오디세우스여, 나는 아가멤논이 죽을 만큼 싫소. 겉과 속이 달라도 너무 다르기 때문이오. 내 솔직하게 말하겠소. 아가멤논은 결코 나를 설득하지 못할 것이오. 그자는 내가 아무리 죽어라 싸워 봤자 전혀 고맙게 여기지 않고 있으니 하는 말이오. 뒤처져 있는 자나 선봉에 서 있는 자나 똑같은 전리품을 받고, 비겁한 자나 용감한 자나 똑같은 명예를 누리며, 일하지 않은 자나 열심히 일하는 자나 똑같은 대우를 받는 게 가당키나 한 말이오? 나는 그를 위해 언제나 목숨 걸고 싸웠는데, 적반하장도 유분수지 도대체 이런 법이 어디 있단 말이오."

아킬레우스가 전투에서 손을 떼고 제우스까지 트로이 편을 들자 전세는 점점 그리스군에게 불리하게 돌아갔다. 아가멤논을 비롯한 핵심 장수들이 부상을 당하고 급기야 트로이군이 해자를 넘어 방벽을 뚫고 그리스군 진영으로 들어와 모래사장 위에 끌어 올려놓은 함선을 불태우는 최악의 사태가 벌어졌다. 그사이 아가멤논은 몇 번이나 장수들을 보내 아킬레우스를 설득하여 싸움터로 다시 데려오려 하지만 아킬레우스는 여전히 막사에서 꿈쩍도 하지 않았다.

결국 백전노장 네스토르가 나서서 묘안을 짜냈다. 그는 아킬레우스의 절친 파트로클로스를 불러 마지막으로 아킬레우스를 설득해 보라고 제안했다. 아킬레우스가 여전히 참전을 거부하자 파트로클로스는 네스토로가 시킨 대로 그에게 군사와 무구를 빌려 달라고 부탁했다. 자신이 아킬레우스로 위장하여 우선 급한 불을 끄겠다는 것이다. 이에 아킬레우스는 못 이기는 체하고 자신의 군사들과 무구를 파트로클로스에게 건네주며 이렇게 당부했다.

"자네는 함선에서 트로이군을 몰아내는 대로 즉시 돌아오게. 제우스 신께서 아무리 자네를 승승장구하게 해 주셔도 절대로 나 없이는 더 이상 트로이군과 싸우려 들지 말게. 나는 사랑하는 친구를 잃고 싶지 않네. 그러니 트로이군을 죽이는 데 정신이 팔려 있다가 우리 군사들을 트로이 성 앞에까지 데리고 가지 말게. 올림포스 신들 중 누가 자네에게 해코지를 가하지 않도록 말일세. 아폴론 신이 트로이군을 아주 사랑하시기 때문에 하는 말이네."

　파트로클로스가 아킬레우스의 무구를 차려입고 아킬레우스의 막사에서 뛰쳐나오자 양쪽 군사들 모두 그를 아킬레우스로 착각했다. 그리스군은 안도의 환호성을 질렀고 트로이군은 놀라 도망치기 바빴다. 하지만 파트로클로스는 신바람이 나서 군사들을 이끌고 퇴각하는 트로이군 뒤를 쫓다가 아킬레우스의 경고도 잊은 채 적진에 너무 깊숙이 들어갔다. 그는 결국 트로이 성벽까지 갔다가 헥토르와 마주치고, 그와 일대일 결투를 벌이다 허무하게 전사하고 말았다.

　헥토르는 쓰러진 파트로클로스의 시신에서 투구를 벗겨 보고서야 자신이 상대한 적장이 아킬레우스가 아니라 파트로클로스였음을 확인했다. 그는 죽음을 예감하며 파트로클로스가 입고 있던 아킬레우스의 무구를 전리품으로 수거했다. 이후 파트로클로스의 시신을 놓고 양측 군사들 사이에 공방전이 벌어지지만 오디세우스와 대大 아이아스의 활약으로 시신은 결국 그리스군으로 넘어갔다. 아킬레우스는 파트로클로스의 시신을 마주하자 또다시 분노하며 절규했다. 『일리아스』는 절친 파트로클로스를 잃은 아킬레우스의 슬픔을 이렇게 표현했다.

　"그는 두 손으로 시커먼 흙을 한 움큼 움켜쥐더니 머리에 뿌렸다. 그러자 고운 얼굴이 더럽혀졌고 그의 향기로운 옷에도 시커먼 흙이 떨어졌다. 이어 그는 땅 위에 큰 대자로 드러누워 두 손으로 자신의 머리카락을 쥐어뜯었다."

　치밀어 오르는 분노를 가눌 길 없었던 아킬레우스는 이번에도 바닷가

Antoine Joseph Wiertz, 〈파트로클로스의 시신을 놓고 싸우는 그리스군과 트로이군〉, 1836

Gavin Hamilton, 〈파트로클로스의 죽음을 애통해하는 아킬레우스〉, 1760~1763

12장 ○ 분노의 책 『일리아스』

로 가서 어머니를 부르며 포효했다. 바닷속에서 테티스가 아들의 통곡 소리를 듣고 다시 나타나 예전보다도 더 슬피 우는 이유를 묻자 아킬레우스가 대답했다.

> "어머니, 제가 그 어떤 전우들보다도 더, 아니 제 머리처럼 사랑하는 절친 파트로클로스가 죽었어요. 헥토르가 그를 죽이고 내 멋진 무구를 벗겨 갔어요. 신들께서 어머니를 저의 아버지이신 펠레우스님께 시집보내실 때 선물로 들려 보내셨던 바로 그 무구 말이에요. 아아, 차라리 어머니는 바닷속에서 이모들과 함께 계시고 아버님은 인간 여인을 아내로 맞이하셨으면 좋았을 것을! 이제 어머니는 제가 귀향하는 것을 보지 못하시고 제가 요절하게 되어 말할 수 없는 고통을 당하시게 될 테니 말이에요. 저는 이제 헥토르를 제 창으로 죽여 파트로클로스의 원수를 갚지 않는다면 더 이상 살고 싶지 않아요."

파트로클로스는 아킬레우스에게 자신의 '머리만큼이나 사랑하는 전우'다. 어떤 학자들은 아킬레우스의 이 말을 근거로 그가 파트로클로스와 동성애를 하고 있었다고 주장했다. 자신의 머리만큼이나 사랑한다는 말은 사랑하는 연인에게나 쓸 수 있는 표현이라는 것이다. 누구든 연인을 죽인 자에게 복수하려고 하는 것은 인지상정이다. 하지만 복수를 선택할 때 자신도 죽는다면 사정은 다르다. 아킬레우스의 경우가 바로 이 경우였다. 그는 전투에 다시 뛰어들면 반드시 요절할 운명이었다. 하지만 아킬레우스는 자신이 살아서 고향에 돌아가지 못할 것을 분명히 알면서도 헥토르에게 '파트로클로스를 죽인 대가'를 꼭 치르게 하겠다고 단단히 벼르고 있었다.

플라톤Platon의 『향연Symposion』은 사랑에 관한 책이다. 부제도 '사랑에 관하여'다. 이 책에서는 10여 명의 소크라테스Sokrates 제자들이 아가톤 Agathon의 문학상 수상을 계기로 그의 집에 모여 향연을 벌이면서 차례로 사랑에 관해 자신의 의견을 피력했다. 그중 파이드로스Paidros는 이 세상에서 가장 아름다운 사랑은 죽음을 불사하는 사랑인데 파트로클로스에 대한 아킬레우스의 사랑이 바로 그런 사랑이었다고 주장했다. 어쨌든 테티스는 아들의 결연한 참전 의지를 확인했으면서도 그에게 넌지시 다시 한번 전투에 참가하면 헥토르 다음으로 죽을 운명이라는 신탁을 상기시켜 보았다. 하지만 아킬레우스는 어머니의 걱정에도 전혀 아랑곳하지 않고 이렇게 외치며 전의를 불태웠다.

"불화는 사라져 버려라! 분노도 사라져 버려라! 분노란 똑똑 떨어지는 꿀보다 더 달콤해서 우리 마음속에서 연기처럼 점점 커지는 법이지요. 꼭 그처럼 저는 총사령관 아가멤논에게 분노했지요. 하지만 저는 이제 아무리 괴롭더라도 지난 일은 잊어버리고 마음을 다잡아야겠어요. 이제 저는 출전하겠어요! 사랑하는 사람을 죽인 헥토르에게 복수하기 위해서 말이에요. 제 운명은 신들의 왕 제우스와 다른 신들께 맡기겠어요. 제우스 신께서 가장 사랑하시던 헤라클레스도 죽음의 운명을 피하지 못했지요. 저도 똑같은 운명이라면 기꺼이 그것을 받아들이겠어요. 하지만 지금은 트로이 여인들 두 눈에서 피눈물이 나오게 해 주고 싶어요. 그러니 어머니, 모정으로 제 출전을 막지 마세요. 어머니는 저를 결코 설득하지 못하실 거예요."

전장에 복귀한 아킬레우스,
양편으로 나뉘는 신들

테티스는 아들의 말을 듣고 나자 더 이상 그를 말릴 수 없음을 직감하고 그에게 무구 없이 전투를 할 수는 없다고 말했다. 그의 무구는 파트로클로스가 입고 나갔다가 전사하는 바람에 헥토르의 전리품이 되어 버렸기 때문이다. 테티스는 아들에게 내일 아침까지 기다리라고 당부하고 나서 곧장 올림포스 궁전의 대장간으로 헤파이스토스를 찾아가 아들의 무구를 만들어 달라고 부탁했다. 그사이 아킬레우스는 장수들의 회의를 소집하여 아무 조건 없이 분노를 접고 전투에 복귀하겠다고 선언했다.

아가멤논도 이에 화답하여 자신이 미망의 여신 아테Ate에게 속아 큰 실수를 했다며 사과하고 자신이 데려간 브리세이스를 당장 돌려주고 예전에 약속한 화해의 선물들도 같이 딸려 보내겠다고 말한 뒤 회의를 마쳤다. 얼마 후 과연 브리세이스가 아킬레우스의 막사에 도착하더니 파트로클로스의 시신을 발견하고 자신이 막사를 나갈 때는 멀쩡히 살아 있었는데 이게 무슨 날벼락이냐며 시신 위에 엎어져 오열했다. 그녀는 자신을

Léon Cogniet, 〈아킬레우스 막사로 돌아와 파트로클로스의 시신을 발견하는 브리세이스〉, 1815

무척 살갑게 대해 주며 그리스로 데려가 아킬레우스와 결혼식도 올려 주 겠다고 약속했던 파트로클로스가 무척 그리웠던 것이다.

한편 테티스가 자신을 찾아오자 헤파이스토스는 쌓인 일도 제쳐두고 밤새 아킬레우스의 무구를 만들어 그녀에게 건네주었다. 그는 태어나자 마자 어머니 헤라의 박해로 졸지에 올림포스 궁전에서 렘노스섬 근처의 바다로 추락한 자신을 키워 준 테티스의 은혜를 잊지 않고 있었던 것이 다. 다음 날 아침 테티스가 부리나케 달려와 헤파이스토스가 만들어 준 무구를 갖다주자 그것을 차려입은 아킬레우스는 마침내 자신의 미르미 도네스Myrmidones족 군대를 이끌고 그리스 진영 방벽 코앞에 진을 치고 있 던 트로이군을 거칠게 몰아붙이기 시작했다.

12장 ○ 분노의 책 『일리아스』

Benjamin West, 〈아킬레우스에게
무구를 갖다주는 테티스〉, 1804

　아킬레우스가 트로이 전쟁에 참전할 때 끌고 온 군대를 '개미 인간'이
라는 뜻의 '미르미도네스'족이라고 부른 데는 재미있는 일화가 숨어 있
다. 제우스는 어느 날 강의 신 아소포스Asopos의 딸 아이기나Aigina의 미모
에 반해 독수리로 변신하여 그녀를 오이노네Oinone섬으로 납치했다. 아이
기나가 감쪽같이 사라지자 아소포스는 슬픔에 젖어 딸을 찾아 헤매다가
코린토스까지 가게 되었다.

　그때 마침 코린토스에서 가장 높은 아크로코린토스Akrokorinthos에서 우
연히 아이기나가 납치당하는 것을 목격한 코린토스의 왕 시시포스Sisyphos
가 아소포스에게 그 당시 가뭄에 시달리던 나라에 샘물을 하나 만들어 준
다면 딸의 행방을 알려주겠다고 제안했다. 그러자 아소포스는 강의 신답

게 당장 코린토스 한복판에 페이레네^{Peirene}라는 샘물이 솟아나게 해 준 다음, 딸의 행방을 전해 듣고 오이노네섬으로 급히 달려갔다. 하지만 번개를 던지며 섬에 들어오지 못하도록 위협하는 제우스가 무서워 딸을 포기할 수밖에 없었다.

그 후 아이기나는 오이노네섬에서 제우스의 은총을 받아 나중에 펠레우스의 아버지이자 아킬레우스의 할아버지가 되는 아이아코스^{Aiakos}를 낳았고, 제우스는 그에 대한 보답으로 섬 이름을 '아이기나'로 바꾸어 주었다. 그 당시 아이기나섬은 무인도였다. 그래서 제우스는 섬의 모든 개미를 사람으로 만들어 준 다음, 아들이 장성하자 그를 왕으로 만들어 주었다. 그때부터 섬 주민은 미르미도네스족이라고 불렸다.

하지만 오비디우스의 『변신 이야기』에 따르면 아이기나섬은 원래 유인도였으며 제우스와 아이기나의 아들 아이아코스가 왕이 된 후 날로 번창했다. 그걸 보고 헤라가 질투심이 폭발하여 섬에 역병을 보내 주민들을 거의 다 몰살했다. 그러자 아이아코스의 간청을 들은 제우스가 섬의 개미를 모두 사람으로 만들어 주어 다시 섬이 번창하도록 했고, 그때부터 섬 주민은 미르미도네스족으로 불렸다.

전장에 복귀한 아킬레우스는 도망치는 트로이군을 쫓다가 그를 피해 가뭄 탓에 얕아진 크산토스^{Xanthos}강으로 뛰어든 병사들을 닥치는 대로 도륙하기 시작했다. 트로이 병사들이 흘린 피로 강물이 금세 핏물이 되어 흘렀다. 그것을 보고 강의 신 크산토스가 아킬레우스에게 제발 자신의 강 안에서 살육을 멈추고 강 밖에서 싸우라고 부탁했지만 이미 광기에 빠진 아킬레우스의 귀에 신의 소리가 들릴 리 만무했다.

분노한 크산토스는 강력한 물줄기를 일으켜 아킬레우스를 공격했다. 헤라가 위기에 처한 아킬레우스를 돕기 위해 대장장이의 신 헤파이스토

Charles-Antoine Coypel, 〈아킬레우스의 분노〉, 1737
맨 왼쪽에 왼손을 내밀어 말리는 듯한 자세를 취한 인물은 스카만드로스라고도 불린 크산토스이고, 맨
오른쪽은 그의 동생 시모에이스다. 칼을 들고 크산토스에 맞서는 인물은 아킬레우스, 왼쪽은 아테나, 오
른쪽은 포세이돈, 양손에 횃불을 든 인물은 헤파이스토스, 오른쪽 위는 헤라다.

스를 보내 화공으로 크산토스를 제압했다. 이것을 기화로 다른 신들도 각
각 그리스군과 트로이군 편으로 갈라져 싸움을 벌였다. 이 대목에서 신
들 중 누가 그리스 편이었고 트로이 편이었는지 한번 알아보자. 먼저 소
위 '파리스의 심판'에서 트로이의 왕자 파리스의 선택을 받은 아프로디테
는 당연히 트로이 편이었고, 선택을 받지 못한 아테나와 헤라는 그리스
편이었다. 아레스는 그의 애인 아프로디테를 따라야 할 테니 트로이 편이
었다.

트로이 성벽을 쌓은 아폴론과 포세이돈은 트로이 편이어야 상식에 맞
다. 하지만 전쟁이 발발하자 아폴론은 트로이 편을 들었지만, 당시 성벽
을 쌓아 준 대가를 받지 못한 포세이돈은 아직도 분이 풀리지 않아 그리

스 편으로 돌아섰다. 냉철한 합리주의자 아폴론과 뒤끝이 길어도 너무 긴 질풍노도의 격정과 포세이돈다운 행동이 아닐 수 없다. 아폴론의 누이 아르테미스는 오라비를 따라 트로이 편이었고, 아내 아프로디테와 사이가 좋지 않았던 헤파이스토스는 그리스 편이었으며, 헤르메스도 경계를 넘나드는 전령신답게 싸움에는 미온적이었어도 그리스 편이었다.

그렇다면 신들의 왕 제우스는 누구 편이었을까? 그는 이쪽도 아니고 저쪽도 아닌 중립이었다. 어쨌든 이때 벌어진 신들의 싸움에서 아테나는 아레스를 돌로 쳐 쓰러뜨린 뒤 그를 도우려는 연인 아프로디테도 혼쭐을 내줬다. 포세이돈은 아폴론에게 한판 붙자며 싸움을 걸었다. 하지만 아폴론은 이성의 신답게 형제와 싸우는 것이 부끄럽다며 피해 버렸다. 헤라는 전통箭筒의 화살이 쏟아질 정도로 아르테미스의 뺨을 세게 후려쳤다. 졸지에 일격을 당한 아르테미스는 감히 그녀에게 반격할 생각을 하지 못한 채 분한 마음에 서럽게 울면서 황급히 달아났다.

헤르메스는 자신이 모시는 제우스 신의 아내와 싸우기 싫다며 아폴론과 아르테미스의 어머니 레토Leto를 향해 싸우지 않겠다고 선언했다. 그러자 레토는 얼른 땅에 널브러진 딸 아르테미스의 화살들을 주워 조용히 자리를 떴다. 특히 아테나는 아레스를 돌로 쳐 쓰러뜨린 뒤 이렇게 말했다.

"아레스여, 감히 나와 힘을 겨루려 하다니 어리석구려. 내가 당신보다 얼마나 더 강한지 아직도 모른단 말이오! 당신 어머니 헤라 여신은 당신이 그리스군을 외면하고 오만불손한 트로이군을 돕는다고 당신에게 몹시 화가 나 있는데 이로써 그분의 분노가 조금이라도 풀리면 좋겠구려."

　　　　　　　　　　　　　　　12장 ○ 분노의 책 『일리아스』

주지하다시피 그리스 신화에는 전쟁의 신이 두 명 있다. 아레스와 아테나가 바로 그들인데 담당 분야가 사뭇 달랐다. 아레스가 전쟁에서 공격, 살육, 파괴 등을 담당했다면, 아테나는 방어, 전략, 전술 등을 담당했다. 또한 아테나는 정의의 전쟁을 수행했지만, 아레스는 본능적으로 전쟁을 즐겼다. 그래서 그리스 신화에서 괴물들이나 악당들과 정의의 전쟁을 벌이는 영웅들의 수호신은 아레스가 아닌 아테나였다. 아테나가 영웅들을 따라다니며 그들이 위기에 처할 때마다 도와주는 것은 바로 그 때문이다.

아레스는 전쟁에서 전략과 전술을 세우지 않았다. 그냥 좌충우돌하면서 충동적으로 싸우며 살육과 파괴를 일삼았을 뿐이다. 그래서 전략과 전술을 담당했던 아테나와의 싸움에서 연전연패할 수밖에 없었다. 아레스

Jacques-Louis David, 〈아레스와 아테나의 싸움〉, 1771
땅바닥에 쓰러져 왼손을 내밀고 있는 인물은 아레스. 오른손을 흔들며 나무라는 듯한 제스처를 취하고 있는 인물은 아테나. 그 위에는 아레스의 패배를 안타까워하는 그의 연인 아프로디테와 에로스가 보인다.

는 이전에도 아테나의 사주를 받은 그리스 장수 디오메데스의 창에 찔리는 수모를 당한 적이 있었다. 그는 창피한 마음에 올림포스 궁전으로 올라가 아버지 제우스에게 하소연해 봤지만 위로는커녕 싸움질만 하고 돌아다닌다고 핀잔을 들었을 뿐이다.

Day 136

아킬레우스와 헥토르의 일대일 결투, 헥토르의 장례식

신들 사이에서 벌어진 싸움에서도 트로이 측 신들이 수모를 당하듯이 트로이의 군사들도 파죽지세로 공격하는 아킬레우스에게 감히 대적할 엄두를 내지 못하고 트로이 성을 향해 달아나기에 바빴다. 트로이의 왕 프리아모스가 도망쳐 오는 아군을 보고 문지기에게 성문을 열어 주도록 했다. 헥토르도 아킬레우스의 기세에 눌려 철수하다가 병사들을 모두 성 안으로 안전하게 피신시킨 뒤 혼자 성 앞에서 아킬레우스를 기다렸다. 성벽 위에서 그의 어머니 헤카베와 아버지 프리아모스가 성안으로 들어오라고 아무리 소리쳐도 헥토르는 꿈쩍도 하지 않았다. 이때 프리아모스는 아들에게 이렇게 애원했다.

"사랑하는 내 아들아, 얼른 성벽 안으로 들어오너라! 그래야만 네가 아킬레우스에게 큰 영광을 주지 않을 것이고, 달콤한 목숨도 빼앗기지 않아 트로이인들을 구할 수 있을 테니 말이다. 부디 이 가련한 아비를 불쌓히 여겨다오! 제우스 신께서 늘그막에 온갖 불행을 눈으로 보게 하시며 비참한 운명 속에서 죽게 하시려는 이 불행한 아비를 말이다. 네가 없으면 트로이는 금세 함락되어 그리스군의 잔혹한 손에 내 아들들은 살해되고, 딸들과 며느리들은 끌려가 노예가 되고, 아이들은 성벽 위에서 아래로 내동댕이쳐질 테니 말이다!"

하지만 당당하던 헥토르도 아킬레우스가 가까이 오자 복수심으로 이글거리는 그의 눈을 보고 덜컥 겁이 나서 트로이 성벽을 세 번이나 돌며 도망쳤다. 이 순간 하늘에서 제우스가 헥토르의 파멸을 선언하자 마침내 그의 수호신 아폴론도 그의 곁을 떠났다. 그것을 기다렸다는 듯 아테나가 노골적으로 아킬레우스의 편을 들고 나섰다. 그녀는 재빨리 헥토르와 가장 친한 형제 데이포보스의 모습으로 변신하더니 그의 뒤에서 자신이 도와줄 테니 아킬레우스와 맞서 싸우라고 부추겼다. 데이포보스의 말을 듣고 용기를 얻은 헥토르는 결국 멈춰 서서 아킬레우스와 일대일 결투를 벌이기 전 마치 죽음을 예감한 듯 그에게 이렇게 부탁했다.

"아킬레우스여, 내 조금 전에는 당신을 피해 트로이 성을 세 바퀴나 돌았지만 이제는 더 이상 달아나지 않겠다. 지금 내 마음은 당신을 죽이든 아니면 당신에게 죽든 당신과 맞서 싸우라고 명령하고 있다. 자, 이리 와서 신들 앞에서 맹약을 맺기로 하자! 신들께서는 모든 맹약의 증인이시며 수호자들이시니까. 아킬레우스여, 만약 제우스 신께서 내게 당신 목숨을 빼앗을 기회를 주신다면, 나는 당신 시신에 모욕을 가하지 않고 무구만 벗긴 다음 그것을 그리스군에게 돌려줄 것이니 당신도 그렇게 하겠다고 맹세하라."

이에 대해 아킬레우스는 헥토르에게 사자와 사람 사이에 맹약이 있을 수 없듯이 헥토르와는 친구가 될 수도 없고 맹약이 있을 수도 없다고 외치며 재빨리 창을 던졌다. 하지만 아킬레우스의 창은 빗나갔고 이어 날아간 헥토르의 창도 아킬레우스의 방패를 뚫지 못하고 튀어 올랐다. 그 순간 헥토르가 잽싸게 칼을 빼 들고 돌진했지만, 동시에 칼을 빼 들고 달려든 아킬레우스의 칼을 맞고 그만 숨을 거두고 말았다.

이때 아킬레우스의 모습은 호메로스의 표현을 빌리자면 마치 연약한 새끼 양이나 토끼를 잡으려고 구름을 뚫고 쏜살같이 들판으로 내리 덮치는 독수리 같았다. 헥토르가 쓰러지자 아킬레우스는 가죽끈으로 그의 시신의 발목을 묶어 전차 끝에 매단 채 그리스 진영으로 끌고 갔다. 성벽 위에서 그 광경을 쳐다보던 헥토르의 부모는 애간장이 끊어지고 아내 안드로마케는 실신했다.

이후 아킬레우스는 아침마다 부하들과 함께 그사이 아킬레우스의 막사에서 밖으로 옮겨 놓은 파트로클로스의 시신 주변을 돌며 그를 애도했다. 헥토르의 시신은 그 옆에 아무렇게나 엎어져 널브러져 있었다. 며칠 후 파트로클로스의 혼령이 한밤중에 아킬레우스에게 나타나 제발 자신의 시신을 매장해 달라고 간청했다. 그는 너무 반가운 나머지 파트로클로스를 얼싸안으려 했으나 그의 혼령은 연기처럼 땅속으로 사라져 버렸다. 다음 날 아침 마침내 파트로클로스의 시신이 아킬레우스의 머리카락 뭉치와 12명의 트로이군 포로와 함께 화장되었다. 북풍 신 보레아스Boreas와 서풍 신 제피로스Zephyros가 화염을 돋우어 화장은 아주 빨리 진행됐다.

다음 날 아침 화장단의 불길이 사그라들자 아킬레우스는 파트로클로스의 뼈를 골라 나중에 자신이 죽어 자신의 뼈와 합쳐질 때까지 황금 항아리에 보관하여 임시로 매장했다. 파트로클로스의 화장이 끝난 뒤에도

Franz Matsch, 〈헥토르의 시신을 끌고가는 아킬레우스〉, 1892

Josef Abel, 〈안드로마케〉, 1806

12장 ○ 분노의 책 『일리아스』

Jacques-Louis David, 〈파트로클로스의 장례식〉, 1778
파트로클로스의 시신이 놓인 화장단 아래 헥토르의 시신이 전차 뒤에 묶인 채 널브러져 있다.

아킬레우스는 친구에 대한 그리움으로 밤새도록 잠을 이루지 못하고 뒤척거렸다. 그는 새벽녘이 되면 갑자기 벌떡 일어나 헥토르의 시신을 전차 뒤에 달고 파트로클로스의 가묘 주위를 세 번씩 돌며 분을 삭였다. 헥토르의 시신은 이렇게 12일이나 아킬레우스의 전차에 끌려다녔어도 아폴론의 보호로 전혀 부패하지 않았다.

헥토르가 죽어서도 시신이 능욕당하는 것을 안타깝게 여긴 제우스가 마침내 아킬레우스의 어머니 테티스에게 무지개의 여신 이리스를 보내 아들의 분노를 달래 주라고 명령했다. 또한 트로이의 왕 프리아모스에게는 전령신 헤르메스를 보내 수레에 헥토르 몸값으로 쓸 보물을 싣고 아킬레우스의 막사를 찾아가라고 충고했다. 결국 프리아모스는 헤르메스의 보호 아래 그리스군 초병의 눈에 띄지 않고 아킬레우스의 막사로 찾아가 예의를 갖추어 아들의 시신을 돌려달라고 간청했다.

아킬레우스는 백발이 성성한 프리아모스의 인품과 부성애父性愛에 감탄하여 헥토르의 시신을 깨끗하게 수습하여 그에게 돌려준 뒤 장례식이 진행되는 12일 동안 휴전을 보장했다. 고대 그리스에서는 누군가에게 간절한 부탁을 할 때는 원래 한 손은 그 사람의 무릎에 얹고 다른 손은 턱을 만졌다. 앞서 테티스가 제우스에게 아들 아킬레우스의 명예를 높여 달라고 간청할 때도 한 손은 그의 무릎에 얹고 다른 손은 턱을 만지고 있었다. 왜 그렇게 했는지 이유는 알 수 없다. 하지만 프리아모스는 이때는 웬일인지 아킬레우스의 손을 잡고 간절히 애원했다. 다음은 프리아모스가 무릎을 꿇고 아킬레우스에게 아들의 시신을 돌려달라고 간청하면서 하는 말이다.

"아킬레우스여, 나와 동년배이며 슬픈 노령의 문턱에 서 있는 당신 아버지를 생각하여 나를 불쌍히 여겨 주시오. 물론 당신이 없는 동안 인근에 사는 누군가가 그분을 괴롭혀도 구해 줄 사람은 아무도 없을 것이오. 그래도 그분은 당신이 살아 있다는 소식을 들으면 마음속으로 기뻐하며 날마다 사랑하는 아들이 트로이에서 돌아오기를 학수고대하고 있을 것이오.

하지만 나는 정말 불행한 사람이오. 현재 내 곁에는 아들이 한 명도 남아 있지 않으니 하는 말이오. 그리스군이 트로이에 오기 전 내게는 아들이 쉰 명이나 있었소. 그중 열아홉 명은 왕비에게서 태어났고 나머지는 후궁들 태생이었소. 그런데 그들 대부분을 전쟁의 신 아레스가 데려갔소. 그중 마지막까지 살아남아 도성과 백성들을 지키던 헥토르도 얼마 전 당신 손에 죽고 말았소.

그래서 나는 그 아이의 시신을 돌려받고자 몸값을 갖고 지금 당신을 찾아온 것이오. 아킬레우스여! 신을 두려워하고 당신 아버지를 생각하여 제발 나를 불쌍히 여겨주시오. 나는 당신 아버지보다 더 동정받아 마

Théobald Chartran, 〈아킬레우스의 발밑에 무릎을 꿇은 프리아모스〉, 1876

10. 아킬레우스와 헥토르의 일대일 결투, 헥토르의 장례식

땅하오. 나는 이 세상 사람 그 누구도 차마 하지 못할 짓을 하고 있소!
내 자식들을 죽인 사람의 손을 잡고 있으니 말이오."

  헥토르의 시신을 실은 수레가 트로이 성안으로 들어오자 어디서 소문
을 들었는지 남녀노소 할 것 없이 수많은 트로이 백성들이 새까맣게 집
밖으로 몰려나와 흐느끼며 수레 뒤를 따랐다. 이윽고 수레가 헥토르의 거
처에 도착하여 시신이 안치되자 아내 안드로마케를 필두로 어머니 헤카
베와 헬레네의 호곡이 이어졌다. 그 후로도 신하들의 참배가 10일 동안
계속되고 마침내 11일째 되는 날 새벽 헥토르의 시신이 야외 화장단으로
옮겨져 운집한 백성들과 함께 화장식이 거행되었고 12일째 되는 날 새벽
뼈가 수습되어 땅에 매장되고 그 위에 봉분이 만들어졌다.

Jacques-Louis David, 〈헥토르의 시
신을 놓고 오열하는 안드로마케〉, 1783

펜테실레이아, 멤논,
아킬레우스의 죽음, 필록테테스

호메로스의 『일리아스』는 바로 이 대목 헥토르의 장례식으로 끝을 맺는다. 그 이후의 트로이 전쟁에 관한 이야기는 『오디세이아*Odysseia*』나 전승되어 온 다른 기록들로 재구성해야 한다. 헥토르의 장례가 끝난 후 그리스군과 트로이군 사이에 다시 격렬한 전투가 벌어졌다. 헥토르가 전사했다는 얘기를 듣고 아마존족의 여왕 펜테실레이아가 군대를 이끌고 왔다. 여왕은 한때 그리스군을 함선이 있는 곳까지 퇴각시켰다. 하지만 그녀는 아킬레우스와의 일대일 결투에서 그만 치명상을 입고 말았다.

펜테실레이아가 숨을 거두는 순간 아킬레우스는 그녀의 너무나도 아름다운 자태에 홀려 극심한 사랑의 고통을 느꼈다. 아킬레우스의 애절한 마음은 너무 강렬해서 얼굴에 그대로 드러났다. 멀리서 구경하던 병사들까지도 그것을 알아볼 수 있을 정도였다. 나중에 싸움터에서 돌아온 아킬레우스에게 독설로 유명한 장수 테르시테스*Thersites*가 죽은 여자와 사랑에 빠졌다고 놀려 댔다. 분노한 아킬레우스는 그를 주먹으로 쳐 죽였다.

Johann Heinrich Wilhelm Tischbein,
〈아킬레우스와 펜테실레이아〉,
1823년경

　에티오피아의 왕 멤논은 라오메돈의 형제인 티토노스Tithonos와 새벽의
여신 에오스 사이에서 태어난 아들이었다. 그는 펜테실레이아처럼 헥토
르가 죽은 뒤 숙부를 돕기 위해 달려왔다. 멤논은 살라미스섬 출신의 대大
아이아스와는 승부를 내지 못했지만 노장 네스토르와의 결투에서는 시
종일관 그를 압도했다. 힘에 부친 네스토르는 결국 근처에 있던 아들 안
틸로코스Antilochos에게 다급하게 도움을 요청했다. 그러자 아들은 급히 달
려와 자신의 목숨을 던져 아버지를 구했다.

　하지만 멤논마저도 전우의 원수를 갚기 위해 달려온 아킬레우스의 손
에 그만 허무하게 목숨을 잃고 말았다. 둘 다 여신의 아들들이었지만 멤
논은 아킬레우스의 적수가 되지 못했던 것이다. 에오스는 제우스에게 간
청하여 아들을 신으로 만든 다음, 전쟁터로 날아가 그의 시신을 고향 에

〈아들 멤논의 시신을
들어 올리는 에오스
(소위 '멤논 피에타')〉,
기원전 490~480년경
(그리스 도기 그림)

티오피아로 옮겨 놓았다. 고대 그리스 도기 중에 에오스가 전사한 아들의
시신을 안고 애통해하는 모습이 그려져 있는 게 있다. 후대의 사람들은
그 장면이 너무 애처로워 '멤논 피에타'라고 부른다. 특히 이 도기에는 다
른 도기와는 달리 도공의 이름 칼리마데스Kallimades와 화가의 이름 두리스
Douris가 새겨져 있다.

　얼마 후 전사한 병사들의 시신을 화장하기 위해 잠시 휴전이 선포되자
프리아모스의 막내딸 폴릭세네가 신선한 물을 긷기 위해 은밀하게 성 밖
우물가로 나왔다. 아킬레우스는 우연히 산책을 하다 그녀를 보고 첫눈에
반했다. 그는 트로이 성으로 전령을 보내 그녀에게 청혼했다. 프리아모
스 왕은 아킬레우스에게 우물 옆 아폴론 신전에서 비무장 상태로 단둘이
만나 결혼에 대해 회담을 하자는 회신을 보냈다. 사랑에 빠진 아킬레우스

Peter Paul Rubens,
〈아킬레우스를 스틱스
강물에 적시는 테티스〉,
1630～1635

Peter Paul Rubens,
〈아킬레우스의 죽음〉,
1630～1635
맨 왼쪽 신전 기둥 뒤에서
아폴론이 화살을 날리는 파
리스에게 오른손으로 아킬
레우스의 발뒤꿈치를 가리
키고 있다.

12장 ○ 분노의 책 『일리아스』

는 약속 시간에 단신으로 아폴론 신전으로 찾아왔다. 그는 이 회담에서 프리아모스에게 폴릭세네를 아내로 주면 그리스군을 설득해서 철수하도록 하겠다고 제안했다. 바로 그 순간 신전 기둥 뒤에 매복해 있던 트로이의 왕자 파리스가 화살을 날렸다. 화살은 정확하게 아킬레우스의 발뒤꿈치를 맞혀 그를 절명시켰다.

아킬레우스는 원래 무적의 몸이었다. 태어나자마자 어머니 테티스가 아들의 발을 잡고 지하세계의 스틱스Styx강물에 몸을 적셨기 때문이다. 하지만 테티스가 손으로 잡고 있던 발뒤꿈치는 물에 젖지 않아 무기가 들어갈 수 있는 유일한 약점으로 남아 있었다. 여기서 누군가의 치명적인 약점을 의미하는 '아킬레스건(Achilles' tendon)'이라는 경구가 유래했다. 어떤 사람은 파리스에게 아킬레우스의 발뒤꿈치의 비밀을 알려 준 게 아폴론 신이었다고 주장한다. 화가 루벤스도 이 설에 따라 〈아킬레우스의 죽음〉이라는 그림에서 파리스 옆에 손가락으로 아킬레우스의 발뒤꿈치를 가리키는 아폴론을 그려 넣었다.

아킬레우스가 전사하자 그의 시신을 놓고 그리스군과 트로이군 사이에 격렬한 전투가 벌어졌다. 이때 대大 아이아스는 오디세우스가 부하들과 함께 온몸으로 적군을 막고 있는 사이 아킬레우스의 시신을 업고 왔다. 아킬레우스의 장례식이 끝난 뒤 그의 어머니 테티스가 그리스군에서 가장 용감한 장수에게 헤파이스토스가 만들어 준 아들의 명품 무구를 주겠다고 발표했다. 그러자 그 소유권을 놓고 대大 아이아스와 오디세우스가 설전을 벌였다. 결국 두 사람은 장수들 앞에서 지금까지 자신들이 쌓은 무훈을 자랑하여 스스로 무구의 주인임을 입증하기로 합의했다. 그들의 연설이 끝나자 장수들 대다수가 오디세우스의 손을 들어 주었다.

너무 자존심이 상한 대大 아이아스는 밤새 분을 이기지 못한 채 치를

Leonaert Bramer, 〈오디세우스와 대(大) 아이아스의 설전〉, 1625〜1630

떨고 있다가 새벽녘 아무도 없는 숲속으로 들어가서 자살했다. 그는 먼발치에 칼을 거꾸로 묻어 놓은 다음 힘껏 달려가서 그 위로 엎드러졌다. 그런데 공교롭게도 그 칼은 헥토르와 일대일 결투를 벌이다가 승부가 나지 않자 돌아서기 전 그로부터 받은 우정의 선물이었다. 그때 그는 헥토르에게 가죽 벨트를 건넸다. 대大 아이아스는 영어로는 '에이잭스Ajax'라고 한다. 네덜란드 명문 프로축구팀 '아약스Ajax Amsterdam'는 바로 아이아스의 영어식 이름에서 유래했다. '아약스'의 로고에도 갑옷을 입고 투구를 쓴 상반신의 아이아스 초상화가 그려져 있다.

아킬레우스가 죽은 후에도 양군 사이에 지루한 공방전이 계속되자 그리스군 예언가 칼카스는 트로이의 왕자로서 예언가였던 헬레노스만이 트로이를 함락시킬 수 있는 신탁을 알고 있다고 밝혔다. 오디세우스는 당

　　　　　　　　　　　　12장 ○ 분노의 책 『일리아스』

장 트로이 근처 이데산으로 달려가서 헬레노스를 납치해 와 목숨을 담보로 신탁이 무엇인지 물었다. 그러자 헬레노스는 아킬레우스의 아들 네오프톨레모스, 헤라클레스의 활과 화살, 아테나를 새긴 팔라디온 상이 있어야 그리스군이 전쟁에서 승리할 수 있다고 알려 주었다.

오디세우스, 포이닉스Phoinix, 디오메데스가 네오프톨레모스를 데려오는 특사로 스키로스섬에 파견되었다. 네오프톨레모스가 외할아버지이자 스키로스 섬의 왕 리코메데스 곁에서 자라고 있었기 때문이다. 리코메데스는 손자를 보내 주지 않으려 했지만 네오프톨레모스가 자진해서 그들을 따라나섰다. 과연 그 아버지에 그 아들이 아닐 수 없다.

이어 오디세우스가 디오메데스와 함께 렘노스섬으로 건너가 단단히 토라져 있던 필록테테스를 달랬다. 오디세우스는 그에게 자신을 따라가면 발의 상처도 말끔히 치료해 주겠다고 제안했다. 10년 동안이나 자신을 그렇게 만든 오디세우스를 원망하며 만나기만 하면 절대 가만두지 않겠다고 벼르던 그도 오디세우스의 말솜씨에 홀려 그를 따라나서지 않을 수 없었다.

필록테테스가 트로이에 도착하자 의사 마카온이 형제 포달레이리오스Podaleirios와 함께 그의 발의 상처를 낫게 해 주었다. 트로이에 도착한 네오프톨레모스는 혁혁한 전공을 세웠다. 트로이인들이 그를 제2의 아킬레우스라고 두려워할 정도였다. 필록테테스도 자신의 분신처럼 지니고 다니던 헤라클레스의 활과 화살로 많은 트로이인을 죽였다. 특히 그는 아킬레우스를 죽인 트로이의 왕자 파리스를 화살로 쏘아 죽였다.

팔라디온 상, 목마, 라오코온, 카산드라, 그리스 첩자 시논

트로이의 왕자로서 예언가였던 헬레노스가 트로이 몰락의 조건으로 지목한 아테나를 새긴 팔라디온 상은 트로이 성안에 삼엄한 경비 아래 보관되어 있었다. 이번에도 오디세우스가 디오메데스와 함께 그것을 훔쳐 오겠다고 나섰다. 트로이 성벽에서 디오메데스가 먼저 오디세우스의 어깨를 딛고 성에 올라갔지만 그를 끌어 올려 주지 않았다. 디오메데스는 혼자 성안으로 들어가 팔라디온 상을 훔쳐 무사히 성을 빠져나왔다.

그리스 진영으로 돌아오는 도중 오디세우스는 디오메데스를 죽이고 팔라디온 상을 빼앗아 공을 가로채려고 했다. 기회를 노리며 디오메데스의 뒤를 따라가던 오디세우스가 칼을 빼 들었지만 달빛에 비친 칼 그림자를 본 디오메데스에게 음모가 발각되고 말았다. 디오메데스도 칼을 빼 달려들었지만 오디세우스가 달아나는 바람에 더 이상 싸움은 일어나지 않았다.

헬레노스가 말한 신탁이 모두 실현되고 트로이의 유명한 장수들이 거

〈오디세우스와 디오메데스〉,
연도 미상
왼쪽 디오메데스 왼손에 들려 있는
게 팔라디온 상이다.

의 다 전사했어도 웬일인지 트로이 성은 무너지지 않았다. 결국 그리스군
은 오디세우스의 제안으로 트로이인을 속이기 위해 치밀한 계획을 세워
착착 실행에 옮겼다. 우선 건축가 에페이오스Epeios가 이데산에서 나무를
베어와 아테나의 도움을 받아 거대한 목마를 만들었다.

목마 안은 상당한 수의 군사들이 들어갈 정도로 넓었다. 오디세우스를
대장으로 한 총 40명의 그리스군 정예병이 그 안에 들어가도 넉넉할 정도
였다. 모든 준비를 마치자 그리스군은 진영을 철거하고 그 목마만 해안에
남긴 채 함선을 타고 퇴각하는 척했다. 하지만 그들은 트로이 해안 앞쪽
에 있는 테네도스섬까지만 철수하고 그 뒤에 함선을 숨긴 채 어둠이 내리

기를 기다리고 있었다.

트로이인들은 적들이 물러가는 것을 보고 환호성을 지르며 성에서 밀물처럼 몰려나왔다. 그들은 그리스군이 주둔하던 지역에서 목마를 발견하고 놀랐지만 옆구리에 쓰인 문구를 보고는 고무되었다. 그곳에는 '그리스군이 안전한 철수를 위해 아테나 여신께 바치노라'고 쓰여 있었기 때문이다. 곧 트로인들 사이에서 이 목마를 어떻게 할 것인가를 놓고 격렬한 논쟁이 벌어졌다.

일부 의심 많은 트로이인은 그것을 부수거나, 불에 태우거나, 아니면 계곡 사이에 밀어 넣자고 주장했다. 낙관주의자들이나 신앙심 깊은 자들은 목마를 성안으로 가져가야 한다고 주장했다. 그래야 아테나 여신이 자신들에게 행운을 가져다준다는 것이었다. 예언가이자 프리아모스의 딸 카산드라가 목마 안에 그리스군 정예병이 숨어 있다고 경고했지만 아무도 그 말을 믿지 않았다. 그녀는 아폴론의 저주를 받아 아무리 옳은 예언을 해도 아무도 믿지 않았기 때문이다.

아폴론 신전의 사제인 라오코온Laokoon도 두 아들과 함께 목마를 경고하기 위해 군중 앞으로 나섰다. 그는 그리스인이 주는 선물은 거저 준대도 조심해야 한다고 말하며 창을 던져 목마의 배를 정통으로 맞추었다. 목마에서 사람의 신음 소리 같은 것이 들렸지만 라오코온의 돌발적인 행동에 놀란 사람들의 웅성거리는 소리에 가려 아무도 들을 수 없었다. 하지만 라오코온의 행동은 사람들의 심리가 목마의 정체를 의심하는 쪽으로 기울어지게 하기에 충분했다.

바로 그때 그리스군의 낙오병 하나가 사로잡혀 프리아모스 앞으로 끌려왔다. 그의 팔은 상처를 입어 헝겊으로 감았고 옷은 갈기갈기 찢어져 몰골이 말이 아니었다. 겉으로 보기에는 그리스군으로부터 버림받은 것

12장 ○ 분노의 책 『일리아스』

Henri-Paul Motte, 〈트로이의 목마〉, 1874

이 분명했다. 하지만 그는 사실 오디세우스의 밀명을 받고 해안에 남아 있다가 사로잡힌 체했을 뿐이다. 그는 잔류 이유를 묻는 프리아모스에게 완전히 날조된 이야기를 술술 풀어냈다.

> "저의 이름은 시논Sinon이고 제가 모신 장수는 팔라메데스이십니다. 팔
> 라메데스님께서는 오디세우스의 모함을 받아 억울하게 죽임을 당하셨
> 습니다. 오디세우스는 평소에 자신을 전쟁에 끌어들인 그분께 깊은 원
> 한을 갖고 있었기 때문입니다. 저는 오디세우스에게 강하게 항의했습
> 니다. 그러자 오디세우스가 제게 앙심을 품고 예언가 칼카스를 부추겨
> 거짓 신탁을 내리게 했습니다. 저를 신들에게 바쳐야 그리스군이 무사
> 히 귀환할 수 있다는 것입니다. 다행히 저는 제물로 바쳐지기 직전에
> 간수를 속이고 간신히 도망쳤습니다."

이 대목에서 우리는 오디세우스가 어떻게 팔라메데스를 모함해서 죽였는지 자세히 살펴볼 필요가 있다. 오디세우스는 전쟁 내내 팔라메데스에게 복수할 기회를 호시탐탐 노리고 있었다. 그러던 어느 날 그리스군이 임시 흉벽을 나와 트로이 성 근처에서 벌어진 전투가 한참 동안 소강상태에 빠졌을 때 오디세우스는 며칠 동안 막사에 틀어박혀 궁리한 끝에 드디어 팔라메데스에게 복수할 계획을 세웠다. 그는 우선 총사령관 아가멤논에게 이렇게 전갈을 보냈다.

"신들이 꿈에 나타나 나에게 곧 반역이 일어날 것이라고 경고했소. 숙영지를 하룻낮 하룻밤 동안만 옮겨야 하오!" 아가멤논이 즉시 전 그리스군에게 그렇게 하라고 명령을 내리자 오디세우스는 팔라메데스의 막사가 있던 장소에 황금이 가득 들어 있는 자루를 묻어 두었다. 이어 오디세우스는 트로이 포로 중 하나에게 마치 프리아모스가 팔라메데스에게 보내는 것과 같은 편지를 쓰도록 했다. "내가 보내 드린 황금은 당신이 그리스군의 숙영지를 알려 준 대가입니다."

오디세우스는 이어 그 포로를 시켜 팔라메데스에게 편지를 전달하게 한 다음, 그의 뒤를 밟다가 그 편지를 전달하기 전 그를 죽여 숙영지 근처에 갖다두었다. 다음 날 그리스 군대가 예전 숙영지로 돌아오면서 트로이 병사의 시체가 발견되었고 그의 몸에서 나온 편지는 총사령관 아가멤논에게 전해졌다. 팔라메데스는 즉시 군법회의에 회부되었다. 그가 트로이의 왕 프리아모스나 그 밖에 그 누구한테도 황금을 받은 적이 없다고 완강히 부인하자 오디세우스가 그의 막사를 샅샅이 수색할 것을 제안했다. 곧 그의 막사에서 황금이 발견되었고 그리스 군사들은 명백히 반역을 꾀한 팔라메데스를 군법에 따라 돌 세례를 퍼부어 죽였다.

어쨌든 시논이 절묘하게 꾸며 댄 말을 마치자 트로이인들은 그를 자신

들 편이라고 생각했다. 그들은 그의 결박을 풀어 주고 목마에 대해 꼬치
꼬치 캐물었다. 그러자 그는 오디세우스와 함께 만들어 둔 각본에 따라
다시 이야기를 시작했다.

> "그리스군이 트로이에서 팔라디온 상을 훔쳐 오자 아테나 여신이 분노
> 했습니다. 그래서 팔라디온 상의 눈에서 불꽃이 일기도 했고, 여신이
> 직접 나타나 원망하기도 했습니다. 그러자 칼카스가 목마를 만들어 여
> 신을 달래야 그리스군이 무사히 귀환할 수 있다고 예언했습니다. 그는
> 목마가 트로이 성안으로 옮겨져서도 안 된다고 했습니다. 그러면 조만
> 간 그리스의 도시들이 트로이인들의 공격을 받아 함락당한다는 것입
> 니다. 그래서 목마를 그렇게 거대하게 만든 것입니다."

〈라오코온과 그의 아들들〉.
기원전 200년경
로마 시대 복제품으로
1507년 로마의 황제 트라야
누스 목욕탕에서 발굴되었
다. '라오코온 군상'으로도
불린다(이탈리아 로마
바티칸 박물관).

오디세우스가 심어 놓은 그리스군의 첩자 시논이 말을 마쳤지만 트로이인들은 아직도 그의 말을 완전히 믿지 못하고 망설이고 있었다. 바로 그때 그들의 의심을 아침햇살에 안개 사라지듯 싹 가시게 하는 사건이 일어났다. 갑자기 바다에서 아주 큰 뱀 두 마리가 육지로 기어오르더니 조금 전 목마를 조심하라고 경고하던 라오코온의 아들 둘을 친친 휘감아 조르기 시작했다. 더구나 뱀들은 아들들을 구하러 달려든 아버지 라오코온마저 휘감아 조르더니 급기야 삼부자의 숨통을 끊어 놓았다.

트로이 함락,
전리품으로 전락하는 트로이 왕녀들

　라오코온에게 뱀을 보낸 것은 다름 아닌 아폴론이었다. 아폴론은 예전에 자신의 신전에서 아내와 사랑을 나눈 라오코온을 하필이면 이때 응징한 것이다. 하지만 트로이인들은 라오코온이 아테나에게 바친 목마에 창을 던져 신성을 모독한 벌을 받은 걸로 생각했다. 이 사건 이후로 트로이인들은 목마에 대해 조금 남아 있던 의심의 찌꺼기를 말끔히 떨쳐 버렸다. 마침내 그들은 성벽 일부를 헐어 내고 목마를 트로이 성안으로 옮겼다. 목마는 성문으로는 도저히 들어가지 못할 정도로 거대했다.

　하지만 몇몇 트로이인들은 아직도 목마를 의심했다. 그중 프리아모스의 아들이자 파리스가 죽은 뒤 헬레네를 아내로 맞이한 데이포보스는 아주 신중했다. 그는 헬레네와 함께 목마 주위를 돌며 두드려 보기도 하고 흠집을 찾기도 하면서 유심히 살펴보았다. 또한 헬레네를 시켜 그리스 장수들 부인 목소리를 흉내 내어 목마를 향해 남편들을 부르도록 했다. 헬레네는 성대모사에도 일가견이 있었던 모양이다.

목마 안에 들어 있던 안틸로코스가 헬레네의 목소리에 속아 자신의 아내로 착각하고 하마터면 대답할 뻔했다. 다행히도 오디세우스가 적시에 그의 입을 손으로 틀어막았다. 아무런 소리가 들리지 않자 데이포보스는 그제야 목마 안이 비어 있다고 확신했다. 그렇게 의심이 들고 궁금하면 당장 목마를 뜯어보면 될 것을 정말 안타깝고 답답하기 그지없다. 몇 시간 뒤 트로이인들은 승전을 축하하고 자신들에게 승리를 안겨 준 아테나 여신을 기리며 밤새 잔치를 벌인 뒤 곯아떨어졌다.

그사이 그리스 함선들은 유유히 달빛을 받으며 트로이 해안으로 돌아와 성에 신호를 보냈다. 시논이 재빨리 목마로 다가가 밑에 있는 문을 열어 주었다. 다른 사람들은 모두 줄을 타고 밖으로 나왔지만 에키온^{Echion}만은 급한 마음에 그냥 뛰어내렸다가 즉사하고 말았다. 하지만 다른 정예병들은 술에 취해 비틀거리면서도 본능적으로 막아서는 몇몇 트로이군을 처치하며 잽싸게 성문을 열어 이미 밖에서 기다리고 있던 그리스군을 성안으로 끌어들였다.

그때부터 그리스군은 무방비상태로 아무것도 모르고 쿨쿨 자던 트로이인들을 도륙하고 재물을 약탈하기 시작했다. 노령으로 전투에 참여하지 않은 덕택에 마지막까지 살아남았던 프리아모스 왕은 성내 제우스 신전으로 피신했다가 아킬레우스의 아들 네오프톨레모스에 의해 무참하게 살해당했다. 프리아모스의 딸 카산드라도 아테나 신전으로 피신하여, 디오메데스에게 도난당한 뒤 새로 만들어 세워 놓은 팔라디온 상을 필사적으로 붙잡고 있다가 로크리스 출신의 소^小 아이아스에게 겁탈당했다. 나머지 트로이 왕녀들도 모두 사로잡혀 그리스 장수들에게 전리품으로 넘겨졌다.

프리아모스의 아내 헤카베는 오디세우스가, 헥토르의 아내 안드로마

Vincenzo Camuccini, 〈프리아모스의 죽음〉, 1794~1795

Johann Heinrich
Wilhelm Tischbein,
〈카산드라와
소(小) 아이아스〉,
1806
왼쪽 위로 팔라디온
상이 서 있다.

13. 트로이 함락, 전리품으로 전락하는 트로이 왕녀들

Giovanni Battista Pittoni, 〈폴릭세네의 희생〉, 1732~1733

케는 네오프톨레모스가, 카산드라는 아가멤논이 차지했다. 아킬레우스의 죽음의 원인이 된 폴릭세네는 네오프톨레모스에 의해 아킬레우스의 무덤에서 희생제물로 바쳐졌다. 남자들도 헬레노스, 안테노르, 아이네이아스 등 세 사람만 제외하고 모두 죽임을 당했다. 헥토르의 어린 아들 아스티아낙스마저도 오디세우스가 저항하는 안드로마케에게서 빼앗아 네오프톨레모스에게 주었고 트로이 성벽 아래로 내던져져 죽임을 당했다.

헬레노스는 자발적으로 트로이 몰락에 필요한 세 가지 신탁을 그리스군에 알려 준 덕택으로 살아남았다. 안테노르는 그리스군이 전투를 벌이기 전 트로이 성에 특사로 파견한 메넬라오스와 오디세우스의 목숨을 구해 주고 자신의 집으로 데려와 융숭하게 대접해 준 덕택으로 죽음을 면했다. 오디세우스는 트로이가 함락될 당시 위험에 처한 안테노르의 두 아들을 발견하고 그리스 진영으로 데려와 안전하게 보호해 주었다. 또한 그의 집은 아가멤논의 명령으로 대문에 표범 가죽을 걸어 놓아 그리스군에 약탈당하지 않았다. 그리스군은 그 외 약탈한 트로이의 모든 건물에 불을 지르고 보이는 사람은 모조리 죽인 탓에 트로이는 그야말로 생지옥이나 다름없었다.

아이네이아스도 신들에게 바친 순종과 경건함 덕분에 살아남았다. 그는 다르다니아의 왕 아사라코스의 후손으로 앙키세스와 미와 사랑의 신 아프로디테의 아들이었다. 그는 연로한 아버지를 등에 업은 채 불타는 트로이를 탈출한 뒤 트로이 근처 이데산 기슭 안탄드로스Antandros에 잠시 머물렀다가 트로이의 유민을 이끌고 숱한 모험 끝에 이탈리아에 정착하여 로마의 초석을 닦는다. 그래서 로마인들은 아이네이아스를 자신들의 시조로 숭배한다. 아이네이아스가 트로이 유민을 이끌고 이탈리아에 정착하는 이야기가 바로 마지막에 다루게 될 로마 건국 신화 『아이네이스

Johann Georg
Trautmann,
〈불타는
트로이〉,
1759~1762

Aeneis』다.

앞서 언급한 것처럼 호메로스의 『일리아스』는 트로이의 옛 지명인 '일리온의 노래', 다시 말해 '트로이의 노래'라는 뜻으로 트로이 전쟁을 다룬 작품이다. 하지만 트로이 전쟁에서 일어난 수많은 사건으로 이루어진 이 작품은 철저하게 위대한 영웅 아킬레우스 단 한 사람을 중심으로 전개된다. 이 작품이 아킬레우스의 분노에서 시작하고 그의 분노로 끝나는 건 바로 그 때문이다. 그래서 사실 『일리아스』는 아킬레우스의 모험이라고 해도 과언이 아니다.

주지하다시피 아킬레우스는 자신에게 전리품으로 분배된 브리세이스라는 여인을 아가멤논이 강제로 빼앗아 가자 그에게 극심한 분노를 느끼고 전투에서 발을 뺀다. 그러자 그리스군은 전투가 벌어질 때마다 트로이군에게 패하다가 진지까지 공격당하는 최대 위기에 봉착한다. 『일리아스』는 이런 아킬레우스의 분노를 노래하면서 시작한다.

　　　　　　　　　　　12장 ○ 분노의 책 『일리아스』

전장에서 물러나 막사에 머물러 있던 아킬레우스는 절친 파트로클로스가 죽었다는 비보를 접한다. 그는 친구를 죽인 헥토르에게 분노하여 아가멤논과 단박에 화해하고 다시 전투에 뛰어들어 마침내 헥토르를 죽여 친구의 원수를 갚는다. 『일리아스』는 이렇게 아킬레우스에게 죽은 헥토르의 장례식으로 끝을 맺는다. 결국 호메로스는 다시 아킬레우스의 분노로 『일리아스』의 끝을 장식한 셈이다. 하지만 아킬레우스의 분노는 결코 분노를 위한 분노가 아니다. 아킬레우스의 분노는 우정을 위해서라면 죽음도 불사하겠다는 진정한 영웅만이 지닐 수 있는 숭고한 의지의 소산이다.

그래서 어머니 테티스의 경고로 죽을 줄 알면서도 절친 파트로클로스를 죽인 헥토르에게 분노하며 전투에 다시 뛰어드는 아킬레우스는 헤라클레스와 테세우스가 사서 고생하는 모습을 빼닮았다. 헤라클레스도 젊은 시절 비몽사몽간에 '쉽지만 타락한 길이 아니라, 힘들지만 올바른 길을 가겠다'고 결심한다. 테세우스도 아테네로 아버지를 찾아갈 때 쉬운 해로를 거부하고 악당들이 들끓는 육로를 택한다. 정신 상태뿐만이 아니다. 아킬레우스의 육체적인 특징 또한 그리스 신화를 넘어 게르만 신화의 영웅 '지크프리트'와 붕어빵처럼 닮았다.

아킬레우스의 몸은 발뒤꿈치 한 곳을 빼고는 어떤 무기도 들어가지 못한다. 그가 갓 태어났을 때 어머니 테티스가 그곳을 잡고 지하세계를 흐르는 스틱스강물에 적셨기 때문이다. 지크프리트가 자신이 죽인 용의 피로 목욕할 때 보리수 나뭇잎 하나가 등에 떨어져 치명적인 약점이 된 것과 똑같다. 지크프리트는 아킬레우스가 발뒤꿈치에 파리스의 화살을 맞고 죽듯이 결국 등에 '하겐의 창'을 맞고 죽는다. 또한 지크프리트가 '발뭉'이라는 신비한 검을 갖고 있듯이 아킬레우스도 헤파이스토스가 만들어

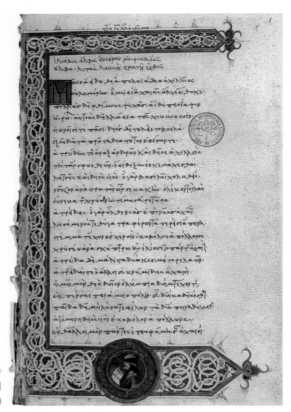

『일리아스』 필사본 맨 처음
부분, 15세기
(이탈리아 로마 바티칸 도서관)

준 무적의 갑옷을 갖고 있다. 왜 조지프 캠벨이 "천의 얼굴을 가진 영웅"
이라고 했는지 충분히 이해하고도 남지 않는가?

『일리아스』의 수용사

Day 140

〰〰〰〰〰　**(1)**　〰〰〰〰〰

오비디우스, 생트모르,
프리츨라, 뷔르츠부르크

아리스토텔레스Aristoteles는 『시학Poetica』에서 호메로스의 『일리아스』의 치밀한 구조를 높게 평가했다. 그에 의하면 호메로스는 트로이 전쟁의 한 단면을 통해 전쟁 전체를 아주 생동감 있게 묘사했다. 트로이 전쟁은 원래 10년 동안 계속되었다. 하지만 호메로스는 9년이 지난 뒤 전쟁의 막바지인 10년째에서 이야기를 시작한다. 그렇다고 이야기가 이 마지막 1년 내내 진행되는 것은 아니다. 전쟁이 없었던 날을 제외하면 그 1년 중 겨우 50여 일만을 다루고 있을 뿐이다.

게다가 신들이 제물을 받기 위해 에티오피아인들의 나라에 머물렀던

12일간과 헥토르의 장례식이 진행된 9일간을 제외하면 『일리아스』에서 진짜 이야기가 전개되는 날은 더 줄어든다. 하지만 호메로스는 아킬레우스가 분노하게 된 원인을 거슬러 올라가면서 지금까지의 전쟁의 경과를 설명하고, 또 예시를 통해 앞으로 있을 아킬레우스의 죽음과 트로이의 몰락을 암시하면서 트로이 전쟁이 계속된 10년 전체를 아우른다.

그리스의 3대 비극작가 중 가장 연장자인 아이스킬로스Aischylos는 자신의 작품들은 호메로스의 위대한 성찬들을 한 입 베어 문 것에 불과하다고 말한 바 있다. 여기서 '호메로스의 위대한 성찬'이란 두 작품 『일리아스』와 『오디세이아』를 말한다. 이처럼 『일리아스』와 『오디세이아』는 호메로스 이후 수많은 작가의 모범이 되어 왔다. 특히 『일리아스』에 대해 세계

Jean Auguste Dominique Ingres, 〈호메로스의 신격화〉, 1827

12장 ○ 분노의 책 『일리아스』

문학계에서 보인 반응에는 두 가지 경향이 나타난다.

하나는 이 작품에 대한 이해 부족에서 아킬레우스의 영웅적인 행위를 인정하지 않는 것이다. 다른 하나는 로마문화의 전통이 우세하게 됨으로써 『일리아스』를 베르길리우스Vergilius의 『아이네이스』의 시각에서 자의적으로 해석하는 것이다. 벌써 기원전 1세기 전부터 반反영웅적인 관점에서 『일리아스』의 수많은 전투 장면이 희화되기 시작했다. 그 당시 출간된 『개구리와 생쥐 전쟁Batrachomyomachia』이라는 작품은 그리스군과 트로이군의 전투를 우스꽝스럽게도 개구리와 생쥐의 전쟁으로 바꾸어 놓았다.

이런 경향은 로마공화정 말기까지 계속되었다. 피비린내 나는 오랜 내전에 지친 사람들은 이제 평화를 갈망했다. 특히 오비디우스Ovidius와 프로페르티우스Propertius는 국가와 전쟁윤리를 앞세웠던 초기 로마의 전통을 거부하고 로마시민들에게 개인 생활, 그것도 '사랑'으로 돌아갈 것을 설파했다. 그들은 『일리아스』의 주인공 아킬레우스도 이에 걸맞게 전쟁영웅이 아닌 사랑에 빠진 영웅으로 변질시켰다. 프로페르티우스는 아킬레우스가 아가멤논에게 분노를 느낀 이유를 명예에 상처를 입어서가 아니라 브리세이스에 대한 사랑 때문으로 묘사했다.

오비디우스도 『사랑의 기술Ars Amatoria』에서 아킬레우스가 리코메데스의 딸 데이다메이아를 유혹한 것을 진짜 남자다운 행동으로 치켜세우고 있으며, 로마시인 스타티우스Statius도 아킬레우스를 아예 호색한 '돈 주앙'으로 만들었다. 특히 크레타의 딕티스Diktys와 프리기아Phrygia의 다레스Dares라는 작가는 『일리아스』의 축약본을 통해 아킬레우스를 보통의 평범한 인간으로 바꾸어 놓았으며, 그와 프리아모스의 딸 폴릭세네와의 사랑을 중심 테마로 다루었다.

다레스와 딕티스의 작품은 호메로스를 몰랐던 중세 초기에 라틴어로

Jean-Baptiste Deshays,
〈아가멤논의 두 전령에게 끌려
가는 브리세이스〉, 1761
아킬레우스와 헤어지면서 브리세
이스의 눈에서 눈물이 흐르는 것
으로 보아 그녀는 아킬레우스를
몹시 사랑한 것처럼 보인다.

까지 번역되어 중세 말기까지 트로이 전쟁을 다룬 작품의 모델이 되었다.
노르만계 영국인 브누아 드 생트모르B. de Sainte-Maure도 1160년 그들의 작
품을 토대로 『트로이 이야기Roman de Troie』를 썼다. 그는 특히 아킬레우스
를 중세의 기사로 등장시켜 그의 명예욕과 지상에서 불멸성을 얻으려는
노력을 죄악으로 평가했다. 그것은 바로 베르길리우스의 『아이네이스』의
영향 탓이다. 『아이네이스』는 로마인들의 조상인 헥토르와 아이네이아스
등 트로이인은 긍정적으로, 그들의 적수인 아킬레우스를 비롯한 그리스
인들은 부정적으로 묘사하고 있기 때문이다.

생트모르는 『아이네이스』의 시각에서 아킬레우스를 야만적인 폭군으
로 묘사하며 그에게 도덕적인 평가를 내리는 것도 서슴지 않았다. 그는
특히 아킬레우스와 파트로클로스의 우정을 당시엔 죄악이었던 동성애로
평가했다. 중세 독일에서도 생트모르의 영향으로 헤르보르트 폰 프리츨

라H. von Fritzlar가 1195년 튀링엔Thüringen 영주 헤르만Hermann 1세의 명령을 받아 『트로이의 노래Liet von Troye』를 만들었다. 그는 생트모르와는 달리 아킬레우스에 대해 다시 긍정적인 평가를 내렸다. 그렇다고 아킬레우스가 치르는 전투와 전쟁까지 긍정적으로 보지는 않았고 오히려 고통과 죽음의 원인으로 보았다.

13세기 후반의 독일 작가 콘라드 폰 뷔르츠부르크K. von Würzburg도 『트로이 전쟁Trojanerkrieg』이라는 책을 썼다. 그는 주로 아킬레우스, 헥토르, 헬레네에 시선을 집중하고 있으며 프리츨라와 비슷하게 인생의 무상함을 핵심 주제로 다루고 있다. 중세 후기와 근대 초기의 트로이 전쟁을 다룬 작품에서 서술 시각은 개인사를 넘어 세계사로까지 확대된다. 이 시기에 가장 성공적인 작품으로는 1380년 엘사스Elsass에서 작자 미상으로 발간된 『엘사스의 트로이의 서Elsässisches Trojabuch』를 들 수 있는데 그 저변에는 중세의 역사관이 깊게 깔려 있다.

이 책에 따르면 당대는 신성로마제국, 더 거슬러 올라가면 트로이에 그 뿌리를 두고 있다. 당대는 신성로마제국의 연속이고, 로마는 트로이의 유민 아이네이아스에 의해 세워졌기 때문에 결국 트로이에 그 뿌리를 두고 있다는 논리다. 14세기부터는 도시의 급격한 발달로 트로이를 도시 미학적으로 수용하기 시작했다. 트로이는 도시 중의 도시로, 세상에서 가장 크고 아름다우며 온갖 굉장한 건축물들이 산재하고 가장 값비싼 재물로 넘쳐나며 가장 성실한 사람들이 사는 최고로 수준 높은 도시라는 식이다.

🔲🔲🔲🔲🔲 (2) 🔲🔲🔲🔲🔲

미술사가 빙켈만, 괴테,
화가 멩스, 횔덜린

　1500년경부터는 지금까지 진행되었던 호메로스에 대한 모든 수용 방법이 자취를 감춘다. 이 시기의 모토는 '근원으로' 돌아가자는 것으로, 문학의 입장에서는 호메로스의 원본으로 돌아가자는 의미였다. 이런 시대적 조류의 영향으로 1488년 고대 이후 최초로 호메로스 작품의 번역본이 출간되어 보급되기 시작했다. 이와 함께 호메로스에 대한 관심도 생기긴 했지만 전문적인 수준은 아니었다. 그리스 문화에 대한 관심은 18세기 초까지는 학자들에게조차 미미한 수준에 머물렀기 때문이다.

　호메로스의 작품을 로마문화의 전통에서 벗어나 그리스 문화의 시각에서 최초로 전문적으로 연구하기 시작한 사람은 바로 18세기 중반에 활동한 독일의 미술사가이자 고고학자인 요한 요아힘 빙켈만J. J. Winckelmann이다. 빙켈만은 그리스어에 능통하였으며 호메로스가 쓴 많은 구절을 자기 자신의 실존적인 상황, 욕구, 의도에 따라 해석할 정도로 그의 작품에 열광했다.

　가령 그는 심신이 힘들 때는 오디세우스가 시녀들이 구혼자들과 놀아나는 것을 보고도 나중에 처절하게 복수하기 위해 분을 삭이며 하던 말을

Anton Raphael Mengs,
〈요한 요하임 빙켈만〉, 1777년경
빙켈만이 오른손에 들고 있는 책등에
그리스어로 '일리아스(Ilias)'가 적혀
있다.

되뇌었다. "참아라, 내 마음이여! 너는 이보다도 더한 모욕도 참아 내지 않았던가!" 또한 자신이 독학으로 공부한 것을 빗대서는 페넬로페의 구혼자들을 위해 노래를 불렀던 음유시인 페미오스Phemios의 말을 인용했다. "아무도 저를 가르쳐 주지 않았어요. 어떤 신이 제 영혼에 온갖 노래를 심어 주셨던 것이지요."

빙켈만에게 이처럼 호메로스의 글은 곧 자신의 인생 지침서가 될 정도였다. 그는 1754년 드레스덴Dresden에 정착하게 되자 친구인 베렌디스H. D. Berendis에게 이렇게 썼다. "나는 이번 겨울, 그런 신성한 작품이라면 당연한 일이지만, 온 정성을 다해 호메로스 작품만 세 번이나 읽었네." 또한 로마에 머물 때인 1764년에는 후배 화가 퓌슬리J. H. Füssli에게 보낸 편지에서 과거 교사 시절을 회상하며 호메로스의 비유들을 기도문처럼 암송하고 싶었는데 어쩔 수 없이 아이들을 가르치며 알파벳이나 외우게 해야 했던 그때가 너무 힘든 시기였다고 고백하고 있다.

빙켈만이 편지에서 호메로스의 작품을 "신성한 작품"이라고 말하거나 "비유들을 기도문처럼 암송하고 싶다"고 말한 것을 보면 그에게 호메로스의 작품은 결국 인생의 지침서를 넘어 세속적인 성서로까지 승화된다. 그가 말년에 호메로스를 자주 '신과 같은 시인', 혹은 '성스러운 호메로스'라고 부른 것은 결코 우연이 아니다. 빙켈만은 강도의 칼에 찔려 죽는 순간까지도 호메로스의 책과 함께 있었다. 경찰 신문조서에 따르면 강도는 그리스어를 알지 못했기 때문에 빙켈만의 책상 위에 이상한 글씨로 가득 찬 책이 한 권 펼쳐져 있는 것을 보고 피살자가 스파이나 유대인이 아닌가 하고 의심했다고 한다.

그 책은 바로 로마시인 플라우투스Plautus와 마르티알리스Martialis가 『일리아스』와 함께 펴낸 그리스어판 『오디세이아』였다. 빙켈만이 즐겨 읽었던 이 두 책은 결국 경찰의 피의자 신문조서와 함께 그의 유품으로 남았다. 특히 빙켈만과 동시대를 살았던 안톤 라파엘 멩스A. R. Mengs가 그린 그의 초상화 오른손에 들려 있는 책이 바로 『일리아스』다. 아마 멩스는 빙켈만의 삶에서 『일리아스』가 『오디세이아』보다 더 큰 비중을 차지하고 있다는 사실을 상징적으로 보여 주고 싶었던 것이리라.

18세기 독일 고전주의 작가 괴테J. W. von Goethe가 거의 숭배에 가까울 정도로 호메로스를 사랑한 것은 아주 잘 알려진 사실이다. 그는 호메로스의 『일리아스』와 『오디세이아』에 등장하는 장면을 『젊은 베르테르의 슬픔Die Leiden des jungen Werthers』 등 작품에 자주 활용하다가 결국 『아킬레이스Achilleis』라는 작품을 쓰기로 계획을 세운다. '아킬레이스'는 '아킬레우스의 노래'라는 뜻이다. 이 작품은 『일리아스』의 사건 진행을 그대로 따라간 것이 아니라 마지막 부분에 초점을 맞추고 있다.

괴테의 아킬레우스는 멀리 트로이 성내 헥토르의 화장단에서 연기가 피어오르는 것을 보고 임박한 자신의 죽음을 생각한다. 특히 그의 죽음에 대한 상념은 나중에 사후 합장하기 위해 파트로클로스의 무덤 곁에 만들어 놓은 자신의 가묘를 보고 더욱 깊어진다. 그는 특히 자신이 요절할 것을 알고부터는 삶에 대해 더욱더 체념적인 자세로 일관한다. 괴테는 호메로스의 아킬레우스를 독일 고전주의의 핵심어인 '체념(Entsagung)'과 절묘하게 연결시키고 있는 셈이다.

괴테의 아킬레우스는 아무리 신들의 은총을 한 몸에 받고 있고, 이 세상에서 불멸의 명예를 얻는다는 신탁을 받았어도 짧은 삶에 대해 비애만 느낄 뿐이다. 하지만 괴테는 1799년 4월 2일 프리드리히 실러에게 총 8장으로 구상한 『아킬레이스』의 첫 장을 완성하여 보낸 이후 그 작품을 더 이상 쓰지 않아 그 결말을 알 수 없다. 그래도 편지 등을 통해 괴테가 남긴 여러 기록에 따르면 그 작품의 핵심 테마는 결국 아킬레우스와 프리아모스의 딸 폴릭세네의 사랑이었음을 알 수 있다.

프리드리히 횔덜린F. Hölderin에게 호메로스의 『오디세이아』는 없는 것과 마찬가지였다. 그에게 호메로스는 『일리아스』의 저자로만 알려져 있을 뿐이었다. 그는 마울브론Maulbronn에서 현재 우리나라의 중·고등학교에 해당하는 김나지움에 다닐 때 벌써 『일리아스』의 총 24권 중 맨 처음두 권을 독일어로 번역할 정도로 호메로스에 심취했다.

『일리아스』에서 특히 횔덜린의 관심을 끈 것은 브리세이스를 빼앗아 간 아가멤논 때문에 몹시 마음이 상한 아킬레우스가 해변에서 그것을 한탄하며 어머니인 바다의 여신 테티스에게 하소연하는 장면이다. 이 장면이 그의 다음을 사로잡은 것은 아킬레우스의 사그라질 줄 모르고 계속 일어나는 분노, 아들의 명예를 높여 달라고 제우스에게 간청하는 테티스, 트로이군과의 전투에서 계속되는 그리스군의 패배 등 그 후 이어지는 사건들을 모두 예시하고 있기 때문이다.

Giovanni Battista Tiepolo,
〈아킬레우스를 달래는 테티스〉,
1757

12장 ○ 분노의 책 『일리아스』

Day 142

(3)

클라이스트, 트로이를 발굴한
고고학자 슐리만

휠덜린은 『히페리온*Hyperion*』의 초판본과 「아킬레우스」라는 시에서도 계속해서 이 장면에 주목하여 애인 주제테 곤타르트S. Gontard와 헤어진 자신의 심정을 아가멤논에게 브리세이스를 빼앗긴 아킬레우스의 슬픔에 투영했다. 휠덜린은 「아킬레우스」에서 이렇게 한탄했다.

"오, 신의 아들이시여! 제가 만약 당신이라면, 저도 하늘의 신 중 한 분께 저의 내밀한 고통을 마음껏 털어놓을 수 있으련만."

휠덜린이 아킬레우스에게 얼마나 애정을 품고 있었는지는 「므네모시네」라는 시에서 그를 "나의 아킬레우스"라고 칭하며 그가 트로이의 "무화과나무 옆에서 죽어 내 곁을 떠났다"고 한탄하는 데에서도 확인할 수 있다. 그렇다면 도대체 아킬레우스의 어떤 점이 휠덜린의 마음을 사로잡았을까? 그것은 바로 그가 『일리아스』에 등장하는 아가멤논, 아이아스, 오디세우스 등 다른 영웅들과는 사뭇 다르게 "아주 강하면서도 아주 부드러운(so stark und so zart)" 성격을 동시에 지녔기 때문에, 다시 말해 "사자의 힘(Löwenkraft)"과 더불어 "정신과 우아함(Geist und Anmut)"을 동시에 겸비한 인물이었기 때문이다.

휠덜린이 홈부르크 시절에 쓴『일리아스』에 관한 두 편의 단상 또한 호메로스에 대한 비판적인 시각으로 그 당시 학계의 이목을 끌었던 아우구스트 볼프A. Wolf의「호메로스 서설Prolegomena ad Homerum」에도 전혀 아랑곳하지 않고 그가『일리아스』를 얼마나 통일적인 작품으로 여기고 있는지 여실히 보여 준다. 그에 따르면 아킬레우스는 그 작품에서 일어나는 모든 사건의 출발점이자 모든 사건을 돌아보게 하는 중심인물이다.

1807년 출간된 하인리히 폰 클라이스트H. von Kleist의 드라마『펜테실레이아』도 호메로스의『일리아스』의 영향으로 만들어진 작품이다. 그가 이 작품을 24권으로 이루어진『일리아스』처럼 24막으로 구분한 것은 결코 우연이 아니다. 하지만 이 작품은 호메로스의『일리아스』에는 등장하지 않는 아마존 여왕 펜테실레이아와 아킬레우스 이야기를 주요 내용으로 다루었다. 그리스 신화에 따르면 아킬레우스는 아마존 전사를 이끌고 트로이를 도와주러 온 펜테실레이아를 일대일 결투에서 죽인다.

하지만 클라이스트는 이 이야기를 정반대로 바꾸어 놓았다. 여기서는 펜테실레이아가 아킬레우스를 죽인다. 그녀는 처음부터 용맹스러운 아킬레우스에게 반해 그와의 일대일 결투에서 이겨 아마존족의 관습에 따라 그를 포로로 데려가려 한다. 그의 피를 이어받은 아마존 전사의 후손을 낳기 위해서다. 마찬가지로 전장을 휘젓고 다니는 펜테실레이아를 보고 첫눈에 사랑에 빠진 아킬레우스는 그녀에게 일대일 결투를 신청한다. 고의로 져서 펜테실레이아의 포로가 되어 그녀의 사랑을 얻기 위해서다.

하지만 막상 결투가 벌어져 허술하게 싸우는 아킬레우스에게 실망한 펜테실레이아는 그의 진심도 모른 채 맹견들과 함께 그에게 달려들어 그

의 몸을 물어뜯는다. 죽어가는 아킬레우스에게서 전후 사정을 알게 된 펜
테실레이아는 절망한 나머지 스스로 목숨을 끊는다. 이 작품에서도 아킬
레우스는 명예와 영웅적인 행동을 갈망하는 전사라기보다는 사랑에 빠
진 낭만적인 남자로 등장한다.

더구나 클라이스트의 작품에서 중심인물은 펜테실레이아이고 아킬레
우스는 부차적인 역할을 할 뿐이다. 모든 사건 진행이 그녀를 중심으로 벌
어지고 진행된다. 아킬레우스마저도 그녀의 마력魔力적이고 원초적인 사
랑의 힘에 휩쓸려 들어간다. 이런 구상은 클라이스트의 반고전주의적인 성
향과 일맥상통한다. 클라이스트가 이 작품을 쓰면서 염두에 둔 것도 조화,
균형, 절제를 모토로 한 당시 주류인 고전주의의 수장이자 문단 권력이었던
괴테의 『타우리스의 이피게네이아*Iphigenie auf Tauris*』에 반하는 작품이었다.

20세기가 되자 『일리아스』는 『오디세이아』에 비해 전혀 문학적으로 형
상화되지 못했다. 하지만 19세기 후반 『일리아스』의 이야기는 하인리히

〈아킬레우스와 펜테
실레이아의 결투〉,
기원전 5세기경
(그리스 도기 그림)

슐리만에 의해 위대한 역사적인 사건이 되었다. 지금까지 신화 속 도시로만 알려져 있던 트로이가 그의 발굴로 진짜 역사상 존재했던 도시임이 만천하에 드러났기 때문이다.

　슐리만이 처음으로 호메로스의 작품을 들은 것은 메클렌부르크의 소매상에서 말단 직원으로 일할 때였다. 술 취한 어떤 직원이 김나지움 다닐 때 배웠다며 그리스어로 직원들 앞에서 호메로스의 작품을 100행이나 암송했기 때문이다. 슐리만은 그때 처음으로 그리스어를 들었지만 아름다운 운율에 아주 깊은 인상을 받고 그리스어를 배우지 못한 자신의 신세를 한탄하며 속으로 뜨거운 눈물을 흘렸다.

하인리히 슐리만

하인리히 슐리만의 무덤
(그리스 아테네 제1공동묘지)

슐리만은 그 후 20년 동안 열심히 일하여 엄청난 부를 쌓으면서도 이날의 눈물을 결코 잊지않고 그리스어를 비롯한 외국어 공부에 매진했다. 그 결과 그는 1866년 파리에서 대학 공부를 시작하기 전 이미 폴란드어, 덴마크어, 스웨덴어, 라틴어, 그리스어 등 15개 외국어를 마음대로 구사하고 읽을 수 있었다. 슐리만의 그리스 사랑은 어렸을 적 꿈이었던 트로이와 미케네를 발굴하고도 평생 식을 줄 몰랐다.

그는 1869년 심지어 그리스 여자와 재혼하기 위해 슬하에 세 아이를 둔 첫 번째 아내와 이혼하기도 했다. 그는 옛 그리스어 선생이자 만티네이아Mantineia 그리스 정교회 대주교였던 테오클레토스 빔포스T. Vimpos에게 보낸 편지에서 이렇게 썼다.

> "저는 제게 도움을 줄 수 있고 동료가 될 수 있는 그리스 여자가 필요합니다. 호메로스의 작품을 유창하게 읽을 수 있고 고대 그리스어와 문학, 고대사, 고고학, 지리학에 깊은 관심을 지닌 그런 여자 말입니다."

슐리만은 결국 이혼 직후 대주교의 소개로 소피아 엥가스트로메노스S. Engastromenos라는 그리스 여자를 두 번째 아내로 맞이했다. 슐리만은 이 결혼에서 태어난 남매의 이름도 각각 '안드로마케'와 '아가멤논'이라고 지어주었으며, 자신이 고용한 직원들에게도 호메로스의 작품에 나오는 이름으로 별명을 지어 주었다. 아테네에 있던 그의 저택 이름도 '일리온 궁전'이라는 뜻의 '일리우 멜라트론Ἰλίου Μέλαθρον, Iliou Melathron'이었고, '아테네 제1공동묘지'에 아크로폴리스의 아테나 니케 신전을 모델로 조성된 그의 영묘 프리즈에도 그의 유언에 따라 『일리아스』의 장면들이 부조로 새겨져 있다.

귀향의 책
『오디세이아』

출생, 허벅지의 흉터,
병역을 피하려고 부린 잔꾀

트로이Troy 전쟁이 끝나고 오디세우스Odysseus는 곧장 고향으로 돌아가지 못한 채 10년 동안 바다를 방랑한다. 그는 트로이 전쟁을 치르면서 10년을 보냈으니 꼬박 20년 만에 귀향하는 셈이다. 호메로스는 『일리아스』에서 오디세우스를 계속해서 '계책에 능한' 인물로 치켜세운다. 그는 과연 계책의 달인답게 20년 동안 어떤 시련이 닥쳐도 온갖 지혜를 발휘해서 모든 시련을 이겨 낸다.

오디세우스가 10년 동안 바다에서 겪은 모험담을 엮은 책이 바로 호메로스의 『오디세이아』다. '오디세이아'는 '오디세우스의 이야기'라는 뜻으로, 영어로는 'Odyssey'라고 하는데 우리말로는 '오디세이' 혹은 '오딧세이'라고 표기한다. '오디세이아Odysseia'에 s가 두 개 있는 것을 고려하여 '오딧세이아'로 쓰는 경우도 있다. '오디세이'라는 말이 들어간 책이나 TV 프로그램이 있는데 그것은 오디세우스가 10년 동안 바다를 방랑하면서 많은 경험을 한 것처럼 그 분야를 한번 두루 살펴보겠다는 의미다.

『오디세이아』에는 3개의 시간대가 서로 교차하고 있다. 첫째는 오디세우스가 직접 바다를 방랑하고 있을 때의 시간대다. 이 시간대는 작품에서 오디세우스가 뗏목을 타고 칼립소Kalypso가 사는 섬을 떠나 파이아케스Phaiakes인들의 나라를 거쳐 고향 이타케Ithake섬으로 돌아오는 과정까지의 이야기다.

둘째는 108명의 구혼자들이 오디세우스가 죽은 줄 알고 궁전에 진을 치고 페넬로페Penelope에게 자신들 중 하나를 택해 결혼하라고 협박하는 오디세우스의 궁전의 시간대다.

셋째는 오디세우스가 그동안의 모험을 회상하면서 파이아케스인들의 왕 알키노오스Alkinoos와 그의 신하들에게 이야기할 때 나타나는 과거의 시간대다.

이 3개의 시간대는 오디세우스가 고향 이타케섬에 도착하면서 비로소 오디세우스의 궁전의 시간대 하나로 통합된다. 앞으로 전개될 오디세우스의 모험은 호메로스의 『오디세이아』에 근거한 것이다. 하지만 독자들의 편의를 위해 『오디세이아』의 복잡한 3개의 시간대를 사용하지 않고 사건이 일어나는 순서대로 재구성한 것이다.

『오디세이아』는 오디세우스가 트로이 전쟁과 전쟁 전에 겪었던 일에 대해서는 알려 주지 않는다. 그래서 오디세우스의 모험 속으로 구체적으로 들어가기 전에 우선 오디세우스의 어린 시절을 비롯하여 바다를 방랑하기 전 그의 행적과 그리스군의 귀향 과정을 간단하게 알아보는 것이 필요하다.

오디세우스는 이타케의 왕 라에르테스Laertes와 아우톨리코스Autolykos의 딸 안티클레이아Antikleia 사이에서 외아들로 태어났다. 다른 설에 의하면 안티클레이아가 라에르테스와 결혼하기 전에 신들을 속일 정도로 교활한 시시포스Sisyphos에게 납치됐을 때 오디세우스를 임신했다가 결혼한 후에 낳았다고 한다. 계책에 능한 그의 성격은 바로 이 시시포스와 전설적인 도둑이었던 외할아버지 아우톨리코스에게서 물려받았다는 것이다.

오디세우스가 태어나고 얼마 지나지 않아 외할아버지 아우톨리코스가 이타케를 방문하자 딸 안티클레이아가 손자 이름을 지어 달라고 했다. 그러자 노인은 마침 무슨 이유에서인지 화가 많이 나 있었기 때문에 '화내는 자'라는 뜻의 '오디세우스'라는 이름을 지어 주었다. 아우톨리코스는 자신의 고향인 파르나소스Parnassos산 기슭으로 돌아가면서 아이가 장성해서 찾아오면 많은 선물을 주겠다고 약속했다. 나중에 오디세우스가 성인이 되어 찾아오자 그는 약속대로 손자에게 많은 선물을 주었다.

오디세우스는 그때 외삼촌들과 사냥을 나갔다가 저돌적으로 달려드는 멧돼지의 날카로운 이빨에 물리고 말았다. 그는 이 사건으로 허벅지에 평생 큰 흉터를 갖고 살았다. 그 후 메세네Mesene의 가축 도둑들이 이타케에 와서 300마리의 양을 훔쳐 가고 양치기들을 납치해 갔다. 그러자 당시 이타케의 왕 라에르테스와 장로들은 양과 양치기들을 찾기 위해 오디세우스를 메세네로 보냈다. 그때 오디세우스는 오르틸로코스Ortilochos의 집에 머물다가 이미 고인이 된 오이칼리아의 왕 에우리토스Eurytos의 큰아들 이피토스Iphitos를 만났다.

이피토스도 마침 잃어버린 암말들을 찾아 그곳에 왔었다. 두 사람은 이내 서로에게 호감을 느껴 친구가 되기로 의기투합하였고, 이피토스는 그 기념으로 오디세우스에게 커다란 명품 활과 화살을 주었다. 그것은 바로 궁수로 이름을 날렸던 자신의 아버지가 사용하던 것이었다. 오디세우스는 이 활과 화살을 애지중지하여 트로이에도 갖고 가지 않고 집에 잘 보관해 두었다. 그는 20년 후 귀향하여 이 활로 구혼자들을 몰살한다.

그 당시 그리스 도시국가의 젊은 왕자들이 거의 모두 그런 것처럼 오디세우스 또한 스파르타Sparta의 왕 틴다레오스Tyndareos의 딸 헬레네Helene의 구혼자였다. 그는 사람의 성격을 꿰뚫어 보고 있었기 때문에 헬레네가 당대 최고 명문가 출신의 메넬라오스Menelaos를 선택할 것으로 짐작했다. 그래서 쓸데없이 그녀의 마음을 사기 위해 선물을 쓰지 않고 틴다레오스와 다른 협상을 벌였다. 틴다레오스는 당시 헬레네가 구혼자 중 하나를 선택하면 선택받지 못한 구혼자들이 폭동을 일으킬까 봐 두려워하고 있었다.

오디세우스는 그 마음을 간파하고 만약 틴다레오스가 그의 형제인 이카리오스Ikarios를 설득하여 딸 페넬로페를 자신의 아내로 주도록 도와 준다면 그 골치 아픈 문제를 말끔히 해결해 주겠다고 약속했다. 틴다레오스가 자신의 말에 동의하자 오디세우스는 그에게 구혼자들을 모아 놓고 헬레네의 남편이 정해지면 그 결과를 받아들일 것이며, 이후 그녀의 남편에게 불행한 일이 생기면 힘을 합해 도와주겠다는 맹세를 시키라고 조언했다. 구혼자들이 모두 맹세하자 틴다레오스는 약속한 대로 이카리오스에게 오디세우스를 사위로 천거했다.

오디세우스의 재치 있는 충고로 틴다레오스는 어려움에서 벗어났지만 오디세우스는 곧 난처한 상황에 빠졌다. 헬레네가 메넬라오스와 결혼한 지 9년 만에 트로이의 왕자 파리스Paris에게 납치당하는 사건이 벌어진 것이다. 메넬라오스는 당장 형이자 미케네Mykene의 왕 아가멤논Agamemnon에게 도움을 요청했다. 그러자 그는 헬레네의 구혼자들에게 전령을 보내 그들이 예전에 틴다레오스에게 했던 맹세를 근거로 출정을 요청했다.

이때 아가멤논의 명령으로 오디세우스를 데려오는 임무를 맡은 인물이 바로 아가멤논의 동생 메넬라오스와 아르골리스Argolis 지방의 영웅 팔라메데스Palamedes였다. 그때 달콤한 결혼생활에 빠져 있던 오디세우스는

Jacopo Tintoretto, 〈헬레네의 납치〉, 1580

귀찮은 출병 의무에서 벗어나 보려고 잔꾀를 부렸다. 그는 그들이 온다는 얘기를 듣고 밭에 나가 미친 시늉을 했다. 오디세우스는 어릿광대 모자를 쓰고 당나귀와 말이 끄는 쟁기로 밭을 가며 씨앗 대신 소금을 뿌렸다. 하지만 팔라메데스는 금세 그의 술수를 꿰뚫어 보았다.

그는 곁에서 남편을 지켜보던 페넬로페의 품에서 얼른 젖먹이 아들 텔레마코스Telemachos를 낚아채 쟁기 앞에 갖다 놓으며 당장 어설픈 속임수를 그만두라고 꾸짖었다. 그러자 오디세우스는 아들을 피해 쟁기를 몰 수밖에 없었고 결국 속임수는 들통이 나고 말았다. 다른 설에 의하면 팔라메데스는 오디세우스가 보는 앞에서 아들을 칼로 내려치는 시늉을 했다. 그러자 오디세우스가 화들짝 놀라며 달려와 말리는 바람에 속임수가 들통나고 말았다.

계책이 탄로 나자 오디세우스는 어쩔 수 없이 트로이 원정에 동참했다. 오디세우스는 이때부터 자신을 전쟁으로 내몬 팔라메데스에게 깊은 원한을 품게 되었다. 이렇듯 오디세우스는 마지못해 전쟁에 참여했건만 아가멤논은 모든 장수들 중 그를 가장 미더워했다. 오디세우스는 계책과 술수에 능통한 꾀돌이이자 『삼국지』의 제갈공명과 같은 유능한 책사였기 때문이다.

작가 미상, 〈거짓으로 미친 척하는 오디세우스〉, 17세기

13장 ○ 귀향의 책 『오디세이아』

아킬레우스의 설득, 스승 멘토르,
계책과 술수의 달인

아가멤논은 트로이에 전쟁을 선포한 뒤 행방이 묘연한 아킬레우스 Achilleus를 끌어들이기 위해 갖은 애를 썼다. 아킬레우스는 프티아Phthia 의 왕 펠레우스Peleus와 바다의 여신 테티스Thetis의 아들로, 헬레네가 결혼 할 당시에는 나이가 어려 구혼자는 아니었다. 하지만 9년 후 트로이 전쟁 이 발발하자 그리스군이 전쟁에서 이기려면 그가 꼭 참전해야 한다는 신 탁이 내려졌다. 결국 아가멤논의 부탁을 받은 오디세우스가 수소문 끝에 아들을 끔찍이도 사랑했던 테티스의 계략으로 어렸을 때부터 스키로스 Skyros섬의 리코메데스Lykomedes 왕의 공주들 사이에 숨어 살던 아킬레우스 를 찾아내 설득해서 아가멤논 앞으로 데려왔다.

이때 오디세우스는 방물장수로 변장하고 공주들에게로 접근해서 예쁜 빗이나 머리핀 등 그들이 좋아할 만한 물건들을 잔뜩 늘어놓았다. 공주들 이 모두 모여 물건들을 구경하고 있는 동안 오디세우스는 갑자기 멋진 보 검을 그 위에 살짝 던져 놓았다. 그러자 유독 어떤 공주가 그 보검을 들고

Louis Gauffier, 〈리코메데스의 딸들 사이에서 아킬레우스를 찾아내는 오디세우스〉, 1791년경

칼집에서 칼을 빼 살펴보며 깊은 관심을 보이는 것을 보고 그를 찾아냈다. 다른 설에 의하면 오디세우스는 리코메데스 궁전을 찾아가 공주들의 처소 앞에서 전쟁 나팔을 불자 공주 한 명이 칼을 들고 튀어나오는 것을 보고 아킬레우스를 찾아냈다.

오디세우스는 부하들과 함께 12척의 함선 그리고 이타케, 케팔레니아 Kephallenia, 자킨토스Zakynthos를 비롯한 그 주변에 있는 섬들의 청년으로 이루어진 부대를 이끌고 집결지였던 보이오티아Boiotia의 아울리스Aulis항으로 왔다. 그는 궁전을 떠나기 전 절친이었던 멘토르Mentor에게 자신이 없는 동안 어린 아들 텔레마코스의 교육을 맡겼다. 바로 그의 이름과 역할에서 '스승'을 뜻하는 '멘토' 혹은 '멘터'라는 말이 나왔다.

『오디세이아』에서 멘토르는 자주 등장하지 않는다. 작품 처음에 텔레마코스가 백성들 전체 회의를 소집하여 구혼자들을 강하게 비난하는 연설을 할 때 혼자서 과감하게 그의 편을 들었다가 그들의 협박으로 침묵한 후로는 거의 모습을 보이지 않는다. 하지만 작품 마지막에 구혼자들과 싸우는 절체절명의 순간, 아테나가 멘토르의 모습을 하고 나타나 텔레마코스를 격려하는 것을 보면, 비록 『오디세이아』에는 그의 역할이 자세하게 서술되어 있지는 않아도, 오디세우스가 없는 동안 멘토르가 텔레마코스에게 얼마나 든든한 정신적인 지주 역할을 했는지 충분히 짐작할 수 있다.

17세기 프랑스 작가 프랑수아 페늘롱F. Fénelon은 『텔레마코스의 모험Les Aventures de Télémgue』이라는 책에서 특히 멘토르의 역할에 주목했다. 이 책에서 멘토르는 아버지를 찾아 나선 텔레마코스와 동행하며 따끔한 조언을 아끼지 않았다. 멘토르는 텔레마코스가 한때 난파당했다가 칼립소의 섬에 표착하여 그곳에서 만난 칼립소의 시녀이자 요정인 에우카리스Eucharis와 헤어지는 것을 못내 아쉬워하자 그에게 이렇게 말했다.

> "자신의 약점과 애욕의 폭력성을 깨닫지 못한 사람은 아직 현명하다고
> 볼 수 없다. 아직 자신을 모를 뿐 아니라 자신을 불신하는 법도 모르기
> 때문이다."

총 1,186척이나 되는 그리스 함선들이 아울리스항에 모여 2년 동안 훈련을 마친 후 출항하려고 했으나 바람이 불지 않아 꼼짝 못 하게 되자, 예언가 칼카스Kalchas가 아가멤논의 큰딸 이피게네이아Iphigeneia를 바쳐 여신 아르테미스의 분노를 풀어 주어야 바람이 분다는 신탁을 알려 줬다. 아가멤논이 예전에 아울리스항 근처 산으로 사냥을 나갔다가 자신도 모르게 아르테미스가 가장 아끼는 사슴을 잡아 여신의 분노를 샀다는 것이다. 다

Raymond Auguste Quinsac Monvoisin, 〈텔레마코스와 에우카리스〉, 1824

13장 ○ 귀향의 책 『오디세이아』

른 설에 의하면 그날따라 사냥감이 쉽게 잘 잡히자 우쭐한 마음에 동행한 사람들에게 자신은 사냥의 여신 아르테미스보다 더 사냥을 잘한다고 오만을 떨어 여신의 분노를 샀다.

아가멤논은 신탁을 듣더니 당장 오디세우스와 디오메데스Diomedes를 미케네로 파견하여 아내 클리타임네스트라Klytaimnestra를 설득해 딸을 데려오도록 했다. 이때 오디세우스는 클리타임네스트라에게 이피게네이아를 그리스 연합군 최고의 전사 아킬레우스와 결혼시킨다고 거짓말을 했다. 그 후 그들이 이피게네이아를 데려와 아르테미스 여신에게 제물로 바치자 정말 거짓말처럼 바람이 불어 그리스 함대는 마침내 트로이를 향해 출항했다.

그리스 함선들이 트로이로 가다가 에게해의 크리세Chryse섬에 잠시 기항했을 때 7척의 함선과 함께 말로스Malos의 군대를 이끌던 필록테테스Philoktetes가 불행하게도 풀 섶에 숨어 있던 물뱀에 물렸다. 그 후 그가 내지르는 신음소리와 상처에서 나는 악취는 그리스군을 극심한 고통에 빠뜨렸다. 결국 그리스군은 필록테테스를 렘노스Lemnos섬에 내려놓고 떠났다. 이런 방책을 고안한 것도 바로 오디세우스였다.

마침내 트로이 해안에 상륙한 그리스군은 우선 오디세우스와 메넬라오스를 트로이 성에 특사로 파견했다. 그들이 프리아모스Priamos 왕에게 헬레네와 그녀가 가져간 보물을 돌려주면 철수하겠다고 하자 트로이인들은 일언지하에 거절하고 심지어 그들을 죽이려고 했다. 그들은 특사를 죽여서는 안 된다고 만류하는 트로이의 원로 안테노르Antenor의 도움으로 간신히 목숨을 건졌다.

오디세우스는 특히 자신을 모욕하거나 마음을 상하게 한 자들은 그게 누구든 절대 용서하지 않았다. 그래서 자신의 속임수를 간파하여 자신을 전쟁터로 끌어들인 팔라메데스에게 전쟁 내내 앙심을 품고 있다가 기회를 틈타 처절하게 복수했다. 앞서 '분노의 책 『일리아스』'에서 언급한 것처럼, 트로이 전쟁이 막바지로 치닫고 있을 때 오디세우스는 트로이군 포로를 위협하여 트로이의 왕 프리아모스가 팔라메데스에게 보내는 가짜 편지를 쓰게 했다.

오디세우스는 마치 팔라메데스가 이전에 트로이의 왕 프리아모스에게 그리스군 정보를 넘겨주고 그 대가로 황금을 받은 것처럼 편지 내용을 꾸몄다. 또한 팔라메데스의 노예를 매수하여 주인의 막사 땅 밑에 황금을 묻게 하고 그 포로는 풀어 주는 척했다가 뒤따라가 죽였다. 이어 편지는 자신이 갖고 있다가 포로의 몸에서 발견했다며 아가멤논에게 전했다. 결국 팔라메데스는 이 편지와 그의 막사 땅 밑에서 발견된 황금 때문에 아무 죄도 없이 반역죄로 체포되어 동료들의 돌 세례를 맞고 억울하게 죽고 말았다.

오디세우스는 이처럼 아무 죄도 없는 팔라메데스를 모함해서 죽일 만큼 술수와 계책 그리고 뛰어난 웅변술로 명성을 날렸다. 호메로스에 의하면 그는 키는 작았어도 이상하리만치 넓은 가슴과 떡 벌어진 어깨를 갖고 있었다. 회의에서 그가 발언권을 잡고 말을 할 때면 처음에는 어눌하고 서툴러 보이지만 잠시 뒤 탄력을 받아 그윽한 목소리가 튀어나오면서 이런 첫인상은 사라지고 이내 그의 연설은 청중의 마음을 휘어잡았다. 그가 설득해서 소기의 목적을 달성하지 못한 적은 단 한 번밖에 없었다.

그것은 대大 아이아스Aias와 포이닉스Phoinix 노인과 함께 토라진 아킬레우스를 설득하러 갔을 때였다. 아킬레우스는 자신의 전리품으로 받은 브리세이스Briseis라는 여인을 아가멤논이 빼앗아 가자 분노하여 전장에서 발을 뺀 채 막사에 머물며 귀향할 채비를 하고 있었다. 오디세우스는 이

13장 ○ 귀향의 책 『오디세이아』

런 아킬레우스에게 아가멤논의 사과와 보상 의사를 전하며 전투에 다시 참여해 달라고 부탁했지만 단단히 마음이 상한 아킬레우스는 설득당하지 않았다.

오디세우스는 트로이 전쟁 중 그리스군이 위기에 처할 때마다 특유의 술수와 기지를 발휘하여 위험에서 벗어나도록 했다. 물론 그는 트로이 전쟁 내내 술수와 계책만 사용한 게 아니라 아무리 위험한 일이라도 마다하지 않고 자청해서 해냈다. 그는 자주 디오메데스와 콤비를 이루어 임무를 완수하곤 했다.

Rembrandt, 〈아가멤논 앞의 팔라메데스〉, 1626

트로이에서의 활약,
대大 아이아스의 자살, 목마 전술

『일리아스』에 따르면 아가멤논이 어느 날 밤 장수들의 긴급회의를 소집하여 트로이군의 정찰이 필요함을 역설하자 오디세우스는 디오메데스와 함께 용감하게 척후병으로 자원한 뒤, 트로이군 진영으로 잠입하여 큰 전공을 세웠다. 그들이 막 그리스군 진영을 나서 트로이군 진영으로 들어가려는 순간 우연히 멀리서 트로이군 진영에서도 돌론Dolon이라는 자가 늑대 가죽을 둘러쓴 채 아군 진영으로 잠입하려는 것을 발견하고, 길목에 매복했다가 그를 생포하여 트로이군의 배치 상태를 알아낸 다음 죽였다. 또 그로부터 갓 도착하여 곯아떨어져 있느라 방비가 가장 허술할 것이라고 들은 트로이의 동맹군 트라케Thrake군을 급습하여 레소스Rhesos 왕과 부하 12명을 살해하고 왕의 명마 두 마리까지 전리품으로 챙겨 그리스 진영으로 몰고 왔다.

오디세우스는 또한 대大 아이아스와 함께 트로이군으로부터 아킬레우스의 시신을 빼앗아 오기도 했다. 그때 오디세우스가 용감하게 적들을 막

〈돌론〉, 기원전 460년경
(그리스 도기 그림)

아 내는 사이, 대大 아이아스는 아킬레우스의 시신을 업고 나왔다. 하지
만 나중에 이 두 장수는 누가 전사한 아킬레우스의 갑옷을 차지할 것인가
를 놓고 경합을 벌이는 경쟁자가 되었다. 각각 자신들이 그리스군을 위해
더 큰 공적을 세웠다고 주장하며 하나하나 열거했다. 결국 오디세우스가
월등한 웅변술로 심판관이었던 장수들의 마음을 사로잡아 아킬레우스의
갑옷을 물려받는 것으로 정해졌다. 그러자 대大 아이아스는 엄청난 치욕
을 느끼고 광기에 빠져 자살하고 말았다.

　다른 설에 의하면 아킬레우스의 어머니 테티스가 전사한 아들의 무기
를 가장 용감한 그리스군 장수에게 주겠다고 선언하자 오디세우스와 대
大 아이아스가 아킬레우스의 시신을 사수한 자신들이 바로 그 무기의 임
자라며 나섰다. 그들이 동료 장수들 앞에서 입에 침이 마르도록 그때의
무훈을 자랑하는 동안, 아가멤논은 백전노장 네스토르Nestor의 충고대로
밤에 트로이 성에 첩자를 파견하여 이 전공에 대한 트로이인의 의견을 염
탐하도록 했다. 트로이 성에 은밀하게 잠입한 그 첩자는 초저녁에 빨래터
에서 빨래하며 수다를 떨고 있던 젊은 여자들의 대화를 엿들었다.

그들 중 한 여자가 폭풍우처럼 쏟아지는 트로이군의 화살을 뚫고 전사한 아킬레우스의 시신을 어깨에 둘러메고 전장에서 빼내 간 대大 아이아스의 편을 들자, 다른 여자가 아테나의 사주를 받고 이렇게 대답했다.

"말도 안 되는 소리! 그것은 어깨에 시신을 올려 주기만 하면 여자 노예라도 할 수 있는 일이다. 내 생각으로는 그때 우리 트로이군 공격을 온몸으로 막아 낸 사람은 바로 오디세우스였다. 그때 만약 오디세우스가 우리 트로이군을 막고 있지 않았다면 대大 아이아스가 어떻게 아킬레우스의 시신을 메고 갈 수 있었겠니?"

귀환한 첩자의 보고를 전해 듣고 아가멤논은 아킬레우스의 무구는 오디세우스의 것이라고 판결했다. 그러자 대大 아이아스는 엄청난 분노와 배신감을 느끼고 그날 밤 아가멤논을 비롯한 동료 장수들에게 복수할 심산으로 자신의 막사를 나섰다. 하지만 아테나가 그에게 광기를 불어넣는 바람에 그는 그동안 트로이의 동맹국들을 점령하면서 노획물로 빼앗아 온 가축들을 키우는 축사에 들어가 고함을 지르며 칼을 휘두르고 돌아다녔다.

아이아스는 실성한 나머지, 축사를 막사로 여기고 가축들을 자신을 모욕한 동료 장수들로 착각한 것이다. 그는 밤이 이슥해서 온통 피범벅이 된 채 축사에서 살아남은 가축들을 자기 막사로 데려와 도살을 계속했다. 그는 그중 수컷 양 두 마리를 골라 목을 잘랐다. 이어 한 마리는 아가멤논이라고 생각해 혀를 자르고, 다른 한 마리는 기둥에 똑바로 묶은 다음, 배반자 오디세우스 녀석이라고 욕을 해 대며 말채찍으로 매질을 가했다.

새벽이 되어서야 제정신으로 돌아온 아이아스는 몹시 절망한 나머지 손가락질을 받으며 치욕스럽게 사느니 차라리 죽을 결심을 하고는, 유언을 남길 요량으로 미시아Mysia의 테우트라니아Teuthrania를 점령하고 전리품으로 잡아 온 공주 테크메사Tekmessa와 그녀가 낳은 어린 아들 에우리사케스Eurysakes를 불렀다. 사태를 짐작한 테크메사가 그의 무릎을 부여잡고 어린 아들을 생각하여 제발 목숨을 보전해 달라고 애원했다. 하지만 아이아스는 이미 마음을 굳힌 듯 아무것도 모르는 어린 아들에게 자신의 방패를 건네주며 말했다.

"내가 죽거든 나머지 무기는 나와 함께 묻어 주거라." 또한 그 당시 미시아에 있던 이복동생 테우크로스Teukros에게는 유서를 남겨 아들 에우리사케스의 후견인으로 지정하고, 아들을 할아버지인 텔라몬Telamon에게 데려가 달라고 부탁했다. 이어 깊은 숲속으로 들어가 자신의 칼을 땅에 거꾸로 꽂아 똑바로 세웠다. 그 칼은 바로 헥토르Hektor와 일대일 결투에서 승부를 가리지 못하고 헤어질 때 자신의 혁대와 교환한 것이었다.

그는 그 칼로부터 상당히 떨어진 곳에서 신들에게 기도를 드렸다. 제우스에게는 자신의 시신을 어디에서 찾을 수 있을지 테우크로스에게 말

〈스스로 목숨을 끊는 아이아스〉,
기원전 530년경
(그리스 도기 그림)

해 달라고 간청했다. 전령신 헤르메스에게는 자신의 혼백을 지하세계에 있는 전사한 영웅들의 안식처인, 수선화가 지천으로 피어 있는 아스포델Asphodel 평원으로 데려가 달라고 간청했다. 그는 마지막으로 복수의 여신들인 에리니에스에게는 아가멤논과 전 그리스군에게 자신의 복수를 해 달라고 간청한 다음, 칼 위로 돌진해서 엎어졌다.

오디세우스는 프리아모스의 아들이자 예언가였던 헬레노스Helenos를 포로로 잡아 오기도 했다. 트로이의 몰락에 대한 비밀을 알고 있었던 헬레노스는 그리스군에게 모두 세 가지 신탁을 전했다. 트로이를 몰락시키려면 첫째, 아킬레우스의 아들 네오프톨레모스Neoptolemos가 전투에 참여해야 하며, 둘째 렘노스섬에 남겨 두고 온 필록테테스가 가지고 있는 헤라클레스의 활과 화살이 있어야 하고, 셋째 하늘에서 떨어진 아테나를 새긴 팔라디온Palladion 상을 트로이의 페르가모스Pergamos 성채에서 훔쳐 와야 한다는 것이다. 이 임무를 완수하기 위해 적극적으로 나선 것도 바로 오디세우스였다.

그는 우선 아킬레우스의 또 다른 스승이었던 포이닉스와 함께 스키로스섬으로 가서 네오프톨레모스를 데려온 다음, 자신이 갖고 있던 전사한 그의 아버지 아킬레우스의 무구를 넘겨주었다. 이어 그는 디오메데스와 함께 필록테테스를 데려오기 위해 렘노스섬으로 갔다. 또한 그는 디오메데스와 함께 어두운 밤을 틈타 트로이 성으로 잠입해 들어가서 결국 팔라디온 상을 갖고 무사히 그리스 진영으로 돌아왔다.

오디세우스는 특히 목마 전술을 기획하여 트로이의 몰락에 결정적인 역할을 했다. 더군다나 그는 그 목마 안에 직접 들어가 그 안에 숨어 있던 40명의 그리스 정예 병사들의 지휘를 맡았다. 그는 트로이 전체가 파괴되는 혼란의 와중에도 자신을 살려 준 트로이 장수 안테노르에게 진 빚을

Georges-Antoine
Rochegrosse,
〈안드로마케〉, 1883
안드로마케는 아들 아스티아낙스를
빼앗기지 않으려고 몸부림을 치고
있고, 성벽에는 처형당한 시신들이
걸려 있으며, 땅에는 전사한 시신들
이 널브러져 있다. 아마존 전사의
시신도 보인다.

잊지 않았다. 그는 메넬라오스와 함께 그의 집 문에 약탈하지 말라는 표식으로 표범 가죽을 걸쳐 놓았고 안테노르의 두 아들이 그리스군에게 살육당하기 직전 구해 주기도 했다.

헥토르의 아들 아스티아낙스Astyanax를 죽여야 한다고 주장한 것도 바로 오디세우스였다. 후환을 없애려면 프리아모스의 후손 중 남자는 하나도 살려 둬서는 안 된다는 것이었다. 아스티아낙스는 결국 어머니 안드로마케Andromache가 보는 앞에서 아킬레우스의 아들 네오프톨레모스에 의해 불타는 트로이 성벽에서 아래로 내던져져 죽었다. 오디세우스는 또한 아킬레우스의 죽음의 원인이 된 프리아모스의 막내딸 폴릭세네Polyxene를 그의 무덤에 제물로 바쳐 그의 혼령을 달래자고 제안했다. 그러자 이번에도 네오프톨레모스가 그녀를 아버지의 무덤 앞 제단에서 짐승처럼 멱을 따서 제물로 바쳤다.

케르소네소스, 키코네스족, 로토파고이족, 마론의 포도주

오디세우스는 앞서 살펴본 것처럼 목마 전술을 고안한 것뿐 아니라 여러 가지로 그리스군이 트로이를 함락시키는 데 가장 큰 역할을 했다고 해도 과언이 아니다. 전쟁 10년 만에 마침내 트로이가 무너지고 오디세우스는 귀향길에 올랐다. 하지만 그는 곧장 귀향하지 못하고 도중에 들른 어떤 섬에서 포세이돈의 깊은 분노를 사는 바람에 또다시 10년 동안이나 바다를 방랑하며 숱한 시련을 겪었다. 귀향 길에서 그처럼 이상하고 위험한 모험을 한 그리스 장수는 하나도 없었다. 그럼 이제는 오디세우스가 귀향 중 겪은 모험을 『오디세이아』의 세 개의 시간대가 복잡하게 얽혀 있는 서술 시점이 아닌, 오디세우스의 일관된 시점에서 순차적으로 자세히 살펴볼 차례다.

오디세우스가 이끄는 12척의 함선들은 다른 그리스 함선들과 함께 트로이를 출발하여 지금은 다르다넬스Dardanelles해협으로 불리는 헬레스폰토스Hellespontos를 거쳐 맨 먼저 트라케의 케르소네소스Chersonesos반도에

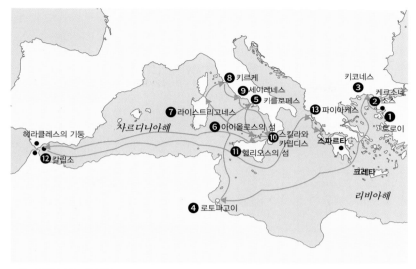

오디세우스의 모험 경로

도착했다. 거기서 오디세우스가 전리품으로 받아 데리고 갔던 트로이의
왕비 헤카베Hekabe는 트라케의 왕이자 맏사위였던 폴리메스토르Polymestor
에게 끔찍한 복수극을 펼쳤다. 헤카베는 트로이가 함락되기 직전 자식을
거의 모두 잃자 마지막 남은 어린 막내아들 폴리도로스Polydoros만은 살려
낼 요량으로 아무도 몰래 폴리메스토르에게 맡겼다. 그녀는 그에게 많은
보물을 주며 아들의 장래를 위해 보관해 달라고 부탁했다.

　하지만 트로이가 함락되고 프리아모스 왕이 죽자 폴리메스토르는 보
물을 가로챌 욕심으로 폴리도로스를 죽이고 시신을 바다에 던졌다. 폴리
도로스의 시신은 파도에 실려 트로이 해안까지 밀려왔다. 헤카베는 마침
오디세우스의 배를 타고 트로이를 떠나기 전, 아킬레우스의 가묘에서 희
생 제물로 바쳐진 막내 공주 폴릭세네의 장례식에 쓸 바닷물을 길러 왔
다가, 운명적으로 아들의 시신을 발견하고 분노로 치를 떨며 공주와 함께

장례를 치러 주었다. 헤카베는 트로이를 출발한 그리스 함선들이 케르소네소스에 꽤 오랫동안 머문다는 소문을 듣고 아가멤논에게 마지막으로 맏사위인 트라케의 왕 폴리메스토르를 한번 만나게 해 달라고 간청했다. 케르소네소스와 트라케는 지척이었다.

아가멤논의 허락이 떨어지기가 무섭게 헤카베는 아들의 죽음을 짐짓 모르는 체하며, 폴리메스토르에게 거짓으로 '후일을 도모하기 위해 그리스군의 눈을 피해 숨겨둔 엄청난 보물이 있는 곳을 알려 주겠다'는 전갈을 보냈다. 황금에 눈이 먼 폴리메스토르가 급히 달려오자 헤카베는 트로이의 여인들과 함께 그가 데리고 온 두 아들을 그가 보는 앞에서 죽인 다음, 그도 눈을 파내 살해했다. 그리스군은 끔찍한 범죄를 저지른 그녀를 돌 세례를 퍼부어 죽였다. 그런데 돌 더미를 들춰 보니 그녀의 시신은 온

Giuseppe Maria Crespi, 〈폴리메스토르의 눈을 도려내 죽이는 헤카베〉, 18세기

13장 ○ 귀향의 책 『오디세이아』

데간데없이 사라지고 암캐 한 마리가 눈을 이글거리며 웅크리고 있다가 부리나케 뛰쳐나갔다.

그 후 오디세우스의 12척의 함선들은 다른 그리스 함선들과 헤어져서 트라케의 키코네스Kikones족의 수도인 이스마로스Ismaros에 상륙했다. 오디세우스는 키코네스족의 공격을 받고 교전 끝에 수도를 점령하여 군사들을 도륙한 후에 포로로 잡힌 왕이자 그곳 아폴론 신전의 사제인 에우안테스Euanthes의 아들 마론Maron과 아내는 살려 주었다. 마론은 감사의 표시로 오디세우스에게 많은 선물을 주었는데 그 목록에는 나중에 오디세우스가 외눈박이 키클로페스Kyklopes족인 폴리페모스Polyphemos에게 권하게 될 명품 포도주도 들어 있었다.

오디세우스의 부하들이 만약 너무 오래 머물지 말자는 오디세우스의 말에 귀를 기울였더라면 그때 아무런 일도 당하지 않았을 것이다. 하지만 그들은 전리품을 챙기고 승리감에 도취하여 먹고 마시느라 그곳에서 꽤 오랜 시간을 지체했다. 그 틈에 이스마로스에서 살아남아 도망친 키코네스족 군사들이 지원군을 데리고 와 오디세우스 일행을 습격했다. 결국 오디세우스는 격렬한 전투 끝에 12척의 함선에서 각각 6명의 부하를 잃고서 간신히 그곳을 빠져나왔다.

전사한 부하들 생각에 풀이 죽어 항해하던 그들은 엎친 데 덮친 격으로 큰 폭풍우를 만나 거의 모든 배가 난파당할 뻔했다. 하지만 다행히 큰 손실 없이 근처 육지로 상륙해 지친 몸과 마음을 달래며 이틀 밤을 보냈다. 다음 날 폭풍우가 잦아들자 그들은 다시 출항하여 그대로만 순항했다면 고향에 도착했었을 것이다. 하지만 펠로폰네소스Pelopponnesos 끝자락 말레아Malea곶 근처에서 다시 거센 폭풍우를 만나 9일 동안이나 바다를 떠다니다가 로토파고이Lotophagoi족의 나라에 상륙했다. '로토파고이'는 '연蓮을 먹는 사람들'이라는 뜻으로, 그들의 주식이 바로 연이었기 때문에 얻은 이름이다. '연'은 그리스어로는 '로토스Lotos'이며, 영어로는 '로우터스Lotus'이다.

오디세우스는 부하 2명과 전령 1명을 선발하여 그곳 주민들이 어떤 사람들인지 알아보도록 보냈다. 하지만 아무리 기다려도 부하들이 돌아오지 않았다. 그들은 무심코 로토파고이족이 건네준 연으로 만든 음식을 먹고 귀향은 잊어버린 채 그곳에 눌러앉아 살고 싶어 했다. 외부인은 그들이 내민 음식을 먹는 순간 과거를 깡그리 잊어버리는 기억상실증에 빠져버렸기 때문이다. 오디세우스는 하는 수 없이 로토파고이족을 직접 찾아가 부하들을 강제로 함선에 싣고 떠났다. 그들은 가지 않겠다고 발버둥을 쳤지만 함선에 오르자마자 언제 그랬냐는 듯 제정신으로 돌아왔다.

항해를 계속하던 오디세우스 일행은 이번에는 외눈박이 키클로페스족이 사는 섬 근처에 닿았다. 키클로페스족은 천성이 게을러서 아무것도 경작하지 않고 양과 염소에 의지해 살았다. 또 그곳에는 제우스의 은총으로 과일 등 모든 게 풍성했다. 그들은 회의장도 없고 법규도 없이 각자 동굴 속에 살면서 자신의 아내와 자식들에게만 규칙을 정해 주고 서로 간섭하지 않았다.

그런데 키클로페스족이 사는 섬으로부터 그리 멀지 않은 곳에 숲이 우거진 섬이 또 하나 있었다. 그 섬은 무인도로, 수없이 많은 야생 염소들이 떼지어 돌아다니며 평화롭게 풀을 뜯어 먹고 있는 곳이었다. 키클로페스족이 의지가 있고 배만 있었다면 그 섬을 차지하여 자신들의 영토로 만들 수 있었을 것이다. 그 섬도 키클로페스족의 섬처럼 철 따라 모든 것이 풍성하게 나는 곳이고 적당한 포구도 있었기 때문이다.

오디세우스 일행은 우선 키클로페스족의 섬이 아니라 야생 염소의 천국인 바로 그 무인도로 함선을 몰고 갔다. 하룻밤을 해안에서 묵고 아침이 되자 그들은 활과 창을 들고서 섬을 휘젓고 다니며 염소 사냥을 시작했다. 총 12척의 배에 각각 8마리의 염소가 배분되었고 오디세우스는 자기 몫으로만 10마리를 챙겼다. 그들은 그날 해가 질 때까지 달콤한 포도주와 염소 고기로 신나게 잔치를 벌였다. 그런데 이웃한 키클로페스족의 섬에서 연기가 모락모락 피어오르고 양 떼와 염소 떼의 울음소리가 들려왔다.

호기심이 발동한 오디세우스는 다음 날 아침 부하들을 소집해 놓고 건너편 키클로페스족의 섬에 가서 그들이 어떤 사람들인지 알아보겠다며 함선 한 척에 일부 병력을 차출하여 싣고 출발했다. 그들이 그 섬 가까이 닿았을 때 해안에서 가까운 곳에 늘어진 월계수 가지로 가려진 동굴 하나가 보였다. 동굴 입구 주변에는 돌, 전나무, 참나무 등으로 울타리가 쳐져 있었다. 그 동굴에는 키클로페스족 하나가 살고 있었다. 그는 다른 동료들과 전혀 어울리지 않고 혼자 떨어져 살면서 온갖 불경스러운 짓을 서슴지 않았다. 또한 유난히 거대한 몸집 때문에 거인이라기보다는 오히려 산맥에 우뚝 솟은 산봉우리 같았다.

외눈박이 키클로페스족
폴리페모스의 동굴, 우티스

이윽고 키클로페스족의 섬에 상륙한 오디세우스는 다른 부하들에게는 배를 지키라고 하고 다시 12명의 정예 병사들만 데리고 미리 봐 두었던 그 동굴로 향했다. 그의 손에는 포도주가 든 염소 가죽 부대가 하나 들려 있었는데 그 포도주는 바로 키코네스족의 왕 마론이 자신을 살려 준 대가로 오디세우스에게 선물한 것이었다. 마론은 그때 12개의 항아리에 포도주를 가득 담아 주었다.

그 당시 오디세우스 일행은 포도주 맛을 보고 놀라움을 금치 못했었다. 그 맛이 가히 신의 손으로 빚은 것이라 해도 손색이 없었기 때문이다. 마론 집안에서 이 포도주를 담그는 기술을 알고 있는 사람은 마론과 아내 그리고 충직한 시녀 셋뿐이었다. 오디세우스는 알 수 없는 예감에 사로잡혀 그 동굴로 들어갈 때 바로 이 명품 포도주를 가죽 부대에 담아 가지고 갔던 것이다.

오디세우스 일행이 동굴에 도착했을 때는 동굴 주인 폴리페모스는 마

Giulio Romano, 〈폴리페모스〉, 1526~1528

5. 외눈박이 키클로페스족 폴리페모스의 동굴, 우티스   445

침 자리를 비우고 없었다. 아마 양과 염소에게 풀을 먹이러 나간 것 같았다. 그들은 동굴로 들어가서 안을 자세히 살펴보았다. 광주리마다 치즈로 가득 차 있었고, 벽에는 양과 염소 고기가 잔뜩 걸려 있었으며, 조그마한 우리에는 새끼 양과 염소들이 우글거리고 있었다.

부하들이 치즈와 고기를 갖고 빨리 배로 돌아가자고 오디세우스에게 간청했지만 그는 그러고 싶지 않았다. 특유의 호기심 때문에 이 동굴 주인이 어떤 자인지 꼭 만나 보고 싶었기 때문이다. 그래서 오디세우스는 부하들과 함께 우선 신들께 제물을 바친 다음 치즈를 안주 삼아 가져온 포도주도 마시고, 동굴 안쪽에 있던 화덕에 고기도 구워 먹으며 동굴 주인 폴리페모스가 돌아오기를 기다렸다.

이윽고 저녁때가 되자 폴리페모스가 숲속에서 마른 장작을 마련해서 가지고 와서 동굴 입구에 부리는 소리가 들렸다. 오디세우스 일행은 쿵하는 소리에 놀란 나머지 동굴 맨 안쪽으로 몸을 숨겼다. 폴리페모스는 양과 염소 중 수컷들은 동굴 입구 마당에 그냥 놔두고 암컷들만 안쪽으로 들이더니 입구를 그 옆에 세워 놓았던 엄청나게 큰 돌문으로 막아 버렸다.

이어 그는 돌문에 등을 기댄 채 하나씩 암양과 암염소의 젖을 짜고 새끼들에게 데려다주더니 우유를 응고시켜 반은 바구니 안에 넣고 나머지 반은 저녁 식사로 먹으려고 그릇에 담았다. 폴리페모스는 남은 집안일을 모두 끝낸 뒤 동굴 안에 불을 피우기 위해 화덕 쪽으로 오다가, 오디세우스 일행을 발견하고 소스라치게 놀라며 어디서 무엇을 하러 왔는지 물었다. 모두들 그의 우렁찬 목소리에 겁을 집어먹어 어쩔 줄 몰랐지만 오디세우스가 침착하게 대답했다.

"우리는 그리스인으로 트로이에서 오는 길입니다. 우리는 귀향하기를 간절히 원했지만 폭풍우를 만나 그만 항로에서 벗어나 바다를 표류하다가 이곳까지 오게 되었습니다. 바라건대 우리를 손님으로 받아들여 주시고 제우스 신을 두려워하신다면 항해에 필요한 물품을 마련해 주셨으면 합니다. 제우스 신께서는 탄원자들과 이방인들의 수호자이시기 때문입니다."

폴리페모스는 오디세우스의 말을 듣고 버럭 화를 내며 자신은 제우스 신이든 누구든 두려워하지 않는다고 콧방귀를 뀌었다. 자기는 마음만 먹으면 그를 비롯하여 부하들 모두를 가만두지 않을 수도 있다는 것이었다. 그러면서 그는 오디세우스에게 은근히 배를 어디에다 정박시켜 놓았는지 물어보았다. 오디세우스는 그의 의도를 알아채고 배가 이 섬 근처에서 암초에 부딪혀 산산조각이 나 버렸다고 둘러댔다.

그러자 폴리페모스는 다짜고짜 오디세우스의 부하들에게 다가오더니 2명을 손에 움켜쥐고는 마치 힘없는 강아지를 내리치듯이 땅바닥에 내리쳤다. 부하들의 피와 골수가 흘러내려 땅바닥을 흥건히 적셨다. 이어 그는 부하들을 토막 내어 사자가 짐승을 잡아먹듯 하나도 남김없이 저녁거리 삼아 먹어 버린 다음, 가축들 사이에 대자로 뻗고 이내 코를 골며 잠이 들었다. 그 순간 오디세우스는 그를 덮쳐 가슴에 칼을 꽂을 생각도 했다. 그러나 곰곰이 생각해 보니 그랬다가는 입구를 막고 있는 엄청난 돌을 치울 수 없어 큰 낭패를 당할 것 같았다.

오디세우스는 하는 수 없이 분노를 삭이고 공포에 떨며 동굴에서 하룻밤을 보낼 수밖에 없었다. 다음 날 아침이 되자 폴리페모스는 화덕에 불을 피우고 암양과 암염소의 젖을 짠 뒤 다시 오디세우스의 부하 둘을 엊

저녁과 똑같은 방식으로 잡아먹었다. 아침 식사를 마치자 폴리페모스는 돌문을 치우고 양과 염소를 동굴 밖으로 몰더니 마치 화살통에 뚜껑을 닫듯이 돌문을 다시 가볍게 닫은 후 가축을 몰고 산속으로 가 버렸다.

오디세우스는 동굴 속에 하루 종일 갇혀 지내며 폴리페모스를 혼내 주고 도망칠 궁리를 했다. 마침 동굴 안에는 사람 몇이 들어야 겨우 움직일 만한 커다란 올리브 나무가 하나 세워져 있었다. 아마 나무가 마르면 몽둥이로 쓰려고 했던 것 같았다. 그는 부하들을 시켜 그것을 적당하게 자르고 끝을 뾰족하게 만들어 활활 타오르는 불에다 달군 다음 동굴 한구석에 쌓여 있는 가축들 배설물 속에 감추어 두도록 했다.

저녁때가 되자 동굴 주인은 양과 염소를 데리고 다시 동굴로 돌아왔

Constantin Hansen, 〈폴리페모스 동굴 속 오디세우스〉, 1835

13장 ○ 귀향의 책 『오디세이아』

다. 그는 이번에는 녀석들을 한 마리도 밖에 남겨 두지 않고 모두 안으로 몰아넣은 다음 동굴 입구를 돌문으로 막았다. 이어 그는 암양과 암염소의 젖을 짜고 새끼들에게 젖을 물려 준 다음, 이번에도 오디세우스의 부하 2명을 짐승처럼 잡아 저녁으로 먹기 시작했다. 오디세우스는 그 기회를 놓치지 않고 마론의 명품 포도주가 든 염소 가죽 부대를 들고 그에게 다가가 건네면서 반주로 한번 마셔 보라고 권했다.

폴리페모스는 그것을 받아 마셔 보고는 마치 신들이 먹고 마시는 암브로시아Ambrosia와 넥타르Nektar처럼 환상적인 맛이라고 격찬했다. 폴리페모스는 그렇게 연거푸 두 번이나 더 달라고 해서 포도주를 마신 다음, 그에게 이름이 무엇이냐고 물었다. 맛있는 포도주를 준 것에 대해 답례를 하겠다는 것이다. 오디세우스가 거짓으로 '우티스Outis'라고 말해 주자 폴리페모스는 "그럼 넌 맨 나중에 잡아먹겠다!"고 말하고서는 뒤로 벌렁 자빠져서 코를 골기 시작했다.

바로 그 순간 오디세우스는 짐승의 배설물 속에 숨겨 놓았던 올리브 나무를 꺼내서 다시 한번 불에 달군 다음, 부하들을 독려하여 폴리페모스의 눈을 찌르게 한 뒤, 자신은 그 위에 매달려 그것을 돌렸다. 뜨거운 나무 주위로 피가 흘렀다. 나무에서 나는 열기가 그의 눈까풀과 눈썹을 모조리 태워 버렸고 안구가 불타면서 프시식 하는 소리를 냈다. 그것은 마치 대장장이가 불에 달군 쇠를 담금질하기 위해 물에 담그면 나는 소리 같았다. 동굴 주인은 단말마의 비명을 지르기 시작했다.

오디세우스와 그의 부하들이 놀라 도망치자 그는 안구에서 올리브 나무를 뽑아 내고 괴로워 버둥대면서 근처에 사는 다른 키클로페스족 동료들을 큰 소리로 불렀다. 동료들이 그의 동굴 주위로 몰려들더니 닫힌 돌문을 향해 큰소리로 외쳐 물었다.

"폴리페모스여, 도대체 무엇 때문에 이 한밤중에 비명을 지르는가? 도 저히 시끄러워 잠을 잘 수가 없네. 누가 자네 양과 염소를 빼앗아 가려 고 하는가? 아니면 누가 자네를 죽이려 하는가?"

그러자 폴리페모스는 그들에게 "우티스가 나를 죽이려 한다네!"라고 외쳤다. 동료들은 폴리페모스의 대답을 듣고 그가 자신들을 놀린다고 생 각했다. '우티스Outis'는 영어의 '노바디nobody'와 같은 뜻이기 때문에 "우티 스가 나를 죽이려 한다네!"는 결국 "아무도 나를 죽이려 하지 않는다네!" 라는 뜻이었기 때문이다. 동료들은 그 말을 듣더니 서로 쳐다보며 별 미 친놈도 다 있다는 표정을 지었다. 그리고는 동굴을 향해 "네 아버지인 포 세이돈 신께나 도와달라고 해라!"고 외치면서 폴리페모스를 비웃으며 뿔 뿔이 흩어졌다.

Pellegrino Tibaldi, 〈폴리페모스의 눈을 못 쓰게 만드는 오디세우스〉, 1549~1551

13장 ○ 귀향의 책 『오디세이아』

눈을 잃은 폴리페모스의 기도,
바람의 지배자 아이올로스

폴리페모스는 한참을 기다려도 동료들이 동굴로 들어오는 기척이 없자 괴로움에 몸을 비틀면서도 직접 동굴 속을 휘저으며 오디세우스 일행을 붙잡으려 해 보았다. 하지만 앞이 전혀 보이지 않는 통에 여기저기에 부딪혀 상처만 날 뿐이었다. 그는 별수 없이 두 손으로 더듬어 동굴의 돌문을 치운 다음, 밤새 문간에 앉아 두 팔을 벌리고 있었다. 행여 오디세우스 일행이 동굴을 탈출하기 위해 문을 지나가면 잡으려는 속셈이었다.

오디세우스는 그걸 보고 동굴을 탈출하기 위해 온갖 계책을 궁리하다가 좋은 아이디어를 하나 떠올렸다. 그는 동굴 바닥에 깔려 있던 버들가지로 비교적 크고 튼실한 숫양을 골라 세 마리씩 묶어, 가운데 양의 배엔 부하들을 매달고 그중에서 가장 큰 우두머리 숫양의 배엔 자신의 몸을 매단 다음, 날이 밝기를 기다렸다. 염소가 아닌 양을 택한 것은 털이 많아 매달리기도 편하고 따뜻했기 때문일 것이다.

이윽고 다음 날 아침이 되자 외눈박이 폴리페모스는 눈의 상처로 인해

Jacob Jordaens, 〈폴리페모스의 동굴에서의 오디세우스〉, 1593~1678

고통에 시달리면서도 양과 염소를 동굴 밖으로 내보내기 시작했다. 그는 모든 양과 염소의 등을 손으로 더듬어 직접 확인했지만 배를 살펴볼 생각은 꿈에도 하지 못했다. 설령 그렇게 했을지라도 그는 자기 쪽이나 바깥쪽에 있는 녀석들의 배만 더듬어 봤을 터이니 오디세우스 일행을 찾아내지 못했을 것이다.

오디세우스 일행은 그렇게 양쪽 숫양의 호위를 받으며 동굴을 무사히 빠져나갔다. 오디세우스는 폴리페모스의 동굴에서 자신들과 함께 쏟아져 나온 양과 염소를 모두 함선에 싣고 해안에서 사람의 고함 소리가 겨우 들릴 만큼 멀리 나아갔을 때 폴리페모스가 있는 동굴 쪽을 향해 외쳤다.

"폴리페모스여, 네가 눈을 잃은 것은 제집에 찾아온 손님을 잡아먹는 엄청난 불경죄를 저질렀기 때문이며, 앞으로 사람을 얕보았다가는 큰

코다친다는 것을 명심하라!"

    그러자 폴리페모스는 분기탱천하여 주위를 더듬거리더니 땅에서 커다란 바위 하나를 들어 올려서, 소리가 나는 쪽을 향해 힘껏 던졌다. 바위는 다행히 오디세우스의 함선을 맞추지는 못했지만 바로 앞에 떨어지는 바람에, 그 여파로 생긴 엄청난 파도에 밀려 출발했던 곳으로 되돌아갈 뻔했다. 다급해진 오디세우스는 부하들에게 젖 먹던 힘까지 내어 노를 젓도록 독려한 끝에 마침내 예전보다 두 배만큼 해안에서 멀어졌을 때 큰소리로 웃으며 다시 외쳤다.

    "불쌍한 폴리페모스여, 누가 너의 눈을 멀게 한 자가 누구냐고 묻거든, 그건 우티스가 아니라 이타케의 오디세우스라고 말하라!"

    폴리페모스는 오디세우스의 말을 듣는 순간 오래전에 자기 종족의 예언가 텔레모스Telemos가 자신에게 한 예언을 떠올리고 몸서리를 쳤다. 텔

Arnold Böcklin, 〈오디세우스와 폴리페모스〉, 1896

레모스는 그때 그에게 언젠가 오디세우스라는 자가 그의 눈을 멀게 할 것이라고 예언했기 때문이다. 폴리페모스는 탄식하며 곧바로 자기 아버지 포세이돈에게 이렇게 기도했다.

> "아버지 포세이돈 신이시여, 제 기도를 들어주소서. 제가 정말 당신의 아들이라면 라에르테스의 아들 오디세우스가 귀향하지 못하도록 해 주소서. 하지만 그가 귀향하여 가족들을 만나 볼 운명이라면 부하들을 다 잃고 남의 배를 타고 가게 해 주시고, 귀향해서도 고초를 당하게 하소서."

오디세우스는 얼마 후 다른 부하들이 기다리고 있는 맞은편 무인도의 해안에 도착한 다음, 데려온 양과 염소를 그들과 똑같이 나누었다. 그는 자신에게 할당된 우두머리 숫양을 잡아 제우스에게 제물로 바치며 지옥 같은 폴리페모스 동굴에서 살아 돌아온 것에 감사한 다음 잔치를 벌였다. 오디세우스 일행은 그날 해가 질 때까지 고기와 포도주를 마음껏 먹고 마시며 자축하다가 잠이 들었다. 다음 날 아침이 되자 그들은 다시 함선에 올라 항해를 계속하다가 이번에는 아이올리에Aiolie섬에 도착했다.

아이올리에섬에는 바람의 지배자 아이올로스Aiolos가 12명의 자식들과 함께 살고 있었다. 바람의 지배자란 모든 바람의 신들을 지배하는 바람의 신이라는 의미다. 동풍 신 에우로스Euros, 서풍 신 제피로스Zephyros, 남풍 신 노토스Notos, 북풍 신 보레아스Boreas 등이 모두 그의 부하였다. 아이올로스는 슬하에 6남 6녀를 두었는데 그들을 서로 짝을 지워 결혼시켰다. 특히 아이올로스와 그의 자식들은 날마다 잔치를 벌여 궁전은 언제나 향긋한 포도주와 맛있는 음식 냄새로 진동했다.

아이올로스는 오디세우스 일행이 도착하자 손님으로 환대하며 귀향하는 그리스군이라는 사실을 듣고는 트로이 전쟁에 대해 꼬치꼬치 자세하게 물었다. 아이올로스 왕은 이야기를 듣는 것을 무척 좋아했기 때문이다. 오디세우스는 노련한 이야기꾼답게 모든 것을 생생하고 재미있게 말해 주었다. 이러구러 한 달이 흘러 이야기가 거의 끝나갈 무렵, 오디세우스는 아이올로스에게 고향에 갈 수 있도록 좀 도와달라고 간청했다.

그러자 아이올로스는 흔쾌히 당장 그렇게 하겠다고 대답한 뒤 우선 부하들을 시켜 그의 12척의 함선에 식수와 식량을 충분히 싣도록 명령했다. 이어 오디세우스를 데리고 아무도 없는 곳으로 가서는 아홉 살배기 황소의 가죽을 벗겨 만든 자루를 하나 꺼내더니, 바람의 지배자답게 그 안에 오디세우스가 귀향하는 데 필요한 서풍만 제외하고 온갖 해로운 바람은 모두 집어넣은 뒤 은으로 만든 끈으로 자루의 주둥이를 단단히 묶은 다음, 그것을 건네주며 이렇게 당부했다.

"고향에 도착할 때까지 이 가죽 자루의 주둥이를 절대로 열어서는 안 되오. 만약 그런 일만 일어나지 않는다면 당신은 10일 안에 고향 이타케에 도착할 것이오."

함선으로 돌아온 오디세우스는 그 바람 자루를 배 안에 단단히 묶은 다음, 부하들에게 상황을 설명하고 절대로 주둥이를 열지 말라고 단단히 일렀다. 오디세우스 일행은 그 후 정말 신기하게도 10일 동안 역풍은 전혀 만나지 않고 순항한 끝에 그리운 고향 땅이 멀리서 아스라이 보이는 곳까지 갔다.

그런데 하필이면 바로 그 순간, 오디세우스는 다른 때와는 달리 항해하

Isaac Moillon, 〈오디세우스에게 바람 자루를 건네주는 아이올로스〉, 연도 미상

는 내내 돛을 손수 조정하느라 지친 탓인지 긴장이 풀려 그만 깊은 잠에 빠지고 말았다. 불행은 오디세우스가 잠든 바로 그사이에 일어났다. 부하 중 일부가 가죽 자루 안에 아이올로스가 준 선물인 황금과 은이 가득 들어 있는데 그것을 오디세우스가 혼자 독차지하려 한다고 오해했다.

그들은 마침내 한사코 말리는 다른 동료들을 제압하고 자루를 풀었고, 그 안에서 튀어나온 온갖 해로운 바람은 마치 로켓처럼 우레와 같은 소리를 내며 오디세우스가 타고 있는 함선뿐 아니라 다른 11척의 함선도 모두 순식간에 다시 아이올리에섬으로 몰고 갔다. 시끄러운 소리에 잠이 깬 오

13장 ○ 귀향의 책 『오디세이아』

디세우스는 부하들을 나무랄 새도 없이 전령과 부하 한 명씩을 대동하고
다시 궁전으로 아이올로스와 그의 가족들을 찾아갔다.

그들은 오디세우스를 보더니 몹시 놀란 표정으로 지금쯤 고향에 도착
했을 텐데 어찌 된 일이냐고 물었다. 그가 사정을 설명하며 다시 도움을
간청하자 아이올로스는 냉정하게 돌아가라고 대답했다. 신들에게 미움
을 받는 자들은 도와줄 이유도 의무도 없다는 것이다. 오디세우스 일행은
하는 수 없이 힘들게 노를 저어 가며 항해를 계속할 수밖에 없었다.

식인종 라이스트리고네스족,
키르케의 섬 아이아이에

그들은 밤낮으로 노를 저어 7일 만에 드디어 식인종 라이스트리고네스 Laistrygones족이 사는 텔레필로스Telepylos에 도착했다. 그곳 포구는 좁고 좌우로 가파른 절벽으로 길게 둘러싸여, 그 안으로 들어오면 파도가 전혀 일어나지 않아 항구로서는 천혜의 조건을 갖추고 있었다. 오디세우스의 부하들은 모두 그 안으로 함선을 몰아 포구에 정박시켜 놓았지만 오디세우스는 불길한 예감이 들어 그 안으로 들어가지 않고 포구 밖 절벽 끄트머리에 정박한 채 바위에 밧줄을 묶어 두었다.

오디세우스는 전령을 포함한 부하 셋을 선발하여 그곳 사람들이 어떤 종족인지 알아 오도록 정찰을 보냈다. 그들은 함선에서 내려 신작로를 따라가다가 물을 긷던 한 소녀를 발견하고는 그녀에게 다가가 누가 이곳의 왕인지 물었다. 그녀는 멀리 보이는 지붕이 높다란 자기 집을 손가락으로 가리키며 가 보라는 시늉을 했다. 부하들이 그 집에 들어서자 혐오스럽게 보일 정도로 엄청나게 몸집이 큰 아낙네가 그들을 맞이했다.

그녀는 오디세우스의 부하들을 보더니 얼른 하인을 보내 회의장에 가 있는 남편 안티파테스Antiphates를 불렀다. 아내의 전갈을 받고 부리나케 집으로 돌아온 거구의 안티파테스가 다짜고짜 오디세우스의 부하 한 명의 멱살을 잡고 땅바닥에 메어쳤다. 그걸 보고 나머지 부하 2명이 기겁하여 자신들이 하선한 오디세우스의 함선이 아니라 급한 마음에 포구에 정박해 있는 함선들을 향해 도망치자 안티파테스가 커다랗게 함성을 질러 동료들을 불렀다.

그러자 라이스트리고네스족이 사방에서 포구의 절벽 주위로 새까맣게 몰려들더니 정박해 있던 오디세우스의 함선들을 향해 엄청난 돌덩이를

〈오디세우스의 함선 11척을 파괴하고 부하들을 몰살하는 라이스트리고네스족〉, 1902
야콥 카를 안드레(J. C. Andrä), 『청소년을 위한 그리스 영웅 전설』의 삽화.

7. 식인종 라이스트리고네스족, 키르케의 섬 아이아이에

던지기 시작했다. 라이스트리고네스족은 인간이 아니라 마치 태초의 거인족 기간테스Gigantes 같았다. 그들이 던진 돌덩이를 맞고 함선들이 부서지는 소리와 오디세우스의 부하들이 지르는 비명이 뒤엉켜 포구는 한순간에 아수라장으로 변해 버렸다.

11척의 함선을 타고 포구로 들어온 오디세우스의 부하들이 전멸하자 라이스트리고네스족은 그들의 시신을 점심 식사로 먹기 위해 마치 물고기처럼 튼실한 나뭇가지에 꿰어서 둘씩 어깨에 떠메어 가져갔다. 그러는 사이 오디세우스는 재빨리 칼을 뽑아 바위에 묶어 둔 함선의 밧줄을 끊고 부하들을 독려하여 간신히 그곳을 무사히 빠져나올 수 있었다. 오디세우스는 이곳에서 함선 12척 중 11척을 잃고 자신이 탄 함선 한 척만 간신히 건졌을 뿐이다.

오디세우스는 식인종 라이스트리고네스족에게 자신의 함선을 제외한 나머지 11척의 함선과 부하들을 잃어 비통한 마음을 금할 수 없었지만 구사일생으로 살아난 것을 그나마 천만다행으로 여기며 항해를 계속하다가 이번에는 아이아이에Aiaie섬에 도착했다. 이 섬에는 키르케Kirke라는 마녀가 살고 있었다.

키르케는 오케아노스Okeanos의 딸 페르세Perse와 티탄 신족의 태양신 헬리오스 사이에서 태어난 딸로 흑해 연안에 있는 콜키스Kolchis의 왕 아이에테스Aietes의 누이였다. 오디세우스 일행은 그곳 해안에 상륙해서 이틀 동안 아무것도 하지 않고 쉬며 피로를 풀었다. 사흘째 되는 날 오디세우스는 창과 칼을 들고 근처 언덕에 올라가 섬을 살펴보았다. 저 멀리 섬 안쪽 숲속에 키르케의 궁전이 보이고 그곳에서 연기가 피어올랐다.

다음 날 아침 오디세우스는 부하들을 키르케의 궁전으로 보내 항해에 필요한 정보를 얻고 싶었다. 오디세우스가 속내를 비치자 부하들은 손사래를 치며 그냥 가자고 애원했다. 그들은 식인종 라이스트리고네스족에게 몰살당하는 동료들을 직접 목격하고 받은 깊은 충격에서 아직 벗어나지 못했던 것이다. 그렇다고 포기할 오디세우스가 아니었다. 그는 불만을 최소화하기 위해 추첨으로 20명의 부하를 선발한 다음 자신의 매제이자 부관인 에우릴로코스Eurylochos를 대장으로 임명했다.

에우릴로코스는 울며 가지 않으려는 20명의 부하를 달래 가며 키르케의 궁전을 찾아갔다. 궁전 주변에는 사자와 늑대 등 온갖 동물들이 떼를 지어 어슬렁거리고 있었다. 그들은 키르케의 마법에 걸려 짐승으로 변신한 선원들로, 오디세우스의 부하들에게 덤벼들지는 않고 꼬리를 흔들며 곰살맞게 굴었다. 마치 주인이 외출했다가 돌아오면 반갑게 꼬리를 흔들며 아양을 떠는 강아지들과 같았다.

Wright Barker, 〈키르케〉, 1889

그들이 궁전 정문에 들어서자 키르케가 베를 짜면서 고운 목소리로 노래 부르는 소리가 들려왔다. 그들이 큰 소리로 주인을 부르자 곧바로 그녀가 나와 반갑게 맞이하며 안으로 안내했다. 모두 그녀를 따라 들어갔지만 에우릴로코스만은 불길한 예감이 들어 뒤에 처져 있었다. 그녀는 그들에게 등받이 의자에 앉으라고 하더니 치즈, 보릿가루, 꿀, 포도주를 섞어 만든 음료수를 건네주었다. 이 음료수 안에는 그것을 마신 사람에게 고향을 잊게 하고 그를 유순하게 만드는 신비한 약이 들어 있었다.

부하들이 그것을 모두 마시자 키르케는 갑자기 지팡이로 그들을 치면서 주문을 외워 돼지로 변신시키더니 우리 안에 가두어 버렸다. 궁전 대문 밖에서 몸을 숨긴 채 모든 것을 지켜보고 있던 에우릴로코스는 재빨리 키르케의 궁전을 벗어나 오디세우스가 있는 곳으로 달려왔다. 그는 너무 놀란 나머지 말을 하고 싶어도 말문이 막혀 말이 나오지 않았다. 한참 만에 정신을 가다듬은 그는 오디세우스에게 부하들이 키르케의 마법에 걸려 돼지로 변해서 우리에 갇혀 있다는 충격적인 얘기를 들려주었다.

오디세우스는 즉시 활을 어깨에 메고 칼을 들고서 에우릴로코스에게 키르케의 궁전으로 가는 길을 안내하라고 명령했다. 그러자 에우릴로코스는 겁에 질려 다시는 그곳에 가고 싶지 않으며 부하들처럼 큰일을 당하지 않으려면 그냥 그들을 버리고 빨리 달아나자고 애원했다. 오디세우스는 그에게 정 가고 싶지 않으면 그냥 배에 남아 있으라고 말한 뒤 혼자 길을 나섰다. 오디세우스가 전력을 다해 키르케의 궁전을 향해 달려가고 있는데 갑자기 숲속에서 전령신 헤르메스가 젊은 청년의 모습을 하고 나타나서 그에게 말했다.

"오디세우스여, 안타깝구나. 도대체 너는 이곳 지리도 모르면서 어디로 가고 있느냐? 너는 돼지로 변해 키르케의 우리에 갇혀 있는 부하들을 풀어 주려 가고 있느냐? 내 분명 말하지만 이대로 갔다가는 너도 부하들처럼 돼지로 변해 우리에 갇혀 영영 돌아오지 못할 게 뻔하다. 내가 이곳에 온 이유는 너를 그 위험에서 구해 주기 위해서다.

자, 내가 주는 약초를 하나 갖고 가거라. 그 약초가 너를 키르케의 마법에서 구해 줄 것이다. 키르케는 네가 오면 반갑게 맞이하며 의자에 앉힌 다음, 너에게 신비한 약을 탄 음료수를 건넬 것이다. 하지만 걱정할 필요가 없다. 약초가 그 약의 효능을 없애 줄 것이다. 내가 어떻게 하면 좋을지 더 자세히 말해 주겠다. 네가 음료수를 다 마신 뒤 키르케가 지팡이로 너를 치며 주문을 외워도 통하지 않아 당황하는 순간 너는 얼른 칼을 빼 죽일 듯이 키르케에게 달려들도록 하라.

그러면 아마 그녀는 겁이 나서 복종의 표시로 무릎을 꿇고 용서를 빌며 너에게 자신의 사랑을 받아 달라고 애원할 것이다. 너는 부하들을 살리고 싶다면 그녀의 요구를 거절해서는 안 된다. 그 대신 너는 그녀에게 신들의 이름을 걸고 다시는 마법을 쓰지 않을 것이며, 옷을 벗었을 때도 너에게 다른 술수를 부리지 않겠다는 맹세를 받도록 하라."

키르케의 충고로 지하세계를 방문하다,
테이레시아스의 예언

헤르메스는 이렇게 말하며 주위 풀밭을 두리번거리더니 약초를 뽑아 오디세우스에게 건네준 뒤 올림포스 궁전으로 쏜살같이 돌아갔다. 그것은 뿌리는 검고 꽃은 우유처럼 하얀 '몰리Moly'라는 약초로, 인간들은 발견하기 어려워도 신들은 쉽게 찾아냈다. 그는 그 약초를 품속에 깊이 숨긴 채 마침내 키르케의 궁전에 도착하여 대문 밖에서 그녀를 불렀다. 그러자 그녀는 반갑게 맞이하고 그를 안락의자에 앉힌 뒤 헤르메스가 말한 음료수를 마시라고 주었다. 그가 음료수를 다 마시자 그녀는 지팡이로 그를 치면서 돼지우리로 가서 누우라고 주문을 외쳤다. 하지만 주문이 통하지 않자 무척 당황했다.

바로 그 순간 오디세우스는 헤르메스가 시킨 대로 잽싸게 칼을 빼 들고 금방이라도 죽일 것처럼 키르케를 위협했다. 키르케는 과연 비명을 지르며 즉시 무릎을 꿇은 채 오디세우스의 무릎을 부여잡고 용서를 빌면서 이제 다시는 마법을 쓰지 않겠으니 제발 자신의 사랑을 받아 달라고 간청했

Jacob Jordaens, 〈키르케를 위협하는 오디세우스〉, 1630~1635
오른쪽 아래에 돼지로 변한 오디세우스의 부하들이 보인다.

다. 오디세우스가 그러겠다고 약속하자 그녀는 우리에 갇혀 있는 부하들을 풀어 주고 본모습대로 돌려주었다. 이어 오디세우스에게 배가 정박해 있는 곳으로 가서 배 안에 있는 물건들과 식구들을 해안 근처 동굴에 보관해 둔 다음 부하들을 모두 궁전으로 데려오도록 했다.

　이후 오디세우스는 키르케의 섬 아이아이에서 낮이면 부하들과 고기와 포도주를 먹고 마시며 잔치를 벌였고, 밤이면 키르케와 부부처럼 사랑을 나눴다. 그렇게 1년의 시간이 꿈결처럼 훌쩍 지나갔다. 그러던 어느 날 함께 잔치를 즐기던 부하 몇이 술김에 그에게 꼭 돌아가고야 말겠다던 고향 이타케는 벌써 잊었냐고 비아냥거렸다. 그는 부하들의 비난을 듣고서야 비로소 제정신을 차렸다. 이윽고 그날 해가 지고 밤이 되었을 때 그는 침실에서 키르케의 무릎을 잡고 고향에 보내 달라고 애원했다. 그의 말을 조용히 듣고 나서 키르케가 말했다.

"오디세우스여, 저는 더 이상 당신을 억지로 내 궁전에 붙들어 두지 않겠어요. 그러나 당신은 귀향하기 전에 먼저 다른 여행을 해야 해요. 당신은 지하세계의 하데스와 페르세포네의 궁전에 가서 지금은 고인이 된 눈먼 테이레시아스Teiresias의 혼령을 만나 귀향에 필요한 정보를 물어봐야 해요. 보통 사람들은 죽은 뒤에는 허깨비처럼 살아가는데 페르세포네는 그에게만은 살아 있을 때의 예언력을 빼앗지 않았지요."

오디세우스는 키르케의 말을 듣고 그만 온몸에 힘이 빠지고 말았다. 이제 귀향도 불가능한 것처럼 보였다. 지하세계를 어떻게 가야 할지 막막했고 설령 갈 수 있어도 무사히 돌아올 수 있다는 보장이 없었기 때문이다. 키르케가 그의 마음을 눈치채고 지하세계에 가는 일은 북풍이 알아서 해 줄 테니 아무 걱정하지 말고 그냥 자신이 마련해 주는 배에 올라타 앉아만 있으라고 안심시켰다. 그러면서 그녀는 오디세우스가 지하세계에서 해야 할 일을 하나하나 꼼꼼하게 일러주었다.

다음 날 아침이 되자 오디세우스는 온 궁전을 돌아다니며 부하들을 깨워 출발 준비를 시켰다. 바로 그때 엘페노르Elpenor라는 자가 술에 취해 사다리를 타고 궁전 지붕에서 자다가 그만 땅바닥으로 떨어져 즉사하고 말았다. 전우들이 내는 시끄러운 소리에 놀라 잠이 깨어 비몽사몽간에 사다리를 타고 내려오는 것을 잊어버린 것이다. 오디세우스가 안타까운 마음을 뒤로하고 부하들 중 몇을 선발하여 배를 타러 가는 사이 키르케는 이미 그들을 앞질러 그들이 타고 갈 배 안에 지하세계에서 제물로 쓸 숫양

Salomon de
Bray,
〈오디세우스와
키르케〉,
1650~1655

과 검은 암양 한 마리씩을 묶어 두었다.

오디세우스의 배는 노를 젓지 않아도 키르케가 말한 대로 북풍의 도움
으로 돛을 잔뜩 부풀린 채 대양강 오케아노스를 거침없이 쌩쌩 달리기 시
작했다. 해가 지고 사방이 어둠에 싸일 때쯤 그들은 마침내 오케아노스와
지하세계의 경계에 도달했다. 그들은 그곳에 상륙하여 배를 뭍으로 끌어
올린 다음, 제물들을 앞세운 채 키르케가 일러 준 대로 바위 옆에 재빨리
사방 1큐빗(약 50㎝)의 구덩이를 파고 처음에는 꿀을 탄 우유를, 두 번째는
포도주를, 세 번째는 물을 붓고 그 위에 보릿가루를 뿌렸다.

이어 죽은 자들에게 고향 이타케에 돌아가면 흡족한 제물을 바치겠다고 기도한 뒤 구덩이 위에서 제물들의 목을 쳤다. 검붉은 피가 구덩이에 흘러내리자 갑자기 죽은 자들의 혼령들이 피 냄새를 맡고 지하 암흑 에레보스Erebos에서 모여들기 시작했다. 무시무시한 공포가 그를 사로잡았다. 그는 동행한 에우릴로코스와 페리메데스Perimedes에게 제물의 가죽을 벗기고 살점을 완전히 태우며 지하세계의 왕 하데스와 그의 아내 페르세포네에게 기도하라고 명령한 뒤 다시 칼을 빼 들고 그곳에 앉아 사자들이 피에 다가오지 못하도록 위협했다.

맨 처음 피 맛을 보기 위해 다가온 것은 엘페노르의 혼령이었다. 그는 오디세우스에게 키르케의 궁전으로 돌아가거든 제발 자신을 매장해 달라고 애원했다. 그들은 너무 바쁘게 서두르는 바람에 그의 시신을 매장하지 못하고 온 것이다. 오디세우스는 꼭 그렇게 하겠다고 그에게 굳게 약속했다. 그와 이런저런 이야기를 나누는 사이 오디세우스의 어머니 안티클레이아의 혼령이 다가왔다. 그녀는 오디세우스가 트로이에 있는 동안 고인이 된 것이다.

그는 어머니를 보자 눈물이 나고 불쌍한 생각이 들었지만 키르케가 시킨 대로 그리스 신화 최고의 예언가 테이레시아스의 혼령이 오기 전에 어머니에게 피 맛을 보게 허락할 수는 없었다. 바로 그 순간 테이레시아스의 혼령이 황금 홀을 들고 나타나더니 오디세우스에게 칼을 치우라고 호령했다. 그가 구덩이에서 한발 물러서며 칼을 칼집에 꽂자 테이레시아스는 검붉은 피를 마시고 나더니 오디세우스에게 말했다.

"오디세우스여, 너는 편히 귀향하기를 바라겠지만 포세이돈 신께서 너의 귀향을 어렵게 하고 있다. 그분은 네가 사랑하는 자기 아들의 눈을

Johann Heinrich Füssli, 〈지하세계에서 테이레시아스를 만나는 오디세우스〉, 1800년경
테이레시아스 뒤로 수많은 혼령들이 희생제물의 피냄새를 맡고 몰려온다.

못 쓰게 한 것에 원한을 품고 있기 때문이다. 그러나 너는 온갖 고초를 당해도 부하들만 잘 단속한다면 금세 고향에 돌아갈 수 있을 것이다. 특히 앞으로 트리나키에Thrinakie섬에 도착하거든 그곳에서 풀을 뜯고 있는 태양신 헬리오스의 소에 절대 손대지 말라. 그렇게만 한다면 너는 고생을 해도 고향 이타케에 쉽게 갈 수 있을 것이다.

하지만 만약 소에 손을 댄다면 너만은 목숨을 건진다 해도 너의 함선과 전우들은 파멸을 면치 못할 것이다. 너는 결국 부하들을 모두 잃고 비참하게 남의 배를 얻어 타고 귀향할 것이며 집에 돌아가서도 고초를 당할 것이다. 오만불손한 구혼자들이 너의 아내에게 치근대며 너의 재물을 축내고 있기 때문이다. 하지만 너는 귀향하자마자 그들에게도 통쾌하게 응징을 가하게 될 것이다. 너는 구혼자들을 죽인 뒤에는 손에 맞는 노를 하나 들고 소금기가 있는 음식을 먹지 않는 사람들이 사는 곳에 이를 때까지 길을 떠나라.

그곳에서 만난 어떤 사람이 네게 왜 어깨에 도리깨를 메고 있냐고 말하거든 그 자리에 노를 세우고 포세이돈 신께 숫양, 수소, 수퇘지 각각 한 마리씩을 제물로 바쳐라. 그런 다음 집에 돌아와서는 모든 신들에게 성대한 제물을 바쳐라. 그러면 너는 천수를 누리며 행복하게 살게 될 것이다. 아울러 너는 바다 쪽에서 온 죽음의 사자에 의해 죽음을 맞이할 것이다."

어머니 안티클레이아, 아가멤논,
아킬레우스, 아이아스

   테이레시아스가 이렇게 말하며 떠나자 마침내 오디세우스의 어머니의 혼령이 구덩이로 다가왔다. 어머니는 피를 마시자마자 아들을 금방 알아보더니 깜짝 놀라며 어떻게 해서 지하세계로 왔는지 물었다. 그는 어머니에게 전후 사정을 모두 말하며 어떻게 돌아가셨는지 그리고 아내 페넬로페는 어떻게 지내는지 물었다. 그러자 어머니는 아들을 그리워하다 노환으로 죽었으며 그의 아내는 정절을 굳게 지키며 살고는 있지만 날마다 남편 생각에 눈물이 마를 날이 없다고 전해 주었다.

   오디세우스의 어머니는 아직 페넬로페의 구혼자들에 대해서는 말이 없었다. 아마 그들이 궁전에 난입하기 전에 죽었기 때문이리라. 오디세우스는 어머니가 이야기를 마치자 갑자기 그리움이 복받쳐 올라 어머니에게 다가가 와락 껴안았다. 하지만 연거푸 세 번이나 껴안았는데도 어머니는 오디세우스의 품속에서 그림자처럼 사라져 버렸다. 오디세우스는 실망한 나머지 어머니에게 그 이유를 물었다. 이에 대해 그녀는 죽은 자들의 혼령은 형체도 없이 꿈처럼 배회하는 게 운명이라고 말하며 떠나갔다.

그러자 이번에는 오래전에 죽은 명망 있는 여인들의 혼령이 다가왔다. 오디세우스는 그들이 한꺼번에 몰려들지 않고 하나씩 와서 피를 맛보도록 순서를 정해 주었다. 그는 그들에게 가문과 이름을 물어보았다. 맨 먼저 그에게 다가온 것은 살모네우스Salmoneus의 딸 티로Tyro였다. 그녀는 이올코스Iolkos의 왕 크레테우스Kretheus의 아내였다. 티로는 한때 강의 신 에니페우스Enipeus에게 반해 강가로 놀러 가곤 했었다.

그러다가 우연히 바다의 신 포세이돈의 눈에 들어 쌍둥이 아들 펠리아스Pelias와 넬레우스Neleus를 낳았다. 티로는 그 후 크레테우스와 결혼하여 아이손Aison과 페레스Pheres와 아미타온Amythaon도 낳았다. 아이손은 바로 황금 양피 원정대 대장 이아손Iason의 아버지다. 다음은 닉테우스Nykteus의 딸 안티오페Antiope 차례였다. 그녀는 반은 사람이고 반은 염소인 사티로스Satyros로 변신한 제우스의 사랑을 받고 쌍둥이 아들 암피온Amphion과 제토스Zethos를 낳았다. 안티오페의 쌍둥이 아들은 후에 테베Thebe의 일곱 성문과 성벽을 세웠다.

다음은 암피트리온Amphytrion의 아내로, 제우스와의 사이에서 헤라클레스Herakles를 낳은 알크메네Alkmene가 다가왔고, 이어 헤라클레스의 첫째 아내 메가라Megara가 다가왔다. 다음은 오이디푸스Oidipous의 어머니 이오카스테Iokaste가 다가왔다. 그녀는 영문도 모른 채 아들과 결혼해 2남 2녀를 낳았고 아들은 아버지를 살해했다. 이 사실을 알고 그녀는 목매 자살했으며 아들은 고통스러운 속죄의 삶을 살아야 했다.

다음은 스파르타의 왕 틴다레오스의 아내 레다Leda가 다가왔다. 그녀는 이미 앞서 언급했듯이 백조로 변신한 제우스의 사랑을 받아 2개의 알을 낳았는데 각각의 알에서 1남 1녀씩 총 4명의 쌍둥이 자식들이 태어났다. 한쪽 알에서는 제우스의 자식인 폴리데우케스Polydeukes와 헬레네가, 다른 쪽 알에서는 틴다레오스의 자식인 카스토르Kastor와 클리타임네스트라가 태어났다. 후에 헬레네는 메넬라오스의 아내가 되었고 클리타임네스트라는 그의 형 아가멤논의 아내가 되었다.

레다 다음으로 알로에우스Aloeus의 아내 이피메데이아Iphimedeia가 다가왔다. 그녀는 알로에우스와의 사이에서 두 아들 오토스Otos와 에피알테스Ephialtes를 낳았다. '알로에우스의 아들'이라는 뜻의 '알로아다이Aloadai'라고 불렸던 두 아들은 어린 나이에 벌써 엄청난 거인으로 폭풍 성장했다. 아홉 살에 전쟁의 신 아레스를 잡아 통에 가둘 정도로 힘도 셌다. 아레스는 헤르메스가 구해 줄 때까지 그렇게 13개월 동안이나 통에 갇혀 있었다.

그 후 기고만장하여 눈에 뵈는 게 없었던 오토스와 에피알테스는 급기야 하늘의 신들까지 위협했다. 올림포스산 위에 오사Ossa산을, 오사산 위에 펠리온Pelion산을 쌓아 하늘 궁전에 올라가 그들을 깔아 뭉개 버리겠다는 것이었다. 결국 그들은 세 산을 쌓아 올려 하늘로 올라가 반드시 신들의 궁전을 파괴하고 말겠노라고 으름장을 놓았다. 분노한 신들은 아폴론을 보내 화살로 그를 처단하도록 했다. 신들은 그것으로 분이 풀리지 않았던지 그들을 타르타로스로 끌고 가 기둥 하나에 서로 등을 맞댄 채 뱀들로 묶이는 형벌을 가했다.

여인들의 혼령이 모두 물러가자 이번에는 그리스군 총사령관 아가멤논의 혼령이 오디세우스에게 다가왔다. 그의 주변에는 그와 함께 아이기스토스Aigisthos의 손에 죽은 부하들의 혼령들이 모여 있었다. 그는 검붉은 피를 마시고 나서 오디세우스를 알아보더니 눈물을 흘렸다. 오디세우스는 그를 보자 놀랍기도 하고 불쌍한 생각이 들어 무사히 미케네로 돌아가 잘 살고 있는 줄 알았더니 어찌 된 일이냐고 물었다. 그러자 그는 귀향하자마자 아내 클리타임네스트라의 정부 아이기스토스의 손에 억울하게 죽은 이야기를 쏟아 내며 아내를 절대 믿지 말라고 충고했다.

아가멤논과 이런저런 이야기를 나누는 동안 이번에는 아킬레우스, 그의 절친 파트로클로스Patroklos, 트로이 전장에서 몸을 던져 아버지 네스토르를 구한 안틸로코스Antilochos, 살라미스의 대大 아이아스 등의 혼령이 다가왔다. 제일 먼저 아킬레우스가 오디세우스에게 안타깝다는 듯이 아무 의식이 없는 그림자들이 사는 지하세계에 내려온 이유를 물었다. 오디세우스는 고인이 된 테이레시아스에게 안전하게 귀향할 방법과 경로를 묻기 위해 왔다고 대답한 뒤, 살아 있을 때도 그리스인들의 존경을 한 몸에 받더니 죽어서도 사자들을 통치하는 제왕이 되었으니 행복하겠다고 그를 치켜세웠다. 그러자 아킬레우스는 손사래를 치며 이렇게 말했다. "오디세우스여, 나를 위로하러 들지 마시오. 나는 죽어 사자들의 나라를 통치하느니 차라리 시골에서 농토도 별로 없는 소작농의 머슴으로 살고 싶소."

아킬레우스의 말에서 우리는 고대 그리스인들이 내세가 아닌 현세의 삶을 얼마나 중요하게 여겼는지를 알 수 있다. 오디세우스는 이어 나머지 혼령들과도 이야기를 나누었지만 유독 대大 아이아스의 혼령만 멀리 떨어진 채 그에게 다가오지 않았다. 그는 아킬레우스의 갑옷을 놓고 오디세우스와 경합이 벌어졌을 때 패배한 것에 아직도 깊은 원한을 품고 있었다. 오디세우스는 다정한 목소리로 그에게 품고 있는 분노가 있으면 이제 풀고 가까이 다가와서 피를 맛보라고 권했다. 하지만 그는 한마디 말도 없이 다른 혼령들과 함께 지하세계의 태초의 어둠인 에레보스 속으로 사라져 버렸다.

Day 152

미노스, 티티오스, 탄탈로스, 시시포스, 세이레네스

이후 오디세우스는 멀리서 제우스와 에우로페Europe의 아들 미노스 Minos가 황금 홀을 손에 쥔 채 죽은 자들로부터 지상에서의 행적을 직접 듣고 지하세계 중 어느 곳으로 갈지 판결하는 것을 보았다. 미노스는 살아서도 명판결로 이름을 날리더니 죽어서도 신들에게서 그 공적을 인정받아 재판관 노릇을 하고 있었던 것이다. 거인 사냥꾼 오리온Orion이 끔찍한 몽둥이를 들고 생전에 죽인 사냥감들을 모는 장면도, 거인 티티오스 Tityos가 땅바닥에 누워 있고 독수리가 그의 간을 파먹고 있는 장면도 보였다. 티티오스는 아폴론과 아르테미스의 어머니 레토Leto를 함부로 욕보이려다 그런 형벌을 받고 있었다. 그칠 줄 모르는 허기와 갈증에 시달리며 고통에 신음하는 탄탈로스Tantalos도 보였다.

그는 감히 신들을 속이고 시험해 보려다가 그런 형벌을 받고 있었다. 탄탈로스는 물이 턱밑까지 차오른 상태로 호수에 서 있었다. 하지만 목이 말라 물을 마시려고 허리를 굽히면 물은 순식간에 사라지고 맨땅이 드러났다. 또한 그의 머리 위로는 배나무, 석류나무, 사과나무, 올리브나무, 무화과나무 등 온갖 과일나무들이 탐스러운 열매를 매단 채 가지를 드리우고 있었다. 하지만 배가 고파 열매를 따려고 손을 내밀면 바람이 순식간에 가지를 그의 손이 닿지 않는 곳으로 밀어냈다.

오디세우스는 또한 시시포스가 커다란 바위를 어깨에 메고 힘들게 산 위로 힘들게 올라가는 것도 보았다. 그가 산 정상에 바위를 올려놓으면 바위는 저절로 밑으로 굴러떨어져 그는 영원히 같은 일을 반복해야 했다. 시시포스는 죽음의 신 타나토스Thanatos와 지하세계의 왕 하데스를 속이고 죽지 않으려 꼼수를 피우다 그런 형벌을 받고 있었다.

오디세우스는 마지막으로 헤라클레스를 보았다. 지하에 있는 헤라클레스는 복제품에 불과했다. 그는 죽은 뒤에 지상에서 이루어 낸 과업 덕분에 신이 되어, 헤라와 제우스의 딸로서 청춘의 여신인 헤베Hebe와 결혼하여 신들과 함께 하늘에 살고 있었기 때문이다.

헤라클레스는 활시위에 활을 얹고 당장이라도 쏠 듯한 자세를 취하고 있었다. 하지만 금세 오디세우스를 알아보고 활을 내려놓더니 예전에 자신이 바보 왕 에우리스테우스Eurystheus의 명령을 받고 열두 번째 과업으로 머리가 셋 달린 괴물 개 케르베로스Kerberos를 데리러 지하세계에 왔던 것을 상기하며 동병상련을 느꼈는지 아직도 집에 돌아가지 못하고 방랑하는 오디세우스를 안타까워했다.

헤라클레스도 에레보스 속으로 사라진 뒤 오디세우스는 테세우스Theseus나 그의 절친 페이리토오스Peirithoos 등 다른 영웅들이 나오지 않을까 기다렸다. 그런데 갑자기 수많은 죽은 자들이 떼를 지어 고함을 치며 몰려왔다. 그 순간 그는 지하세계의 왕 하데스의 왕비 페르세포네가 혹시 사람을 포함해서 살아 있는 생명체는 모두 돌로 만들어 버리는 고르곤 메두사Medusa를 보내지 않을까 하는 공포에 사로잡혔다. 그는 즉시 배가 있는 곳으로 가서 부하들을 재촉하여 그곳을 재빨리 떠났다.

오디세우스의 배가 오케아노스를 떠나 바다를 거쳐 아이아이에섬에 도착했을 때는 이미 야심한지라 그들은 키르케의 궁전으로 가지 않고 바닷가에 내려 적당한 곳에 잠자리를 마련한 다음 잠을 청했다. 아침이 되자 오디세우스는 부하들을 키르케의 궁전으로 보내 지붕에서 떨어져 죽은 엘페노르의 시신을 가져와 약속한 대로 그의 혼령이 스틱스강 주변을 떠돌지 않고 지하세계로 제대로 들어갈 수 있도록 장례를 치러 주었다.

이어 키르케가 시녀들을 대동하고 빵과 고기와 포도주를 가져와 내일 아침 떠나기 전 맘껏 마시며 휴식을 취하라고 주문했다. 그래서 그들은 그날 해가 질 때까지 고기와 술로 잔치를 벌였다. 밤이 깊어 모두 배 옆에서 자려고 눕자 키르케는 오디세우스를 그곳에서 멀리 떨어진 한적한 곳으로 데리고 가서 지하세계에서 보고 들은 것을 자세하게 묻더니 앞으로 항해 중에 닥치게 될 일들을 미리 알려 주었다.

다음 날 아침 키르케는 궁전으로 돌아가고 오디세우스는 마지막 남은 함선 한 척이 정박하고 있는 곳으로 가 부하들을 재촉하여 얼른 그곳을 출발했다. 그들은 키르케가 보내 준 순풍 덕분에 힘들게 노를 젓지 않아도 순항을 계속했다. 얼마 되지 않아 몸통은 새이고 머리는 여자인 괴조怪鳥 세이레네스Seirenes 자매가 사는 섬 근처에 도착했다. 누구든지 그들의 노랫소리를 들으면 목숨을 부지할 수 없었다. 절묘한 노랫소리에 홀려 가까이 가려다가 결국 섬 주변 해수면 아래 지천으로 깔려 있는 암초에 좌초되어 바다에 빠져 죽었기 때문이다. 섬 주변에는 그렇게 죽어 간 선원들의 뼈가 산더미처럼 쌓여 있었다.

세이레네스는 강의 신 아켈로오스Acheloos와 무사이의 맏언니 칼리오페

Gustav Wertheimer, 〈세이렌의 키스〉, 1882

의 딸들로, 신화학자에 따라 2명, 3명, 4명, 혹은 8명이라고 하는데, 복수형이며 단수형으로는 세이렌Seiren이다. 민방위 훈련 때 울리는 '사이렌'의 어원이 바로 '세이렌'이다. 호메로스에 의하면 세이레네스는 몸통은 새이고 머리는 여자인 괴조다. 하지만 다른 설에 의하면 세이레네스는 하반신은 물고기고 상반신은 여자인 인어이다. 이 설에 근거해서 만든 것이 커피 전문점 '스타벅스Starbucks'의 로고다. 하지만 후세의 화가들은 세이레네스를 괴조나 인어가 아닌 아름다운 요정으로 그리기도 했다.

오디세우스는 세이레네스가 도대체 무슨 노래를 부르는지 듣고 싶었다. 사서 고생하는 신화 속 영웅들의 전형적인 모습이다. 그는 키르케가 당부한 대로 얼른 밀랍을 녹여 부하들의 귀에 발라 주면서 그들에게 자신은 돛대를 고정하는 나무기둥에 묶게 하고는 앞으로 자신이 아무리 몸부림쳐도 풀어 주지 말고 더 단단하게 묶으라고 명령했다. 세이레네스는 오디세우스의 함선과 고함을 치면 들릴 만한 거리가 되었을 때 그의 이름을 부르며 노래를 부르기 시작했다.

"오디세우스여, 자, 이리 오세요. 배를 세우고 달콤한 우리 노랫소리를 한번 들어 보세요. 우리 입에서 흘러나오는 노랫소리를 제대로 듣지 않고 이곳을 통과한 배는 아직 하나도 없어요. 우리 노랫소리를 들은 사람은 죽어서도 더 많은 것을 알고 가지요. 우리는 풍성한 대지 위에서 일어나는 일은 무엇이든 다 알고 있으니까요. 우리는 트로이에서 그리스군과 트로이군이 벌인 전쟁에 대해서도 아주 잘 알고 있어요."

〈오디세우스와 세이레네스〉,
기원전 480~470년경
(그리스 도기 그림)

세이레네스 자매가 달콤한 목소리로 노래 부르자 오디세우스는 그들에게 더 가까이 다가가서 더 많은 노래를 듣고 싶은 강렬한 욕망에 사로잡혀 부하들에게 큰소리로 자신을 풀어 달라고 명령했다. 그래서 커피 전문점 '스타벅스'의 로고에는 세이레네스가 절묘한 노랫소리로 오디세우스의 마음을 사로잡은 것처럼 커피로 고객의 입맛을 사로잡고 싶은 욕망이 깊게 배어 있다. 하지만 오디세우스의 부하들은 귀를 밀랍으로 봉인한 터라 아무 소리도 듣지 못한 채 노를 젓기만 했다. 부하 중 페리메데스와 에우릴로코스가 오디세우스의 일그러진 얼굴을 보더니 그가 미리 시킨 대로 얼른 밧줄을 더욱더 꽁꽁 묶어 버렸다.

스킬라와 카립디스,
태양신 헬리오스의 섬 트리나키에

그들은 세이레네스의 노랫소리가 전혀 들리지 않을 만큼 섬에서 멀리 떨어지게 되자 비로소 자신들의 귀를 막고 있는 밀랍을 떼어 내고 오디세우스도 밧줄에서 풀어 주었다. 이렇게 세이레네스섬을 무사히 지나고 얼마 지나지 않아 항로가 두 갈래로 나뉘어 있었다. 하나는 '떠도는 바위들'이라는 뜻의 '플랑크타이Planktai'였는데, 그것들은 평소에는 가만히 있다가 무엇이든 그 옆을 지나가면 부딪쳐 박살을 내 버렸다. 지금까지 어떤 배도 그곳을 무사히 지나가지 못했다. 이아손이 이끈 황금 양피 원정대가 타고 간 아르고Argo호만이 헤라의 은총으로 그곳을 통과할 수 있었을 뿐이다.

다른 항로는 두 개의 엄청나게 큰 바위 절벽이 마주 보며 우뚝 솟아 있는 곳이었다. 그중 절벽 하나의 중간쯤에 있는 동굴에는 스킬라Skylla라는 괴물이 살고 있었다. 스킬라는 하체에 발이 12개가 달렸고 기다란 6개의 목에는 6개의 머리가 솟아 있었으며 모든 입에는 이빨이 세 줄로 촘촘하

Alessandro Allori,
〈스킬라와 카립디스의 공
격을 받는 오디세우스의
부하들〉, 1575년경

게 줄지어 돋아나 있었다. 스킬라는 아랫도리를 동굴 안쪽에 깊게 뿌리내
린 채 갑자기 기다란 목을 밖으로 뻗어 사방으로 자유자재로 움직이면서
단단한 이빨로 돌고래나 물개 등을 낚아채서 잡아먹었다.

지금까지 아무런 인명 피해 없이 그곳을 통과한 배는 하나도 없었다.
스킬라가 눈 깜짝할 사이에 6개의 목을 빼 들고 주둥이 하나에 선원들을
한 명씩 낚아채 갔기 때문이다. 또 다른 절벽 위에는 무화과나무가 한그
루 자라고 있었고, 그 밑 바닷속에는 카립디스Charybdis라는 괴물이 살고
있었다. 그 괴물은 하루에 세 번씩 바닷물을 빨아들였다가 내뱉으면서 엄
청나게 큰 소용돌이를 일으켰다. 카립디스가 너울과 물보라를 일으키며
노호하자 오디세우스의 부하들은 겁을 집어먹고 노 젓는 것을 그만 멈추

13장 ○ 귀향의 책 『오디세이아』

고 말았다.

그걸 보고 오디세우스는 함선 안을 바삐 돌아다니며 부하들을 격려했다. 흉악한 외눈박이 폴리페모스의 동굴에서 탈출했는데 이까짓 파도는 아무것도 아니라는 것이다. 그러면서 오디세우스는 키잡이에게 카립디스가 아닌 스킬라가 사는 절벽 옆에 바싹 붙어 함선을 몰도록 유도했다. 키르케가 카립디스에게 부하를 모두 잃으니 차라리 스킬라에게 6명만 잃는 것이 훨씬 나을 것이라고 충고했기 때문이다.

그런데 아무리 눈을 부릅뜨고 절벽을 살펴봐도 스킬라는 보이지 않았다. 부하들은 오히려 반대편 절벽 밑에서 요동치는 카립디스에 정신이 팔려 있었다. 카립디스가 물을 내뿜을 때는 바닷물이 가마솥의 끓는 물처럼 밑바닥으로부터 끓어올라 하늘 높이 물보라를 일으켰고, 다시 바닷물을 빨아들일 때는 소용돌이치며 바다의 시커먼 모래땅을 드러냈다. 부하들은 공포에 떨며 계속해서 카립디스 쪽을 응시하고 있었다.

바로 그 순간 반대편 절벽 쪽에서 스킬라가 갑자기 나타나 목을 쭉 내밀더니 순식간에 오디세우스의 부하 여섯을 낚아채 갔다. 스킬라는 낚시꾼이 미끼를 문 물고기를 물 밖으로 끌어낼 때처럼 버둥대는 부하들을 높이 들어 올리더니 동굴 입구에서 먹어 치워 버렸다. 스킬라와 카립디스의 이야기에서 '스킬라와 카립디스 사이에 있다'라는 격언이 나왔는데 그것은 '이러지도 못하고 저러지도 못하는 진퇴양난의 상황'을 의미한다.

스킬라와 카립디스를 벗어나서 오디세우스는 티탄 신족의 태양신 헬리오스의 섬인 트리나키에 부근에 도착했다. 아직 상당히 멀리 떨어져 있는데도 섬 쪽에서 소들의 울음소리가 들려왔다. 오디세우스는 지하세계에서 만난 예언가 테이레시아스가 신신당부하던 말이 생각나서 부하들에게 그 섬에 들르지 말고 그냥 지나치자고 했다. 그러자 에우릴로코스가 부하들을 대표하여 오디세우스를 원망하며 그동안 너무 지쳤으니 하룻밤만 묵고 가자고 애원했다.

오디세우스는 불길한 예감에 사로잡히면서도 그들에게 소 떼를 해치지 않겠다고 맹세하면 그렇게 하겠다고 약속했다. 그러자 부하들은 순순히 그의 뜻에 따라 키르케가 싸준 음식만 먹겠다고 맹세했다. 그들은 그 섬 바닷가에 내려 죽은 동료들을 추모하며 실컷 먹고 마신 다음 잠이 들었다. 그러나 한밤중이 되자 제우스는 무서운 폭풍을 일으켜 천지를 암흑으로 뒤덮더니 엄청난 비를 내리기 시작했다.

그들은 거처를 동굴로 옮기고 폭풍우가 그치기를 기다렸지만 비는 한 달 내내 쉬지 않고 내렸다. 부하들은 함선에 있던 양식들이 동이 나자 처음에는 맹세한 대로 섬에 있는 소 떼에는 절대 손을 대지 않고 주로 새나 물고기를 잡아먹었다. 그러던 어느 날 오디세우스는 신들께 폭풍우를 멈춰 달라고 간청하기 위해 부하들만 남겨 둔 채 한적한 산 위로 올라가 기도를 하다가 그만 깜박 잠이 들고 말았다.

바로 그 틈을 이용하여 오디세우스의 매제인 에우릴로코스가 허기에 지친 나머지 소를 잡아먹자고 동료들을 꼬드기기 시작했다. 결국 그들은 곧장 가까운 풀밭으로 나가 가장 튼실한 소를 한 마리 몰고 와서 신들께 기도한 뒤 넓적다리 하나는 태워 그들께 바치고 나머지는 꼬챙이에 꿰어 실컷 구워 먹었다. 한참 만에 오디세우스가 잠에서 깨어 돌아왔을 때 사방에 고기 굽는 냄새가 진동했다. 그가 깜짝 놀라며 부하들을 꾸짖었지만 그렇다고 이미 죽은 소가 살아올 것도 아니고 이미 엎질러진 물이었다.

그사이 트리나키에섬의 소 떼를 돌보고 있던 요정 람페티에Lampetie가 얼른 헬리오스를 찾아가 오디세우스의 부하들이 겁도 없이 자신들의 소들을 잡아먹었다는 사실을 알렸다. 분노한 헬리오스는 신들의 회의에서

Pellegrino Tibaldi, 〈헬리오스의 소를 잡아먹는 오디세우스의 부하들〉, 1554~1556

오디세우스의 부하들에게 그에 상응하는 벌을 내리지 않으면 자신은 지상이 아닌 지하세계로 가서 죽은 자들 가운데서 햇빛을 비추겠다고 으름장을 놓았다. 그러자 제우스가 헬리오스에게 조만간 바다 한가운데서 번개를 쳐서 오디세우스의 함선을 산산조각 낼 것이니 화를 풀라고 달랬다.

신들의 회의가 끝나자마자 헬리오스의 소를 잡아먹던 오디세우스의 부하들에게 곧바로 불길한 전조가 나타났다. 벗겨 낸 소가죽들이 땅 위를 기어 다녔고 먹다 남은 꼬챙이의 살점들이 소 울음을 내며 울었다. 하지만 그들은 이런 전조에도 전혀 아랑곳하지 않은 채 계속해서 소를 잡아먹는 불경죄를 저질렀다. 그들이 엿새 동안이나 소고기로 잔치를 벌이고 난 후 이레 되는 날에야 비로소 폭풍우가 멎었다.

그들은 즉시 배에 올라 돛을 올렸다. 그들이 한참을 달려 육지는 보이지 않고 하늘과 바다만 보이는 순간 갑자기 사방에 먹구름이 끼더니 엄청난 돌풍이 일어 순식간에 돛대를 부러뜨렸다. 더구나 돛대는 쓰러지면서 키잡이의 머리를 쳐 그를 절명시키고 말았다. 이어 천둥소리와 함께 번개가 번쩍이더니 오디세우스의 배를 쳐 산산조각을 냈고 앙상한 용골만 남겼다.

오디세우스의 부하들은 이미 요동치는 바다에 떨어져 모두 죽었고 오디세우스만 간신히 그 용골을 잡고 바람에 떠밀려 다니고 있었다. 그사이 지금까지 돌풍을 일으키며 불었던 서풍이 그치더니 갑자기 남풍이 불기 시작했다. 남풍은 끔찍하게도 오디세우스를 다시 스킬라와 카립디스가 있는 곳으로 다시 데리고 갔다. 카립디스는 그때 마침 바닷물을 빨아들이고 있었다. 오디세우스는 재빨리 카립디스의 입속으로 빨려 들어가는 용골을 손에서 놓고 잽싸게 절벽 위 바위로 뛰어올라 그 위에 자라고 있던 무화과나무 가지를 잡고 매달렸다.

칼립소의 섬 오기기에,
파이아케스인들의 나라 스케리아

무화과나무는 아래는 카립디스가 아가리를 벌리고 있는 바다 쪽이었고 위는 허공으로 뻗어 있어 오디세우스는 내려가지도 올라가지도 못하고 그렇게 나뭇가지에 매달린 채 아래쪽을 보며 카립디스가 용골을 토해 내기만을 기다리고 있었다. 마침내 카립디스가 다시 물을 뿜어내면서 용골이 튀어나오자 그는 기다렸다는 듯이 그 위로 뛰어내린 다음, 사력을 다해 두 손으로 노를 젓기 시작했다. 다행스럽게도 그때 스킬라는 나타나지 않았다. 만약 그랬더라면 그는 거기서 살아 나오지 못했을 것이다.

오디세우스는 그렇게 용골을 타고 바다 위를 열흘 동안이나 떠돈 끝에 마침내 요정 칼립소가 사는 오기기에Ogygie섬에 도착했다. 칼립소는 오디세우스를 반갑게 맞아 주고 정성을 다해 보살펴주었다. 심지어 오디세우스의 강인한 정신력과 빼어난 말솜씨에 반한 그녀는 그에게 영생불사의 몸을 줄 테니 자신과 함께 살자고 유혹했다. 오디세우스가 집에 돌아가야 한다고 아무리 말을 해도 그를 놓아주지 않았다.

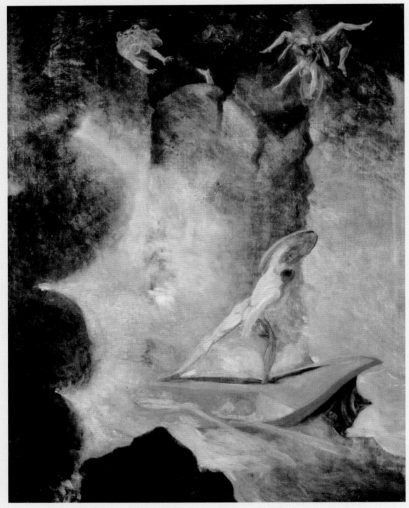

Johann Heinrich Füssli, 〈스킬라와 카립디스 사이의 오디세우스〉, 1794~1796

Arnold Böcklin, 〈오디세우스와 칼립소〉, 1882

　오디세우스는 그렇게 7년 동안이나 칼립소에게 잡혀 있었다. 그는 밤에는 마지못해 그녀와 동침을 했어도 낮이면 바닷가에 나가 고향을 생각하며 향수에 젖어 있었다. 결국 신들의 회의에서 이것을 안타깝게 생각한 아테나의 항의로 제우스가 개입했다. 그는 칼립소에게 전령 헤르메스를 급파하여 오디세우스를 당장 고향으로 돌려보내라고 명령했다. 그녀는 어쩔 수 없이 뗏목에 충분한 식량과 식수를 실어 오디세우스를 떠나보내야 했다.

　오기기에섬을 출발한 오디세우스가 18일 동안 뗏목을 타고 바다를 항해한 끝에 마침내 수평선 너머 안개 속에서 아스라이 거무스레한 육지가 천천히 솟아올랐다. 바로 그 순간 포세이돈이 오디세우스를 발견하고 엄청난 폭풍우를 보냈다. 포세이돈은 그때 마침 에티오피아인들이 바친 제물을 흠향하고 올림포스 궁전으로 막 돌아가던 참이었다. 거센 폭풍우를 맞은 오디세우스의 뗏목은 그야말로 바람 앞의 등불 신세였다.

바로 그때 홀연히 물보라의 여신 레우코테아Leukothea가 나타나더니 오디세우스에게 자신이 두르고 있던 스카프를 던져 주며 얼른 뗏목을 버리고 그것을 가슴에 두른 뒤 두 손으로 헤엄쳐 근처 해안 쪽으로 가라고 충고했다. 그녀의 말이 믿기지 않던 오디세우스가 어떻게 할까 하고 망설이고 있는 사이, 포세이돈이 일으킨 엄청난 너울이 그를 덮쳐 타고 있던 뗏목이 단박에 산산조각이 나고 말았다. 간신히 통나무 하나를 잡고 몸을 의지하고 있다가 힘에 부치자 이제 선택의 여지가 없었다.

그는 얼른 한 손으로 바로 눈앞 수면에 떠 있는 여신의 스카프를 잡아당겨 가슴에 두른 다음 힘껏 헤엄을 치기 시작했다. 스카프는 신기하게도 마치 현대의 구명튜브처럼 가라앉지 않도록 그의 몸을 띄워 주었다. 오디세우스가 한참 동안 그렇게 아까 보였던 육지 쪽을 향해 헤엄을 치는데 입고 있는 옷이 무척 거치적거렸다. 그래서 얼른 옷을 모두 벗어 버리고 젖 먹던 힘을 다해 헤엄을 쳐서 마침내 온통 안개에 휩싸인 육지의 바닷가에 도착했다. 기진맥진한 오디세우스는 근처 관목숲 속으로 기어들어가 그곳에 수북이 쌓여 있던 나뭇잎을 담요와 이불 삼아 자리에 눕자마자 깊은 잠에 곯아떨어졌다.

그가 도착한 곳은 바로 신들의 축복을 받아 과일도 풍족하고 토지도 비옥한 파이아케스인들의 나라 스케리아Scheria였다. 오디세우스는 다음 날 해가 중천에 떠오르고서야 비로소 여자들이 왁자지껄 떠드는 소리에 깜짝 놀라 잠에서 깼다. 오디세우스가 잠을 자던 관목숲 나무 밑동들 사이로 살펴보니 요정처럼 아리따운 일단의 여자들이 공놀이를 하며 놀고 있었다. 그들은 바로 스케리아의 왕 알키노오스의 딸 나우시카아Nausikaa

Jacob Jordaens, 〈오디세우스와 나우시카아〉, 1630∼1635

공주와 시녀들로 근처 바다로 흘러드는 강어귀 빨래터에서 왕실 빨래를
마친 뒤 그것이 마르는 동안 공놀이를 하고 있었다.

오디세우스가 기회를 엿보다가 나뭇잎으로 대충 치부를 가린 채 조심
스럽게 그들에게 다가가 도움을 간청하자 시녀들은 웬 낯선 남자의 갑작
스러운 출현에 기겁하며 이리저리 도망쳤다. 하지만 전날 밤 꿈속에 나타
난 아테나로부터 오늘 바닷가 빨래터에서 귀인을 만날 것이라는 귀띔을
받은 나우시카아 공주는 전혀 놀라는 기색이 없이 오디세우스에게 빨랫
감으로 가져온 오라비들의 옷을 건네준 다음, 그를 왕궁으로 안내했다.

파이아케스인들의 왕궁에서 오디세우스를 환영하는 저녁 만찬이 벌어
졌다. 물론 당시 관습에 따라 알키노오스 왕과 신하들은 아직 오디세우스
의 출신을 모르는 상황이었다. 고대 그리스인들의 관습에 따르면 손님은

충분히 대접을 받은 후에야 자신의 출신을 밝혔으며, 주인도 충분히 대접을 한 이후라야 손님의 출신을 물었다. 그런데 악사 데모도코스Demodokos 가 여흥을 돋우기 위해 트로이 전쟁에서 오디세우스가 펼친 목마 전술에 대해 노래하자 오디세우스는 깊은 회한에 젖어 터져 나오는 울음을 참을 수 없었다.

오디세우스의 이야기는 그가 10년 동안 바다를 방랑하는 사이 사람들 사이에서 노래로 만들어질 정도로 전설이 되었던 것이다. 알키노오스 왕이 오디세우스가 눈물을 훔치는 것을 이상히 여겨 악사에게 노래를 멈추게 하고 그를 불러 그 이유를 물었다. 그러자 오디세우스는 자연스럽게 자신의 이름과 고향을 댔고, 알키노오스 왕이 깜짝 놀라며 도대체 지금까지 고향에 돌아가지도 못한 채 어디에서 무엇을 했는지 묻자, 그는 전쟁이 끝난 뒤 트로이를 떠나 그때까지 자신이 겪은 모든 모험을 회상하면서 차례로 이야기하기 시작했다.

호메로스의 『오디세이아』는 앞서 언급했듯이 오디세우스의 모험을 우리가 지금까지 서술한 것처럼 시간대별로 풀어내지 않는다. 이 작품을 처음 접하는 독자가 기대하는 것처럼 오디세우스의 모험 이야기로 시작하지 않는다는 뜻이다. 진짜 그의 모험 이야기는 총 24권 중 5권의 칼립소의 섬에서야 비로소 시작된다. 게다가 트로이에서 그 섬에 오기까지의 오디세우스의 여정도 9권에서부터 시작되는, 그가 알키노오스 왕에게 털어놓은 회상을 통해 비로소 밝혀진다.

그렇다면 『오디세이아』는 무엇으로 시작할까? 그것은 바로 오디세우스가 죽었다고 지레짐작하고 그의 궁전에 난입한 108명의 구혼자가 부리는 행패로 시작한다. 이것은 이렇게 급박한 상황에 도대체 오디세우스는 어디 있을까 하고 그의 행방에 대해 독자들에게 더욱더 궁금증을 자아내게 하는 고도의 서술 기법이다. 어쨌든 오디세우스의 회상을 통해 그로부터 직접 그동안 겪은 모험을 모두 듣고 난 파이아케스인들과 알키노오스 왕과 신하들은 모두 깊은 감명을 받았다. 아니 그의 말솜씨에 모두 마음을 빼앗겼다.

그래서 알키노오스 왕은 가장 노련한 선원들을 선발하여 오디세우스를 온갖 귀중한 선물들과 함께 쾌속선에 태워 이타케로 데려다주도록 했다. 그들은 오디세우스를 태우고 가다가 도중에 잠이 잠든 그를 이타케의 포르키스Phorkys 항구에 내려놓았다. 한참 후에 잠에서 깨어난 오디세우스는 짙은 안개에 싸인 고향을 알아보지 못했다.

Claude Lorrain, 〈파이아케스인들의 나라를 떠나는 오디세우스〉, 1646

이타케, 에우마이오스와 텔레마코스의 만남, 12개 도낏자루

바로 그때 아테나가 나타나 오디세우스에게 그곳이 그의 고향 이타케임을 알려 주었다. 이어 궁전의 상황을 전해 주며 아내의 구혼자들을 처치하려면 무엇이 필요한지 하나하나 차근차근 일러주었다.

"꾀돌이 오디세우스여, 앞으로 너는 그 누구에게도 방랑하다가 돌아온 오디세우스라고 밝히면 안 된다. 나는 너를 누구도 알아보지 못하도록 변신시켜 줄 것이다. 구혼자들뿐 아니라 네 아내나 아들도 너를 보면 혐오감을 느낄 것이다. 너는 제일 먼저 돼지치기 에우마이오스Eumaios를 찾아가라. 그는 아직 너에게 충성심을 잃지 않았다. 그에게 신분을 감추고 모든 것을 물어보아라.

그동안 나는 네 아들 텔레마코스를 부를 것이다. 나는 그 아이를 네 행방을 알아보라고 스파르타의 메넬라오스 왕과 필로스Pylos의 네스토르 왕에게 보냈다. 그의 명예도 높여 주고 담력도 키워 주기 위해서다. 그

Giuseppe Bottani, 〈오디세우스에게 나타나 이타케를 보여 주는 아테나〉, 연도 미상

가 돌아오면 함께 구혼자들을 응징하도록 하라. 그전에 구혼자들이 네
게 어떤 행패를 부려도 꼭 참고 견디어라. 나는 앞으로 한순간도 네게
서 눈을 떼지 않을 것이다."

아테나의 도움으로 순식간에 볼품없고 초라한 거지 노인으로 변신한
오디세우스는 우선 그녀가 일러 준 대로 돼지치기 에우마이오스의 오두
막을 찾아갔다. 그는 신분을 밝히지 않은 채 그동안 자신이 겪은 일을 적
당히 지어내어 얘기했다. 그러면서 은근히 오디세우스는 틀림없이 귀환
할 것이라고 귀띔을 했으나 기다림에 지친 에우마이오스는 그 말을 믿지
않았다. 하지만 오디세우스는 에우마이오스가 아테나의 말대로 여전히

자신에 대한 충성심을 잃지 않고 있는 것을 확인하고 내심 감동했다.

오디세우스가 고향 이타케에 도착하여 에우마이오스의 오두막에 가 있는 동안 텔레마코스는 아테나의 주선으로 아버지의 행방을 찾아 필로스를 거쳐 스파르타에 가 있었다. 메넬라오스 왕과 그의 아내 헬레네는 텔레마코스가 신분을 밝히기도 전에 오디세우스와 붕어빵처럼 빼닮았다며 단박에 그가 오디세우스의 아들임을 알아보았다. 그들은 아버지의 행방을 묻는 텔레마코스에게 트로이 전쟁에서 세운 그의 무훈을 일일이 열거하며 침이 마르도록 오디세우스를 칭찬했다.

하지만 메넬라오스와 헬레네는 필로스의 네스토르 왕처럼 정작 오디

Jean-Jacques Lagrenée, 〈오디세우스의 아들 텔레마코스를 알아보는 헬레네〉, 1795
고개를 숙이고 울고 있는 인물이 텔레마코스다. 파이아케스인들의 궁전에서 울던 그의 아버지 오디세우스의 모습과 중첩된다.

세우스의 행방에 대해서는 전혀 아는 게 없었다. 그들은 다만 텔레마코스에게 아버지는 강인한 분이니 반드시 돌아올 거라는 말만 되풀이할 뿐이었다. 텔레마코스는 그들로부터 아버지가 트로이 전쟁에서 펼친 활약을 생생하게 전해 듣자 그리움이 복받쳐 올라 왈칵 눈물이 쏟아지는 바람에 얼른 외투를 들어 눈가를 훔쳤다. 이 장면은 오디세우스가 파이아케스인들의 나라에서 벌어진 환영 만찬에서 음유시인 데모도코스가 트로이 전쟁에서 자신이 펼친 목마 전술에 대해 노래하자 숨죽여 울던 장면을 연상시킨다.

어쨌든 이렇게 아버지의 행적을 찾는 데 실패한 텔레마코스는 그 후 아테나의 도움으로 그를 죽이려고 구혼자들이 배를 타고 매복해 있던 바다 길목을 피해 무사히 이타케로 돌아왔다. 그는 우선 조그마한 포구에 하선하여 동행한 또래 선원들은 배와 함께 시내 항구로 보내고 자신은 보이지 않는 실에 이끌려 돼지치기 에우마이오스의 오두막을 향했다. 마침내 오두막에 도착한 텔레마코스는 에우마이오스로부터 거지 노인을 소개받은 뒤 그들과 잠시 무례하기 짝이 없는 구혼자들을 성토하다가, 얼른 자신의 무사 귀환을 알리라며 그를 궁전의 어머니에게 보냈다. 두 사람만 남게 되자 오디세우스는 그제야 비로소 텔레마코스에게 자신이 아버지임을 밝혔고, 두 사람은 눈물을 흘리며 감격의 해후를 했다.

기쁨도 잠시, 오디세우스는 당장 아들과 함께 108명이나 되는 아내의 구혼자들을 몰살시킬 구체적인 계획을 세웠다. 그사이 돼지치기 에우마이오스가 페넬로페를 만나고 돌아와 텔레마코스에게 궁전의 상황을 전했다. 얼마 후 오디세우스가 이미 짜놓은 각본대로 텔레마코스가 먼저 궁전으로 돌아갔다. 하지만 그는 어머니에게 에우마이오스의 오두막에서 아버지를 만난 일은 비밀로 했다. 이어 상당한 간격을 두고 에우마이오스가 볼품없고 초라한 거지 모습의 오디세우스를 궁전으로 안내했다.

오디세우스가 막 자신의 궁전에 들어서려는 순간, 이제는 폭삭 늙어 버려 기진해 움직이지 않자 누군가 죽은 줄 알고 대문 앞 쓰레기장에 버린 개 한 마리가 벌떡 일어나 살짝 꼬리를 흔들었다. 녀석은 바로 20여 년 전 오디세우스와 함께 이타케 산속을 누비고 다녔던 충견 아르고스Argos였다. 녀석은 멀리서 주인의 발자국 소리를 듣고 너무나도 기쁜 나머지 마지막 혼신의 힘을 다해 일어났던 것이다. 하지만 녀석은 오디세우스가 애써 외면하자 주인에게 다가오려고 발을 떼려다 그만 그 자리에 푹 쓰러져 죽고 말았다. 오디세우스가 얼른 달려가 녀석을 끌어안고 감격의 해후를 하지 않은 것은 혹시 자신의 신분이 탄로나 모든 계획이 틀어질까 염려했기 때문이다.

오디세우스는 슬픔을 억누르며 궁전으로 들어가 자리를 잡고 잔치를 벌이던 구혼자들에게 먹을 것을 간청했다. 모두들 그에게 음식을 던져 주었지만 구혼자들의 수장 안티노오스Antinoos만은 그를 박대했다. 심지어 그는 거지 노인을 데려온 돼지치기 에우마이오스를 힐책하며 오디세우스에게 발판을 던지기까지 했다. 얼마 후 페넬로페가 혹시 남편 소식을 들을 수 있을까 해서 하인을 보내 조용히 거지 노인을 불렀다. 온갖 곳을 돌아다니면서 남편을 만났거나 그에 대한 소문을 주워들었을 수 있다는 생각에서였다.

오디세우스는 정중하게 페넬로페의 청을 거절하고 밤에 찾아가겠다고 말했다. 괜히 구혼자들의 의심을 사고 싶지 않았기 때문이다. 저녁이 되어 구혼자들이 각자의 집으로 돌아가자 텔레마코스는 아버지와 함께 홀 안에 있던 무기를 보이지 않는 곳으로 치워 놓았다. 오디세우스가 약속대로 아내 페넬로페를 찾아갔지만 당연히 거지 노인으로 변신한 그를 알아볼 리 없었다. 오디세우스는 자신을 크레타Kreta의 이도메네우스Idomeneus 왕의 동생으로 소개했다. 그러자 페넬로페가 구혼자들 때문에 고초를 당하고 있는 자신의 신세를 한탄했다.

"그들이 하도 결혼을 재촉하기에 나는 기발한 계책 한 가지를 생각해 낸 적이 있어요. 나는 어느 날 구혼자들을 모아 놓고 시아버지의 수의를 다 짜면 그들 중 하나를 선택해 결혼하겠다고 선언했지요. 그런 다음 낮이면 베를 짰다가 밤이면 방안에 햇불을 밝혀 놓고 그것을 다시 풀었어요. 이렇게 나는 3년 동안 구혼자들의 집요한 결혼 요구를 피했어요. 하지만 4년째가 되던 어느 날 구혼자들과 놀아난 파렴치한 시녀들의 밀고로 결국 내 속임수가 발각되어 마지못해 수의를 완성하지 않을 수 없었지요. 이제 나는 결혼을 피할 수 없게 되었어요."

John William Waterhouse, 〈페넬로페와 구혼자들〉, 1912

페넬로페는 이렇게 말하며 내일 날이 밝으면 구혼자들에게 활 시합으로 남편을 정할 것이라고 덧붙였다. 남편 오디세우스는 심심할 때면 무기고에서 예전에 에우리토스의 아들 이피토스가 우정의 선물로 주었던 커다란 활을 꺼내 12개의 도끼를 표적 삼아 멀리서 화살을 날려 도낏자루의 구멍을 모두 꿰뚫곤 했는데 바로 그것으로 남편감을 고르겠다는 것이다. 오디세우스는 좋은 생각이라고 치켜세우면서 그러기 전에 남편이 틀림없이 돌아올 것이라고 말해 주었지만 페넬로페는 그 말을 믿지 않았다. 그동안 돈푼깨나 얻어 보려고 수많은 사람이 찾아와 거짓으로 남편의 소식을 전해 주었기 때문이다.

페넬로페의 베 짜기, 구혼자들의 처단, 페넬로페와의 상봉

페넬로페가 구혼자들의 등쌀을 피하려고 낮에는 베를 짰다가 밤에는 그것을 푼 이야기에서 '페넬로페의 베 짜기'라는 격언이 나왔다. 그것은 '여자의 정절'이나 '해도 해도 끝이 없는 일'을 뜻할 때 쓰는 말이다. 이후 유모 에우리클레이아Eurykleia가 페넬로페의 지시대로 손님에 대한 예우로서 오디세우스의 발을 씻겨 주다가 우연히 허벅지에서 눈에 익은 흉터를 발견하고 주인을 알아보았다. 유모가 기쁨을 감추지 못하며 페넬로페에게 그 사실을 알리려 하자 오디세우스가 얼른 제지했다. 지금 자신의 신분이 밝혀지면 위험할 수 있다는 것이다.

유모가 마련해 준 침실로 돌아온 오디세우스는 잠을 이루지 못하고 몸을 뒤척이며 구혼자들을 몰살시킬 방도를 궁리했다. 그러는 사이 밖에서 배신한 시녀들 몇이 아직 집에 돌아가지 않은 구혼자들과 놀아나는 소리가 들려왔다. 오디세우스는 그 순간 분노가 치밀어올라 바로 나가 그들을

Gustave Boulanger,
〈에우리클레이아에게
함구령을 내리는
오디세우스〉, 1849

응징할까 생각해 보았다. 하지만 그랬다가는 모든 계획이 물거품이 될 수
도 있어 애써 분노를 삭였다. 바로 그때 아테나가 나타나 그에게 용기를
북돋아 주었다. 지금까지 항상 그랬던 것처럼 자신이 뒤에서 지켜 줄 테
니 아무 걱정하지 말라는 것이었다.

　다음 날 아침, 페넬로페가 구혼자들에게 나타나 활 시합으로 남편을 정
하겠다고 공표했다. 과녁은 페넬로페가 어젯밤 거지 노인에게 밝힌 것처
럼 12개의 도낏자루 구멍이었다. 페넬로페는 남편이 무기고에 두고 간
활에 시위를 얹어 화살을 날려 12개의 도낏자루 구멍을 모두 뚫는 구혼자
를 남편으로 선택하겠다고 말했다. 텔레마코스는 혹시 벌어질지 모르는

불상사를 방지한다는 구실로 구혼자들의 무기를 수거해서 보관했다. 시합이 끝나고 결과에 복종하지 못한 구혼자들이 싸움을 일으킬지 모른다는 이유에서였다.

에우마이오스가 페넬로페에게서 오디세우스의 활과 화살을 받아 구혼자들 앞에 갖다 놓았다. 텔레마코스가 제일 먼저 활에 시위를 얹어 보려다가 오디세우스가 눈짓으로 제지하자 그만두었다. 레오도스Leodos를 시작으로 구혼자들이 차례로 활에 시위를 얹어 보려 했지만 연달아 실패했다. 안티노오스의 제안으로 활을 불로 데우고 비계를 발라 부드럽게 한 다음 시도를 해 보았지만 구혼자 중 아무도 활에 시위를 얹지 못했다.

당황한 구혼자들이 웅성거리기 시작했다. 그런 혼란을 틈타 오디세우스가 돼지치기 에우마이오스와 소치기 필로이티오스Philoitios를 조용히 밖으로 데려가 자신의 정체를 밝혔다. 오디세우스는 그들에게 구혼자들이 도망가지 못하도록 은밀하게 홀의 문을 잠그라고 명령했다. 오디세우스가 다시 홀 안으로 들어와 자기 자리에 앉았지만 구혼자들은 여전히 아무도 활에 시위를 얹지 못하고 전전긍긍하고 있었다. 그러자 안티노오스가 궁술의 신 아폴론에게 제물을 바친 다음 시합을 계속하자고 다시 제안했다.

구혼자들이 활을 놓고 끙끙거리며 씨름하고 있는 사이에 갑자기 거지 노인 오디세우스가 일어서서 자신도 한번 활에 시위를 얹게 해 달라고 간청하자 구혼자들이 모두 분노하며 그를 호되게 꾸짖었다. 그들은 아무래도 약간 수상쩍은 데가 있어 보이는 거지 노인이 혹여 자신들도 하지 못해 쩔쩔매고 있는 일을 해낼까 봐 내심 두려웠다. 그걸 보고 페넬로페가 만약 거지 노인이 도낏자루 구멍을 뚫는다면 많은 상을 내리고 어디든지 원하는 곳으로 데려다주겠다고 약속했다.

바로 그 순간 텔레마코스가 나서서 구혼자들이 들으라고 큰 목소리로

"아버지의 활을 어떻게 할 것인가는 그분이 안 계신 지금은 제 소관이니 어머니께서는 내실로 들어가셔서 어머니 일이나 하십시오!"라며 그녀를 억지로 쫓아내듯 내실로 돌려보냈다. 그런 다음 돼지치기 에우마이오스에게 눈짓으로 활을 거지 노인에게 갖다주도록 했다. 활을 받아든 오디세우스는 마치 노련한 궁수처럼 활 여기저기를 꼼꼼하게 살펴보더니 재빨리 화살을 날려 순식간에 도낏자루 12개의 구멍을 꿰뚫었다. 이어 구혼자들에게 쩌렁쩌렁한 목소리로 자신의 정체를 밝혔다.

"이 개 같은 자식들아, 너희들은 내가 트로이에서 다시는 돌아오지 못할 줄 알았더냐? 너희들은 내가 살아 있는데도 내 가산을 탕진하고 내

Thomas Degeorge Ulysse, 〈페넬로페의 구혼자들을 처단하는 오디세우스와 텔레마코스〉, 1812

궁전 시녀들과 동침하고 내 아내에게 구혼했다. 너희들은 하늘의 신들도, 사람들의 비난도 두렵지 않았더냐? 이제 너희들은 파멸을 면치 못하리라!"

오디세우스가 말을 마치자마자 신기하게도 그의 모습이 거지 노인에서 원래 모습으로 돌아왔다. '오디세이Odyssey'라는 골프 퍼터는 바로 화살을 날려 12개의 도낏자루 구멍(홀)을 뚫은 오디세우스의 일화에서 착안한 네이밍이다.

어쨌든 오디세우스는 그 후 구혼자들에게 정신을 차릴 틈도 주지 않고 순식간에 화살통을 발 앞에 쏟은 다음 활을 당겨 제일 먼저 그들의 수장 안티노오스를 쏘아 죽이고 계속해서 구혼자들을 향해 화살을 날리기 시작했다. 오디세우스가 얼마나 번개처럼 빨랐는지는 안티노오스가 황금 술잔을 막 입에 대려다가 식도에 그의 화살을 맞고 즉사하는 데서 알 수 있다. 무방비 상태의 구혼자들이 비명을 지르며 차례로 꼬꾸라졌다. 화살이 떨어지자 옆에 있던 텔레마코스가 미리 준비해 둔 갑옷 등 무구를 얼른 아버지에게 건네주었다.

오디세우스 부자와 구혼자들 사이에 일대 격전이 벌어졌다. 이때 아테나가 처음에는 멘토르, 나중에는 제비의 모습을 하고 오디세우스 부자를 격려했다. 결국 그들은 108명이나 되는 구혼자들과 그들의 하인 등 그 일당들을 모두 몰살했다. 게다가 오디세우스는 유모 에우리클레이아를 불러 그동안 구혼자들과 한통속이 되어 놀아났던 불충한 시녀들도 모두 색출하여 교수형에 처했다.

그사이 깊은 잠에 곯아떨어져 있던 페넬로페는 유모로부터 거지 노인이 바로 주인님이셨으며, 그분이 조금 전 도련님과 함께 구혼자들을 모두 처단했다는 말을 듣고 미심쩍은 표정으로 다시 궁전의 홀로 향했다. 그녀는 남편이 거지 노인이 아닌 본모습으로 돌아왔어도 너무 달라진 모습에 그를 어느 구혼자 보듯 냉랭하게 대했다. 오디세우스는 천신만고 끝에 20년 만에 고향에 돌아온 남편에게 그렇게 무쇠처럼 무정하게 대할 수 있냐고 불평했다.

그는 몹시 마음이 상한 듯 유모 에우리클레이아에게 혼자라도 잘 테니 아무 데나 침상을 깔아 달라고 부탁했다. 그러자 페넬로페는 유모에게 오디세우스가 손수 지은 신방 안에 있는 침상을 내다가 그 위에 침구들을 깔아 주라고 일렀다. 그 말을 듣고 오디세우스가 깜짝 놀라며 페넬로페에게 어떻게 침상을 옮길 수 있는지 반문하며 말을 이었다.

> "부인, 침상을 옮길 수 있다니 말도 안 되오. 내가 그것을 직접 만들었기 때문에 나는 그 사실을 잘 알고 있소. 원래 우리 집 마당에는 줄기가 기둥처럼 굵은 커다란 올리브 나무 하나가 자라고 있었소. 나는 바로 그 올리브 나무 둘레에다 벽돌을 쌓아 집을 지은 다음 우듬지를 잘라내고 곁가지를 다듬어 기둥으로 삼고 그 위에 침상을 만들었소. 그런 침상을 마음대로 옮길 수 있다니 누가 밑동을 자르기라도 했단 말이오?"

페넬로페는 오디세우스가 자신의 남편이라는 명백한 증거를 보이자 흥분하여 무릎과 심장이 떨려 왔다. 그녀는 울면서 그에게 달려가 두 팔로 오디세우스의 목을 끌어안았다. 페넬로페는 침대에 얽힌 둘만이 아는 에피소드로 은근히 오디세우스를 한번 시험해 본 것이다. 페넬로페와 오디세우스는 밤새도록 서로 그동안 있었던 힘든 일들을 이야기하며 회포를 풀었다.

13장 ○ 귀향의 책 『오디세이아』

구혼자들 가족과의 전투, 텔레고노스, 오디세우스의 죽음

　오디세우스는 20년 만에 아내 페넬로페와 감격적인 해후를 한 뒤, 몰살당한 구혼자들의 가족들이 가할 공격에 대비하여 아들 텔레마코스 등 측근을 모두 데리고 방어에 유리한 궁전 밖 농장으로 거처를 옮겼다. 그곳에는 오디세우스가 트로이로 떠난 이후로 줄곧 그의 연로한 아버지 라에르테스가 아들을 기다리며 머물고 있었다. 오디세우스는 그곳에서 자신의 정체를 의심하는 라에르테스에게 어린 시절 그에게서 선물 받은 과일나무들의 이름과 그루 수를 정확하게 대고 난 뒤에야 아내에 이어 아버지와 또 한 번의 감격적인 해후를 했다.

　그 후 구혼자들의 죽음이 알려지고 그들의 가족들은 오디세우스의 궁전에서 아들의 시신을 찾아가 장례를 치렀다. 이어 구혼자들의 수장이었던 안티노오스의 아버지 에우페이테스Eupeithes의 지휘 아래 단단히 무장을 하고 오디세우스 일행이 있는 농장으로 몰려왔다. 바야흐로 오디세우스 일행과 구혼자들의 가족들 사이에 큰 싸움이 벌어지려고 하는 일촉즉

발의 순간이었다. 바로 그때 하늘에서 갑자기 아테나가 나타나 그들에게 더 이상 피를 보지 말고 즉시 싸움을 그치라고 명령했다. 새파랗게 겁에 질린 그들은 하는 수 없이 싸움을 중지했고 여신의 중재로 평화협정을 체결했다. 호메로스의 『오디세이아』는 바로 이 대목에서 끝을 맺는다.

오디세우스가 이타케의 왕권과 가정을 회복하고 난 후 벌이는 또 다른 모험에 대해서는 기원전 6세기경 키레네Kyrene의 에우감몬Eugammon이 쓴 것으로 알려진 「텔레고니아Telegonia」라는 서사시가 전해 주고 있다. '텔레고니아'는 '텔레고노스의 이야기'라는 뜻이다. 원본은 단 두 줄만 남아 있고 프로클로스Proklos라는 작가의 요약본으로만 전해 내려오는 그 서사시의 내용에 따르면 오디세우스는 본토의 엘리스Elis로 건너가서 한동안 그곳의 왕 폴릭세노스Polyxenos의 식객으로 살았다.

그 후 그는 다시 이타케로 돌아와 지하세계에서 테이레시아스가 알려 준 대로 노를 어깨에 메고 걸어서 에페이로스Epeiros산을 넘어 테스프로토이Thesprotoi족의 나라에 도착했다. 그러자 과연 테이레시아스의 예언대로 어떤 주민이 이렇게 물었다. "여보시오, 당신은 왜 봄에 도리깨를 어깨에 메고 있소?" 그 말을 듣고 그는 그곳에서 발걸음을 멈춰 그 노를 땅에 꽂고 제단을 쌓은 다음 포세이돈에게 숫양 한 마리, 수소 한 마리, 수퇘지 한 마리를 바치고 신의 용서를 받았다.

그러자 테스프로토이족의 여왕 칼리디케Kallidike가 오디세우스에게 자기 왕국을 맡아 달라고 요청했다. 오디세우스는 그녀와 결혼하여 폴리포이테스Polypoites라는 아들을 두고 오랫동안 왕국을 태평성대로 이끌었다. 그는 한때 이웃한 브리고이Brygoi족이 침공하자 늘 그림자처럼 따라다니며 그를 도와주었던 아테나의 도움으로 그들을 물리치기도 했다. 칼리디케 여왕이 죽자 오디세우스는 아들에게 왕위를 물려준 뒤 다시 고향 이타케로 돌아왔다.

그 당시 이타케는 오디세우스의 아내 페넬로페가 통치하고 있었고 그의 아들 텔레마코스는 케팔레니아로 잠시 몸을 피해 있었다. 신탁에 따르면 오디세우스가 다시 돌아왔을 때 자신의 아들 손에 죽는다고 했기 때문이다. 하지만 오디세우스는 이타케에서 편안한 노후를 보내다가 텔레마코스가 아닌 다른 아들에 의해 죽음을 맞았다.

오디세우스는 10년 동안 바다를 방랑하는 중에 만난 키르케와 1년 동안 살면서 텔레고노스Telegonos라는 아들을 하나 두었다. 텔레고노스가 장성하자 키르케는 그에게 출생의 비밀을 알려 주고 이타케로 아버지를 찾아 떠나도록 했다. 우여곡절 끝에 이타케에 도착한 텔레고노스는 그곳을 코르키라Korkyra로 잘못 알고 부하들과 함께 상륙하여 닥치는 대로 약탈했다.

오디세우스가 노구를 이끌고 출정하여 그들에 맞서 공격을 막아 냈지만 결국 해안에서 텔레고노스가 던진 창에 목숨을 잃고 말았다. 이 창은 뾰족한 끝이 가오리의 침으로 되어 있었다. 그래서 바다 쪽에서 온 죽음의 사자가 오디세우스를 데려갈 것이라는 테이레시아스의 예언이 적중한 셈이다. 오디세우스는 죽어 가면서 아들을 알아보았고, 텔레고노스도 그제야 자신이 아버지를 죽였음을 알고 심한 자책에 빠졌다.

하지만 한번 엎질러진 물은 주워 담을 수 없는 법. 페넬로페와 텔레마코스는 침입자의 정체를 알게 되자 그를 용서해 주었을 뿐만 아니라, 그를 따라나서 키르케의 섬으로 가 그곳에서 오디세우스의 장례도 치르고 시신도 정성스레 매장해 주었다. 그러자 키르케는 페넬로페와 텔레마코스를 불사의 몸으로 만들어 준 다음 자신은 텔레마코스와 결혼하고 아들 텔레고노스는 페넬로페와 결혼시켰다. 참으로 묘하고 아리송한 결말이

아닐 수 없다.

오디세우스와 마녀 키르케 사이에서 태어난 아들 텔레고노스가 장성하여 아버지를 찾아와 자신도 모르게 그를 죽인다는 이야기 이외에도 호메로스의 『오디세이아』의 이야기를 계속 이어 가거나 아니면 그것과 모순을 이루는 이설들이 꽤 있다. 어떤 설에 따르면 오디세우스의 아내 페넬로페는 오디세우스가 방랑에서 돌아온 이후 그에게 아쿠실라오스Akusilaos 혹은 프톨리포르테스Ptoliporthes라는 둘째 아들을 낳았다. 또 다른 설은 페넬로페가 정절을 굳게 지켰다는 전설적인 이야기를 부인했다.

그것에 따르면 그녀는 구혼자들과 차례로 몸을 섞었다. 또 페넬로페가 구혼자들의 수장 안티노오스나 혹은 암피노모스Amphinomos의 유혹을 받아 정조를 버렸다는 설도 있다. 오디세우스는 나중에 그 사실을 알고 그녀를 죽이거나 아니면 장인 이카리오스가 있는 스파르타로 추방했다. 그러자 그녀는 아르카디아Arkadia의 만티네이아로 가서 전령신 헤르메스와 사랑을 나누어 숲과 목동의 신 판Pan을 낳았다.

또 다른 설에 따르면 아테나의 중재로 오디세우스와 구혼자들의 가족 사이에 휴전이 성사되었는데 그것으로 분쟁이 완전히 끝난 것이 아니었다. 그 후 오디세우스는 구혼자들의 가족에 의해 고소를 당해 재판을 받았다. 그들은 재판장으로 에페이로스 앞쪽에 있는 섬들을 통치하고 있던 아킬레우스의 아들 네오프톨레모스를 지명했다. 네오프톨레모스는 오디세우스의 뒤를 이어 이타케의 왕이 된 텔레마코스에게는 구혼자들의 가족에게 배상해 주라는 판결을 내렸고, 오디세우스에게는 그가 통치하고 있던 케팔레니아를 차지할 속셈으로, 이탈리아로 추방령을 내렸다.

인내의 달인이자 천부적인 이야기꾼
오디세우스

고향이나 가족에 대한 그리움이 오디세우스가 숱한 모험을 하는 동안에 가야 할 방향을 지시해 주는 나침판이었다면 술책, 지혜, 극기는 귀향과 가정의 회복이라는 최종 목표를 달성하기 위한 정신적인 무기였다. 오디세우스는 호메로스의 다른 영웅들처럼 육체적인 강인함은 많이 보여주지 못했어도 술책과 지혜에 있어서는 아주 뛰어났다.

다른 영웅들은 트로이를 몰락시키기 위해 10년 동안 막대한 군사력을 쏟아부으면서도 이루지 못했던 일을 목마를 만들어 단숨에 해치운 것도 오디세우스였다. 외눈박이 폴리페모스의 동굴이나 세이레네스의 섬을 지나갈 때와 같은 아주 절체절명의 위기에서도 해결책을 찾아내는 그의 재능은 그 누구도 따라올 자가 없었다. 이처럼 오디세우스의 지적인 능력은 거인이나 괴물과 싸우는 모습을 통해 드러난다.

특히 광활한 바다와 그 안에 도사리고 있는 수많은 위험은 오디세우스가 맞서 싸워야 할 거친 자연에 대한 알레고리Allegory다. 그래서 오디세우스를 계속해서 궁지로 몰아넣는 바다의 신 포세이돈과 그를 그림자처럼 따라다니며 도와주는 지혜의 여신 아테나는 원시적인 자연의 힘과 합리적인 이성의 힘을 신화적으로 표현한 것이다.

헤르메스가 오디세우스에게 키르케의 마법에 걸리지 않도록 몰리라는 약초를 주는 것도 마찬가지로 해석할 수 있다. 헤르메스는 세상의 모든 길을 아는 지혜롭고 영리한 신이다. 인간이 자연의 폭력에 힘없이 굴복해야 했던 고대에는 자연과 벌이는 대결은 매우 매력적인 주제였을 것이다. 오디세우스는 자연의 폭력을, 어느 때는 술책과 지혜를 발휘해서 물리치기도 하지만, 또 어느 때는 초인적인 극기를 발휘해서 극복한다.

가령 오디세우스는 귀향에 해로운 바람들을 모두 잡아넣고 가둔 가죽 자루를 건네주면서 고향에 빨리 돌아가려면 그것을 절대 열지 말라는 바람의 지배자 아이올로스의 당부를 끝까지 잊지 않는다. 하지만 그가 깜박 잠든 사이 부하들이 궁금증을 이기지 못하고 그것을 열어 버리는 바람에 고향 이타케를 지척에 두고 다시 정처 없이 바다를 방랑하는 신세가 된다.

그는 또한 아무리 배가 고파도 트리나키에섬에 상륙하여 태양신 헬리오스의 소 떼에 절대 손대지 말라는 테이레시아스의 경고를 끝까지 마음에 새긴다. 하지만 그의 부하들이 그만 배고픔을 이기지 못하고 소들을 잡아먹는 바람에 단 한 척 남은 함선과 부하들을 모두 잃고 혼자만 살아남는다.

오디세우스의 부하들처럼 세계 각국의 신화에서는 무엇을 하지 말라고 경고하는데도 기어코 그것을 하는 바람에 큰 사달이 벌어진다. 하지만 오디세우스만은 절대 그런 전철을 밟지 않는다. 오디세우스의 극기는 괴조 세이레네스가 사는 섬을 지나갈 때 한 단계 상승한다. 그는 그들의 노랫소리가 어떤지 알고 싶어 부하들의 귀는 밀랍으로 막고 자신의 귀는 그 대로 두고 돛대 기둥에 묶인 채 단말마의 고통을 견디며 지나간다.

오디세우스는 그 후 자신의 충견 아르고스가 자신을 알아보고 반갑다 며 꼬리를 흔들다 쓰러져 죽어 가도 속으로 울음을 삼킨 채 녀석을 모르 는 체하며 지나간다. 오디세우스의 극기가 정점에 이르는 곳은 바로 아내 페넬로페를 만났을 때다. 그는 20년 만에 아내를 만났어도 흥분을 가라 앉히고 모든 위험이 사라질 때까지 절대 자신의 정체를 밝히지 않는다.

『오디세이아』에서 오디세우스가 고향에 도착하기 전 바다를 방랑하면 서 겪는 모험 대부분은 서술자가 아닌 오디세우스의 입을 빌려 직접 이야 기된다. 그는 파이아케스인들의 왕 알키노오스의 요청으로 그에게 폐허

Draper Herbert James, 〈오디세우스와 세이레네스〉, 1909

가 된 트로이를 출발한 이후부터 그때까지 자신에게 일어난 모든 일을 회상하며 들려준다. 이런 오디세우스의 과거에 대한 회상은 네 가지 기능을 지니고 있다.

첫째, 그것은 오디세우스에게 자신의 모험을 전체적으로 조망하여 정리할 수 있도록 해 준다. 둘째, 오디세우스의 회상은 서술을 지연시킴으로써 독자들의 기대 심리를 부풀게 한다. 셋째, 그것은 오디세우스의 다양하고 흥미진진한 모험을 보여 줌으로써 알키노오스 왕을 비롯한 파이아케스인들뿐 아니라 독자에게도 짜릿한 즐거움을 마련해 준다. 마지막으로 오디세우스의 회상은 심신이 지칠 대로 지친 오디세우스 자신에게 위안을 주고 자신감을 회복시키는 치유의 기능을 한다.

칼립소의 섬을 떠난 오디세우스는 포세이돈이 보낸 폭풍우로 뗏목이 전복된 후 파이아케스인들의 나라에 간신히 헤엄을 쳐서 올라간다. 그는 초주검 상태에다 남아 있는 것이 아무것도 없다. 부하들도 모두 잃었고 손에 가진 것도 하나 없다. 이때의 오디세우스의 상태를 상징적으로 보여주는 사실이 있다. 그것은 바로 그가 헤엄을 치는 데 거치적거리는 옷을 모두 벗어 버린 터라 완전히 알몸 상태였다는 사실이다.

바로 이 순간 그는 나우시카아 공주를 만나 그녀가 빨랫감으로 가져온 오라비들의 옷도 얻어 입고 파이아케스인들의 궁전에서 손님 대접을 받는다. 그들이 오디세우스에게 보이는 진심 어린 환대는 그와 부하들이 괴물들에게서 받았던 원초적 위협과는 반대되는 속성이다. 하지만 오디세우스는 이런 선한 사람들을 통해서만 자신의 가치를 인정받는 것은 아니다.

오디세우스는 바로 자신의 회상으로 풀어내는 이야기를 통해 자신의 진가를 인정받고 확인한다. 파이아케스인들도 그의 이야기를 듣고 그에 대한 신뢰를 쌓아 간다. 아울러 오디세우스는 자신의 모험을 회상하면서 스스로 자의식을 느낀다. 그는 지금까지 겪은 수많은 모험을 재현해 내서 성찰함으로써 자신에 대한 이해의 폭을 넓히는 것이다.

『오디세이아』에서 오디세우스가 이렇게 자신을 인식하게 되는 과정은 3단계에 걸쳐 전개된다. 그는 우선 파이아케스인들의 나라에 도착해서 나우시카아 공주의 마음을 사로잡음으로써 남자로서 자신의 진가를 새롭게 발견한다. 공주는 빨래터에서 처음 만났을 때는 추레했던 오디세우스가 목욕한 뒤 말끔하게 차려입고 나타나자 그 모습에 매료당해 시녀들에게 이렇게 속내를 털어놓는다.

> "아아, 저분은 조금 전만 해도 전혀 볼품없었는데, 지금은 마치 신과 같은 모습이구나, 저분이 내 남편이 되어 이곳에서 나랑 함께 살면 얼마나 좋을까!"

두 번째로 오디세우스는 파이아케스인들의 궁전에 도착해서 그들이 베풀어 준 향연 이후 운동장에서 라오다마스Laodamas 왕자 일행과 벌인 대화와 경기에서 정신적이고 육체적인 탁월함을 과시한다. 그때 오디세우스는 에우리알로스Euryalos라는 귀족 청년이 자기를 두고 운동에는 전혀 소질이 없고 이득에만 찌든 장사치로만 보인다고 비아냥거리자 이렇게 대답한다.

> "신은 어떤 사람에게든 모든 것을 주지 않는 법이지요. 그래서 어떤 사람은 외모는 다소 떨어져도 내면은 신처럼 우아하고, 또 다른 사람은 외모는 당신처럼 신과 같아 보여도 내면은 거지처럼 빈약합니다."

이어 그는 벌떡 일어나 원반들이 놓여 있는 곳으로 가더니 가장 크고 무거운 것을 들고 그 누구도 따라잡을 수 없을 정도로 멀리 던져 그들의 말문을 막아 버린다.

마지막으로 오디세우스는 그 누구도 따라올 수 없는 천부적인 이야기꾼으로서 바로 자신의 이야기를 통해 남을 즐겁게 할 뿐 아니라 앞으로 남은 구혼자들과의 마지막 혈투에 절대 필요한 자신감을 완전히 회복한다. 이야기의 치유 효과를 새삼 확인할 수 있는 대목이다. 우리가 상처받아 힘들어하는 사람들의 이야기에 귀 기울여야 하는 이유가 바로 여기에 있다. 오디세우스는 알키노오스 왕처럼 자신의 이야기를 진심으로 잘 들어주는 사람이 있었기에 그 이야기를 통해 스스로 자신을 치유할 수 있게 된 것이다.

『오디세이아』의
서술 구조

　지금까지 우리는 호메로스의 『오디세이아』를 중심으로 오디세우스의 모험을 자세하게 살펴보았다. 이제 『오디세이아』의 구조를 살펴볼 차례이다. 『오디세이아』의 구조는 『일리아스』처럼 아주 정교하게 짜여 있다. 우선 『오디세이아』는 오디세우스의 실제 모험이 아니라 그의 아들 텔레마코스의 이야기로 시작한다. 그는 갓 성인이 되어 얼굴조차 기억이 잘 나지 않는 아버지의 행방을 찾기 위해 필로스의 네스토르 왕과 스파르타의 메넬라오스 왕을 찾아간다.

　텔레마코스는 비록 아버지를 찾는 데는 실패해도 무사히 항해를 마치고 돌아옴으로써 말로만 듣던 강인한 오디세우스의 아들로서의 자신의 정체성을 찾는다. 동시에 독자들은 이 도입부에서 108명이나 되는 구혼자들이 오디세우스의 궁전에 난입하여 행패를 부리는 통에 아내 페넬로페가 아주 극심한 곤경에 처해 있으며, 남편 오디세우스가 귀향해야만 그 곤경에서 벗어날 수 있다는 사실을 알게 된다. 아울러 독자들은 그게 언제 그리고 어떻게 이루어질 것인가 하는 묘한 기대감과 궁금증에 휩싸이게 된다.

이게 바로 『오디세이아』의 총 24권 중 1권에서 4권까지의 내용이다. 이어 『오디세이아』의 5권에서 8권까지는 오디세우스가 요정 칼립소의 섬을 출발하여 뗏목을 타고 바다를 항해하다가 포세이돈이 일으킨 폭풍우에 난파당해 파이아케스인들의 나라에 표착한 다음, 나우시카아 공주의 도움으로 알키노오스 궁전에 도착하여 환대를 받는 내용이고, 9권에서 12권까지는 오디세우스가 자신의 신분을 밝히고 알키노오스 왕에게 그동안 자신이 겪은 모험담을 회상하며 이야기하는 내용이다.

오디세우스는 그 후 알키노오스 왕의 배려로 곧바로 고향 이타케에 도착하여 아내의 구혼자들에게 복수극을 펼친다. 『오디세이아』의 실제 서술 시간은 오디세우스가 방랑하는 총 10년 중 40여 일에 불과하다. 하지만 이 기간에서도 마지막 5일에, 다시 말해 오디세우스가 이타케에 도착하고 난 뒤의 5일 동안에 아주 많은 사건이 일어난다. 호메로스는 이 시간을 아주 자세하게 묘사하면서 『오디세이아』의 반인 13권에서 24권까지 총 12권을 할애하고 있다.

그렇다면 오디세우스의 모험의 가장 큰 특징은 무엇일까? 그것은 바로 그의 모험의 종착지가 결국 고향의 가족이라는 것이 아닐까? 오디세우스의 모험이 지금까지 살펴본 다른 영웅들의 모험에 비해 더욱더 우리 마음에 와닿는 것은 고향의 가족에 대한 애타는 그리움을 노래한 것이기 때문이다. 호메로스의 작품 『오디세이아』에서는 모든 유혹과 위험에도 불구하고 이타케로 돌아가려는 오디세우스의 고향에 대한 동경이 전체 사건을 이어 주는 중심 모티프이다. 『일리아스』에서는 아킬레우스의 분노가 전체 사건을 이어 주는 중심 모티프인 것과 마찬가지다.

Johann Heinrich Wilhelm Tischbein, 〈고향 이타케를 그리워하는 오디세우스〉, 연도 미상
그림 속 오디세우스의 눈에 고향을 그리워하는 애틋한 마음이 절절히 배어 있다.

그래서 『일리아스』가 아킬레우스의 '분노의 책'이라면 『오디세이아』는 한마디로 오디세우스의 '귀향의 책'이다. 오디세우스에게 귀향은 이타케라는 지리적인 장소나 사회적 지위를 회복하는 것만을 의미하지 않는다. 그것은 무엇보다도 20년 동안 단절된 인간관계를 회복하는 것을 의미한다. 호메로스는 『오디세이아』에서 귀향한 오디세우스가 그동안 잃어버린 인간관계를 회복하는 과정을 6단계에 걸쳐 아주 감동적으로 그려 내고 있다.

맨 먼저 오디세우스는 돼지치기 에우마이오스의 오두막에서 텔레마코스와 단둘이 남았을 때 스스로 아버지임을 밝혀 아들과 감격적인 해후를 한다. 두 번째로 그는 궁전 대문간에서 옛날 자신이 기르던 충견이자 노

William Bouguerau, 〈오디세우스를 알아보는 에우리클레이아〉, 1848

　　　　　　　　　　　　13장 ○ 귀향의 책 『오디세이아』

견 아르고스에 의해 주인으로 인정받는다. 세 번째로 거사 전날 오디세우스의 유모 에우리클레이아는 페넬로페의 지시로 오디세우스의 발을 씻겨 주다가 허벅지에서 흉터를 발견하고 그를 알아본다. 유모가 감격하여 페넬로페에게 곧장 그 사실을 알리려 하자 그는 이렇게 제지한다.

> "유모, 왜 내 계획을 망치려 하시오. 내가 돌아온 사실은 아직 아무도 알아서는 안 되오. 만약 그 사실을 발설했다가는 당신이 아무리 나를 키워 준 유모라도 가만두지 않을 것이오."

네 번째로 오디세우스는 구혼자들이 활을 놓고 씨름하고 있는 사이 충실한 하인 돼지치기 에우마이오스와 소치기 필로이티오스에게 자신이 오디세우스임을 밝히고 주인으로 인정을 받는다. 다섯 번째로 오디세우스는 구혼자들과 배반한 시녀들을 모두 처치한 뒤 페넬로페에게 침대에 얽힌 사연을 이야기함으로써 남편으로 인정을 받는다.

마지막으로 오디세우스는 거사 직후 궁전 인근 농장에 살고 있는 아버지 라에르테스를 찾아가 아들로 인정을 받는다. 그는 처음에는 고령으로 눈이 침침하여 자신을 알아보지 못하는 아버지에게 정체를 밝히지 않고 자신을 알리바스Alybas의 왕 아페이다스Apheidas의 아들 에페리토스Eperitos라고 소개하며 은근히 그를 시험해 본다. 5년 전 알리바스에 들른 오디세우스를 만나 후하게 대접해서 보내면서 다시 만나자고 약속했는데 아직도 고향에 돌아오지 않았다니 안타깝다는 것이다.

그 말을 듣자마자 노인은 땅바닥에 펄썩 주저앉더니 절규하며 두 손 가득 시커먼 흙을 움켜쥐고 자신의 머리에 쏟아붓는다. 그 모습을 보자니 오디세우스는 코끝이 찡해 오고 눈물이 앞을 가려 당장 아버지에게 달려가 얼싸안고 얼굴에 키스 세례를 퍼부으며 이렇게 말한다.

> "아버지, 제가 바로 20년 만에 고향에 돌아온 아들 오디세우스입니다. 이제 그만 울음을 그치세요. 조금 전 저는 궁전에서 구혼자들을 모두 해치우고 막 아버지를 뵈러 오는 길입니다."

그가 아들이라고 고백했는데도 라에르테스는 그 말을 믿지 못하고 확실한 증거를 대라고 요구한다. 그러자 오디세우스는 아버지에게 허벅지의 흉터를 내보이며 그것은 옛날 외삼촌들과 사냥을 하다가 멧돼지의 엄니에 받혀 생긴 상처가 아물어 생겼다고 말한다. 그래도 아버지가 미심쩍어하자 그는 어렸을 적 아버지로부터 선물로 받았던 과일나무들의 이름이며 그루 수까지 정확하게 열거한다. 그제야 라에르테스는 감격에 겨워 한참 동안 무릎과 심장을 떨다가 마침내 아들을 와락 껴안는다.

『오디세이아』의 수용사

Day 160

(1)

소포클레스, 오비디우스, 베르길리우스, 단테

　호메로스의 『오디세이아』와 『일리아스』의 영향력은 우열을 가릴 수 없을 만큼 막대하다. 앞서 '『일리아스』의 수용사'에서 이미 언급한 것처럼 90여 편의 비극을 쓴 것으로 알려진 아이스킬로스가 '자신의 작품들은 호메로스의 위대한 성찬들을 한 입 베어 문 것에 불과하다'고 할 정도이다. 특히 『오디세이아』는 수천 년에 걸쳐 서양 문학 전체에 실로 엄청난 영향을 끼쳤다. 단테Dante Alighieri, 셰익스피어W. Shakespeare, 괴테J. W. von Goethe, 조이스J. Joice 등이 『오디세이아』를 토대로 작품을 썼다.

　문학뿐 아니었다. 화가들도 일찍이 기원전 7세기경부터 오디세우스의

〈폴리페모스의 눈을 못 쓰게 만드는 오디세우스와 그의 부하들〉, 기원전 670~660년경 (그리스 도기 그림)

모험에 영감을 받아 그가 외눈박이 폴리페모스의 눈을 멀게 하는 장면이나 세이레네스가 사는 섬을 지나는 장면 등을 도기에 그려 넣었다. 음악사상 최초의 오페라 작곡가 몬테베르디C. Monteverdi도 오르페우스Orpheus의 이야기를 소재로 한 오페라 『오르페오L'Orfeo』의 작곡가로 아주 잘 알려져 있지만, 오디세우스의 모험도 『율리시즈의 귀향Il ritorno d'Ulisse in patria』이라는 오페라에 담아냈다.

　다양한 예술 장르에서 수많은 작가가 『오디세이아』의 영향을 받아 작품을 만들었어도 오디세우스라는 인물에 대한 평가는 사뭇 달랐다. 어떤 사람은 그를 동화 같은 모험을 감행한 주인공으로 보았으며, 다른 사람은 모든 것을 경험해 보려는 호기심 많은 현대인의 원형으로 보았다. 또한 어떤 사람은 자유자재로 부리는 계책과 강한 정신력을 근거로 아무리 어려운 상황이라도 침착하게 극복해 나가는 이성적인 인간의 전형으로 보았으며, 다른 사람은 온갖 위험을 무릅쓰고라도 사랑을 찾아 귀향하는 사람의 모범으로 보았다.

프랑스 작가 프랑수아 페늘롱은 1694년 오디세우스보다는 그의 아들 텔레마코스에게 초점을 맞추어 『텔레마코스의 모험』이라는 교육소설을 출간했다. 괴테를 비롯한 많은 작가들도 오디세우스가 나우시카아 공주를 만나는 장면이나 칼립소의 섬에 머무는 장면과 같은 개별 에피소드를 토대로 작품을 썼다.

　　고대에 벌써 호메로스처럼 오디세우스에게 철저히 긍정적인 평가를 내린 작가가 있는가 하면, 비록 단편적이지만 오디세우스에 대해 부정적인 시각을 지닌 작가도 있었다. 고대인의 눈에도 오디세우스가 필록테테스를 렘노스섬에 유폐시킨 일이나 아킬레우스의 갑옷을 놓고 대ㅊ 아이아스와 다툰 것, 특히 아무 잘못도 없는 팔라메데스를 모함해서 죽게 만든 것 등이 결코 긍정적으로만 보이지 않았던 모양이다.

　　가령 소포클레스는 비극 「아이아스」에서는 오디세우스를 긍정적으로 보았지만, 「필록테테스」에서는 그를 교활한 철권 정치가이자 조소주의자로 그렸다. 에우리피데스도 「헤카베」와 「트로이의 여인들」에서 그를 인간 도살자로, 「아울리스의 이피게네이아」에서는 명예욕에 사로잡힌 음모가로 만들었다. 두 비극작가가 오디세우스에 대해 이렇게 부정적인 평가를 내린 것은 그 당시 정치 환경의 산물이다.

　　소포클레스와 에우리피데스는 펠로폰네소스 전쟁을 겪으면서 도시국가 폴리스가 몰락하고 철면피한 정치가들이 생겨나는 것을 목격하였다. 따라서 그들은 신화에서 그런 인물을 찾다가 결국 오디세우스라는 인물을 선택한 것이다. 그 당시 그리스 비극은 신화 속 인물만을 소재로 쓰고 있었기 때문에 그들은 오디세우스를 통해 그 당시 정치가들의 세태를 풍자한 것이다.

　　로마인들도 울릭세스Ulixes라고 불렸던 오디세우스를 한편으로는 긍정적으로 또 다른 한편으로는 부정적으로 묘사했다. 우선 그리스 스토아학파의 이념을 이어받은 키케로Cirero, 호라티우스Horatius, 세네카Seneca는 오디세우스를 현자의 상징으로 평가했다. 오디세우스는 스토아학파가 현자의 특징이라 생각한 항심(constantia)과 평정(ataraxia)을 절대로 잃지 않기 때문이다. 오비디우스도 아우구스투스Augustus 황제에 의해 흑해 연안으로 추방당한 뒤 자신을 고향에 돌아가지 못하고 바다를 방황하는 오디세우스로 비유했다.

이에 비해 베르길리우스는 『아이네이스』에서 호메로스의 영향을 많이 받기는 했어도 목마를 만들어 트로이를 몰락시킨 오디세우스를 잔인하고 파괴적인 철권 정치가로 그렸다. 그 작품이 로마의 번영과 그 뿌리를 찬양하기 위해 쓰인 것을 생각하면 당연한 귀결이다. 로마인들은 로마를 건국한 로물루스Romulus와 레무스Remus를 아이네이아스Aineias의 후손으로 여기면서 트로이를 로마의 뿌리로 생각했기 때문이다.

고대 후기에서 중세 말기까지 1,000년 동안 호메로스는 잊히고 그 대신 베르길리우스가 인구에 회자되었다. 그 영향으로 단테는 『신곡』 중 「지옥」에서 오디세우스를 목마를 고안한 계책의 달인이 아니라 트로이를 몰락시킨 사악한 파괴자로 평가했다. 그는 또한 오디세우스를 세상에 대한 헛된 호기심에 사로잡혀 중도에 귀향을 포기하고 모험을 계속하다 결국 난파당해 지옥에 떨어지는 것으로 재해석했다. 오디세우스의 혼령도 지옥에서 만난 단테에게 자신이 집에 돌아가지 않고 모험을 계속할 수밖에 없었던 이유는 바로 세상에 대한 무한한 호기심 때문이었다고 고백한다.

"자식에 대한 그리움도, 늙은 아버지에 대한 효심도, 아내 페넬로페에

13장 ○ 귀향의 책 『오디세이아』

대한 사랑도 세상과 인간에 대해 모두 알고 싶은 내 가슴 속 열정을 억누를 수 없었지요."

'호기심(curiositas)'은 교부 아우구스티누스Augustinus가 『고백』에서 단죄한 이래 기독교 전통에서 근세 초기까지 사악한 것으로 여겨졌다. 호기심은 인간의 마음을 세상, 다시 말해 외적인 것으로 향하게 해서 하느님을 섬기며 자신의 영혼을 구원하는 일에서 멀어지게 만든다는 것이다.

결국 단테는 오디세우스를 연옥산 밑 강가에 좌초시켜 죽게 만든 다음, 지옥의 제8원인 사기 지옥에 떨어뜨려 꺼지지 않는 불꽃 속에서 단짝 전우 디오메데스와 함께 극심한 고통에 시달리게 했다. 그렇다면 왜 오디세우스는 사기꾼들이 죽어 벌을 받고 있는 사기 지옥으로 떨어진 것일까? 단테에 의하면 그는 비겁하게 목마라는 속임수를 써서 트로이를 몰락시켰기 때문이다. 단테가 오디세우스를 고향 이타케로 귀향시키지 않고 키르케의 섬에서 기수를 돌려 모험을 계속하다가 죽게 만든 것은 오디세우스의 귀향으로 마무리되는 호메로스의 『오디세이아』와는 큰 차이를 보인다.

중세, 스칼리제르, 베가,
셰익스피어, 괴테

　물론 중세에도 오디세우스에 대한 긍정적인 평가가 전혀 없었던 것은
아니다. 중세에는 예수 탄생 이전에 일어났던 모든 것을 미래에 예수가
세상을 구원하는 역사를 미리 보여 주는 사건으로 보았다. 중세 교회의
시각에서 보면 구약뿐 아니라 이교도들의 이야기도 신약의 역사를 상징
적으로 미리 보여 준다. 이런 시각에 따라 그들은 오디세우스가 괴조 세
이레네스가 사는 섬을 지나갈 때 돛대 기둥에 묶인 채 극심한 고통을 인
내하는 모습을 예수가 십자가에 못 박혀 고통받는 모습을 예시한 것으로
해석하기도 했다.

　르네상스 시대로 접어들면서 고대에 대한 새로운 평가가 일어났다. 하
지만 그렇다고 호메로스가 곧바로 긍정적인 평가를 받은 것은 아니었다.
르네상스 시대의 시학 교과서인 프랑스의 고전학자 스칼리제르J. J. Scaliger
의『시학에 관한 일곱 가지 원칙Poetices Libri Septem』은 호메로스를 평가 절하
하고 그 대신 베르길리우스를 높이 평가했다. 그의 엄격한 규범 시학에
따르면 호메로스의 작품은 조야하고 표현도 너무 비합리적이며 구성도
치밀하지 못하다. 그의 신들도 비도덕적이고 영웅들도 덕의 모범이 되기

〈오디세우스와 세이레네스의 모자이크〉, 3세기경(튀니지 튀니스 바르도 국립미술관)
이 모자이크 속 오디세우스의 얼굴 모습에는 십자가에 묶인 채 고통받는 예수의 모습이 깊게 배어 있다.

에는 부적합하다.

호메로스에 대한 이런 부정적인 평가에도 불구하고 그가 만들어 낸 '오디세우스'라는 인물은 이 당시 문학 작품에서 계속 중요한 소재로 등장했다. 가령 셰익스피어는 1602년 제프리 초서G. Chaucer의 『트로일러스와 크리세이드Troilus and Criseyde』와 마찬가지로 반호메로스적인 시각에서 희비극 『트로일러스와 크레시더Troilus and Cressida』를 출간했다. '반호메로스적'이라는 말은 호메로스와 정반대라는 의미는 아니고, 호메로스가 쓴 두 작품을 기반으로 하고는 있어도 내용이 사뭇 다르다는 의미다.

'트로일러스'는 트로이의 50명의 왕자 중 하나고 '크레시더'는 예언가 '칼카스'의 딸로 두 사람은 서로 사랑하는 사이다. 그런데 칼카스는 호메로스의 작품과는 달리 트로이인이었다가 전쟁 중 딸을 남겨 두고 그리스 측으로 망명한다. 그리스 측은 칼카스의 부탁을 받고 트로이의 장수 '안 테노르'를 포로로 잡아 와 크레시더와 맞교환한다. 이 과정에서 그리스의 장수 '디오메데스'가 크레시더를 보고 첫눈에 사랑에 빠진다. 처음에는 별 관심이 없던 크레시더도 디오메데스에게 점차 마음이 끌리면서 트로 일러스, 크레시더, 디오메데스 사이에 복잡한 삼각관계가 전개된다.

어쨌든 셰익스피어는 이 작품에서 오디세우스를 모든 질서를 파괴할 위험이 있는 무의미한 전쟁에서 이성적으로 행동하는 실용적인 정치가 로 그렸다. 그래서 전장을 떠남으로써 그리스군을 위기에 빠뜨린 아킬레 우스에게 인간은 누구나 사회에서 자신이 지켜야 할 자리와 해야 할 의 무가 있다고 일장 훈시를 한다. 셰익스피어가 오디세우스를 통해 아킬레 우스에게 그런 말을 하게 한 역사적 배경에는 그 당시 30년 동안 지속되 면서 영국을 혼란에 빠뜨린 장미전쟁이 자리하고 있다. 튜더Tudor 왕조는 전쟁이 끝난 후 불안한 정세를 통제하기 위해 질서 이데올로기가 필요했 으며 결국 백성들에게 질서를 최고의 덕목으로 선전했던 것이다.

개인이 자율성을 가지면 초개인적인 질서가 파괴되고 혼란이 초래한 다는 식이다. 셰익스피어의 다른 작품에도 자주 엿보이는 질서에 대한 갈 망은 르네상스에 팽배했던 개인주의적인 사고와 모순을 이룬다. 셰익스 피어의 신념이 그런 것은 아니겠지만 그의 오디세우스는 질서 이데올로 기에 사로잡힌 나머지 아킬레우스가 아가멤논의 처사에 분노하여 전장 을 떠남으로써 결과적으로 그리스군에 막대한 손실을 끼친 것을 극히 개 인주의적이고 따라서 무책임한 행동이라고 비난한다.

스페인의 극작가 로페 드 베가L. de Vega는 『키르케La Circe』라는 서사시 에서 오디세우스를 덕의 화신으로 묘사한다. 마찬가지로 스페인의 극작가 페드로 칼데론 데라바르카P. C. de la Barca도 『사랑, 최고의 마력El mayor encanto, amor』이라는 코미디에서 오디세우스를 한때 키르케나 칼립소의 유혹에 빠지기도 하지만 결국 그것들을 슬기롭게 극복하는 영웅으로 소개한다. 이런 점에서 이 두 작품은 금욕을 최고의 덕목으로 삼은 스토아학파의 시각을 따르고 있다.

18세기 중반에서 19세기 초까지는 호메로스가 문학의 중심인물로 부각된다. 특히 독일 고전주의는 고대 그리스를 작품의 모범으로 삼았다. 독일 고전주의 작가이자 번역가인 요한 하인리히 포스J. H. Voß의 유명한 『일리아스』와 『오디세이아』 독일어 번역판이 나온 것도 1781년이었다. 포스는 그리스어에 능통했으며 호메로스의 두 작품을 원래의 운율인 6운각으로 거의 완벽에 가깝게 번역해 냈다.

Joseph Karl Stieler, 〈괴테〉, 1828

독일 고전주의의 거두 괴테도 자신의 작품에서 『오디세이아』의 장면들을 자주 인용했다. 『젊은 베르테르의 슬픔』의 주인공 '베르테르'는 콩을 불에 볶으면서 『오디세이아』에서 108명이나 되는 페넬로페의 오만불손한 구혼자들이 소와 돼지를 잡고 그것을 잘게 썰어서 불에 굽던 장면을 상상했다. 『이탈리아 기행』에서도 괴테는 배를 타고 나폴리에서 팔레르모로 가는 길에 풍랑을 만나자 오디세우스의 모험을 연상했다.

괴테는 또한 수평선에 보이는 섬을 보고는 오디세우스가 표류한 섬 같다고 생각했고, 시칠리아에 도착해서는 파이아케스인들의 섬을 회상했으며, 해안가 근처에서 식물들이 무성하게 우거져 있는 것을 보고는 호메로스의 『오디세이아』에 묘사된 알키노오스 왕의 궁전의 정원을 연상했고, 나폴리의 여러 풍경을 보고는 이제야말로 『오디세이아』의 진정한 의미를 깨달았다고 고백했다.

Day 161

꩜꩜꩜꩜꩜   (3)   ꩜꩜꩜꩜꩜

테니슨, 하우프트만,
제임스 조이스, 카잔차키스

괴테는 한때 오디세우스가 파이아케스인의 나라에 체류한 것을 소재로 한 드라마 『나우시카아』를 구상하기도 했다. 괴테의 이 작품은 비록 미완성에 그치고 말았지만, 그는 그 작품을 나우시카아 공주가 비극적인 최후를 맞이하는 것으로 끝맺으려 했다. 그래서 괴테의 나우시카아는 오디세우스가 아내를 찾아 고향으로 돌아가야 한다는 것을 알고 절망한 나머지 자살한다.

괴테는 1779년 바이마르 공국의 왕이었던 젊은 카를 아우구스트K. August 공작과 함께 알프스를 여행할 때도 보드머J. J. Bodmer가 1년 전에 출간한 『오디세이아』 번역본을 가지고 갈 정도로 호메로스 마니아였다. 그는 그때 알프스 깊은 계곡에서 아우구스트 공작에게 『오디세이아』를 낭독해 주었고, 산을 오르다 힘들 때면 오디세우스의 강인한 인내심을 회상하며 견뎌 냈다.

알프레드 테니슨A. Tennyson의 시 「율리시즈Ulysses」도 19세기 초인 1833년에 나왔다. 주지하다시피 '율리시즈'는 오디세우스의 영어식 이름으로 로마식 이름인 '울릭세스'에서 유래했다. 테니슨의 율리시즈는 귀향한 지

3년 만에 새로운 세계를 탐험하고 싶은 욕구를 떨쳐 내지 못하고 다시 모험을 떠나려는 결연한 의지에 차 있다.

그래서 테니슨의 율리시즈는 다시 모험을 떠나지 못하고 있는 자신에 대해 이렇게 한탄한다.

> 얼마나 지루한 일인가, 쉬고 있다는 것은, 끝마쳤다는 것은,
>
> 윤을 내지 않아 녹슬어 있다는 것은, 쓰지 않아 윤이 나지 않는다는 것은!
>
> 어디 숨을 쉬고 있다고 살아 있는 것인가! 그저 삶에 삶을 쌓아 간다는 것은,
>
> 모두에게 아무런 의미가 없다.

George Frederic Watts,
〈알프레드 테니슨〉,
1863~1864

13장 ○ 귀향의 책 『오디세이아』

20세기에 들어서자 『오디세이아』를 소재로 한 작품들이 엄청나게 쏟아져 나온다. 특히 독일에서는 구스타프 슈바브G. Schwab가 1938년부터 1941년까지 3년에 걸쳐 해마다 1권씩, 총 3권으로 펴낸 그리스 신화 책 『고대의 가장 아름다운 전설Die schönsten Sagen des klassischen Altertums』이 베스트셀러가 되면서 그런 현상이 두드러진다. 이 작품은 현재 우리나라에 『구스타프 슈바브의 그리스 로마 신화』라는 제목으로 번역하여 출간되어 있다.

이 시기 독일 작가의 대표작으로는 게르하르트 하우프트만G. Hauptmann의 드라마 『오디세우스의 활Der Bogen des Odysseus』을 들 수 있다. 작품의 무대는 오디세우스가 고향 이타케에 돌아온 후에 제일 먼저 들른 돼지치기 에우마이오스의 오두막이다. 하우프트만이 하필이면 그곳을 작품의 무대로 택한 것은, 당시 자신이 속한 문예사조인 자연주의의 시각에 걸맞게 문학은 에우마이오스처럼 최하층의 프롤레타리아 계급을 통해서야 비로소 사회구조의 모순을 제대로 파헤칠 수 있다고 생각했기 때문이다.

호메로스의 『일리아스』를 패러디한 작품은 고대에 벌써 나왔다. 앞서 트로이 전쟁에서 언급한 바 있듯이 기원전 1세기에 쓰인 『개구리와 생쥐 전쟁』은 그리스군과 트로이군이 맞서 싸운 트로이 전쟁을 개구리와 생쥐의 전쟁으로 패러디했다. 하지만 『오디세이아』를 패러디한 작품은 20세기가 되어야 비로소 나온다. 제임스 조이스는 『율리시즈Ulysses』를 통해 오디세우스의 모험을 패러디하면서 위대한 모험이 가능했던 고대 영웅의 시대와 현대 소시민 사회를 비교 묘사했다.

제임스 조이스는 『율리시즈』에서 더블린 출신의 3명의 소시민인 '레오폴드 블룸', 그의 아내 '마리온 트위디', 젊은 선생이자 작가인 '스티븐 디덜러스'의 행동, 생각, 상황을 각각 오디세우스, 페넬로페, 텔레마코스에 빗대어 묘사했다. 바에서 일하는 여자들은 세이레네스로, 비스킷 상자를

제임스 조이스

던져 대는 열광적인 국수주의자는 외눈박이 키클로페스로, 창녀는 키르케로 비유된다. 오디세우스가 지하세계를 방문하는 것은 블룸이 공동묘지에 가는 것과 대비된다.

조이스는 이 소설을 통해 한편으로는 전통적인 가치관과의 단절, 모든 사고의 상대성, 세상과 자아 사이의 분열을 묘사함으로써 현대적인 세계상을 만들어 내고 있지만, 다른 한편으로는 『오디세이아』의 인물과 상황이 지닌 원형적인 측면을 강조하려 했다. 호메로스의 『오디세이아』는 현대의 작품과의 현격한 차이가 있음에도 불구하고 우리에게 원형적인 틀을 제시하고 있다는 말이다. 재미있는 것은 블룸의 아내 마리온의 애칭인 '몰리'는 호메로스의 『오디세이아』에서 헤르메스가 오디세우스에게 마녀 키르케를 만나기 전에 주었던 약초 이름인 몰리에서, 스티븐 디덜러스의

13장 ○ 귀향의 책 『오디세이아』

'디덜러스Dedalus'는 그리스 신화 속 천재 건축가이자 조각가인 '다이달로스Daidalos'에서 따왔다는 것이다.

조이스가 이런 시도를 한 것은 그 당시 제임스 프레이저J. Frazer의 『황금가지The Golden Bough』로 촉발된 사고의 원형에 대한 열광적인 관심 때문이었다. 이런 시각에서 보면 오디세우스가 세이레네스와 만나는 것은 심미주의의 유혹을, 키르케의 섬에 머무는 것은 쾌락적인 감각주의에 빠지는 것을 암시한다. 이에 비해 그리스 작가 니코스 카잔차키스N. Kazantzakis는 1938년 출간된 『오디세이아Odysseia』에서 조이스와는 아주 다른 시각을 보인다. 그는 호메로스의 오디세우스의 모험을 더 이상 전형적인 모델로 간주하지 않는다. 그는 호메로스의 오디세우스를 옛 고향이 아니라 자유와 새로운 삶의 의미를 찾아 헤매다가 실패하는 완전히 다른 현대적인 인간으로 탈바꿈시킨다.

카잔차키스의 오디세우스는 모험으로 점철된 삶을 살다가 폭풍우를 만나 남해의 빙산에서 좌초되어 죽음을 맞는다. 단테처럼 카잔차키스도 반호메로스적인 입장에 서 있다. 그래서 그의 오디세우스는 구혼자들을 모두 잔인하게 죽인 뒤 고향에 안착하지 않고 다시 새로운 모험을 감행한다. 고향 이타케가 너무 답답해서, 이렇게 좁은 공간에서는 진정한 삶의 의미를 느낄 수 없기 때문이다. 심지어 그는 스파르타로 헬레네를 찾아가 자기와 함께 가자며 데려간다. 헬레네에 대한 연정 때문이 아니라 그녀도 자신처럼 다시 집을 떠나고 싶어 한다고 생각했기 때문이다.

장 지로도, 하이너 뮐러,
아도르노, 카바피스

1930년대 제2차 세계대전의 그림자가 짙게 드리워지자 호메로스의 오
디세우스는 더욱더 작가들의 주목을 받기 시작했다. 프랑스 작가 장 지로
도J. Giraudoux는 『트로이 전쟁은 일어나지 않는다*La guerre de Troie n'aura pas lieu*』
에서 오디세우스를 전쟁의 광기에 사로잡힌 세상에서 어떻게든 전쟁을
막아 보려고 애쓰지만 결국 실패하고 마는 비운의 정치가로 묘사했다. 독
일 작가 발터 옌스W. Jens도 『오디세우스의 유언*Das Testament des Odysseus*』에서
지로도와 같은 입장을 취했다.

이 시기에 오디세우스는 특히 많은 독일 작가들의 작품에서 때로는 망
명자처럼 고향을 잃은 비극적인 인물로, 때로는 교활한 지식인으로, 때로
는 패배자로 그려졌다. 그중 귄터 쿠네르트G. Kunert는 일련의 시와 산문
에서 페넬로페와 나우시카아 등 호메로스의 『오디세이아』에 등장하는 여
성 인물들을 다루면서 오디세우스가 동료들을 대하는 방식을 비판적으
로 조명했다. 하이너 뮐러H. Müller도 자신의 드라마 『필록테테스』 시리즈
에서 오디세우스를 극도로 부정적인 인물로 묘사했다. 이 작품에서 오디
세우스는 소포클레스의 『필록테테스』에서와 비슷하게 조소적인 철권 정

치가이자 실용주의자로 나타난다.

하이너 뮐러는 또한 「오디세우스의 죽음Tod des Odysseus」이라는 시(후에 제목을 「율리스(Ulyss)」로 고침)에서 단테의 반호메로스적인 입장을 견지하여 주인공 오디세우스에게 허구한 날 이타케에서 벌어지는 축제에 신물이 난 나머지 다시 여행을 떠나도록 한다. 하이너 뮐러의 오디세우스는 끊임 없이 새로운 목표를 추구하고 발전을 향해 달려가는 인류의 상징이 되지만 결국 불명예스러운 최후를 맞이한다. 하이너 뮐러는 단테처럼 오디세우스의 호기심을 도덕적으로 단죄하지는 않는다. 그럼에도 불구하고 그의 오디세우스는 결국 호기심 때문에 파멸한다.

1962년에 나온 에리히 아렌트E. Arendt의 시 「오디세우스의 귀환Odysseus' Heimkehr」도 이와 똑같은 주제를 다루고 있다. 아렌트는 이 작품으로 하이너 뮐러처럼 동독 당국의 비판을 받고 요시찰 대상이 된다. 그 당시 동독 당국은 아렌트의 작품에서 고향 이타케를 다시 떠나지 않고 그곳에 정착하여 근면 성실하게 살아가는 그야말로 동독 사회주의 국가 이념에 걸맞는 긍정적인 주인공이 나오기를 기대했다. 하지만 그의 작품에서 주인공 오디세우스가 고향을 다시 떠나자 그것을 동독인에게 베를린 장벽을 넘어 서독으로 탈출하라고 권유하는 메시지로 해석했다.

호르크하이머M. Horkheimer와 아도르노T. W. Adorno는 『계몽의 변증법 Dialektik der Aufklärung』에서 오디세우스를 현대적인 시각에서 철학적으로 재조명했다. 그들에 의하면 오디세우스는 이성과 발전을 대변하는 상징적인 인물로 서양사상 최초의 계몽주의자이다. 그래서 『오디세이아』는 "유럽 계몽주의의 원전"이다. 그것이 계몽의 변증법을 증명하고 있기 때문이다. 『오디세이아』는 괴물과 악당이 난무하는 신화시대에 맞서 계책, 술수, 지혜 등 이성을 갖고 싸우는 한 인간을 묘사하고 있어 그 속에는 신화

호르크하이머(왼쪽)와 아도르노(오른쪽)

와 계몽이 변증법적으로 서로 뒤엉켜 있다는 말이다.

아도르노와 호르크하이머는 『오디세이아』에서 특히 오디세우스가 괴조 세이레네스 옆을 지나가는 대목에 집중한다. 그들은 오디세우스가 배위에서 세이레네스와 대면하면서 행한 조치가 "'계몽의 변증법'에 대한 함축성 있는 알레고리"라고 주장한다. 그는 오디세우스와 부하들을 현대의 공장주와 노동자들로 비유한다. 오디세우스는 부하들의 귀는 밀랍으로 막아 주면서 노젓는 일에만 집중하도록 한다. 살아남으려면 세이레네스의 유혹에 빠져서는 안 된다는 것이다. 마치 현대의 노동자들에게 직장에서 쫓겨나지 않으려면 다른 일에는 신경 쓰지 말고 일에만 집중하라는 것과 같다.

그들은 결국 계몽을 모든 것을 합리화시키는 문명과 같은 통시적 개념으로 파악하면서 오디세우스를 "시민적 개인의 원형"이라고 정의한다.

18세기가 아니라 아득한 신화 시대에 이미 이성을 앞세우며 세이레네스가 판을 치는 혼돈 속에서 질서를 잡아 가는 계몽주의자가 있었다는 말이다. 그런데 이 계몽의 역할이 이중적이다. 엄밀하게 말해 또 다른 의미에서 변증법적이다. 계몽은 한편으로는 무지몽매한 민중을 깨우치는 데 지대한 공헌을 했지만, 다른 한편으로는 "진보"라는 이름의 "훌륭한 통치기술"로 변질되었기 때문이다.

지금까지 언급한 호메로스의 『오디세이아』 수용사에서 눈에 띄는 것은 단테의 『신곡』의 「지옥」편에서 시작하여 테니슨의 「율리시즈」를 거쳐 카잔차키스의 소설 『오디세이아』로 이어지는 반호메로스적인 흐름이다. 호메로스의 오디세우스는 귀향한 뒤 모험의 대단원을 마무리한다. 하지만

Alexander Bruckmann, 〈오디세우스와 세이레네스〉, 1829

그들은 이런 결말에 만족하지 않고 20년이나 집을 떠나 여행을 감행한 오디세우스의 모험벽冒險癖을 근거로 그가 다시 모험을 떠나거나 모험에 매료되어 아예 귀향하지 않는 것으로 작품의 내용을 바꿨다. 아마 오디세우스를 통해 인생에서 '안주와 정체는 곧 죽음'이라는 메시지를 전달하고 싶었으리라.

마지막으로 1911년에 발표된 그리스의 현대 시인 콘스탄티노스 카바피스K. Kavafis의 시 「이타키Ithaki」는 오디세우스가 20년 만에 도착하는 고향을 제목으로 삼고 있지만 사실 그 내용은 사뭇 다르다. 그의 시는 라이스트리고네스족이나 키클로페스족 그리고 분노한 포세이돈을 언급하고는 있어도 결코 오디세우스의 모험이 직접적인 대상은 아니다. 그의 시에서 오디세우스의 고향 '이타키'는 여행을 하는 사람이면 누구나 갖고 있을, 결국 귀향하여 도착하는 여행의 최종 목적지를 상징할 뿐이다.

카바피스에게 있어 여행에서 중요한 것은 모름지기 얼른 최종 목적지에 도달하는 것이 아니라 오디세우스처럼 되도록 오랫동안 수많은 경험을 하면서 깨달음을 얻어 현명해지는 것이다. 그래서 그는 이렇게 노래한다.

이타키를 항상 염두에 두기는 하라.
그곳에 도착하는 것은 너의 운명이다.
하지만 너의 여행만은 서두르지 마라.
여행은 몇 년이고 계속되면 더 좋은 법이다.

14장

헬레네와
그리스 장수들의 귀향

헬레네의 트로이에서의
행적과 귀향

헬레네Helene는 파리스Paris를 따라 트로이Troy로 갈 때 바로 스파르타 Sparta의 외항 기테이온Gytheion을 이용했다. 그녀는 기테이온 앞바다에 있 는 몇 개의 섬 가운데 크라나에Kranae섬에서 파리스와 첫날 밤을 보낸 뒤 배에 올라 순풍을 타고 사흘 만에 트로이에 도착했다. 크라나에는 현재 마라토니시Marathonisi라고 불린다. '마라톤Marathon'은 그리스어로 허브인 '펜넬fennel(회향茴香)', '니시'는 '섬(island)이라는 뜻이므로 '마라토니시'는 '펜 넬의 섬', 다시 말해 '펜넬 허브의 섬'이라는 뜻이다. 그 이름답게 마라토 니시에는 지금도 펜넬 허브가 지천으로 자라고 있다.

호메로스의 『일리아스』 제3권에 따르면 트로이의 왕자 파리스는 헬레 네의 전남편 메넬라오스Menelaos와 일대일 대결을 벌이다 수세에 몰려 죽 을 뻔했으나 아프로디테의 도움으로 간신히 목숨을 건져 자신의 처소로 돌아왔다. 그러자 헬레네는 전에는 메넬라오스보다 더 세다고 큰소리를 치더니 도망쳐 왔다며 파리스를 신랄하게 비난했다. 이에 대해 파리스는

Jacopo Amigoni, 〈헬레네의 승선〉, 연도 미상

14장 ○ 헬레네와 그리스 장수들의 귀향

이번에는 운이 없어 패배했을 뿐 다음번에는 이길 수 있다고 변명하면서 크라나에섬에서 보낸 달콤했던 첫날밤을 상기시키며 헬레네의 상한 마음을 누그러뜨린 다음, 침대에 올라 그녀에게 어서 올라오라고 청했다. 이렇게 '달콤했던 첫날밤'을 운운할 정도로 파리스와 헬레네는 트로이에서 서로 깊이 사랑하며 행복하게 산 것처럼 보인다.

헬레네가 얼마나 아름다웠는지에 대한 일화는 그녀가 결혼할 때가 되자 전 그리스에서 구혼자들이 구름떼처럼 몰려왔다는 등 아주 많다. 그중 헬레네가 트로이에 머물던 때의 일화를 하나 소개한다. 파리스가 메넬라오스와 일대일 결투를 벌이기 바로 직전, 헬레네는 트로이에서 가장 큰 성문인 스카이아이Skaiai 성루에 올라 시아버지이자 트로이의 왕 프리아모스Priamos의 부탁으로 멀리 도열해 있는 그리스군을 이끄는 장수들에 대해 한 명씩 차근차근 자세히 설명해 주었다. 이때 성루에 있던 트로이의 원로들이 시녀들을 대동하고 계단을 올라오는 그녀의 미모를 보고 감탄하는 사이 그중 하나가 프리아모스 왕에게 이렇게 말했다.

> "왕이시여, 트로이인들과 그리스인들이 저 여자를 놓고 이렇게 오랫동안 싸우는 것은 당연하옵니다. 그녀는 정말 여신처럼 빼어나게 아름답기 때문이옵니다. 하지만 그녀가 아무리 아름답다고 하더라도 장차 우리의 재앙이 되지 않도록 이제 얼른 그리스로 보내는 게 좋을 듯싶사옵니다."

이에 대해 프리아모스 왕은 잘못은 헬레네에게 있는 것이 아니라 바로 전쟁을 일으킨 신들에게 있다며 그녀를 자신의 옆으로 부른 다음 제일 먼저 손가락으로 아가멤논Agamemnon을 가리키며 "저 거대한 전사"는 누구인지 물었다. 그러자 헬레네는 그의 이름을 말해 주며 계속해서 프리아모스가 가리키는 오디세우스Odysseus, 대大 아이아스Aias 등 영웅들의 이름과 특기를 알려 주었다.

하지만 헬레네가 마냥 행복하기만 했던 것은 아니었던 것 같다. 인간인 이상 자신이 전남편 메넬라오스와 조국 그리스를 배신한 것에 대해 가끔 후회하는 모습을 보이기도 했다. 가령 헥토르Hektor가 전투가 잠시 소강상태로 접어든 틈을 타 오랜만에 아내 안드로마케Andromache를 보러 트로이 성으로 들어왔다가, 먼저 파리스의 처소에 들러 앞장서서 싸우기는커녕 기회만 있으면 헬레네에게 달려가는 동생에게 얼른 전투에 복귀하라고 따끔하게 꾸짖자, 당황해 하며 우물쭈물하는 남편 파리스를 바라보며 헬레네는 이렇게 말했다.

> "헥토르님이시여, 저야말로 지금 이 트로이의 모든 재앙을 몰고 온 아주 파렴치한 년이에요. 제 어머니가 저를 낳으셨을 때 거친 파도가 일어나 저를 휩쓸어 가 버렸으면 얼마나 좋았을까요. 하지만 그러지 못하고 이런 운명이라면 사람들의 비난과 모욕을 부끄럽게 생각하는 남편의 아내라도 되어야 했을 텐데, 파리스는 그런 그릇이 되지 못하니, 그이는 나중에 아마 그 대가를 혹독하게 치를 거예요. 제우스 신께서는 우리 두 사람에게 비참한 운명을 정해 주셨으니, 우리는 아마 후세 사람들의 노래 거리로 전락할 거예요."

아킬레우스Achilleus도 죽고 그를 죽인 파리스도 필록테테스Philoktetes의 화살을 맞고 죽은 후 전쟁이 막바지에 이르자 헬레네의 이런 양면적이고 어정쩡한 태도는 더 두드러지게 나타난다. 가령 그녀는 오디세우스가 거

14장 ○ 헬레네와 그리스 장수들의 귀향

Johann Heinrich Wilhelm, 〈파리스에게 유약함을 비난하며 싸움터로 돌아가라고 경고하는 헥토르〉, 1786

지로 분장하고 디오메데스Diomedes와 함께 트로이 성에 잠입했을 때는 그를 알아보고도 트로이 측에 알리지 않고 오히려 그들이 아테나를 새긴 팔라디온Palladion 상을 훔쳐 갈 수 있도록 도와주었다. 이에 비해 트로이의 목마가 성안으로 들어왔을 때는 파리스가 죽은 뒤 새 남편이 된 데이포보스Deiphobos와 함께 목마 주변을 돌며 그 안에 숨어 있는 그리스 장수들의 아내 목소리를 흉내 내 남편 이름을 부르며, 고향에 도착했으니 어서 나오라고 하여 그들을 위험에 빠뜨리기도 했다.

하지만 목마 안에 있던 오디세우스의 침착한 대처로 위기에서 벗어난 그들의 활약으로 트로이가 불에 타는 동안, 메넬라오스는 제일 먼저 데이포보스의 처소에 난입하여 그를 죽이고도 분이 풀리지 않아 그의 코와 귀

Johann Heinrich Wilhelm
Tischbein, 〈메넬라오스와
헬레네〉, 1816

와 남근을 잘랐다. 이어 데이포보스의 처소를 샅샅이 뒤져 마침내 꽁꽁
숨어 있던 헬레네를 찾아내 막 칼로 내리치려 했다. 하지만 그녀를 보는
순간 10년의 세월이 흘렀는데도 여전히 너무나도 아름다운 모습에 놀라
그만 칼을 떨어뜨리고 말았다. 바로 그 순간 헬레네는 메넬라오스에게 데
이포보스의 칼을 내보이며 자신이 그것을 숨겼으니 제발 목숨만 살려달
라고 애원했다.

　어쨌든 10년 만에 다시 아내 헬레네를 만난 메넬라오스는 마치 처음
만난 것처럼 그녀의 미모에 너무 감탄한 나머지 그전만 하더라도 사람들
에게 잡기만 하면 요절을 내 주겠다고 했다가, 금세 마음이 변해 그녀를
산 채로 스파르타로 끌고 가 신들에게 제물로 바치겠다고 둘러대고 배에

태웠다. 이어 그는 귀향하는 사이 예전의 분노와 원망은 바람결에 날려 버리고 스파르타에 도착한 이후에는 아무 일도 없었다는 듯이 헬레네와 행복하게 살다가 일생을 마쳤다. 그런 사실은 호메로스의 『오디세이아』 제4권에서 아버지의 흔적을 찾아 스파르타에 들른 텔레마코스Telemachos 를 맞이하는 메넬라오스 부부의 모습에서도 확인할 수 있다.

이때 헬레네는 텔레마코스가 신분을 밝히지 않았는데도 금세 그를 알 아보며 남편에게 다정하게 이렇게 말했다.

> "여보, 우리 집에 오신 이분의 성함을 알고 계시나요? 제가 한번 맞춰 볼까요, 아니면 그냥 둘까요? 아무래도 제 마음은 저보고 말하라고 명 령하는군요. 장담하건대 이분처럼 그분과 닮은 사람을 저는 본 적이 없어요. 이분은 바로 오디세우스를 빼닮았으니 그분의 아들이 틀림없 어요. 정말 놀랍기 그지없네요. 이분은 이 파렴치한 여인 때문에 그리 스군이 트로이를 응징하러 갔을 때 오디세우스가 갓난아기 때 집에 두 고 온 텔레마코스가 틀림없어요."

헬레네는 트로이에
간 적이 없었다?

하지만 에우리피데스는 비극 「헬레네」에서 헬레네는 전혀 트로이에 간 적이 없었다는 사뭇 다른 주장을 펼쳤다. 그에 따르면 소위 '파리스의 심판'에서 미스 그리스 여신의 트로피를 아프로디테에게 빼앗긴 헤라는 기분이 몹시 상한 나머지 파리스와 헬레네가 맺어지지 못하도록 했다. 그녀는 구름으로 헬레네의 모습을 빚어 파리스에게 준 다음, 진짜 헬레네는 빼돌린 뒤, 제우스에게 부탁하여 전령신 헤르메스를 통해 이집트의 왕 프로테우스Proteus에게 맡겼다. 더구나 에우리피데스의 비극 「엘렉트라」에 따르면 가짜 헬레네를 만들어 트로이로 보낸 건 헤라가 아니라, 그것으로 전쟁을 일으켜 너무 많이 불어난 이 세상의 인구수를 줄이려 한 신들의 왕 제우스였다.

헤로도토스도 『역사』에서 헬레네의 행적과 관련하여 이와는 색깔은 달라도 본질은 똑같은 이야기를 소개하고 있다. 일반적으로 파리스는 헬레네를 배에 태우고 순풍을 타고 3일 만에 트로이에 도착한 것으로 알려져

　　　　　　　　14장 ○ 헬레네와 그리스 장수들의 귀향

〈헬레네와 파리스〉, 기원전
380∼370년경
헬레네가 스파르타에서 가져온 보석
함을 열어 보고 있다(그리스 도기
그림).

있다. 하지만 헤로도토스가 이집트의 사제로부터 들은 이야기는 그와는
사뭇 달랐다. 그에 따르면 파리스의 배는 폭풍우를 만나 한참을 표류하
다가 트로이로 가지 못하고 이집트에 도착했다. 이집트의 왕 프로테우스
는 그들로부터 자초지종을 전해 듣더니 남의 가정을 파괴한 파리스를 추
방하고 헬레네와 그녀가 가지고 간 보물은 억류해 두었다. 그는 헬레네의
남편이 찾으러 오면 아내와 보물을 돌려줄 속셈이었다.

그사이 아가멤논은 총사령관이 되어 동생 메넬라오스와 함께 그리스
대군을 이끌고 트로이를 포위했다. 그리고는 성안으로 특사를 보내 헬레
네와 보물을 돌려주고 그리스를 모욕한 것에 대해 물질적으로 보상해 달
라고 요구했다. 그러자 트로이 측은 헬레네가 트로이에 온 적이 없기 때
문에 당연히 그녀가 가져왔다는 보물도 있을 턱이 없고, 그녀와 보물은
모두 이집트 프로테우스 왕이 억류하고 있으니 그에 대해 물질적으로 보
상할 아무런 이유가 없다고 대답했다.

하지만 그리스군은 트로이인들이 거짓말을 하고 있다고 생각하여 트
로이를 함락시킨 뒤 트로이 성내에서 헬레네를 쥐잡듯이 뒤져 보았지만

그 흔적을 찾을 수 없었다. 살아남은 트로이 왕족을 족쳐 봐도 여전히 똑같은 이야기를 듣게 되자, 마침내 그들의 이야기를 믿고 메넬라오스를 이집트의 프로테우스 왕에게 보냈다. 메넬라오스는 나일강을 거슬러 올라가 멤피스Memphis에 도착한 다음, 왕에게 찾아온 용건을 말하자 환대를 받았다. 또 아무런 해를 입지 않고 편히 지내고 있던 헬레네와 본래 자기 것이었던 보물을 그대로 돌려받았다.

헤로도토스 자신도 이집트 사제들이 헬레네에 대해 말한 게 사실이라고 생각했다. 그에 따르면 헬레네가 실제로 트로이에 있었다면 파리스의 의지와는 상관없이 트로이인들은 그녀를 그리스군에 돌려주었을 것이다. 프리아모스를 비롯한 그 누가 과연 자신과 가족 그리고 나라까지 위험에 빠뜨리면서 파리스와 헬레네의 사랑을 지켜 줄 수 있었겠는가. 설혹 헬레네의 연인이 프리아모스였다고 해도 그는 트로이를 위험에서 구해 내기 위해 그녀를 그리스군에 되돌려 보냈을 것이다. 또 이미 노인이 된 프리아모스를 대신해서 용감무쌍한 장남 헥토르가 트로이의 전권을 행사하고 있었을 텐데 아무리 동생이라고 해도 그의 파렴치한 행위를 보고만 있지 않았을 것이다.

헬레네의 행적에 대한 이설들은 우리에게 전쟁의 속성에 대한 중요한 진실을 말해 준다. 전쟁은 명분이 있어야 발발하지만, 그 명분은 허울에 지나지 않고 전쟁의 진짜 원인은 따로 있다는 만고의 진실 말이다. 그것은 바로 다른 나라를 정복하려는 인간의 탐욕이다. 트로이 전쟁은 트로이에 납치당한 스파르타의 왕비 헬레네를 찾으러 간다는 그럴듯한 명분으로 벌어졌지만, 에우리피데스나 헤로도토스에 따르면 정작 헬레네는 가짜였거나 트로이에 있지도 않았고, 결국 애먼 트로이만 몰락하고 만 것이다.

Day 163

아테나의 분노,
소小 아이아스의 죽음

두 나라 사이에 전쟁이 끝났을 때 진정한 승자라면 패자에게 연민을 보이며 자비를 베푸는 법이다. 만약 승리한 쪽의 장수들이 스스로 분노와 탐욕을 억제하고 부하에게도 폭력과 약탈을 금지하는 포고령을 내리면 패자로부터 진심 어린 복종을 받아 낼 수 있다. 승자가 아량을 보이면 패자는 진심에서 우러나서 패배를 인정한다. 그것은 공포심에서 어쩔 수 없이 하는 굴복이 아닌 자발적인 굴복이다. 하지만 트로이를 점령한 그리스군은 그렇지 않았다. 그들은 호메로스가 이야기한 것처럼 패자인 트로이인에게 "결코 신중하지도 정의롭지도 않았다."

그리스군은 칠흑 같은 밤을 이용하여 나약한 트로이인에게 할 수 있는 온갖 범죄를 저질렀다. 그들은 자신들에게 협력한 트로이인의 집을 제외한 모든 가옥을 불태우고 파괴했으며 거리에서 눈에 띄는 트로이인은 남녀노소를 가릴 것 없이 닥치는 대로 도륙했다. 또한 부녀자들은 보이는 대로 겁탈했으며 민가뿐 아니라 성스러운 신전에도 침입하여 숨어 있는

Solomon Joseph Solomon,
〈소(小) 아이아스와 카산드라〉, 1888

사람들까지 찾아내 살해하고 귀중품을 약탈했다. 이때 트로이 왕족 남자들은 거의 모두 살해하고, 여자들은 전리품처럼 그리스 장수들이 나누어 가졌다.

그리스군의 범죄는 명백했으나 트로이가 몰락한 이상 그들에게 복수할 사람은 아무도 없었다. 하지만 그들이 귀향할 때가 되자 비로소 신들이 그들의 죄과를 물었다. 그리스군의 응징에 발 벗고 나선 것은 바로 아테나였다. 그녀는 특히 소小 아이아스가 자신의 신전에서 신상을 붙들고 있던 프리아모스의 딸 카산드라Kassandra를 강제로 끌어내 겁탈하는 것을 목격하고 극심한 분노를 느꼈다. 그래서 포세이돈을 찾아가 귀향하는 그

Henri Serrur,
〈소(小) 아이아스〉, 1820
암초에 올라 하늘을 향해 주먹을
불끈 쥐며 오만을 떨고 있다.

리스군에게 재앙을 내리자고 제안했고, 포세이돈은 적당한 때를 골라 바닷물을 마구 휘저어 놓겠다고 약속했다.

그리스군의 출항이 임박해지자 예언가 칼카스Kalchas가 아테나의 분노를 상기시켰다. 그러자 오디세우스가 장수들 회의를 소집하여 여신의 분노를 초래한 장본인인 아이아스를 돌로 쳐 죽이자고 제안했는데 아이러니하게도 소小 아이아스는 아테나 신전으로 피신하여 목숨을 구했다. 하지만 그리스군을 실은 함선들이 에우보이아Euboia의 카파레우스Kaphareus 곶에 이르자, 바다의 신 포세이돈이 일으킨 엄청난 폭풍우에 휘말려 상당수가 그 근처에 있는 기라이Gyrai 암초에 부딪혀 침몰했고, 소小 아이아스도 이때 목숨을 잃었다.

아테나는 폭풍우를 무사히 빠져나오던 소小 아이아스의 함선을 향해 아버지 제우스의 허락을 받고 헤파이스토스로부터 건네받은 번개를 날렸다. 배가 산산조각이 나자 소小 아이아스는 바다에 솟은 암초에 올라가 하늘을 향해 주먹을 휘두르며 교만하게 외쳤다. "나는 신들이 아무리 죽이려 해도 이렇게 살아남았다! 나는 제우스 신도 무섭지 않다!" 이 광경을 보고 포세이돈이 삼지창으로 그 암초를 쳐서 부수어 버리자 그는 바다에 빠져 익사하고 말았다.

팔라메데스의 아버지
나우플리오스의 복수극

포세이돈이 일으킨 폭풍우는 그리스군 함선들이 가장 많이 몰려오던 때에 일회적인 것으로 끝났다. 하지만 그리스 함선들은 그 후로도 한동안 카파레우스곶 근처에서 침몰하곤 했다. 그것은 바로 트로이 전쟁 중 오디세우스의 모함을 받고 죽은 팔라메데스Palamedes의 아버지 나우플리오스Nauplios의 복수극 때문이었다. 그는 아들 팔라메데스가 억울하게 죽었다는 이야기를 전해 듣고 당장 배를 타고 트로이로 달려가서 아들의 명예 회복과 보상을 요구했다. 하지만 오디세우스와 아가멤논을 비롯한 모든 그리스 장수들은 그것을 거절했다.

분노한 나우플리오스는 팔라메데스와 함께 트로이 전쟁에 참전했던 아들 오이악스Oiax를 데리고 그리스로 돌아와서는 귀환하는 그리스군 함선을 응징하기 위해 해가 지면 날마다 카파레우스곶에 횃불을 켜 놓았다. 횃불은 함선들을 마치 파가사이Pagasai만으로 안전하게 유도하는 것처럼 보였다. 하지만 횃불만 보고 항구로 들어오던 함선들은 근처에 있던 기라이 암초에 부딪혀 대부분 침몰하고 말았다. 이렇게 귀향하던 그리스군의 함선들은 처음에는 포세이돈이 일으킨 폭풍우 때문에, 나중에는 나우플리오스의 횃불 때문에 카파레우스곶에서 아주 많이 침몰했다.

크레타의 왕
이도메네우스

크레타Kreta의 왕 이도메네우스Idomeneus는 디오메데스처럼 80척의 전함을 이끌고 트로이 전쟁에 참전했다. 그는 대부분의 그리스 장수들보다 나이는 많았어도 전투가 벌어지면 그들 못지않게 아주 용감하게 싸웠다. 팔라메데스의 죽음이 던진 저주의 불똥은 그에게도 튀었다. 나우플리오스는 이도메네우스가 귀향하기 전 직접 크레타로 건너가 이도메네우스의 수양아들 레우코스Leukos를 부추겨 어머니 메다Meda를 유혹하게 했다. 하지만 사랑보다는 권력에 더 관심이 있었던 레우코스는 결국 메다와 딸 클레이시티라Kleisithyra를 궁전에서 쫓아내고 나중에는 신전으로 피신한 그들을 찾아내 살해한 다음, 이도메네우스의 왕위를 차지하고 크노소스Knossos뿐 아니라 나머지 10개 도시국가도 손아귀에 넣었다.

트로이 전쟁이 끝난 뒤 이도메네우스가 트로이를 출발하여 크레타 근처에 도착하자 엄청난 폭풍우가 몰려왔다. 그는 그 폭풍우에 전함 80척 중 79척을 잃고 자신의 함선 한 척만 남았을 때 포세이돈에게 만약 자신을 구해 주면 크레타에 상륙하여 맨 처음 만나는 사람을 제물로 바치겠다고 맹세했다. 그런데 막상 상륙해 보니 그게 바로 자신의 아들 이다만테스Idamantes였다. 이도메네우스가 어쩔 수 없이 그를 포세이돈에게 바치고 궁전에 도착하자, 이미 왕권을 장악한 레우코스는 그것을 구실로 그를 크레타에서 추방했다. 그러자 이도메네우스는 측근들을 데리고 이탈리아 남부로 건너가 살렌티노Salentino에 정착했다.

14장 ○ 헬레네와 그리스 장수들의 귀향

아르고스의 왕
디오메데스

아르고스Argos의 왕 디오메데스는 티데우스Tydeus와 에리필레Eriphyle
의 아들로, 동료 장수인 스테넬로스Sthenelos 그리고 에우리알로스Euryalos
와 함께 80척의 함선을 이끌고 트로이 전쟁에 참전했다. 그의 아버지 티
데우스는 제1차 테베 전쟁에서 테베Thebe를 공격한 7명의 장수 중 하나
였고, 그의 어머니 에리필레는 당시 아르고스의 왕이었던 암피아라오스
Amphiaraos의 딸이었다. 또한 스테넬로스와 에우리알로스는 제2차 테베
전쟁에서 디오메데스와 함께 테베를 공격한 나머지 7명의 에피고노이
Epigonoi 중 하나였다.

오디세우스의 음모로 억울하게 죽은 나우플리오스의 아들 팔라메데
스 사건은 디오메데스의 귀향에도 암울한 그림자를 드리웠다. 나우플리
오스는 트로이에서 데려온 팔라메데스의 형제 오이악스에게 아르고스로
가서 디오메데스의 아내 아이기알레Aigiale에게 거짓으로 남편이 트로이
에서 그녀를 버리고 아내로 삼을 왕녀를 데려온다고 고자질하라 시켰다.

오이악스의 말을 듣고 분노와 질투심에 사로잡힌 그녀는 하필이면 남편의 동료 장수였던 스테넬로스의 아들 코메테스Kometes와 바람을 피웠다.

다른 설에 의하면 나우플리오스는 아르고스에 아들을 보낸 게 아니라 자신이 직접 갔고, 또 다른 설에 의하면 아프로디테가 트로이 전쟁 중 절체절명의 위기에 처한 아들 아이네이아스Aineias를 구하려다 아테나의 사주를 받은 디오메데스의 공격으로 손에 상처를 입었던 것에 앙심을 품고, 아이기알레에게 남편을 배신하고 코메테스를 비롯한 여러 명의 남자와 바람을 피우게 했다.

어쨌든 그녀는 남편 디오메데스가 귀환하자 아르고스인을 부추겨 남편이 도시에 들어오지 못하도록 막았다. 그래도 어렵사리 아르고스에 상륙한 디오메데스는 아내가 파놓은 함정에 빠져 하마터면 죽을 뻔했다가 헤라 신전으로 몸을 피해 간신히 목숨을 구했다. 얼마 후 야밤에 아르고스를 무사히 탈출한 디오메데스는 아버지 티데우스가 다스리던 칼리돈Kalydon이 소재한 아이톨리아Aitolia로 가서 재기를 노렸다.

하지만 디오메데스는 그곳에서도 정착에 성공하지 못해서 이탈리아 남동쪽으로 건너가 아풀리아Apulia의 다우누스Daunus 왕에게 도움을 간청했다. 그러자 왕은 반색하며 디오메데스에게 정착할 땅과 딸을 아내로 줄 테니 골칫거리 이웃인 메사피오이Messapioi족을 평정해 달라고 간청했다. 그는 흔쾌히 그 제안을 받아들여서 부하들과 함께 출정하여 단숨에 메사피오이족을 정복했다.

디오메데스는 그 후 약속대로 다우누스 왕으로부터 땅을 하사받아 아르기리파Argyripa라는 도시를 세우고 에우이페Euippe 공주와 결혼하여 자신과 이름이 같은 디오메데스Diomedes와 암피노모스Amphinomos라는 두 아들을 두었다. 베르길리우스의 『아이네이스』에 따르면 아이네이아스가 트로이의 유민을 이끌고 이탈리아에 도착하여 전운이 감도는 가운데, 원주민의 지도자 라티누스Latinus가 아르기리파의 디오메데스에게 베눌루스Venulus라는 전령을 보내 원군을 요청하자 그가 거절하며 이렇게 말했다.

"제발 나를 백해무익한 전쟁에 끌어들이지 마시오. 내가 아무런 이유 없이 트로이를 처참하게 파괴하고 게다가 아프로디테 여신의 손을 다치게 한 탓에 귀향해서도 난 아내에게 배신당하고 사랑하는 아들도 보지 못한 채 평생 그때 전사한 부하들이 변신한 새들의 추격을 받으며 고통스러운 나날을 보내고 있소. 이 새들은 마치 나를 원망하듯이 내가 가는 곳이면 어디든지 따라와 울부짖으며 내 마음을 후벼판다오. 그러니 당신들은 제발 아이네이아스와 평화조약을 맺고 전쟁만은 피하시오."

Day 165

아트레우스의 아들
아가멤논과 메넬라오스

예언가 칼카스가 그리스 장수들에게 아테나의 분노를 상기시켰을 당시, 아트레우스Atreus의 아들 아가멤논과 메넬라오스 형제 사이에 의견 충돌이 일어났다. 메넬라오스는 그냥 곧장 출발하려고 했으나 아가멤논은 잠시 출발을 미루고 여신에게 제물을 바치고 떠나자고 했다. "형님, 바람이 불 때 곧바로 출항하시지요." 메넬라오스가 제안하자 아가멤논이 대답했다. "우선 아테나 여신께 제물을 바치고 나서 떠나자." 메넬라오스가 그에게 다시 대꾸했다. "우리는 아테나 여신께 신세 진 게 하나도 없습니다. 여신은 트로이 성을 너무 오랫동안 지켜 주었어요."

형제들은 이때 서로 원망하며 헤어져서 다시는 만나지 못했다. 그 후 아가멤논이 비교적 수월하게 귀향을 하는 것에 비해 메넬라오스는 분노한 아테나가 포세이돈에게 부탁하여 일으킨 폭풍우에 걸려들어 5척을 제외한 나머지 55척의 함선을 모두 잃었다. 또한 남은 배들도 바로 귀향하지 못하고 정처 없이 표류하다가 크레타섬에 도착했다. 메넬라오스는 그

14장 ㅇ 헬레네와 그리스 장수들의 귀향

곳에서 다시 고향을 향해 출발했으나 웬일인지 무엇에 홀린 듯 아무리 해도 고향으로 가는 항로를 찾을 수 없었다.

메넬라오스는 그렇게 바다를 떠돌아다니면서 키프로스Kypros, 페니키아Phoinike, 에티오피아Ethiopia, 리비아Libya 등지를 방문했다. 그 나라의 왕들은 그를 귀한 손님으로 영접하고 엄청난 황금을 선물했다. 메넬라오스가 그렇게 8년 동안이나 바다를 방랑하다가 마침내 이집트의 파로스Pharos섬에 도착하자 에이도테에Eidothee 요정이 바닷가를 산책하던 그에게 나타나 바다의 노인으로 불리며 바다의 신 중 하나인 자신의 아버지 프로테우스Proteus에게 간청하여 귀향 방법을 물어보라고 충고했다. 아버지만이 메넬라오스가 빠져 있는 마법을 깨고 귀향할 수 있게 남풍의 도움을 받을 방법을 알고 있다는 것이다.

메넬라오스와 그의 부하 셋은 곧바로 요정이 건네준 지독한 악취가 풍기는 물개 가죽을 뒤집어쓴 채 해안에 누워 프로테우스를 기다렸다. 점심때가 되자 프로테우스의 수백 마리 물개 떼가 그들 주변으로 모여들었다. 그리고 나서 한참 뒤 마침내 프로테우스가 나타나 물개들 사이를 비집고 들어가더니 누워 잠이 들었다. 그를 기다리던 메넬라오스 일행이 덮치자 프로테우스는 계속해서, 사자, 뱀, 표범, 멧돼지, 흐르는 물, 나무로 변신했다. 오디세우스 일행은 프로테우스의 딸이 알려 준 대로 그를 끝까지 놓지 않고 다른 사람들의 행방과 자신들이 귀향할 방법을 알려 달라고 졸랐다.

결국 온갖 것으로 변신하다 지친 프로테우스는 메넬라오스에게 그의 형 아가멤논은 미케네Mykene에 도착하자마자 아내에게 살해되었고, 소小아이아스는 아테나의 분노를 사 죽었으며, 오디세우스는 아직도 바다를 방랑하고 있다고 알려 주었다. 이어 그가 귀향하려면 아테나를 비롯한 신들에게 성대한 제물을 바치고 그들의 분노를 달래 줘야 한다고 귀띔해 주었다. 프로테우스가 시킨 대로 하자 거짓말처럼 남풍이 불어 메넬라오스의 함선들은 순식간에 스파르타의 외항 기테이온항에 도착했다. 그날은 우연히도 오레스테스Orestes가 8년 만에 미케네로 돌아와 어머니 클리타임네스트라Klytaimnestra와 정부 아이기스토스Aigisthos를 죽여 아버지 아가멤논의 복수를 감행한 바로 그날이었다.

대大 아이아스의 동생
테우크로스

테우크로스Teukros는 살라미스Salamis의 왕 텔라몬Telamon의 아들로, 대大 아이아스의 이복동생이다. 그의 어머니는 아버지의 후처인 트로이의 공주 헤시오네Hesione였고, 형의 어머니는 본처인 페리보이아Periboia였다. 테우크로스는 12척의 함선을 끌고 트로이 전쟁에 참전한 형을 따라가 궁수로 이름을 날렸고, 아버지의 부탁대로 형을 잘 보필하기 위해 늘 그림자처럼 형 옆에서 전투에 임했다. 그는 특히 형이 갖고 있던 엄청나게 큰 방패 뒤에 몸을 숨긴 채 화살 사정거리 안으로 슬금슬금 다가가서는 갑자기 상체를 드러낸 다음 적을 향해 화살을 날리곤 했다. 대大 아이아스는 그리스군의 다른 장수들보다 머리 하나만큼이나 키가 컸고 방패도 거대했다고 한다. 호메로스가 그를 "그리스군의 방벽"으로 칭한 건 바로 그 때문이다.

전사한 아킬레우스의 무구가 오디세우스의 차지가 된 것에 분노한 대大 아이아스가 자살하자 테우크로스는 형의 시신을 매장한 다음, 후견을 맡은 조카 에우리사케스^{Eurysakes}를 데리고 무사히 살라미스로 귀환했다. 하지만 텔라몬은 혼자 살아 돌아온 그를 재판에 회부하고 비겁하게 형의 복수를 하지 않고 돌아온 것을 근거로 유죄로 판결하여 국외로 추방한 다음, 다시는 고향 살라미스로 돌아오지 못하도록 했다. 그러자 테우크로스는 델피의 아폴론 신전의 신탁에 따라 부하들과 키프로스^{Kypros}섬으로 건너가서 키니라스^{Kinyras} 왕의 환영을 받았다. 이어 왕의 공주 중 하나를 아내로 얻고 그곳에 고향과 이름이 똑같은 살라미스^{Salamis}라는 도시를 세웠다.

헤라클레스의 활을 지닌
필록테테스

　필록테테스는 테살리아의 멜리보이아Meliboia의 왕 포이아스Poias의 아들로, 트로이 전쟁이 발발하자 7척의 함선을 이끌고 전쟁에 참전했다. 그는 우연히 헤라클레스Herakles의 화장단에 불을 붙여 주고 그 대가로 그의 활과 화살을 받은 것으로 유명했다. 그는 트로이로 가던 중 그리스 함선들이 신들에게 제사를 지내기 위해 크리세Chryse섬에서 잠시 기항했을 때 물뱀에 물린 발의 상처가 도져 악취와 고통에 시달렸고, 그것을 견디다 못한 그리스군에 의해 렘노스Lemnos섬에 거의 10년 동안이나 버려져 있다가 우여곡절 끝에 전쟁 막바지에야 동료들과 합류했다. 그러자 군의관으로서 외과의였던 마카온Machaon이 그의 상처를 치료해 주었다.

　그 후 싸움터에 뛰어든 필록테테스는 특히 늘 분신처럼 갖고 다니던 헤라클레스의 활과 화살로 트로이의 왕자 파리스를 죽여 아킬레우스의 복수를 해 주었다. 그는 이때 파리스를 향해 4발의 화살을 날렸다. 첫 번째 화살은 빗나갔지만, 두 번째 화살은 화살을 잡고 있던 파리스의 손을, 세 번째 화살은 오른쪽 눈을, 네 번째 화살은 발뒤꿈치를 맞추었다. 전쟁이 끝난 뒤 필록테테스는 무사히 멜리보이아에 도착했다. 하지만 얼마 후 반란이 일어나자 이탈리아의 칼라브리아Kalabria로 피신하여 페텔리아Petelia 라는 도시를 건설한 뒤 아폴론 신전을 세우고 헤라클레스의 활과 화살을 바쳤다.

칼카스, 포달레이리오스, 암필로코스

칼카스는 헬레네의 구혼자는 아니었지만 아가멤논의 요청으로 트로이 전쟁에 참전하여 그리스군의 공식 예언가로 활동했다. 그는 새점에 특히 능했으며 그리스군이 트로이를 치기 위해 집결한 아울리스Aulis항에서는 아가멤논에게 큰딸 이피게네이아Iphigeneia를 사냥의 여신 아르테미스에게 바쳐야 트로이 쪽으로 바람이 분다고 예언한 뒤 직접 그 의식을 집전했고, 트로이로 가는 함선에서는 전쟁 10년째에야 비로소 트로이가 함락될 것이라고 예언했으며, 전쟁 막바지에는 아가멤논에게 전리품으로 배분받은 크리세이스Chryseis를 아버지에게 돌려줘야 그리스 진영에 퍼진 역병이 물러간다고 예언했다.

칼카스는 트로이가 함락되는 과정에서 소小 아이아스가 아테나 신전에서 트로이의 공주 카산드라를 겁탈하자, 그리스군 함선들이 귀환하다가 분노한 아테나가 바다의 신 포세이돈에게 부탁하여 일으킨 폭풍우로 대거 침몰당할 것으로 예측했다. 그래서 그는 함선을 타고 그리스로 돌아가지 않고 군의관 포달레이리오스^{Podaleirios}와 예언가 암필로코스^{Amphilochos}를 대동하고 육로로 걸어서 소아시아의 콜로폰^{Kolophon}으로 갔다. 그런데 그곳에서 칼카스는 신탁대로 자신보다 더 뛰어난 예언가인 몹소스^{Mopsos}를 만나 죽음을 맞았다.

몹소스는 아폴론과 그리스 신화 최고의 예언가 테이레시아스^{Teiresias}의 딸이자 아버지처럼 예언가였던 만토^{Manto}의 아들이었다. 마침 칼카스가 몹소스를 만난 곳에는 열매가 주렁주렁 달린 야생 무화과나무 한 그루가 서 있었다. 칼카스는 몹소스에게 창피를 주려고 이 무화과나무에서 열매를 몇 개나 딸 수 있는지 정확하게 말할 수 있느냐고 물었다. 어림짐작으로 계산하는 것보다 자신의 투시력을 믿었던 몹소스는 눈을 지그시 감더니 이렇게 대답했다.

"우선 10,000개에다 1부셸(8갤런 = 약 36kg), 더 정확하게 얘기하면 그러고도 하나가 남네." 칼카스는 1개가 남는다는 몹소스의 말을 염두에 두고 그를 조롱하며 비웃었다. 하지만 무화과나무에서 열매를 다 따서 세어 보니 몹소스의 예언은 한 치의 오차도 없었다. "여보게, 자, 이제 그렇다면 1,000단위에서 더 작은 단위로 내려가서 다시 한번 시합해 보세." 몹소스는 씁쓸한 미소를 지으면서 말했다. "저기 새끼를 밴 암퇘지의 배에는 도대체 몇 마리의 새끼가 들어 있는지 말할 수 있겠나? 암수는 어떻게 되겠나? 그리고 언제 낳겠나?"

"어미의 배 안에는 모두 8마리가 들어 있네. 모두 수컷이고, 9일 안에 낳을 것이네." 칼카스는 생각나는 대로 아무렇게나 대답하고 자신의 추측이 틀렸다는 것이 드러나기 전에 그곳을 떠나려고 했다. 그러나 몹소스가 다시 눈을 감으며 대답했다. "나는 다른 생각이네. 새끼는 모두 3마리고 그중 1마리만 수컷이네. 그리고 출산 시기는 바로 내일 정오네. 아마

1분도 더 빠르지도 않고 더 늦지도 않을 걸세." 다음 날 결과를 보니 과연 몹소스의 말이 옳았다. 그 후 칼카스는 몹소스에게 져서 너무 분한 나머지 몸이 점점 사위어 가더니 결국 심장이 터져 죽고 말았다.

포달레이리오스는 형제 마카온과 함께 트로이 전쟁에서 각각 내과의와 외과의로서 의료를 담당했던 장수였다. 형제는 전사로서도 중요한 역할을 했는데 활쏘기에 능했다. 그중 마카온은 트로이 장수 판다로스Pandaros의 화살에 맞은 메넬라오스의 상처를 치료해 주었으며, 물뱀에 물려 렘노스섬에 버려졌다가 10년 만에 돌아온 필록테테스의 다리도 치료해 주었다. 하지만 전쟁 중 트로이 장수 에우리필로스Eurypylos의 손에 죽임을 당하고 말았다.

포달레이리오스는 육로를 이용했기에 폭풍우를 만나지 않고 무사히 고향에 도착한 후 델피Delphi의 아폴론 신전에 가서 자신이 장차 어디에 정착하면 좋을지 물었다. 그러자 여사제 피티아Pythia가 그에게 하늘이 무너져도 아무렇지도 않을 안전한 곳으로 가라고 충고했다. 심사숙고 끝에 포달레이리오스는 사면이 높은 산으로 둘러싸인 소아시아 카리아Karia의 시르노스Syrnos를 선택했다. 그는 그곳 산의 톱니바퀴처럼 솟은 꼭대기들이 혹시 아틀라스Atlas가 어깨에 떠받치고 있던 하늘을 내려놓더라도 하늘을 지탱할 수 있을 것으로 생각했다.

암필로코스는 예언가이자 아르고스의 왕 암피아라오스의 아들로, 모친 살해범 알크마이온Alkmaion과 형제다. 그는 아버지로부터 예언하는 능력을 물려받았으며 아버지의 뒤를 이어 아르고스를 통치하다가 트로이 전쟁에 참전하여 예언가 칼카스를 보필했다. 암필로코스는 같이 도보로 귀향하던 칼카스가 소아시아의 콜로폰에서 죽자, 그의 죽음의 원인이 된 예언가 몹소스와 함께 배를 타고 킬리키아Kilikia로 가 말로스Mallos라는 도시를 세웠다.

그런데 암필로코스가 얼마 후 자신의 왕국인 아르고스로 돌아가자 몹소스 혼자 그 나라 왕이 되었다. 하지만 아르고스의 정세에 환멸을 느낀 암필로코스가 12개월 만에 말로스로 돌아와 자신의 예전 권리를 요구하자 몹소스는 그에게 야박하게 그곳을 떠나라고 요구했다. 당황한 말로스인들이 이 분쟁을 일대일 대결로 해결하라고 제안하자 암필로코스와 몹소스는 서로 싸우다가 모두 죽고 말았다.

정신적 스승 필로스의 왕
네스토르

네스토르Nestor는 필로스Pylos의 왕 넬레우스Neleus의 12명의 아들 중 막내였다. 언젠가 영웅 헤라클레스가 아무 죄 없는 에우리토스의 아들 이피토스Iphitos를 죽인 뒤 광기에 빠지자 넬레우스에게 죄를 씻어 달라고 부탁했다가 거절당한 적이 있었다. 이에 대해 헤라클레스는 앙심을 품고 있다가 어느 날 필로스를 급습하여 넬레우스와 아내 클로리스Chloris를 비롯한 11명의 아들을 죽였다. 그때 네스토르는 무슨 이유인지 알 수는 없지만, 마침 집을 떠나 게라니아Gerania에서 자라고 있었던 덕분에 살아남아 아주 젊은 나이에 필로스의 왕이 되었다. 호메로스가 『일리아스』에서 그를 "게라니아의 네스토르"라고 부르는 것은 바로 그 때문이다.

네스토르는 젊은 시절에는 황금 양피를 찾아 나선 아르고호의 모험의 일원이었고, 페이리토오스Peirithoos와 테세우스Theseus가 반인반마 켄타우로스족과 싸울 때도 힘을 보탰으며, 칼리돈Kalydon의 멧돼지 사냥에도 동참했다. 네스토르는 특히 3세대를 살 정도로 장수를 누렸다. 그 이유는 그의 수호신 아폴론이 헤라클레스의 손에 너무 일찍 죽은 어머니와 형제들의 수명을 그에게 주었기 때문이다. 트로이 전쟁이 발발하자 네스토르는 헬레네의 구혼자였던 아들 안틸로코스Antilochos를 따라 90척의 함선과 함께 참전했다. 그러자 아버지와 동생을 걱정한 큰아들 트라시메데스Thrasymedes가 그들을 따라갔다.

네스토르는 트로이 전쟁 당시 너무 연로해서 직접 싸울 수는 없었다. 하지만 젊은 시절 여러 전투에서 잔뼈가 굵은 백전노장으로서 그리스군이 위기에 처할 때마다 충고를 아끼지 않았기에 정신적 스승의 역할을 톡톡히 해냈다. 불화 관계에 놓인 아가멤논과 아킬레우스에게 화해하라고 한 것도, 파트로클로스Patroklos에게 아킬레우스의 무구를 빌려 입고 트로이군을 그리스 진영에서 쫓아내라고 한 것도 바로 그였다. 네스토르는 심지어 파트로클로스를 기리는 전차 경주에서 아들 안틸로코스를 향해 큰소리로 코치하여 월등히 앞서 달리던 메넬라오스를 추월하고 2등으로 들어오게 만들기도 했다. 그는 그처럼 현명했고 정의로웠고, 사람들에게는 관대하고 공손했으며, 신들에 대해서는 늘 경외심을 잃지 않았다.

그래서 네스토르는 그리스군의 존경을 한 몸에 받았을 뿐 아니라 신들에게도 깊은 총애를 받았다. 그 덕분에 그는 트로이 전쟁에서 비록 사랑하는 아들 안틸로코스를 에티오피아Ethiopia의 왕 멤논Memnon에게 잃기는 했어도 다른 장수들처럼 카파레우스곶에서 폭풍우에 좌초되는 일 없이 큰아들 트라시메데스를 데리고 무사히 귀향하여 행복한 노년을 누렸다. 호메로스의 『오디세이아』에 따르면 네스토르는 오디세우스의 아들 텔레마코스가 아버지의 행방을 물어보기 위해 자신을 찾아오자 그를 환대했다. 이어 텔레마코스가 메넬라오스를 만나러 스파르타로 떠난다고 하자 아들 페이시스트라토스Peisistratos를 길잡이로 딸려 보내기도 했다.

메네스테우스,
데모폰과 아카마스

 메네스테우스Menestheus는 아테네Athene의 시조인 에리크토니오스 Erichthonios의 증손자다. 언젠가 아테네의 왕 테세우스가 절친 페이리토오스와 함께 대담하게도 지하세계로 하데스의 아내 페르세포네를 납치하러 갔다가 하데스의 의자에 앉은 채 죽음과도 같은 깊은 잠에 빠져 있는 사이 스파르타의 쌍둥이 왕자 카스토르Kastor와 폴리데우케스Polydeukes가 테세우스에게 납치당한 어린 여동생 헬레네를 구출하기 위해 군사들을 이끌고 아테네를 공격했다. 그들은 결국 동생 헬레네를 구한 다음 자신들에게 협력한 메네스테우스를 아테네의 왕으로 옹립하고 돌아갔다.

 쌍둥이 왕자는 이때 헬레네를 돌보고 있던 테세우스의 어머니 아이트라Aithra도 함께 데려갔다. 트로이 전쟁이 발발하자 헬레네의 구혼자였던 메네스테우스는 50척의 함선을 이끌고 참전했다. 하지만 전투에서는 두각을 나타내지 못한 채 늘 후방에 머물러 있었다. 그는 트로이 전쟁이 끝난 뒤 귀향하다가 에게해의 멜로스Melos섬에 상륙하여 마침 얼마 전 폴리아낙스Polyanax 왕이 죽어 공석이 된 그 나라 왕이 되어 아예 아테네로 돌아가지 않았다.

데모폰Demophon과 아카마스Akamas는 아테네의 왕 테세우스와 후처 파이드라Phaidra의 아들이다. 그들은 테세우스가 지하세계에 갇혀 있을 당시 너무 어렸다. 테세우스는 헤라클레스의 도움으로 지하세계에서 아테네로 돌아온 뒤 메네스테우스가 자신의 자리를 차지한 걸 보고 두 아들을 평소 친분이 있던 에우보이아의 왕 엘레페노르Elephenor에게 맡긴 다음, 자신은 스키로스Skyros섬으로 가 그곳에 있던 아버지 아이게우스Aigeus의 영지를 토대로 재기를 노리다 리코메데스Lykomedes 왕에게 비참하게 죽음을 맞았다.

그 후 데모폰과 아카마스는 에우보이아에서 장성하여 헬레네의 구혼자였던 엘레페노르 왕을 따라 트로이 전쟁에 참전했다. 전쟁이 끝나고 그들은 스파르타의 쌍둥이 왕자에게 끌려간 뒤 헬레네의 유모가 되어 트로이에 머물고 있던 할머니 아이트라를 모시고 아테네로 귀환하여 시민들의 열렬한 환영을 받았다. 이어 형제 중 데모폰이 메네스테우스가 돌아오지 않아 비어 있는 아테네의 왕위에 올랐다. 메네스테우스가 아테네로 귀향하지 않은 이유는 합법적인 방법으로 차지하지 못한 아테네의 왕위가 못내 마음에 걸려서였다.

아폴로도로스Apollodoros의 『원전으로 읽는 스리스 신화Bibliotheke』는 데모폰에 대해 이와는 사뭇 다른 이야기를 전한다. 그에 따르면 데모폰은 아테네로 돌아오지 못했다. 그는 귀향길에 트라케Thrake에 상륙했다가 필리스Phyllis 공주와 사랑에 빠져 그녀와 결혼하여 그 나라 왕이 되었다. 하지만 데모폰은 얼마 지나지 않아 트라케에 싫증을 느끼고 다시 여행을 떠날 결심을 했다. 너무나도 남편을 사랑했던 필리스가 아무리 그를 붙들어 두려고 해도 도저히 그럴 수 없었다. 데모폰은 이렇게 거짓말을 했다. "나는 아테네로 가서 11년 전에 헤어진 우리 어머니를 만나야만 하오."

그러자 필리스가 울면서 대답했다. "그러면 트라케의 왕위를 물려받기 전에 그 생각을 했어야지요. 당신이 몇 개월 이상 왕위를 비우면 그것은 우리나라 법도에 어긋나는 것이에요."

데모폰은 올림포스의 모든 신에 걸고 그해 안에 꼭 돌아오겠다고 맹세했다. 하지만 필리스는 남편이 자신을 속이고 있다는 것을 알았다. 그녀는 항구까지 따라가 그에게 조그만 상자를 주면서 이렇게 말했다. "당신이 나에게 올 수 있는 희망이 전혀 없을 때 그 상자를 열어 보세요!"

데모폰은 필리스의 예상대로 과연 아테네로 가지 않았다. 그는 남서쪽으로 기수를 돌려 키프로스로 가 그곳에 정착했다. 약속한 해가 지났는데도 남편이 돌아오지 않자 필리스는 그를 레아 여신의 이름으로 저주한 뒤 독약을 먹고 자살했다. 같은 시간 데모폰은 호기심이 발동하여 아내가 준 상자를 열어 보았다.

상자 안의 내용물이 무엇인지 전해 내려오지는 않아도 그 안을 본 데모폰은 곧바로 광기에 빠지고 말았다. 그는 극심한 공포에 휩싸여 말을 타고 질주했다. 급기야 데모폰은 채찍인 줄 착각하고 칼을 빼 말머리를 쳤고 말은 비틀거리다가 쓰러졌다. 그 순간 칼이 데모폰의 손에서 빠져나와 허공을 날더니 땅바닥에 거꾸로 박혔다. 그와 동시에 그도 말에서 떨어지면서 그 칼 위에 엎어져 죽고 말았다.

다른 설에 의하면 필리스는 남편이 아테네로 떠난 뒤 약속한 시일이 되어도 트라케로 돌아오지 않자 절망한 나머지 그를 저주하며 나무에 목을 매 자살했다. 가족이 그녀의 시신을 매장하자 얼마 후 무덤 봉분에서 아몬드 나무 한 그루가 자라났다. 하지만 필리스의 예상과는 달리 데모폰은

John William Waterhouse,
〈필리스와 데모폰〉, 1905

약속 시간을 훌쩍 넘기고 트라케로 돌아와 아내의 무덤에 찾아가 비통하게 눈물을 흘리며 용서를 빌었다. 그러자 갑자기 아몬드 나무가 활짝 꽃을 피우며 그의 통곡 소리에 화답했다.

오비디우스는 『사랑의 기술』에서 연인에게서 버림받은 남자나 여자가 사랑의 열병에서 벗어나는 여러 가지 기술 중 하나로 '고독을 피하고 그럴수록 친구들과 어울리라'고 권하면서, 가령 필리스가 아테네로 가서 신변을 정리하고 돌아오겠다던 남편 데모폰이 철석같이 약속해 놓고 돌아오지 않자, 그가 떠난 항구를 아홉 번이나 오간 끝에 결국 목매 자살한 이유를 두고 그녀 곁에 친구가 없었던 탓이라며 이렇게 말한다.

14장 ○ 헬레네와 그리스 장수들의 귀향

"데모폰의 아내 필리스를 파멸로 몰아넣었던 것도 호젓한 숲이 아니었던가? 그녀의 죽음은 불을 보듯 뻔했다. 그녀가 친구를 멀리했기 때문이다. 그녀는 머리를 풀어 헤친 채 3년마다 돌아오는 디오니소스 축제를 즐기는 여신도처럼 미친듯이 바닷가로 향했다. 그녀는 어떨 때는 바다 저 멀리 수평선을 한없이 바라보았고, 또 어떨 때는 맥없이 바닷가 모랫바닥에 드러누운 채 허공에 대고 소리쳤다. '아, 데모폰, 무정한 사람이여!' 그녀는 말을 계속 이으려 했지만 흐느낌 때문에 번번이 말문이 막히고 말았다.

바다 근처 숲속에는 그녀가 다니던 오솔길이 마치 어둠에 싸인 동굴처럼 바닷가까지 좁게 뻗어 있었다. 불쌍한 필리스는 그 먼 길을 아홉 번이나 지나갔다. '아, 데모폰, 당신을 한 번만이라도 볼 수만 있다면!' 어느 날 그녀는 이렇게 말하며 창백한 얼굴을 들어 연신 한 번은 허리띠를 쳐다보았다가, 또 한 번은 굵은 나뭇가지를 올려다보곤 했다. 그러자 그녀는 갑자기 죽음이 두려웠다.

어쩔 줄 모르고 한참을 망설이던 그녀는 마침내 결심한 듯 재빨리 손을 놀려 허리띠로 올가미를 만들었다. 이어 눈여겨보았던 튼튼해 보이는 나뭇가지에 묶은 다음 그걸 목에 걸고 허공에 매달렸다. 필리스여, 그 당시에 그대가 혼자만 아니었더라면 네 시체 주변의 나무들이 잎을 떨어뜨리며 네 죽음을 애도하지 않아도 되었을 텐데! 여자 때문에 마음이 상한 남자들이여, 혹은 남자 때문에 모욕을 당한 여자들이여, 필리스를 거울삼아 너무 쓸쓸한 장소는 피하라."

아킬레우스의 아들
네오프톨레모스

네오프톨레모스Neoptolemos는 아킬레우스와 데이다메이아Deidameia 사이에서 태어났다. 데이다메이아는 아킬레우스가 어렸을 때 여장을 하고 함께 살았던 스키로스섬의 왕 리코메데스의 딸 중 하나다. 트로이 전쟁 막바지에 그리스군 총사령관 아가멤논은 트로이 근처 이데Ide산에서 사로잡힌 트로이의 왕자이자 예언가인 헬레노스Helenos로부터 트로이를 함락시키려면 반드시 네오프톨레모스가 전투에 투입되어야 한다는 예언을 듣고 오디세우스를 스키로스섬으로 보내 당시 10대였던 그를 설득하여 데려왔다. 트로이에 도착하자마자 오디세우스는 전혀 망설이지 않고 네오프톨레모스에게 자신이 갖고 있던 아킬레우스의 무구를 건네주었다. 아버지의 유품이니 당연히 아들에게 돌려주어야 한다는 것이다.

네오프톨레모스는 피로스Pyrrhos라는 애칭으로 불리는데 그 이유에 대해서는 세 가지 설이 있다. 첫째는 네오프톨레모스의 머리카락이 붉은색이어서 그리스어로 '붉은'이라는 뜻을 지닌 '피로스'로 불리게 되었다는 것이고, 둘째는 여장을 하고 리코메데스의 공주들과 함께 살았던 어린 시절 이름이 '피라Pyrrha'였는데 그 남성형이 바로 '피로스'라는 것이다. 마지막은 원래 이름이 피로스였는데 그가 트로이에 도착하자 아버지 아킬레우스의 스승 포이닉스가 아주 어린 나이에 전사가 된 그에게 '젊은 전사'라는 뜻의 '네오프톨레모스'라는 이름을 지어 주었다는 것이다.

어쨌든 네오프톨레모스는 트로이에서 아버지 못지않은 전공을 세웠다. 그는 특히 트로이를 함락했을 당시 제우스 신전에 숨어 있던 프리아모스를 죽였고, 아버지 아킬레우스의 죽음의 원인이 된 폴릭세네 공주를 아버지의 무덤 제단에 제물로 바쳤으며, 헥토르와 안드로마케의 어린 아들 아스티아낙스도 오디세우스로부터 건네받아 트로이 성벽에서 내던져 죽였다. 전쟁이 끝나자 그는 아버지의 스승 포이닉스, 그리스군에 자발적으로 협력한 덕에 살아남아 절친이 된 헬레노스, 전리품으로 받은 안드로마케와 함께 귀향길에 올랐다.

네오프톨레모스가 출발하기 전날 밤 할머니이자 바다의 여신인 테티스가 꿈에 나타났다. 테티스는 손자에게 장차 분노한 포세이돈이 거센 폭풍우를 일으켜 많은 그리스 함선들을 수장시킬 테니 출발을 이틀 미루고, 그 후 테네도스섬에 도착해서도 다시 이틀을 머문 뒤에 해로가 아닌 육로로 귀향하라는 충고를 했다. 네오프톨레모스는 이를 그대로 따라서 대부분의 그리스 장수들을 덮친 카파레우스곶의 폭풍우를 피할 수 있었다. 이어 그는 동행한 헬레노스의 충고로 그리스 북서쪽에 도착하여 에피로스Epiros를 정복하고 한참을 다스렸다. 그사이 네오프톨레모스와 그가 트로이에서 전리품으로 데려온 헥토르의 아내 안드로마케와의 사이에서 몰로소스Molossos, 피엘로스Pielos, 페르가모스Pergamos 3형제가 태어났다.

얼마 후 네오프톨레모스는 안드로마케를 헬레노스에게 양보하고 3형

Jules Lefebvre, 〈프리아모스의 죽음〉, 1861

Paul-François Quinsac, 〈폴릭세네의 죽음〉, 1881

14장 ○ 헬레네와 그리스 장수들의 귀향

제도 그의 후견에 맡긴 다음 혼자서 아버지의 고향인 프티아Phthia에 도착하여 친할아버지 펠레우스Peleus의 열렬한 환영을 받고 지내다가 너무 연로한 그의 뒤를 이어 그곳 왕이 되었다. 그러던 어느 날 네오프톨레모스는 갑자기 분노에 사로잡혀 부리나케 델피로 달려가더니, 아폴론 신전에 난입해서는 아폴론이 트로이 전쟁 당시 트로이 성 근처에 있던 자신의 신전에서 파리스 왕자에게 손가락으로 아버지 아킬레우스의 발뒤꿈치를 가리켜 그곳에 화살을 쏘게 한 것에 대한 보상을 요구했다. 사제들의 수장인 여사제 피티아가 그것을 단호하게 거절하자 그는 신전을 불태우고 성소를 유린하고 돌아왔다.

네오프톨레모스는 그 후 얼마 지나지 않아 불현듯 뭐가 생각난 듯 이번에는 불쑥 스파르타의 왕 메넬라오스를 찾아가더니 트로이에서 자신에게 약속한 대로 딸 헤르미오네Hermione를 달라고 요구했다. 하지만 헤르미오네는 아버지가 트로이에 있는 동안 이미 외할아버지 리코메데스의 주선으로 아가멤논의 아들 오레스테스와 약혼한 상태였다. 그런 사실을 알고도 네오프톨레모스는 고집을 굽히지 않았다. 오레스테스가 모친 살해범이 되어 신들의 저주를 받았으니 헤르미오네는 자신의 아내가 되는 것이 합당하다는 것이다. 오레스테스의 항의에도 불구하고 네오프톨레모스의 주장이 받아들여져 스파르타에서 그와 헤르미오네의 성대한 결혼식이 거행되었다.

하지만 네오프톨레모스는 그 후 아내가 아이를 낳지 못하자 델피를 다시 찾아 자신의 방화로 연기로 검게 그을린 아폴론 신전에서 그 이유를 물었다. 그러자 여사제 피티아가 그에게 모욕당해 분노한 아폴론 신에게 속죄의 제물을 바치라고 충고했다. 네오프톨레모스가 제물을 바치고 있는 동안 제단에서 우연히 델피에 들렀다가 신전을 찾은 오레스테스를 만났다. 오레스테스는 만약 아폴론이 전날 꿈에 나타나 혹시 네오프톨레모스를 만나더라도 그날 다른 사람의 손에 죽을 운명이니 참으라고 말하지 않았다면 아마 그 자리에서 약혼녀 헤르미오네를 빼앗아 간 그를 죽였을 것이다.

일반적으로 델피에서 아폴론 신에게 바쳐진 희생제물의 고기는 항상 신전에 종사하는 사람들의 부수입이 되는 것이 그 당시 관례였다. 하지만 네오프톨레모스는 그 사실을 전혀 모르고 있다가 자신이 제물로 바친 황소고기를 그들이 가져가는 것을 참을 수 없어 강제로 그것을 막으려 했다. 그러자 여사제 피티아가 한탄하며 말했다. "만날 불평만 일삼는 아킬레우스의 아들에게 이젠 정말 넌더리가 나는구나." 이 말을 듣고 포키스 출신의 마카이레우스Makaireus라는 사제가 제물의 고기를 썰었던 칼로 네오프톨레모스를 찔러 죽였다.

그 사건 이후로 어떤 사람이 다른 사람에게 행한 그대로 벌을 받는 것을 '네오프톨레모스의 벌'이라고 칭했다. 네오프톨레모스는 트로이의 제우스 신전에서 트로이의 왕 프리아모스를 죽였는데 결국 자신도 아폴론 신전에서 죽임을 당하기 때문이다. 네오프톨레모스가 죽자 여사제 피티아가 다른 사제들에게 이렇게 명령했다.

"그의 시신을 우리 신전의 출입문 앞에 묻어라. 그는 유명한 전사였다. 그의 혼령이 우리 신전을 이제 어떤 공격으로부터도 막아줄 것이다. 그리고 그의 혼령이 장차 진심으로 아폴론 신을 모독한 걸 후회하면 앞으로 그를 전사한 영웅들을 위한 행사나 제사의 수호신으로 삼을 것이다."

세월이 흘러 네오프톨레모스가 헬레노스에게 맡겨 후견을 부탁하고 에피로스에 남겨 두었던 어린 세 아들이 장성하자 그중 몰로소스가 에피로스를 맡아 다스렸다. 그 후 대대로 몰로소스의 자손들이 에피로스의 왕권을 이어 가다가 네오프톨레모스 1세(기원전 370~357)까지 이어졌다. 네오프톨레모스 1세는 슬하에 아들 알렉산드로스Alexandros 1세, 두 딸 올림피아스Olympias, 트로아스Troas 삼남매를 두었다. 그중 큰딸 올림피아스와 마케도니아Makedonia의 필리포스Phillippos 2세 사이에서 알렉산드로스Alexandros 대왕이 태어났다. 그래서 대왕은 자신도 자랑스럽게 밝히곤 했듯이 아킬레우스의 후손이 맞는 셈이다.

트로이 왕족
헬레노스와 안테노르

　트로이가 몰락한 후 왕족으로는 헬레노스, 안테노르Antenor, 아이네이아스Aineias 등 셋이 살아남았다. 그중 첫째, 헬레노스는 트로이의 왕 프리아모스와 헤카베Hekabe의 50명의 아들 중 하나로 카산드라 공주와 쌍둥이 남매로 태어났다. 원래 이름은 스카만드리오스Skamandrios였으나 아폴론의 총애를 받아 예언의 능력을 받은 후부터 헬레노스로 개명했다. 그는 어렸을 적에는 어머니 헤카베의 태몽을 듣고 태중에 있는 동생 파리스가 트로이를 몰락시킬 것이라고 풀이했고, 장성해서는 파리스에게 아프로디테 여신을 따라 스파르타로 가면 트로이에 엄청난 재앙을 몰고 올 것이라고 경고했다. 또한 트로이 전쟁 중에는 헥토르에게 그리스 측에 일대일 결투를 제안하여 기선을 제압하라고 충고하기도 했다.

　헬레노스는 예언가나 책사뿐 아니라 궁사로서 전투에서도 큰 활약을 했다. 트로이군이 다섯 부대로 나뉘어 그리스군을 공격할 때 형제 데이포보스와 트로이의 동맹 도시 아리스베Arisbe의 왕 아시오스Asios와 함께 그중 하나를 맡았고, 화살을 날려 그리스 장수 데이피로스Deipyros를 죽였으며, 아킬레우스의 손에 상처를 입히기도 했다. 하지만 파리스가 필록테테스의 화살을 맞고 죽은 뒤 그의 아내였던 헬레네를 놓고 형제 데이포보스와 벌인 경합에서 의외로 패배하자 심한 분노를 느끼고 트로이 근처 이데 산으로 숨어 버렸다.

헬레노스는 그 후 오직 그만이 트로이를 몰락시키는 데 필요한 신탁을 알고 있다는 사실을 전해 들은 그리스군 총사령관 아가멤논이 보낸 오디세우스에게 사로잡혀 그리스군 진영으로 끌려왔다. 이어 모두의 예상과는 달리 아가멤논에게 그 세 가지 신탁을 전혀 저어하는 기색 없이 자세하게 알려 주었다. 그 이유는 바로 예전에 헬레네를 차지하지 못한 것에 대한 원한이 아직 그의 마음속 깊이 남아 있었기 때문이었다. 그 후 트로이가 몰락하자 헬레노스는 그리스군에 협력한 공로를 인정받아 아킬레우스의 아들 네오프톨레모스의 노예가 아닌 절친이 되어 그와 동행했다.

헬레노스는 그때 할머니 테티스의 충고를 따라 육로로 귀향하던 네오프톨레모스에게 신들의 뜻이라며 그리스 북서부의 에피로스를 점령하게 한 다음 그곳에 부트로톤Buthroton이라는 도시를 건설했다. 그러자 네오프톨레모스는 에피로스를 떠나면서 그에게 전리품으로 데리고 왔던 헥토르의 아내 안드로마케를 아내로 주었다. 한참 후에 헬레노스는 트로이 유민을 이끌고 이탈리아로 향하다가 부트로톤에 들른 아이네이아스와 감격의 해후를 한 뒤 그에게 이탈리아로 상륙하여 '거대한 흰 암돼지가 30마리의 새끼와 함께 누워 있는 곳'을 찾아 그곳에 나라를 건설하라고 알려 주었다.

안테노르는 전쟁 초기에 협상을 위해 그리스 사절로 찾아온 오디세우스와 메넬라오스를 트로이군이 죽이려 하자, 적극적으로 변호하여 살려 주고 자신의 집으로 데려가 융숭하게 대접한 다음 하룻밤 묵게 해 주었다. 트로이가 불타는 동안 그들은 그 은혜를 잊지 않고 안테노르의 집 대문에 그리스군이 절대 해를 가해서는 안 된다는 표식으로 표범 가죽을 박아 놓아 그의 가족과 재산을 보호했고 함께 안테노르의 아들 글라우코스Glaukos를 구하기도 했다. 특히 오디세우스는 부상당한 안테노르의 또 다른 아들 헬리카온Helikaon을 등에 업어 구출했다.

트로이가 몰락한 후 안테노르의 행적에 대해서는 세 가지 설이 있다. 첫째는 그가 트로이에 남아 폐허 위에 새로운 도시를 건설했다는 것이다. 둘째는 그가 오디세우스의 보호 아래 트로이를 떠나 리비아에 정착해서 그곳에 아들들과 함께 키레네Kyrene라는 도시를 건설했다는 것이다. 마지막으로 그가 이탈리아에 정착하여 그곳에 현재는 파두아Padua로 불리는 파타비Patavi라는 도시를 건설했다는 것이다. 안테노르는 사실 헬레노스처럼 그리스군에 자발적으로 협력한 것은 아니었다. 하지만 『신곡』을 쓴 단테는 안테노르가 트로이 전쟁에서 살아남은 것을 조국 트로이에 대한 배신으로 보았다.

특히 배신을 최악의 범죄로 여겼던 단테는 예수를 배신한 유다 등 배신자들을 지옥의 핵核인 제9원에 떨어뜨려 호수 속 냉동인간으로 살아가도록 했다. 특히 그는 제9원을 배신의 종류에 따라 4개의 구역으로 나누었는데, 조국을 배신한 자들이 있는 구역을 안테노르의 이름을 따서 '안테노라Antenora'라고 명명했다. 참고로 4개의 구역 중 최악인 은혜를 배신한 자들은 유다Judas의 이탈리아어 주다Guida의 이름을 따서 명명한 '주데카Guidecca'에서 벌을 받았다. 그렇다면 트로이 전쟁에서 살아남은 트로이 왕족 3인방 중 마지막으로 아이네이아스는 과연 어떻게 되었을까? 그의 이야기는 바로 다음 마지막 장에서 자세하게 살펴보기로 하자.

15장

로마 건국 신화
『아이네이스』

아프로디테와 앙키세스의 아들
아이네이아스

베르길리우스의 『아이네이스』는 트로이Troy 전쟁에서 살아남은 트로이의 왕족 아이네이아스Aeneias의 모험을 다룬 로마Roma의 서사시다. 아이네이아스는 함선 20척에 트로이 유민을 태우고 오랜 방랑 끝에 이탈리아에 도착하여 라비니움Lavinium이라는 도시를 세우고, 그의 아들 아스카니오스Ascanios는 로마의 전신 알바 롱가Alba Longa라는 도시를 세우며, 그의 후손 로물루스Romulus와 레무스Remus는 로마라는 도시를 세운다. 아이네이아스는 결국 로마인들의 시조인 셈이다.

『아이네이스』는 베르길리우스가 죽은 기원전 19년과 기원전 29년 사이에 집필한 것으로 추정되며 총 12권 약 10,000행의 시어로 이루어져 있다. 원래는 숫자로 행을 표시한 운문으로 되어 있지만 여기서는 1799년 출간된 요한 하인리히 포스의 독일어 번역본을 토대로 산문으로 쉽게 요약해서 풀어 쓸 것이다.

『아이네이스』에 등장하는 신들의 이름은 물론 모두 로마식으로 라틴어

Ludger tom Ring the Elder, 〈시인 베르길리우스〉, 1538년경

15장 ○ 로마 건국 신화 『아이네이스』

다. 가령 제우스는 유피테르Jupiter, 헤라는 유노Juno, 포세이돈은 넵투누스Neptunus, 아테나는 미네르바Minerva, 아프로디테는 베누스Venus로 되어 있다. 주인공 아이네이아스도 아이네아스Aineas로, 다른 인명이나 지명도 모두 라틴어로 되어 있지만 여기서는 모두 그리스어로 바꾸어 표기할 것이다.

베르길리우스는 아우구스투스Augustus 황제의 부탁으로 『아이네이스』를 쓰기 시작했다. 매우 꼼꼼하여 완벽한 작품을 원했던 베르길리우스는 지인들에게 혹시 자신이 이 작품을 완성하지 못하고 죽거든 원고를 소각해 달라고 유언했다. 하지만 베르길리우스가 우려한 대로 집필 도중 죽자 아우구스투스는 그의 유언을 무시하고 전문가들을 시켜 원고를 거의 손보지 않고 출간하도록 했다.

프랑스의 역사 화가이자 초상 화가인 장-요셉 타일라슨J.-J. Taillasson이 그린 그림 중에 〈아우구스투스와 옥타비아에게 『아이네이스』 제6권을 낭독해 주는 베르길리우스〉라는 제목의 그림이 있다. 『아이네이스』 제6권은 아이네이아스가 지하세계로 내려가서 모험 중 연로한 탓에 돌아가신 아버지를 만나 충고를 듣는 내용이다. 그런데 그 그림에서 아우구스투스의 누나인 옥타비아Octavia의 모습이 자못 익살스럽다. 너무 지루했던지 졸다 못해 아예 자고 있기 때문이다.

아이네이아스는 트로이 장수 중 헥토르Hektor 다음으로 용맹스러웠다고 알려져 있다. 하지만 그는 호메로스의 『일리아스』에 서술된 트로이 전쟁에서는 미미한 전공을 세우며 그리 중요한 역할을 하지 않는다. 몇 번이나 큰 위험에 빠졌다가 신들의 도움으로 간신히 살아남을 뿐이다. 호메로스는 마치 나중에 베르길리우스가 아이네이아스에게 로마 건국의 대업을 맡기려는 것을 미리 알고 있었던 것처럼 그를 트로이 전쟁에 살짝

Jean-Joseph Taillasson, 〈아우구스투스와 옥타비아에게 『아이네이스』 6권을 낭독해 주는 베르길리우스〉, 1787
너무 지루했는지 아우구스투스 옆에서 잠든 옥타비아의 모습이 웃음을 자아낸다.

데뷔만 시킨 뒤 아껴 둔 셈이다.

아이네이아스의 아버지는 앙키세스Anchises였다. 앙키세스는 트로이의 세력권에 있던 다르다니아Dardania의 왕이었다. 그는 카피스Kapys와 테미스테Themiste의 아들로, 트로이의 시조 트로스Tros의 자손이다. 어머니 테미스테가 트로이의 왕 라오메돈Laomedon의 누이였으니 그와 라오메돈은 조카 사이였다. 라오메돈은 트로이 전쟁이 발발했을 당시의 왕 프리아모스Priamos의 아버지다. 그래서 앙키세스는 헥토르와 파리스의 아버지 프

15장 ○ 로마 건국 신화 『아이네이스』

리아모스와 사촌이었던 셈이다.

앙키세스는 어려서부터 용모가 아주 빼어났다. 하늘에서 지상을 관찰하던 미의 여신 아프로디테가 그의 수려한 용모를 보고 단숨에 마음을 빼앗겼다. 앙키세스가 트로이 근처 이데Ide산에서 가축을 돌보고 있을 때 갑자기 아프로디테가 그의 앞에 나타나 말했다. 물론 다른 여자의 모습으로 변신한 채였다.

"저는 프리기아Phrygia의 왕 오트레우스Otreus의 딸이랍니다. 오래전부터 앙키세스님을 사모하고 있었습니다. 저의 마음을 받아 주세요."

앙키세스는 뭔가 꺼림칙했다. 어디선가 여자가 갑자기 나타나서 대뜸 사랑을 고백하는 것이 이상했다. 하지만 앙키세스는 인간의 이성을 마비

William Blake Richmond, 〈아프로디테와 앙키세스〉, 1889~1890
아프로디테 앞에서 암수 사자 한 쌍이 여신을 안내하는 것이 인상적이다. 여신은 원래 아름다움의 상징인 백조가 끄는 마차를 타고 다닌다. 여신의 또 다른 신조(神鳥)는 다산과 풍요를 상징하는 비둘기다. 그래서 여신의 앞에 비둘기들이 날아 다니고 있다.

시키는 뇌쇄적인 아프로디테의 미모에 홀린 나머지 그녀의 구애를 뿌리칠 수 없었다. 그 후 그는 며칠 동안 그녀와 꿈결처럼 달콤한 시간을 보냈다.

올림포스 궁전으로 돌아갈 때가 되자 아프로디테는 비로소 앙키세스에게 자신의 정체를 밝혔다. 앙키세스의 얼굴이 금방 일그러졌다. 불길한 생각이 그의 머리를 스치고 지나갔다. 여신들과 사랑을 나눈 인간들은 모두 결말이 좋지 않았기 때문이었다. 그의 마음을 눈치채고 아프로디테가 그를 달랬다.

> "나는 앞으로 아들을 하나 낳을 것이다. 아들은 우선 요정들에게 맡길 것이다. 다섯 살이 되면 너에게 데려다주겠다. 그때 아이 이름은 아이네이아스로 지어라! 아이 엄마가 누구인지만 발설하지 마라! 그러면 아무런 문제가 없을 것이다. 만약 사람들이 아이 엄마가 누구냐고 묻거든 그냥 요정이라고만 말해라! 트로이의 운명은 앞으로 그의 어깨에 달려 있다. 그의 후손은 자자손손 끊이지 않을 것이다."

아이네이아스가 아버지 앙키세스의 품으로 돌아오고 얼마 지나지 않았을 때였다. 대취한 앙키세스가 그만 술김에 사람들에게 아들의 출생의 비밀을 털어놓고 말았다. 그 순간 하늘에서 제우스의 번개가 날아왔다. 그 후 앙키세스는 다리에 번개를 맞은 후유증으로 평생 한쪽 다리를 절었다. 제우스는 왜 앙키세스에게 번개를 쳤을까? 혹시 신의 비밀을 함부로 누설한 인간에게 경고를 하고 싶었던 것이 아닐까?

Day 170

『아이네이스』의 '인 메디아스 레스' 서술 기법과 구조

앙키세스는 어린 아들 아이네이아스의 교육을 누이 히포다메이아 Hippodameia의 남편 알카토오스Alkathoos에게 맡겼다. 아이네이아스는 고모 부 밑에서 훌륭한 청년으로 자라 아버지를 이어 다르다니아의 왕이 되었 다. 트로이 전쟁이 발발하자 그는 헥토르의 지휘 아래 수많은 전투에 참 전했다.

아이네이아스의 맨 처음 상대는 아킬레우스Achilleus였다. 아이네이아 스는 트로이 근처 이데산에서 자신의 가축을 약탈하는 아킬레우스를 보 고 달려들었지만, 그의 상대가 되지 못했다. 아이네이아스는 패배하여 근 처의 리르네소스Lyrnessos로 피신했지만, 그곳마저도 아킬레우스가 쳐들어 와 함락되고 말았다. 그때 제우스가 돕지 않았다면 그는 하마터면 목숨을 잃을 뻔했다.

아이네이아스는 그리스 장수 디오메데스Diomedes와 벌인 일대일 결투 에서는 심한 상처를 입기도 했다. 그때 아프로디테도 아들을 구하려다 디오메데스의 창에 손이 찔렸다. 그사이 아폴론이 아이네이아스를 구름에 감싸 피신시켰고 아테나와 레토가 그의 상처를 치료해 주었다.

다시 전투에 복귀한 아이네이아스는 그리스군의 장수 크레톤Kreton과 오르실로코스Orsilochos를 비롯하여 많은 적군을 죽였다. 그는 또한 파트로클로스Patroklos의 시신을 놓고 벌어진 치열한 공방전에도 참여했지만 소기의 목적을 달성하지는 못했다. 아이네이아스는 아폴론의 독려로 다시 한번 아킬레우스와 일대일 결투를 벌이는 객기를 부리다가 절체절명의 위기에 빠졌다. 하지만 이번에는 포세이돈의 도움으로 그 위기에서 벗어났다.

아이네이아스는 트로이 전쟁에서 신들의 보호로 몇 번이나 죽을 위기에서 기적적으로 살아나는 그야말로 신들의 은총을 한 몸에 받았던 축복받은 영웅이었다. 그가 진심으로 신들에게 복종하고 그들을 섬겼기 때문이다. 그래서 신들은 신실하고 경건한 그에게 위대한 운명을 약속했으며 기회 있을 때마다 트로이인의 운명이 그의 손에 달려 있다고 귀띔해 주었다.

『아이네이스』는 아이네이아스 일행이 카르타고Karthago에 도착한 것으로부터 시작하지만, 시간상으로는 그리스군에 의해 철저하게 파괴되어 화염에 불타는 트로이를, 아버지를 업은 채 아들과 아내를 대동하고 탈출하는 것이 맨 먼저이다. 호메로스의 『오디세이아』가 아버지 오디세우스Odysseus를 찾아 필로스Pylos와 스파르타Sparta를 방문하는 텔레마코스Telemachos의 이야기에서 시작하지만, 시간상으로는 오디세우스 일행이 트로이를 떠나 케르소네소스Chersonesos반도에 상륙하는 게 맨 먼저인 것과 마찬가지이다.

이런 서술 기법은 라틴어로 '인 메디아스 레스in medias res'라고 한다. 그

15장 ○ 로마 건국 신화 『아이네이스』

것은 영어로 '사건의 한가운데로(into the middle of things)'라는 뜻인데 사건의 중간에서 이야기를 불쑥 시작하는 것이다. 이에 비해 '압 오보ab ovo'라는 서술 기법은 영어로 '처음부터(from the beginning)'라는 뜻인데 사건이 벌어진 순서대로 이야기를 처음부터 차근차근 서술하는 것이다.

'인 메디아스 레스'의 가장 큰 장점은 독자들에게 궁금증을 자아내게 하여 이야기에 몰입할 수 있게 만들어 준다는 점이다. 아울러 이런 기법 때문에 건너뛸 수밖에 없었던 앞선 사건들을 압축하여 보여 주는 방식이 바로 회상이다. 『아이네이스』에서 이런 회상 장면은 1권에서 선단을 이끌고 이탈리아를 향하던 아이네이아스가 헤라의 분노로 폭풍우를 만나 카르타고에 떠밀려 온 뒤, 여왕 디도Dido에게 트로이의 몰락과 카르타고에 표착漂着하기까지 겪었던 모험을 이야기해 주는 2권과 3권이다.

이어 4권에서는 아이네이아스가 디도를 버리고 떠나자 그녀가 자살하며, 5권에서는 아이네이아스가 시칠리아Sikelia에 다시 도착하여 예전에 그곳에서 돌아가신 아버지 앙키세스를 기리기 위해 늦게나마 성대하게 장례식 경기를 거행한다. 또한 6권에서는 아이네이아스가 이탈리아에 도착하여 시켈리아에서 네 척의 배가 불에 타 실의에 빠졌을 때 갑자기 하늘에서 아버지의 환영이 나타나 해 준 충고대로 그를 만나러 지하세계를 방문한다. 그래서 『아이네이스』의 전반부인 1권에서 6권까지의 내용은 '트로이에서 이탈리아까지의 아이네이아스의 모험'으로 요약할 수 있다.

이에 비해 『아이네이스』의 후반부인 7권에서 12권까지의 내용은 '아이네이아스가 이탈리아의 원주민들과 벌인 전투'로 요약할 수 있다. 그래서 7권에서는 아이네이아스가 이탈리아의 라티움Latium에 도착하자 전쟁의 서막이 울리고, 8권에서는 아이네이아스가 에우안드로스Euandros에게 도움을 청하기 위해 미래의 로마가 들어설 팔란테움Pallanteum으로 그를 찾아간다.

그 후 9권에서는 아이네이아스가 자리를 비운 사이 이탈리아 원주민들의 총사령관인 루툴리Rutuli족의 투르누스Turnus 왕이 트로이인들의 진영을 포위한다. 이어 10권에서는 지원군을 이끌고 돌아온 아이네이아스가 투르누스와 처음으로 전투를 벌이며, 11권에서는 아이네이아스가 이탈리아 원주민 중 하나인 볼스키Volsci족의 여전사 카밀라Camilla와 전투를 벌이고, 마지막으로 12권에서는 아이네이아스가 투르누스와 일대일 결투를 벌여 그를 살해한다.

그렇다면 헤라는 왜 아이네이아스에게 분노를 품고 있었을까? 그것은 소위 '파리스의 심판'에서 트로이의 왕자 파리스Paris가 자신을 무시하고 아프로디테에게 황금 사과를 건네준 이래로 트로이인에게 앙심을 품고 있었기 때문이다. 게다가 트로이인들은 제우스의 연인이었던 엘렉트라Elektra의 아들 다르다노스Dardanos의 후손이었다. 이러니 헤라에게는 트로이의 유민을 데리고 가는 아이네이아스가 눈엣가시 같은 존재였을 것이다.

『아이네이스』에서는 이처럼 헤라의 분노가 작품 전체를 관통하는 키워드이다. 마치 『일리아스』에서는 절친 파트로클로스를 죽인 헥토르에 대한 아킬레우스의 분노가, 그리고 『오디세이아』에서는 아들 폴리페모스Polyphemos의 하나밖에 없는 눈을 못 쓰게 만든 오디세우스에 대한 포세이돈의 분노가 전체 이야기를 끌고 가는 지렛대 역할을 하는 것과 마찬가지다. 그래서 헤라는 계속해서 아이네이아스가 이탈리아에 도착하지 못하도록 방해한다. 『아이네이스』 1권에서 헤라가 바람의 신 아이올로스Aiolos에게 부탁하여 아이네이아스 함선들을 뿔뿔이 흩어지게 한 것은 바로 그 때문이다.

15장 ○ 로마 건국 신화 『아이네이스』

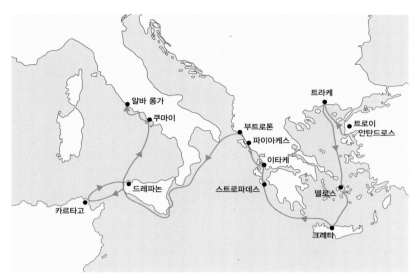

아이네이아스의 모험 경로

안탄드로스, 트라케, 델로스, 크레타, 스트로파데스

우리는 아이네이아스의 모험을 『아이네이스』의 서술자가 풀어내는 이 야기의 순서를 따라가지 않고 원래의 자연적인 시간의 순서를 따라갈 것 이다. '오디세우스의 모험'에서와 같은 서술방식이다. 이런 방식이 이 책 의 원래 서술방식보다 독자들이 『아이네이스』의 줄거리를 이해하기 훨씬 쉬울 것이라는 생각에서다.

아이네이아스는 트로이가 화염에 휩싸이자 유민을 이끌고 트로이 근 처의 이데산을 향했다. 화염에서 건진 것은 거의 없었다. 하지만 조상신 페나테스Penates 상만은 꼭 챙겼다. 페나테스는 우리나라로 치면 신주神主 와 비슷한 것으로 조상들을 상으로 만든 것이다. 그는 연로한 아버지 앙 키세스를 등에 업고 아들 아스카니오스의 손을 잡고 걸어 갔다.

후세의 화가들이 그린 트로이를 탈출하는 아이네이아스의 그림을 자 세히 살펴보면 등에 업은 아버지의 손에 바로 페나테스 상이 들려 있다. 아이네이아스의 아내 크레우사Kreusa는 남편의 뒤를 따르다가 도중에 그

Charles André van Loo, 〈트로이의 화염에서 아버지를 구하는 아이네이아스〉, 1705~1765
이 그림에서는 앙키세스가 아니라 크레우사의 손에 페나테스 상이 들려 있다.

를 놓치는 바람에 그리스군의 포로가 되었다. 1세기경의 아테네^{Athene}의
신화작가 아폴로도로스에 따르면 그리스군은 앙키세스에 대한 아이네이
아스의 효성에 감동하여 그를 죽이지 않고 순순히 보내 주었다고 한다.

트로이를 탈출한 아이네이아스는 이데산 기슭 안탄드로스^{Antandros}에
몇 달간 머물러 함선을 건조하며 항해 준비를 하다가 여름이 되자 마침내
트로이 유민을 이끌고 출항했다. 새로운 국가를 건설할 곳을 물색하기 위

해서였다. 함대 규모는 앞서 언급한 것처럼 총 20척이었다.

아이네이아스 일행이 트로이를 떠나 맨 처음 도착한 곳은 트라케(영어로는 트라키아Thrakia)였다. 그들은 해안에 제단을 쌓고 신들에게 제물을 바친 다음 땔감을 준비하려고 숲속으로 들어갔다. 나무를 베던 부하들이 갑자기 끔찍한 비명을 질렀다. 나무가 피를 흘리며 이렇게 말을 했기 때문이다.

"아이네이아스여, 왜 나를 괴롭히는가? 나는 프리아모스의 아들 폴리도로스Polydoros의 혼령이다. 나는 트라케의 왕이었던 매형에게 억울하게 죽었다. 이곳은 당신이 나라를 건설하기에 적합하지 않다. 배신자의 혈족이 다스리는 땅이기 때문이다."

아이네이아스가 트라케에서 만난 폴리도로스는 트로이의 왕 프리아모스와 헤카베Hekabe의 막내아들이었다. 트로이 전쟁 초기 프리아모스는 트라케의 왕이자 맏사위인 폴리메스토르Polymestor에게 어린 폴리도로스를 맡기면서 혹시 트로이가 함락되거든 잘 키워 달라고 부탁했다. 아들이 평생을 살기에 충분한 보물도 주었다. 하지만 폴리메스토르는 트로이가 몰락하자 보물에 눈이 어두워 처남을 죽여 바다에 버렸다. 아이네이아스는 소문으로 들은 그 사실을 기억하고 치를 떨었다. 그는 얼른 짐을 꾸려 도망치듯 트라케를 빠져나왔다.

며칠간 평온한 항해가 계속되다가 멀리서 희미하게 섬이 보였다. 태양신 아폴론과 달과 사냥의 여신 아르테미스가 태어난 에게해 키클라데스Kyklades군도의 델로스Delos섬이었다. 그곳 왕은 그들을 반갑게 맞아 주었다. 통성명을 하고 보니 그는 아버지 앙키세스의 오랜 친구 아니오스Anios

였다. 아이네이아스는 며칠간 그곳에 머물면서 여독을 풀었다. 떠나기 전 그는 델로스의 아폴론 신전에 가서 제물을 바치며 도대체 어디로 가야 할지 신탁을 물었다. 세발솥 위에 앉아 있던 사제가 신탁을 전했다.

> "너희 조상의 품으로 가라! 너희들의 옛 어머니를 찾아라! 그곳에서 아 이네이아스의 집안은 전 세계를 지배할 것이다!"

신탁의 내용이 약간 아리송했지만 모두는 환호성을 질렀다. 이어 논의 끝에 아이네이아스의 아버지 앙키세스가 신탁이 말한 '조상의 품'을 크레 타Kreta섬으로 해석했다. 트로이인의 선조로 알려진 테우크로스Teukros가 크레타섬 출신이었기 때문이다.

Claude Lorrain, 〈델로스섬의 아이네이아스〉, 1671~1672

그들은 즉시 크레타섬에 상륙하여 집을 짓고 성벽을 쌓았다. 어느 정도 왕궁의 모습이 갖추어지자 열심히 밭을 갈고 씨앗을 뿌렸다. 하지만 갑자기 가뭄이 들어서 모든 작물이 햇볕에 타고 말았다. 망연자실하고 있는 그에게 앙키세스가 델로스로 돌아가서 아폴론에게 다시 신탁을 물어보자고 제안했다. 떠나기 전날 밤 아이네이아스의 꿈속에 그들의 조상신 페나테스가 나타나 말했다.

"아이네이아스여, 이곳은 델로스에서 아폴론 신이 말한 곳이 아니다. 신께서 말한 곳은 여기서 아주 멀리 떨어져 있다. 그리스인들은 그곳을 헤스페리아Hesperia라고 부른다. 그곳은 너희들의 조상 다르다노스와 이아시온Iasion이 태어난 곳이기도 하다."

아이네이아스는 즉시 아버지 앙키세스를 깨웠다. 앙키세스는 아들의 말을 듣고 예전에 카산드라Kassandra가 했던 말이 생각났다. 그녀는 트로이가 몰락하고 앙키세스의 후손이 트로이 유민과 함께 새로운 나라를 건설할 것이라고 예언했다. 그곳은 헤스페리아, 혹은 이탈리아라고 했다. 그당시 카산드라의 예언은 아무도 믿지 않았지만 결국 그녀의 예언은 다 맞지 않았던가?

다음 날 아침 아이네이아스의 꿈 이야기를 듣고 모두 환호성을 질렀다. 그들은 들뜬 마음으로 이탈리아를 향해 출발했다. 밤이 되자 무서운 폭풍우가 몰아쳤다. 노련한 조타수 팔리누로스Palinuros조차 방향을 가늠할 수 없었다. 엄청난 파도가 그들을 가까운 섬의 해안으로 밀어붙였다. 그 섬은 이오니아Ionia해를 따라 길게 늘어서 있는 이오니아군도 중 하나이자 스트로파데스Strophades라고 부르는 펠로폰네소스Peloponnesos반도 바로 맞은편에 놓여 있는 아주 조그마한 두 개의 섬 중 하나였다.

그런데 그 섬에는 공교롭게도 세이레네스Seirenes처럼 여자 머리에 새 몸통을 한 괴조怪鳥 하르피이아이Harpyiai가 살고 있었다. 녀석들은 원래 예언가 피네우스Phineus의 섬에 살면서 그를 괴롭히다가, 아르고Argo호 황금 양피 원정대의 일원이자 북풍 신 보레아스Boreas의 쌍둥이 아들인 제테스Zetes와 칼라이스Kalais에게 쫓겨와 그곳에 새로 둥지를 틀었다. 녀석들은 항상 굶주려 얼굴은 초췌했고 배설물은 지독한 악취를 풍겼다. 아이네이아스 일행은 그런 사실은 꿈에도 모른 채 허기를 달래려 주변에 노니는 염소 떼와 소 떼 중 몇 마리를 잡아먹으려 했다.

괴조 켈라이노의 예언, 부트로톤, 외눈박이 폴리페모스

그들이 고기를 구워 입에 막 넣으려는 순간 어디선가 쏜살같이 하르피이아이가 날아와 발톱으로 그것을 낚아채 갔다. 조금 남아 있는 고기도 녀석들이 배설물을 쏟아 놓아 도저히 먹을 수가 없었다. 아이네이아스 일행이 동굴에 숨어 음식을 먹으려 해도 아무 소용없었다. 귀신처럼 하르피이아이가 다시 나타나 그들이 식사하는 것을 방해했다. 하는 수 없이 그들이 모두 일어나 화살을 겨누며 위협하자 녀석들 중 켈라이노^{Kelaino}가 높은 바위 위에 앉더니 외쳤다.

> "트로이의 유민들이여, 남의 섬에 와서 마음대로 짐승을 잡는 것도 모자라 이제는 우리를 섬에서 쫓아내려 하는구나. 이곳은 너희들이 있을 곳이 아니다. 아폴론 신의 전갈이다. 당장 이탈리아로 가라. 너희들은 그곳에 도착하면 너무 배가 고파 식탁마저도 먹어 치우게 될 것이다."

Johann Jakob Zeiller, 〈하르피이아이〉, 1744~1748
(독일 니더바이에른 마리아 승천 수도원의 프레스코 일부)

트로이 유민들은 한편으로는 기쁘면서도 배고파 고생한다는 말에 걱정스러운 표정을 지었다. 앙키세스가 하늘을 우러러 신들의 가호를 빌며 출항을 명령했다. 그들은 오디세우스의 고향 이타케Ithake를 지나다가 목마 전술을 고안하여 트로이를 몰락시킨 그를 저주했다.

그리스 본토 해안을 따라 계속 항해하던 트로이 유민들의 함대는 오디세우스가 고향 이타케에 도착하기 바로 직전 머무르며 환대를 받았던 파이아케스Phaiakes인들의 나라를 거쳐 카오니아Chaonia 포구로 들어갔다. 그곳에 상륙한 그들은 곧장 부트로톤Buthroton시로 향했다. 그곳은 프리아모스의 아들이자 예언가였던 헬레노스Helenos가 통치하고 있었다.

예언가 헬레노스는 트로이 전쟁 때 그리스군에게 트로이를 함락시킬 수 있는 세 가지 신탁을 알려 준 덕분으로 목숨을 건져 부트로톤에 정착했다. 트로이 전쟁이 끝난 후 아킬레우스의 아들 네오프톨레모스Neoptolemos가 전리품으로 차지한 헥토르의 아내 안드로마케Andromache도 그와 함께 있었다. 네오프톨레모스가 메넬라오스의 딸 헤르미오네Hermione와 결혼하기 위해 그녀를 헬레노스에게 양보했기 때문이다. 아이네이아스는 그들을 얼싸안고 눈물을 흘리며 감격의 해후를 했다. 그 후 헬레노스가 아이네이아스 일행을 그곳 아폴론 신전으로 안내했다. 아이네이아스가 앞으로 어떻게 해야 할지 신탁을 묻자 사제이기도 했던 헬레노스가 말했다.

> "앙키세스여, 자세하게 말하지는 않겠소. 그건 헤라 여신이 금지했기 때문이오. 하지만 아무 걱정 마시오. 그대들은 신의 뜻에 따라 항해를 하고 있는 것이오. 그렇다고 당장 이탈리아에 가게 된다는 것은 아니오. 앞으로 가야 할 길이 많이 남았소. 지하세계도 가야 하고 키르케가 사는 섬인 아이아이에 옆도 통과해야 하오. 모든 역경을 이기고 이탈리아에 도착하거든 우선 강을 찾으시오. 그러면 강가 떡갈나무 밑에 거대한 흰 암퇘지가 서른 마리의 새끼와 함께 누워 있는 곳이 있을 것이오. 바로 그곳이 그대들이 터전으로 삼을 곳이오."

헬레노스는 이외에도 많은 얘기를 해 주었다. 이탈리아의 동해안으로 가지 말 것이며 스킬라Skylla와 카립디스Charybdis도 우회하라고 충고했다. 얼마 후 부트로톤을 떠난 아이네이아스 일행은 신탁대로 이탈리아 남부 해안을 따라가다가 아이트나Aitna산이 있는 시칠리아 남부의 조그만 포구에 기항했다. 바로 옆에서는 아이트나산이 간헐적으로 굉음을 내며 연기를 뿜고 있었다. 산 밑에는 기간테스Gigantes 엥켈라도스Enkelados가 제우스에게 대들다가 아테나에게 사로잡혀 갇혀 있었다. 그가 고통에 못 이겨 돌아누울 때마다 산이 굉음을 내며 불을 뿜었다.

아이네이아스 일행이 상륙한 장소는 하필이면 외눈박이 키클로페스 Kyklopes족의 주거지로, 트로이를 함락시키고 귀향하던 오디세우스가 포세이돈의 아들 폴리페모스를 골려 준 곳이었다. 아침이 되자 갑자기 근처 숲속에서 거지 행색을 한 사람이 걸어 나왔다. 그는 트로이의 깃발과 무구를 보더니 멈칫하다가 이내 그들에게로 달려와 엎드렸다. 그는 구슬프게 흐느끼면서 자기를 제발 어디로든지 데려가 달라고 애원했다. 앙키세스가 오른손을 내밀어 그를 부축하며 누구인지 묻자 그가 대답했다.

"제 이름은 아다마스투스Adamastus의 아들 아카이메니데스Achaimenides 입니다. 그리스의 이타케섬 출신으로 오디세우스를 따라 트로이 전쟁에 참전했습니다. 저는 귀향 중에 오디세우스와 함께 이 섬에 왔다가 외눈박이 폴리페모스의 동굴에 들어간 적이 있습니다. 우리는 그 안에서 정말 끔찍한 일을 경험했습니다. 눈앞에서 폴리페모스가 동료들을 벽에 메쳐 잡아먹곤 했으니까요. 그런데 동료들이 뾰족하게 깎은 올리브 나무로 폴리페모스의 눈을 찔러 실명시키고 동굴을 탈출하다가 경황 중에 저를 남겨 두고 떠나 버렸습니다. 저는 벌써 석 달 동안이나 키클로페스를 피해 가슴을 졸이며 살아왔습니다."

호랑이도 제 말을 하면 나타난다고 했던가. 그가 말을 마치자마자 폴리페모스가 지팡이를 짚으며 양과 염소 떼를 몰고 그들과 가까운 해변으로 다가왔다. 그는 앞을 볼 수 없었던지라 손으로 더듬거리며 바닷속으로 들어가더니 오디세우스 일행에게 당한 눈에서 아직도 흘러내리는 피를 바닷물로 씻었다. 공포에 질린 아이네이아스 일행은 조심스럽게 아카이메니데스를 배에 태우고 재빨리 노를 저어 그곳을 떠났다. 하지만 그들의 움직임을 감지한 폴리페모스가 그들을 향해 누구냐고 소리를 질렀고 그의 고함소리를 들은 폴리페모스의 동료들이 모여들었다. 정말 아찔한 순간이었다.

드레파논, 앙키세스의 죽음,
아이네이아스와 디도의 사랑

그들은 시칠리아섬 해안을 따라 북쪽으로 올라가다가 드레파논 Drepanon 항구로 들어갔다. 그곳은 아케스테스Akestes 왕이 다스리는 에릭스Eryx시의 외항이었다. 아케스테스 왕은 트로이 귀족의 딸이었던 에게스타Egesta의 아들로 아이네이아스의 먼 친척뻘이었다. 에게스타가 이곳에 정착하게 된 경위는 이렇다. 트로이 전쟁이 발발하기 전에 트로이의 왕이었던 라오메돈이 트로이 성벽을 쌓아 준 아폴론과 포세이돈에게 약속한 삯을 주지 않은 적이 있었다.

분노한 포세이돈은 바다의 괴물을 보내 트로이를 공포로 몰아넣었고, 아폴론은 역병을 일으켜 사람들뿐 아니라 가축들도 떼죽음을 당하게 만들었다. 라오메돈이 재앙에서 벗어날 방도를 묻자 신탁은 귀족 집안의 처녀를 바다의 괴물에게 제물로 바치라고 했다. 많은 귀족이 그 말을 듣고 딸을 구하려고 외국으로 보냈다. 에게스타의 아버지 히포테스Hippotes도 어떤 상인에게 딸을 부탁하여 시칠리아로 보냈다. 그 후 에게스타는 시칠리아의 강의 신 크리미소스Krimisos의 눈에 들어 나중에 에릭스의 왕이 되는 아케스테스를 낳았던 것이다.

아이네이아스 일행이 드레파논에 상륙하자마자 예언가 헬레노스도 예언하지 못했던 슬픈 일이 일어났다. 아이네이아스의 아버지 앙키세스가 사람들과 이야기를 나누다가 갑자기 그만 숨을 거두고 만 것이었다. 아이네이아스 일행은 아케스테스 왕의 적극적인 도움으로 의식을 갖추어 앙키세스의 장례를 치른 다음 그곳을 출발하여 북이탈리아로 향했다. 바로 그 순간 헤라가 하늘에서 그들을 발견하고 바람의 지배자 아이올로스 왕을 찾아가 트로이 함대를 휘저어 달라고 부탁했다. 아이올로스는 즉시 헤라의 부탁을 이행했다.

그는 평소 자신을 제우스에게 추천하여 바람의 신으로 만들어 준 헤라

Antonio Randa, 〈바람의 동굴에서의 헤라와 바람의 지배자 아이올로스〉, 연도 미상

에게 고마움을 느끼고 있던 참이었다. 아이올로스가 바람들을 가두어 두었던 동굴 문을 열어젖히자 동풍, 남풍, 북풍이 돌풍과 함께 제멋대로 불기 시작하면서 20척의 트로이의 함대는 순식간에 사방으로 흩어지고 말았다. 바다 깊은 곳에서 포세이돈이 갑자기 바다에 폭풍우가 이는 것을 감지하고 순식간에 수면으로 치솟아 올라 바람들을 불러 꾸짖었다. "당장 바다에서 물러가라! 바다의 지배권은 원래 내 것이다. 너희 주인 아이올로스에게 이 말을 꼭 전해라!"

포세이돈의 말 한마디에 폭풍우는 금세 잦아들었어도 아이네이아스의 함대는 이미 뿔뿔이 흩어진 후였다. 아이네이아스는 간신히 7척의 함선을 수습하여 가까운 해안에 상륙했을 뿐이다. 아이네이아스 일행이 폭풍우에 휩쓸려 간 곳은 아프리카 북부 해안이었다. 얼마 후 다행히도 헤어졌던 다른 함선들도 그들과 합류했다. 아이네이아스는 우선 숲에 들어가 사슴을 잡아서 구워 먹으며 지친 부하들을 달랬다. 식사가 끝나자 그는 절친 아카테스Achates를 대동하고 섬을 정찰하다가 왕궁 하나를 발견하고 안으로 들어갔다. 그곳은 바로 디도 여왕이 다스리는 나라였다.

디도는 페니키아 티로스Tyros의 왕 무토Mutto의 딸이었다. 디도가 재력가이자 숙부인 시카이우스Sychaius와 결혼하자 동생 피그말리온Pygmalion은 재산이 탐이 나 매형을 살해했다. 디도의 동생 피그말리온은 키프로스Kypros의 천재 조각가 피그말리온Pygmalion과는 동명이인이다. 디도는 탐욕스럽고 잔인한 동생에게 절망했다. 더 이상 조국에 남아 있을 수가 없었다. 그녀는 뜻을 같이하는 귀족들과 함께 남편의 재산을 모두 챙겨 티로스를 탈출했다. 이어 기나긴 항해 끝에 마침내 이곳에 도착하여 카르타고라는 도시를 건설하고 있었다.

아이네이아스가 디도에게 신분을 밝히자 그녀는 그를 위해 성대하게

Nathaniel Dance-Holland, 〈디도와 아이네이네스의 만남〉, 1766

환영 잔치를 열어 주었다. 디도는 이 자리에서 아이네이아스에게 호감을 보이며 모든 편의를 제공하겠다고 약속했다. 하늘의 올림포스 궁전에서 그 광경을 내려다보고 있던 아프로디테와 헤라가 그들을 맺어 주기로 합의했다. 하지만 그들은 속셈이 서로 달랐다. 아프로디테는 아들 아이네이아스의 신변 안전을 위해서였고, 헤라는 얄미운 아이네이아스를 아예 그곳에 눌러앉게 할 심산이었다.

마침 그때 아이네이아스가 절친 아카테스를 보내 항구에 정박해 있는 함선에서 아들 아스카니오스를 데려오라고 지시했다. 이제 이곳이 안전한 곳임을 확인한 이상 디도에게 아들을 소개시키기 위해서였다. 그 틈을 노려 아프로디테의 부탁을 받은 사랑의 신 에로스가 재빨리 아스카니오스는 빼돌려 안전한 곳에 맡겨 두고 자신이 그로 변신하여 아카테스를 따라갔다. 아이네이아스는 아들이 오자 반갑게 그를 맞으며 디도에게 소개했다. 디도가 아스카니오스를 넘겨받아 무릎에 앉히는 순간 에로스는 그녀의 마음속에 아이네이아스를 향한 불같은 사랑의 열정을 일으켰다. 에로스는 일반적으로 멀리서 사람들의 심장에 황금 화살을 날리지만 이번에는 디도에게 안겨 있는 만큼 화살촉으로 그녀의 가슴에 살짝 상처를 냈다.

『아이네이스』에는 이 대목이 이렇게 묘사되어 있다. "에로스는 디도의 마음속에서 전남편 시카이우스의 기억을 지워 버리고 이미 오래전에 식어 버린 정염을 일깨워 꺼져 버린 사랑의 불씨를 지피기 시작했다." 그러자 디도는 밤이 이슥한데도 아이네이아스를 자신 곁에 붙들어 두고 싶은 마음에서 그에게 그간의 모험에 대해 이야기해 달라고 간청했다. 그래서 아이네이아스는 밤이 깊도록 트로이의 몰락과 트로이에서 카르타고까지 오면서 겪은 일들을 회상하면서 디도에게 이야기해 주었다. 마치 오디세우스가 파이아케스인들의 왕 알키노오스Alkinoos에게 그곳에 오기까지 무슨 일들을 겪었는지 회상하면서 이야기하는 것과 똑같다.

디도가 아이네이아스에 대해 갖고 있던 감정은 에로스의 황금 화살로 심장에 상처를 입은 순간부터 갑자기 손님에 대한 호의에서 불타는 사랑으로 바뀌었다. 디도는 밤늦게까지 아이네이아스를 붙들어 두고 트로이의 몰락과 그동안의 여정을 모두 듣고도 성에 차지 않아 그가 일행에게 돌아가자 밤새 그에 대한 그리움으로 애를 태웠다. 그녀는 동이 트자마자 동생 안나Anna를 불러 자신의 속내를 털어놓았다. 동생은 언니의 말을 듣고 기뻐하며 이제 형부를 그만 잊고 아이네이아스와 새 출발 하라고 적극적으로 권유했다.

Day 174

디도의 자살,
트로이 함대에 불을 지르는 트로이 여인들

그러던 어느 날 아이네이아스를 위한 사냥대회가 벌어졌다. 하늘의 신으로서 기후와 날씨의 신이기도 했던 제우스가 아내 헤라의 부탁을 받고 주변에 두 사람만 남아 있을 때 갑자기 소나기를 퍼붓게 했다. 두 사람은 비를 피해 근처의 동굴로 들어갔다. 좋은 기회라고 생각한 디도가 사랑을 고백하자 아이네이아스도 내심 그녀에게 마음을 빼앗겼던 터라 그녀의 사랑을 받아들여 동굴 속에서 그동안 억눌렀던 연정을 불태웠다. 그날부터 두 사람 사이의 애정이 날로 깊어 갔다. 아이네이아스는 더 이상 출항할 생각은 하지 않고 아예 그곳에 눌러앉을 태세였다. 소문의 여신 파마 Fama가 가만히 있을 리 없었다. 베르길리우스에 따르면 소문의 여신은 어깻죽지에 날개가 달려 있어 아주 재빠르다.

그녀는 처음에는 왜소하지만 움직이면서 점점 하늘과 땅 사이의 모든 공간을 채울 정도로 거대해진다. 모든 깃털 아래에 각각 크게 뜬 눈과 활짝 벌린 입과 쫑긋 세운 귀를 하나씩 갖고 있다. 밤에도 하늘과 땅 사이를

15장 ○ 로마 건국 신화 『아이네이스』

Filippo Falciatore, 〈디도와 아이네이아스의 사냥〉, 1750

Thomas Jones, 〈디도와 아이네이아스가 있는 풍경〉, 1769

6. 디도의 자살, 트로이 함대에 불을 지르는 트로이 여인들　　　　　　　623

윙윙거리며 날아다니느라 한시도 잠을 자지 않는다. 진실을 전하는 것과 진실을 호도하는 것에 전혀 차이를 두지 않는다. 무슨 일이 일어나든 그 것을 그저 주변에 마구 퍼뜨릴 생각뿐이다. 그녀는 재빨리 근처 누미디아 Numidia족 이아르바스Iarbas에게 날아가 달콤한 목소리로 그의 귀에 디도에 대해 좋지 않은 소문을 속삭였다. 디도가 패망한 트로이의 왕족에게 첫 눈에 반해 애욕의 포로가 되어 왕국도 잊어버린 채 겨우내 방탕한 생활을 일삼고 있다는 것이다.

디도에게 청혼했다가 거절당한 적이 있었던 이아르바스는 이런 소문 을 듣고 질투심에 불타 분노했다. 그는 자신의 수호신 제우스에게 기도하 며 신세를 한탄했다. 제우스는 그의 분노도 달래 주고 싶었지만 본분을 잊고 있는 아이네이아스가 더 안타까웠다. 그는 당장 자신의 전령이자 아 들인 헤르메스를 불러 말했다.

> "아이네이아스가 도대체 왜 카르타고에서 시간을 허비하고 있는지 모 르겠구나! 내가 그를 전쟁터에서 두 번이나 구해 주고 폭풍우에서도 몇 번 구해 준 것은 여기서 눌러앉아 살라는 뜻이 아니었다. 그는 나를 위해 장차 로마를 건설해야 한다. 그에게 당장 배를 타고 떠나라고 일 러라!"

헤르메스는 날개 달린 신발을 신고 전령의 상징 케리케이온Kerykeion 지 팡이를 집어 든 뒤, 단숨에 올림포스 궁전에서 지상으로 하강하더니 아이 네이아스에게 날아갔다. 아이네이아스는 이제 완전히 카르타고인이 된 것 같았다. 그는 마침 디도가 손수 만들어 준 옷을 입고 궁전 건축을 감독 하고 있었다. 헤르메스는 다른 사람이 보이지 않게 그에게 가까이 다가가 귀엣말로 제우스의 명령을 전했다. 아이네이아스는 그제야 정신을 차렸다. 그는 당장 믿을 만한 부하들을 불러 은밀히 출항 준비를 시켰다.

디도는 측근들로부터 아무래도 아이네이아스가 카르타고를 뜨려 하는 것 같다는 첩보를 입수하고 절망에 빠졌다. 그녀는 아이네이아스가 적어도 출발하기 전에 두 사람의 미래에 대해 상의할 줄 알았다. 하지만 아무리 기다려도 아이네이아스는 전혀 그럴 기미를 보이지 않았다. 디도는 하는 수 없이 그를 직접 찾아가 왜 아무 말 없이 떠나려 하는지 물었다. 아이네이아스는 이에 대해 얼굴색 하나 안 변하고 뻔뻔스럽게 이렇게 말했다.

> "나는 결코 몰래 도망치려고 하지는 않았소. 그렇게 맘대로 상상하지 마시오. 게다가 나는 당신과 결혼해서 같이 살겠다고 약속한 적이 없소. 나는 원래 신들로부터 조국을 잃은 내 동포들에게 편안한 안식처를 마련해 주라는 신탁을 받았소. 나는 처음에는 바로 이곳이 바로 그곳이라고 생각했소. 하지만 며칠 전 비몽사몽간에 헤르메스 신으로부터 신탁이 정한 곳은 이곳이 아니니 얼른 짐을 꾸려 떠나라는 명령을 받았소. 그래서 나는 떠날 채비를 하면서 적당한 때를 골라 당신과 그에 대해 상의하려 했소."

디도는 아이네이아스의 말을 듣고 정말 기가 막혔다. 그녀는 그를 배신자로 부르며 실컷 비난한 뒤 궁전으로 돌아와 방문을 걸어 잠근 채 두문불출했다. 며칠 후 아이네이아스가 정말 예상했던 대로 작별 인사도 없이 훌쩍 떠나 버리자 디도는 배신감과 수치심에 치를 떨었다. 며칠 동안 괴로워하던 그녀는 동생 안나를 불러 궁정 마당에 장작을 쌓으라고 지시

Giovanni Battista Tiepolo, 〈디도의 죽음〉, 1757~1770

했다. 그 위에 아이네이아스가 남겨 둔 무기나 옷 그리고 함께 쓰던 침대도 올려놓으라고 했다.

측근들은 그녀가 그것들을 태워 마음을 정리하려는 것으로 생각했다. 하지만 모든 준비가 끝나자 디도는 갑자기 쏜살같이 장작 위로 오르더니 아이네이아스에게 선물로 받아 늘 분신처럼 지니고 다니던 단도를 뽑아 가슴을 찔러 자살했다. 그야말로 순식간에 일어나 누구도 말릴 틈이 없었다. 동생 안나도 언니를 말리려고 장작 위로 몸을 날렸지만 때는 이미 늦었다. 디도는 자신의 화장단을 만들어 놓고 마치 나중에 화장하라는 듯 그 위로 스스로 올라가 자결한 셈이다. 그래서 어떤 신화작가들은 디도가 장작에 불을 지르라고 한 다음 불길이 최고조에 이르렀을 때 그 속에 뛰어들어 산화했다고 적고 있다.

카르타고에서 그런 일이 벌어지는 동안 아이네이아스는 예전에 아버지가 갑자기 돌아가시는 바람에 장례를 치렀던 시칠리아의 드레파논에

15장 ○ 로마 건국 신화 『아이네이스』

Claude Lorrain, 〈트로이 함선에 불을 지르는 트로이 여인들〉, 1643년경

다시 도착하여 예전처럼 아케스테스 왕의 극진한 환대를 받았다. 왕은 뒤늦게 벌어진 앙키세스의 장례경기를 통 크게 후원해 주기도 했다. 하지만 트로이의 여인들이 갑자기 함대에 불을 지르는 사건이 일어났다. 7년 동안의 항해에 지친 그들을 헤라가 부추겼던 것이다. 여인들은 배가 없으면 아이네이아스가 그곳에 정착할 것으로 생각했다. 다행히 배는 4척만 불에 탔다. 제우스가 때마침 비를 내려 주었기 때문이다. 상심해 있는 아이네이아스에게 하늘에서 갑자기 아버지의 환영이 부리나케 내려오더니 제우스의 명령을 전했다.

"아이네이아스야, 너의 백성들 가운데 가장 용감한 자들만 골라 이탈리아로 데려가라! 너는 그곳 라티움 땅에서 사나운 라티니^{Latini} 부족과 전쟁을 치러야 할 것이다. 하지만 너는 그전에 지하세계로 와서 나를 만나야 한다. 아폴론의 여사제 시빌레^{Sibylle}가 너의 미래를 예언해 주고 지하세계로 안내할 것이다. 그녀는 이탈리아 쿠마이^{Cumae}의 아베르누스^{Avernus} 호숫가 동굴에 살고 있다."

15장 ○ 로마 건국 신화 『아이네이스』

쿠마이의 시빌레, 지하세계 방문,
엘리시온의 앙키세스

아이네이아스는 아버지의 말대로 노약자들과 항해에 소극적인 자들은 시칠리아에 남겨 두고 원하는 자들만 데리고 이탈리아를 향해 출발했다. 남은 자들은 그곳에 아케스타^Akesta^라는 도시를 건설했다. 아이네이아스가 출항하고 얼마 되지 않아 키잡이 팔리누로스에게 잠의 신 히프노스^Hypnos^가 조용히 다가왔다.

잠의 신은 팔리누로스에게 배는 평온한 바다에 맡기고 눈을 좀 붙이라고 꼬드겼다. 팔리누로스는 펄쩍 뛰며 거부했지만 잠의 신이 살랑살랑 졸음을 불어넣자 마침내 꾸벅꾸벅 졸기 시작했다. 잠의 신은 기다렸다는 듯이 몸을 구부려 졸고 있는 그를 슬그머니 바닷속으로 밀어 버렸다. 팔리누로스는 그의 몸무게를 이기지 못하고 부서진 키의 파편을 손에 꽉 쥔 채 비명을 지르며 바다로 떨어졌다. 하지만 키잡이가 없어도 배는 포세이돈의 도움으로 순항하여 마침내 이탈리아 해안 쿠마이에 도착했다.

동료들이 환호성을 지르며 해안에 상륙하여 이곳저곳을 쏘다니는 동

François Perrier, 〈아이네이아스와 쿠마이의 시빌레〉, 1646년경

안에 아이네이아스는 예언의 신 아폴론의 여사제 시빌레가 사는 아베르
누스 호숫가 동굴을 찾았다. 시빌레는 신탁을 묻는 아이네이아스에게 앞
으로 이탈리아에서 일어날 일들을 수수께끼 같은 말로 늘어놓았다. 기원
전 1세기경의 역사학자 바로M. T. Varro에 의하면 그 당시 전 세계에는 총
10명의 시빌레가 있었는데 가장 영험했던 게 바로 이탈리아 쿠마이의 시
빌레였다.

　어쨌든 아이네이아스는 시빌레에게 아버지가 시킨 대로 자신을 지하
세계로 안내해 달라고 부탁했다. 그러자 그녀는 우선 숲속으로 가서 지하
세계의 출입증인 황금가지를 꺾어 오라고 시켰다. 고대에 겨우살이는 겨
울에도 황금빛으로 빛나 황금가지로 불렸고 신성한 나무로 여겨졌다. 다

　　　　　　　　　　　　15장 ○ 로마 건국 신화 『아이네이스』

행히 아이네이아스는 숲속에서 어머니 아프로디테가 보내 준 비둘기의 도움으로 참나무 가지에 걸려 있는 겨우살이를 손쉽게 발견할 수 있었다. 비둘기는 바로 백조와 함께 아프로디테의 신조神鳥다.

예언의 신 아폴론의 여사제 시빌레의 안내로 도착한 지하세계의 스틱스Styx강가에는 장례를 치르지 못한 수많은 영혼이 방황하고 있었다. 뱃사공 카론Charon은 아무리 사정을 해도 그들을 강 저편으로 건네주지 않았다. 그들은 장례를 치르지 않아 뱃삯을 낼 노잣돈이 없었기 때문이다. 카론은 그들이 배를 타려고 가까이 다가오면 노로 사정없이 후려쳤다.

그들 중에는 아이네이아스가 지하세계로 오기 바로 직전 잠의 신 히프노스에 홀려서 조는 바람에 바다에 떨어져 죽은 키잡이 팔리누로스도 보

Pietro Testa, 〈스틱스강가의 아이네이아스〉, 연도 미상

였다. 아이네이아스는 그에게 지상으로 돌아가면 즉시 장례를 치러주겠다고 약속했다. 시빌레가 뱃사공 카론에게 황금 가지인 겨우살이를 내보이자 그는 아무 말 없이 그녀와 아이네이아스를 배에 태워 스틱스강을 건네주었다.

아이네이아스는 지하세계에서 수많은 혼령을 보았다. 디도의 혼령도 만났다. 아이네이아스는 반가운 마음에 그녀에게 말을 걸려고 했지만 디도는 그를 보더니 갑자기 다른 쪽으로 휙 방향을 돌려 버렸다. 아직도 자신을 버리고 떠난 그에게 분이 안 풀린 것 같았다. 아이네이아스와 시빌레는 복수의 여신 에리니에스 세 자매 중 하나인 티시포네Tisiphone, 크레타의 왕이었던 미노스Minos, 그의 형제 라다만티스Rhadamanthys가 사자들을 심판하고 벌을 주는 타르타로스Tartaros 입구를 거쳐 엘리시온Elysion의 뜰로 향했다.

아이네이아스의 지하세계 방문은 오디세우스의 지하세계 방문을 벤치마킹한 것이다. 특히 그가 디도를 만나는 장면은 오디세우스가 자신에게 아킬레우스의 무구를 빼앗기고 분을 이기지 못해 자살한 동료 장수 대大아이아스Aias의 혼령을 만나는 장면을 빼닮았다. 오디세우스도 지하세계에서 그를 보고 반가운 마음에 가까이 오라고 불러도 아이아스는 아직 분이 안 풀렸는지 몸을 휙 돌려 어둠 속으로 사라진다.

하지만 아이네이아스의 지하세계 방문은 오디세우스보다는 더욱더 구체적이고 체계적이다. 그래서 단테는 아이네이아스의 지하세계 방문을 모델로 『신곡』 중 「지옥」의 구조를 완성했다. 단테의 「지옥」에서는 또한 『아이네이스』의 시빌레처럼 이미 죽은 베르길리우스의 혼령이 단테를 지옥으로 안내하며 크레타의 왕 미노스가 죽은 혼령들을 심판하여 벌 받을 곳으로 보낸다. 단테가 「지옥」을 쓰면서 아이네이아스의 지하세계 방문

　　　　　　15장 ○ 로마 건국 신화 『아이네이스』

으로부터 얼마나 많은 영감을 받았는지 알 수 있는 대목이다.

어쨌든 얼마 후 아이네이아스가 도착한 엘리시온은 선택받은 선한 영혼들만이 들어갈 수 있는 지하세계 속 파라다이스였다. 아이네이아스의 아버지 앙키세스도 죽어 그곳에 기거하고 있었다. 프랑스 대통령 궁 이름인 '엘리제Élysée'도 엘리시온의 프랑스어식 표기다. 앙키세스는 아들을 보자 기다렸다는 듯이 즉시 그를 망각의 강 레테Lethe가 훤히 내려다보이는 언덕으로 데려갔다. 레테강변에는 지상에서 죄의 경중에 따라 죗값을 치른 영혼들과 선한 행동에 따라 보상을 받은 영혼들이 순서를 기다리며 서 있었다. 그들은 다시 태어나기 전 레테강물로 몸을 씻어 모든 기억을 씻어 내는 참이었다. 그는 그들 중 한 영혼을 가리키며 말했다.

"내 아들아, 잘 들어라! 바로 저 젊은이가 앞으로 너의 막내아들로 태어날 실비우스Silvius다. 그는 장차 알바 롱가를 건설할 아스카니오스의 뒤를 이어 후대 왕들의 아버지가 될 것이다. 그 옆이 각각 알바 롱가의 2대, 8대, 14대 왕인 아이네이아스 실비우스Aineias Silvius, 카피스Capys, 프로카스Prochas이고, 그다음이 15대 왕 누미토르Numitor이다. 또 저 젊은이가 바로 로마를 건설하게 될 누미토르의 외손자 로물루스다. 그의 통치권은 온 대지에 미치고 그 기백은 하늘을 찌를 것이다. 로마는 일곱 언덕을 하나의 성으로 둘러싼 철옹성이 될 것이다."

그는 계속해서 로물루스 이후의 로마 왕들을 하나씩 열거하며 미래에 펼쳐질 찬란한 로마 역사를 자랑스럽게 열거했다. 그는 마지막으로 머지않아 아들이 치르게 될 라티니족과 루툴리족과의 전쟁을 어떻게 하면 승리로 이끌 수 있을 것인지 자세하게 설명해 주었다. 말을 마치자 그는 아들 아이네이아스와 시빌레에게 지상으로 나가는 출구를 알려 주었다.

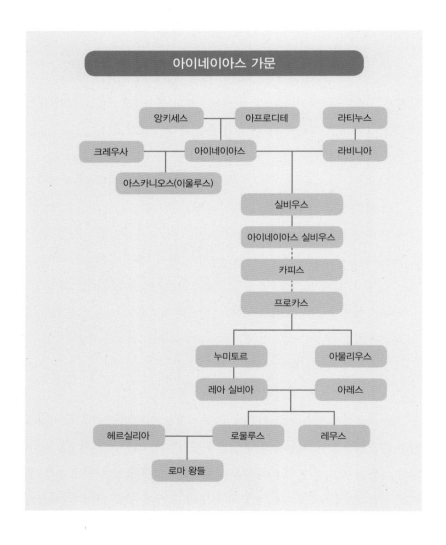

아이네이아스 가문

앙키세스 — 아프로디테 　　　 라티누스

크레우사 — 아이네이아스 — 라비니아

아스카니오스(이울루스)

실비우스

아이네이아스 실비우스

카피스

프로카스

누미토르 　　　 아물리우스

레아 실비아 — 아레스

헤르실리아 — 로물루스 　　　 레무스

로마 왕들

이탈리아 도착,
투르누스가 이끄는 원주민과의 전쟁

지하세계에서 돌아온 아이네이아스는 다시 항해를 시작하여 이탈리아 동부 해안가를 올라가다가 오디세우스가 방문한 적이 있었던 마녀 키르케Kirke의 섬 옆을 통과하여 얼마 지나지 않아 거대한 강 티베리스Tiberis의 하구가 바다로 물줄기를 뿜어 대는 것을 발견하고 그 안으로 배를 몰았다. 한참 강을 거슬러 올라 강가에 정박하여 기슭에 오른 아이네이아스 일행은 시장기가 돌아 음식을 차렸다.

그들은 마침 접시가 없어서 넓적한 밀가루 케이크에 음식을 올려놓고 먹고 있었다. 그런데 아무리 먹어도 허기가 가시지 않아 자신들도 모르게 그 밀가루 케이크를 뜯어 먹고 있었다. 그걸 보고 아이네이아스의 아들 아스카니오스가 "어른들이 식탁을 먹고 있다!"며 깔깔댔다. 그 말을 듣자마자 아이네이아스는 괴조 하르피이아이 중 하나였던 켈라이노의 신탁을 떠올리며 모두에게 이곳이 약속의 땅임을 알렸다.

이곳에서 가장 강한 부족은 노년의 라티누스Latinus 왕이 다스리던 라티니족이었고 수도는 라우렌툼Laurentum이었다. 라티누스는 티탄 신족의 왕이었던 크로노스Kronos의 손자인 숲의 신 파우누스Faunus의 아들이었다. 파우누스는 그리스 신화에서는 판Pan이라고 불렸으며 염소처럼 뿔과 발굽이 달렸다. 그 옆에서는 젊은 혈기를 자랑하는 투르누스가 루툴리족을 다스리고 있었다. 투르누스는 영웅 페르세우스Perseus의 어머니 다나에Danae의 후손이었다. 루툴리족의 수도 아르데아Ardea는 에게해의 세리포스Seriphos섬에서 이탈리아로 이주한 다나에가 건설한 도시국가이기 때문

Peter Paul
Rubens,
〈파우누스신과
젊은 여인〉,
1620~1625

15장 ○ 로마 건국 신화 『아이네이스』

이다.

투르누스는 오래전부터 라티누스의 딸 라비니아Lavinia에 청혼을 한 상태였다. 라티누스의 아내 아마타Amata는 사윗감에게 무척 만족했지만 라티누스는 달랐다. 그는 신탁을 통해 자신의 딸은 외지인과 결혼해야 한다는 것을 알았다. 그는 마침 아이네이아스가 이탈리아에 막 도착하여 사절단을 보내오자 그를 만나 사위로 삼으려 결심했다. 그는 신이 신탁에서 말한 외지인을 사위로 보냈다고 생각했다.

하지만 라티누스가 아이네이아스를 만나기 전 헤라가 개입했다. 그녀는 아이네이아스의 일이 순조롭게 풀리는 것이 몹시 못마땅했다. 그녀는 지하세계에서 복수의 여신 에리니에스 세 자매 중 하나인 알렉토Alekto를 불러와 라티누스의 아내 아마타와 투르누스의 마음에 외지인에 대한 적개심을 품도록 부추겼다. 마침내 트로이인과 라티니족 간에 전운이 감돌았다. 라티누스는 분쟁을 막아 보려고 전쟁을 선포하는 야누스Janus 신전의 문을 열기를 거부했다. 그러자 헤라가 몸소 야누스 신전의 문을 밀어제쳤다. 이제 전쟁은 피할 수 없었다.

야누스는 원시 이탈리아어로 '문'을 뜻하는 '야누Ianu'에서 유래했으며 시작과 끝, 입구와 출구의 신이며 두 개의 얼굴을 가진 모습으로 묘사된다. 로마에만 있었으며 그리스 신화에는 이에 상응하는 신이 없다. 1년을 여는 '1월'을 뜻하는 영어 단어 'January'도 야누스에서 유래했다. 이 신을 로마에 처음으로 도입하여 로마의 심장부인 포룸 로마눔Forun Romanum에 신전을 세운 것은 누마 폼필리우스Numa Pompilius 왕이었으며, 아주 오래전 사라진 전통에 근거하여 전쟁을 시작할 때는 이 신전의 문을 열었다가 전쟁을 승리로 끝낸 다음에는 이 신전의 문을 닫는 의식을 부활시킨 것은 아우구스투스 황제였다.

Peter Paul Rubens, 〈야누스 신전〉, 1634

　어쨌든 전쟁이 발발하자 투르누스가 이끄는 연합군에 합류한 장수들은 실로 막강했다. 먼저 메젠티우스Mezentius로 그는 신을 경멸할 정도로 극도로 흉포한 자였다. 그는 한때 에트루리아Etruria의 왕이었으나 백성들에게 쫓겨나 투르누스에게 망명객으로 의지하고 있었다. 헤라클레스의 아들 아벤티누스Aventinus도 투르누스 편을 들었다. 그는 방패에 아버지의 문장인 100개의 목을 지닌 히드라Hydra를 그려 넣고 다녔다.

　헤라클레스는 몸통이 셋인 괴물 게리오네우스Geryoneus를 죽이고 소 떼를 데려오던 길에 이곳에서 쉬면서 여사제와 사랑을 나눴고 후에 그녀는 아벤티누스를 낳았다. 그는 아버지 헤라클레스가 물려준 네메아Nemea의 사자 가죽을 쓰고 무시무시한 모습을 하고 달려왔다. 아르고스Argos의 왕 암피아라오스Amphiaraos의 쌍둥이 아들 카틸루스Catillus와 코라스Coras도 합류했다. 사비니Sabini족의 클라우수스Clausus도 대군을 이끌고 왔다.

투르누스가 이끄는 이탈리아 원주민 연합군에 합류한 군소 부족들은 이 밖에도 아주 많았다. 특히 그중에는 볼스키족의 여전사 카밀라도 있었다. 카밀라가 갓난아기였을 때 그녀의 아버지 메타부스Metabus 왕은 반란 군들에게 쫓겨 홍수로 불어난 강을 건너야 했다. 절체절명의 순간에 그는 카밀라가 잠들어 있는 요람을 자신의 창 앞부분에 묶은 다음 건너편 강가

Jean-Baptiste Peytavin,
〈메타부스와 카밀라〉, 1808

로 던지면서 아르테미스에게 만약 딸을 살려만 준다면 그녀가 평생 여신을 섬기며 살게 하겠다고 기도했다.

창에 매달린 채 날아가던 카밀라는 아르테미스의 은총으로 기적적으로 건너편 강가에 상처 하나 없이 안착했다. 그 후 카밀라는 야생 암말의 젖을 먹고 자라면서 아버지의 약속대로 아르테미스를 섬기며 용감한 여전사로 성장했다. 그녀는 물레질이나 설거지 등 집안일에는 전혀 소질이 없었다. 대신 전투를 즐겼고 바람보다도 빨랐다. 그녀의 주력부대는 기병대였다. 카밀라가 부관 오피스^Opis를 비롯하여 부하들을 데리고 도착하자 투르누스는 천군만마를 얻은 것처럼 기뻐했다.

하지만 투르누스는 그리스 출신의 디오메데스의 지원군을 얻는 데는 실패했다. 디오메데스는 오디세우스와 짝을 이루어 트로이에서 혁혁한 전공을 세우고 그리스 아르고스로 귀환했지만, 아내의 배신으로 간신히 목숨만 건져 이탈리아로 피신하여 아르기리파^Argyripa라는 도시를 세워 살고 있었다. 그는 도움을 간청하는 투르누스의 사신에게 다시는 전쟁에 휘말리고 싶지 않다며 부질없이 싸우지 말고 아이네이아스와 평화협정을 체결하라고 충고했다. 그래도 투르누스의 강력한 군대는 트로이인들을 경악에 떨게 하기에 충분했다. 근심에 쌓인 아이네이아스의 꿈에 티베리스강의 신 티베리누스^Tiberinus가 나타났다. 그는 아이네이아스의 용기를 북돋우면서 말했다.

"아이네이아스여, 결코 주눅 들지 마라. 너의 부족은 절대로 패배하지 않을 것이다. 내 그 증표를 보여 주겠다. 너는 곧 강가에서 30마리의 하얀 새끼 돼지를 거느리고 누워 있는 어미 돼지를 발견할 것이다. 그곳이 바로 앞으로 30년 뒤 건설될 로마의 모체가 될 알바 롱가가 세워질 장소이다. 내가 이곳 원주민들과 대적할 수 있는 좋은 방도도 말해 주겠다. 여기서 멀리 떨어지지 않은 곳에 그리스 아르카디아[Arkadia] 지방의 후손들이 세운 팔란티온[Pallantion]이라는 도시국가가 있다. 아침이 되면 곧바로 아까 내가 말한 돼지를 찾아 헤라 여신께 제물로 바쳐 노여움을 풀어 드린 다음, 팔란티온의 에우안드로스 왕을 찾아가 동맹을 맺어라. 그는 기꺼이 너의 편이 되어 줄 것이다."

Salvator Rosa,
〈아이네이아스의 꿈〉, 1660~1665

아이네이아스의 승리, 라비니움, 로마의 전신 알바 롱가

아이네이아스가 아침이 되어 떠날 채비를 하는데 근처 티베리스강가에 놀랍게도 30마리의 새끼를 거느린 어미 돼지 한 마리가 눈처럼 흰빛을 발하며 누워 있었다. 아이네이아스는 강의 신이 시킨 대로 그들을 잡아 헤라에게 바치고 팔란티온의 왕 에우안드로스를 찾아갔다. 왕은 그가 도움을 요청하자 흔쾌하게 수락했다. 하지만 그는 너무 노쇠했기 때문에 직접 출병하는 대신 400명의 기병대와 함께 아들 팔라스^{Pallas}를 딸려 보냈다. 아이네이아스는 이 밖에도 독재자 메젠티우스를 쫓아낸 에트루리아인들로부터도 원조를 약속받았다.

그사이 아이네이아스의 어머니 아프로디테는 남편 헤파이스토스를 찾아가 아들이 쓸 무구를 만들어 달라고 간곡하게 부탁했다. 이 대목은 트로이 전쟁 때 바다의 여신 테티스가 헤파이스토스를 찾아가 아들 아킬레우스의 무구를 만들어 달라고 간청하는 장면을 연상시킨다. 아프로디테가 전에 없이 나긋나긋한 목소리로 아양을 떨며 매달리자 헤파이스토스

Charles-Joseph Natoire, 〈헤파이스토스에게 아이네이아스의 무구를 만들어 달라고 부탁하는 아프로디테〉, 연도 미상

9. 아이네이아스의 승리, 라비니움, 로마의 전신 알바 롱가

는 만사를 제쳐 두고 밤새 아이네이아스의 무구를 벼리어 그녀에게 건네
주었다.

아이네이아스의 무구 중 특히 7겹의 방패는 그 무엇도 뚫을 수 없을 정
도로 견고했다. 방패 겉면은 어미 늑대의 젖을 쌍둥이가 빨고 있는 장면
을 비롯하여 로마의 미래를 보여 주는 부조로 빼곡하게 들어찼지만 아이
네이아스는 아직 아무것도 이해할 수 없었다. 헤파이스토스로부터 무구
를 건네받은 아프로디테는 얼른 지상으로 내려가 마침 동료들과 멀리 떨
어진 채 혼자 있는 아이네이아스를 발견하고 그 앞에 자신의 모습을 드러
냈다. 그런 다음 무구를 내밀며 어미의 선물이니 그것을 몸에 걸치고 이
제 아무 걱정하지 말고 전투에 임하라고 용기를 북돋아 주었다.

한편 아이네이아스가 진영을 비우고 있는 사이 투르누스가 먼저 공격
을 감행했다. 하지만 트로이군은 그들에게 일절 대응하지 않고 임시로 쌓
은 흙벽 안에서 꿈쩍도 하지 않았다. 투르누스는 트로이 유민들의 흙벽에
서 방어가 약한 지점을 찾다가 아이네이아스의 함대가 강가에 교묘하게

Gerard de Lairesse, 〈아이네이아스에
게 무구를 선물하는 아프로디테〉, 1668

15장 ○ 로마 건국 신화 『아이네이스』

숨겨져 있는 것을 발견하고 불을 질렀다. 바로 그 순간 제우스가 천둥과 번개를 치며 함대를 재빨리 바다의 요정들로 변신시켰다. 제우스가 트로이 함대를 지켜 달라는 어머니 레아Rhea의 부탁을 들어준 것이었다. 투르누스 군사들은 그 기적에 놀라 더 이상 공격은 하지 못한 채 포위만 하고 있었다.

그러는 동안 그리스 진영에서는 절친 에우리알로스Euryalos와 니소스Nisos가 포위망을 뚫고 아이네이아스에게 위기상황을 알리겠다고 나섰다. 니소스가 앞장을 섰고 에우리알로스가 그 뒤를 따랐다. 그들은 온 신경을 집중하여 보초병들의 눈을 피하느라 서로를 살필 겨를이 없었다. 한참 후에 포위망을 벗어났다고 생각하는 순간, 뒤를 돌아본 니소스의 눈에 에우리알로스가 보이지 않았다. 덤불 숲에 숨어 가만히 주변을 살펴보니 에우리알로스가 하필이면 그때 증원군으로 오던 적병들에게 사로잡혀 끌려가고 있었다.

니소스는 혼자 도망칠 수 있었는데도 한치의 망설임도 없이 친구를 구하겠다는 일념으로 에우리알로스를 잡고 있던 병사를 향해 재빨리 창을 던진 다음 얼른 덤불 숲에 숨었다. 니소스는 그렇게 두 번이나 창을 날려 적병 술모Sulmo와 타구스Tagus의 목숨을 빼앗았다. 그러자 분노한 증원군 대장 볼켄스Volcens가 칼을 빼 들고 에우리알로스에게로 다가가며 큰소리로 "내 너의 피로 죽은 두 부하의 혼령을 달래야겠다!"고 외쳤다. 바로 그 순간 니소스는 친구가 죽는 것을 도저히 그대로 두고 볼 수가 없어 덤불 숲에서 튀어나오며 외쳤다.

"여보시오, 나를 치시오. 그 사람은 아무 잘못이 없소. 당신 두 부하를 죽인 범인은 그가 아니라 바로 나란 말이오." 하지만 에우리알로스는 이미 그 순간 이미 볼켄스의 칼을 맞고 목에서 분수처럼 피를 쏟아 내며 땅바닥으로 꼬꾸라졌다. 그걸 보고 눈이 뒤집힌 니소스는 칼을 빼 들고 쏜 살같이 볼켄스에게 달려들어 그를 죽인 뒤 자신도 병사들의 집중 공격을 받고 장렬하게 전사했다. 그는 쓰러지면서도 혼신의 힘을 다해 에우리알로스의 시신 위로 엎어졌다. 그래서 그들의 이름은 참다운 우정의 상징이 되었다.

그 후 마침내 아이네이아스가 지원군을 함선에 가득 싣고 돌아왔고, 아이네이아스군과 투르누스군 사이에 피비린내 나는 싸움이 시작되었다. 근접전이 벌어지고 투르누스는 에우안드로스의 아들 팔라스를 죽여 얻은 전리품인 검대劍帶를 무구에 차고 다녔다. 아이네이아스는 메젠티우스와 그의 아들 라우수스Lausus를 죽였다. 시신들의 장례를 치르기 위해 잠시 휴전을 선포했다. 이때 아이네이아스가 투르누스와의 일대일 결투를 제안했다. 자기가 지면 깨끗이 이곳에서 물러나고, 이기면 평화협정을 체결하고 같이 살게 해 달라는 것이다.

투르누스 진영은 아이네이아스의 제안에 의견이 분열되지만, 다시 헤라의 개입으로 일대일 결투를 거부하며 다시 일치단결된 모습을 보였다. 이어 휴전이 끝나고 양군 사이에 격렬한 전투가 벌어지면서 투르누스 진영의 여전사 카밀라도 에트루리아의 장수 아룬스Aruns의 창에 맞아 전사하고 그녀의 군대는 뿔뿔이 흩어졌다. 투르누스 군대와 용감하게 맞서 싸우던 아이네이아스도 한때 심하게 부상당하지만 어머니 아프로디테의 도움으로 곧 회복되었다. 그걸 보고 다시 사기가 최고조로 오른 트로이인들은 마침내 이탈리아 원주민들의 리더인 라티니족의 수도 라우렌툼을 점령했다.

그 와중에 라티니족의 왕 라티누스의 아내 아마타는 사윗감 투르누스가 전사했다고 지레짐작하고 자살했다. 하지만 아직 살아 있었던 투르누

Giacomo del Po, 〈아이네이아스와 투르누스의 결투〉, 1700년경

스가 이번에는 자신이 아이네이아스에게 일대일 결투를 제안했다. 이어
두 사람의 결투가 벌어지고 투르누스가 심하게 부상을 입고 쓰러졌다. 아
이네이아스는 투르누스가 연로하신 아버지 다우누스Daunus를 생각해서
자신을 제발 가족 품으로 돌려보내 달라고 애원하자 순간 마음이 흔들렸
다. 하지만 그의 어깨에서 전사한 에우안드로스의 아들 팔라스의 검대가
반짝이는 것을 보자 분노가 치밀어 올랐다.

아이네이아스는 순식간에 투르누스에게 달려들어 그의 가슴을 칼로
찔러 죽이고 전쟁을 종결했다. 이어 라티니족과 평화협정을 체결하고 공
주 라비니아와 결혼한 뒤 그녀의 이름을 따라 '라비니움'이라는 도시를 세
웠다. 이때 트로이인들은 자신들의 이름과 언어를 포기하고, 라티니족은

이방인의 조상신 페나테스를 받아들이기로 합의했다. 그 후 앙키세스의 예언대로 아이네이아스와 크레우사의 아들 아스카니오스는 '알바 롱가'를 건설하여 30년 동안 통치하다가 아이네이아스와 라비니아의 아들 실비우스에게 넘겨주었다.

알바 롱가는 아이네이아스의 후손 로물루스가 로마를 건설할 때까지 300년 동안 라티니족과 트로이 유민들의 수도가 된다. 아이네이아스의 아들 아스카니오스는 이울루스Iulus(혹은 율루스Julus)라는 로마식 별명으로 불리기도 했는데, 카이사르G. I. Caesar와 그의 양자 아우구스투스Augustus의 가문 이름 율리아Iulia/Julia는 그의 이름에서 유래한다. 그래서 아스카니오스는 자연스럽게 카이사르 집안의 시조가 된다.

15장 ○ 로마 건국 신화 『아이네이스』

『오디세이아』와 『일리아스』의 아류
『아이네이스』

베르길리우스의 『아이네이스』에 등장하는 여자 머리에 새 몸통을 한 괴조 하르피이아이는 아폴로니오스의 『아르고호의 모험』에서 빌려 온 것이다. 아이네이아스와 디도의 사랑의 모델도 그 작품에 나오는 이아손 Iason과 메데이아Medeia의 사랑이다. 하지만 『아이네이스』는 대부분 호메로스의 『오디세이아』와 『일리아스』를 벤치마킹해서 만들어졌다.

전반부인 1권부터 6권까지는 바다의 폭풍우에 대한 묘사, 아이네이아스 일행이 난파당하는 장면, 키클로페스족 폴리페모스의 등장, 아이네이아스의 지하세계 방문 등이 『오디세이아』의 내용을 쏙 빼닮았고, 후반부인 7권부터 12권까지는 트로이 유민들과 라티니족 연합군이 벌이는 전투 장면이 『일리아스』에서 그리스군과 트로이군이 벌이는 전투 장면과 아주 흡사하다. 그래서 학자들은 『아이네이스』의 전반부를 '오디세이아' 장, 후반부를 '일리아스' 장이라고 부르기도 한다.

『아이네이스』는 이처럼 『일리아스』와 『오디세이아』의 아류가 분명한

데도 불구하고 로마에서 출간되자마자 학교 교재로 채택될 만큼 폭발적인 인기를 누렸다. 그 당시 최고의 학교 교재로 명성을 누리던 퀸투스 에니우스Q. Ennius의 『연대기*Annales*』를 밀어낼 정도였다. 그 후 『아이네이스』는 고대문학 중 가장 강한 영향력 있는 작품으로 자리매김하면서 그리스어로 번역되기도 했고, 로마시인 마르쿠스 루카누스M. A. Lucanus는 『아이네이스』에 필적하는 작품을 염두에 두고 폼페이우스M. G. Pompeius와 카이사르의 분쟁을 소재로 『내란기*Pharsalia*』를 썼지만 소기의 목적을 이루지는 못했다.

『아이네이스』의 인기는 고대 후기를 거쳐 중세까지 식을 줄 몰랐다. 그래서 고대 프랑스 문학에서 가장 중요한 작품 중 하나가 바로 베르길리우스의 『아이네이스』를 토대로 12세기에 쓰인 작자 미상의 『아이네이아스 소설*Le Roman d'Énéas*』이다. 1183년경 하인리히 폰 벨데케H. von Veldeke가 독일어로 번역한 이 작품은 독일 궁정문학의 서막을 장식하기도 했다.

르네상스 초기 단테는 앞서 언급한 것처럼 아이네이아스의 지하세계 방문을 다룬 『아이네이스』의 6권을 토대로 『신곡』의 「지옥」을 구상했고, 보카치오G. Boccaccio는 디도의 사랑 이야기를 토대로 『사랑의 환영*Amorosa visione*』을, 제프리 초서는 『선녀善女 열전*The Legend of Good Women*』과 『명예의 전당*The House of Fame*』을 썼다. 심지어 아이네이아스가 패배를 인정한 비무장 상태의 투르누스를 무참히 살해하는 『아이네이스』의 마지막 장면의 논란을 잠재우기 위해 13권을 추가한 새로운 작품이 만들어지기도 했다. 이와 함께 점점 더 많은 나라에서 『아이네이스』가 번역되기 시작했다.

가령 스페인에서는 1427년에 엔리께 데 비에나E. de Villena가, 독일에서는 1515년에 토마스 무르너T. Murner가 처음으로 『아이네이스』를 번역했다. 하지만 독일 고전주의와 특히 낭만주의에서는 『아이네이스』의 명성은 퇴색해 갔다. 원류로 돌아가기를 바랐던 독일 고전주의와 낭만주의 작가들은 아류인 베르길리우스보다 원조 천재인 호메로스에 더 열광했기 때문이다.

앞서 언급했듯이 베르길리우스가 『아이네이스』를 쓴 것은 그 당시 로마 황제였던 아우구스투스의 요청에서였다. 그래서 『아이네이스』는 로마판 「용비어천가」라고 해도 과언이 아니다. 작품은 처음부터 아이네이아스의 최종 목표가 로마의 건설임을 분명히 밝히고 이 과업을 완성할 자는 바로 아우구스투스임을 선언한다. 특히 아이네이아스가 지하세계에 가서 아버지를 만나 로마의 미래를 듣는 장면에서는 아우구스투스를 불세

Jean-Baptiste Wicar, 〈아우구스투스와 옥타비아와 리비아에게 아이네이스를 낭독해 주는 베르길리우스〉, 1790~1793

출의 영웅 헤라클레스나 포도주의 신 디오니소스보다도 더 위대한 인물로 묘사한다.

앙키세스는 지하세계로 자신을 찾아온 아들 아이네이아스를 데리고 엘리시온의 높은 언덕 위로 올라가서는 그에게 망각의 강 레테강변에서 강물에 몸을 씻고 전생을 모두 잊은 다음 지상으로의 환생을 기다리고 있는 사람들 사이에서 앞으로 태어나 미래의 알바 롱가와 로마를 이끌 왕들을 가리키며 그들이 세울 업적을 하나하나 나열한다. 물론 그들은 이미 수명을 다해 오래전에 죽었지만 아이네이아스의 시점에서는 아직 태어나지 않은 상태이다. 아우구스투스도 베르길리우스가 살던 당대의 초대 로마 황제였지만 마찬가지로 태어나기 전이다. 베르길리우스는 맨 마지막으로 아우구스투스에 대해 이렇게 말한다.

"저기 보이는 저분이 바로, 너도 가끔 오실 것이라고 들었던, 신의 아들 아우구스투스 카이사르이시다. 저분은 크로노스가 다스리던 라티움 들판에 또다시 황금시대를 열 것이며, 제국을 아프리카의 가라만테스족과 인도인들의 나라 너머까지 넓힐 것이다. 저분의 영토는 별들 저편까지, 그리고 아틀라스가 별들이 총총한 하늘을 떠메고 돌리고 있는 황도대 저편까지 이르게 될 것이다. 벌써 카스피해와 크림반도 주변의 나라들이 저분이 오신다는 예언을 듣고 벌벌 떨고 있으며, 나일강의 일곱 하구도 불안해서 어쩔 줄 모르고 있다.

헤라클레스가 비록 케리네이아의 암사슴을 사로잡고, 멧돼지를 때려 잡아 에리만토스 숲에 평화를 가져다주고, 네메아의 사자를 잡기는 했어도, 그렇게 멀리 돌아다니지는 못했다. 니사산에서 표범이 끄는 수레를 타고 내려온 디오니소스 신도 그렇게 다녀 보지는 못했다. 그런데

15장 ○ 로마 건국 신화 『아이네이스』

우리는 아직도 행동으로 우리의 가치를 알리기를 주저하며, 이탈리아 땅에 정착하기를 두려워한다는 말이냐?"

베르길리우스는 『아이네이스』를 쓰면서 종종 아우구스투스 황제의 호출을 받아 그 작품을 낭독한 것으로 알려져 있다. 그런데 이 같은 구절을 쓰고, 더구나 아우구스투스의 면전에서 그것을 낭독할 때 그의 마음이나 표정이 어땠을지 자못 궁금하다. 아우구스투스가 이 구절을 듣고 어떤 반응을 보였을지는 더욱더 궁금하다. 어떤 인물이 아무리 위대한 업적을 이루어 냈어도 어떻게 그의 면전에서 신보다도 더 위대한 인물로 치켜세울 수 있는 것일까? 아우구스투스는 정말 막강한 권력에 젖어 자신을 신보다 더 위대한 인물로 생각했을까? 권력은 정말 그런 것일까?

초기 로마인들의 정신적 교과서
『아이네이스』

베르길리우스는 『아이네이스』 중 앞으로 건설될 알바 롱가와 로마 왕들에 대한 설명 말미에서 장차 로마의 역사가 "권위로서 여러 민족을 다스리고, 평화를 관습화하고, 패배한 자들에게는 관용하고, 교만한 자들은 전쟁으로 분쇄하는" 정의의 원칙에 서게 될 것이며 아우구스투스 황제의 시대에 이르러 황금시대가 도래할 것임을 선언한다.

베르길리우스는 『아이네이스』의 주인공 아이네이아스를 이런 로마 사회의 정의의 원칙을 미리 구현하는 정의의 화신으로 묘사했다. 그래서 아이네이아스의 모습에는 당연히 당대 아우구스투스 황제의 모습이 투영되어 있다. 당대 로마인들은 아마 아이네이아스의 행적을 읽으면서 자연스레 아우구스투스 황제를 연상했을 것이다.

하지만 아이네이아스는 카르타고의 여왕 디도 그리고 루툴리족의 왕투르누스와의 관계에서 정의의 화신으로서의 위상에 흠결을 남겼다. 어떤 사람은 아이네이아스가 디도를 떠난 이유를 "의무義務와 경향傾向 사이의 갈등"에서 찾았다. 그는 디도를 사랑했지만 더 큰 의무를 위해 개인의 행복을 포기했다는 것이다.

다른 사람은 그 이유를 "진정한 사랑과 냉혹한 남자의 마음 사이의 갈등"에서 찾았다. 아이네이아스는 전혀 사랑이 뭔지 몰랐고, 그래서 디도의 마음을 이해할 수 없었기 때문에 아무런 양심의 가책을 느끼지 않고 떠날 수 있었다는 것이다. 여기서 그 이유가 둘 중 무엇이었는지 따지는 것은 의미가 없을 것이다. 하지만 분명한 사실은 아이네이아스가 디도를 정말 사랑했다면 그녀와 함께 그 사랑을 키워 나갈 방안을 찾아야 했다는 것이다.

또한 아이네이아스가 사랑을 몰랐다면 어찌 그런 사람이 많은 백성에게 사랑을 베풀 수 있는 지도자가 될 수 있겠는가. 하지만 아이네이아스의 더 큰 잘못은 디도를 떠났다는 것이 아니라, 아무 말 없이 몰래 떠나려고 했다는 것이다. 그는 디도에게 미리 전후 사정을 이야기하고 같이 가자는 제안을 하거나, 나중에 다시 오겠다는 약속을 하거나, 혼자 가야 한다면 그에 걸맞는 합당한 이유를 설명해야 했다.

호메로스의 『오디세이아』의 주인공 오디세우스는 마녀 키르케와 1년 동안 살고 난 뒤 떠날 때는 그녀의 동의를 구했다. 그는 또한 요정 칼립소 Kalypso에게 7년 동안이나 억지로 붙들려 살면서도 끈질기게 그녀를 설득한 끝에 마침내 떠나도 좋다는 승낙을 받아 냈다.

민주적인 오디세우스와 독선적인 아이네이아스, 이런 두 영웅의 차이를 고대 그리스인과 로마인의 세계관 차이로 해석하면 지나친 비약일까? 아이네이아스의 그런 독선적인 태도가 못내 아쉬웠던지 후세의 화가 중에는 마치 그가 디도에게 정식으로 작별 인사를 하고 떠난 것으로 재해석하는 화가도 있다.

아이네이아스가 자신과의 일대일 결투에서 패배한 투르누스를 처리한 방식도 문제점으로 삼을 수 있다. 『아이네이스』의 마지막 장면에서 투르누스는 아이네이아스와 일대일 결투에서 패배하자 깨끗이 그것을 인정한다. 그래서 아이네이아스에게 집에서 자신이 돌아오기만을 학수고대하고 있을 연로하신 아버지를 생각해서 자신을 그대로 보내 주든지, 아니면 죽이더라도 자신의 시신만은 꼭 가족에게 돌려주라고 간청한다. 마치 『일리아스』에서 헥토르가 아킬레우스와 일대일 결투를 벌이기 전 그에게 간청하는 장면을 보는 듯하다.

아이네이아스는 투르누스의 부탁을 듣고 그를 죽이려다 잠깐 마음이 흔들린다. 바로 그 순간 그의 눈에 투르누스의 어깨에서 에우안드로스 왕의 아들 팔라스의 검대가 반짝이는 것이 보인다. 그것은 투르누스가 팔라스를 죽이고 그의 시신에서 풀어내 기념으로 어깨에 메고 다녔던 것이다. 아이네이아스는 이 전리품을 자신의 두 눈으로 똑똑히 보게 되자 분노에 사로잡힌 나머지 갑자기 그에게 달려들어 가슴속 깊숙이 칼을 찔러 넣는다.

아이네이아스가 투르누스를 죽인 것은 그가 팔라스를 죽인 것에 대한 정당한 복수로 생각할 수도 있다. 팔라스와 투르누스의 싸움은 아주 불공평했다. 베르길리우스도 그들의 싸움을 마치 사자와 황소의 싸움처럼 대등하지 않은 싸움으로 묘사한다. 투르누스는 그런 불공평한 싸움에서 팔라스를 쓰러뜨리고 시신을 발로 밟은 채 검대를 회수한 뒤 기고만장한다. 그런 오만한 모습을 상기하면 투르누스는 죽어 마땅하고 정의의 원칙에도 부합한다.

하지만 아이네이아스가 비무장 상태로 쓰러진 자를 "미칠 것 같은 잔인한 고통이 상기되어 무섭게 분노를 터뜨리며" 죽인 것은 아무래도 께름

칙하다. 정복 전쟁으로 이골이 난 고대 로마인들에게 팽배했을 수도 있을 전쟁의 광기가 엿보이기 때문이다. 아이네이아스가 이탈리아에서 치른 전쟁은 정복 전쟁의 성격이 짙다. 물론 아이네이아스는 정의를 내세운다. 하지만 그것은 어디까지나 아이네이아스를 비롯한 트로이 유민들의 정의일 뿐이다.

이탈리아반도의 원주민들의 시각에서 보면 아이네이아스 일행은 이탈리아반도에 평화롭게 살고 있던 사람들을 공격하여 삶을 송두리째 뒤흔들어 놓은 무도하고 폭력적인 이방인에 불과하다. 그래서 『아이네이스』는 현대의 독자들에게는 트로이 유민의 정복 전쟁을 미화하는 이데올로기로 보일 수 있다. 더 나아가 트로이 유민의 후예인 로마인들의 정복 전쟁을 정당화하는 프로파간다로 비칠 수 있다.

그럼에도 불구하고 『아이네이스』는 당대 로마인들에게는 과하리만큼 엄청난 사랑을 받았다. 그 이유는 과연 무엇일까? 우리는 그것을 그 당시 로마제국의 역사적인 상황에서 살펴보아야 한다. 아우구스투스가 기원전 31년 악티움 해전에서 안토니우스^Antonius와 클레오파트라^Kleopatra 연합 반란군을 누르고 로마 제정을 열기 전까지 로마인들은 거의 100여 년에 걸친 피비린내 나는 내전으로 고통을 겪었다.

당대 로마인들은 몸과 마음이 너무 지치고 쇠약해져 있었으며 국론도 서로 분열되어 있었다. 아우구스투스 황제는 이런 상황을 정확하게 인식하고 로마인들에게 꿈과 희망을 심어 주고 사분오열된 국론을 통합시킬 수 있는 구심점이 절실하게 필요하다고 생각했다. 그가 고심 끝에 당대 최고의 작가 베르길리우스에게 『아이네이스』의 집필을 부탁한 것은 바로 그 때문이다.

고대 그리스에서는 연극이 도시국가 폴리스의 시민 교육에서 가장 중요한 역할을 담당했다. 폴리스 시민들은 많게는 수만 명을 수용할 수 있는 각각의 원형극장에서 정기적으로 공연되는 연극을 통해 분열된 의견을 통합할 수 있었기 때문이다. 가령 아테네 시민들은 아크로폴리스 언덕 경사면에 지어진 디오니소스 원형극장에서 아이스킬로스의 『페르시아인들*Persai*』이라는 비극 공연을 관람하면서 초강대국 페르시아에 대항하여 승리한 자신들에게 자긍심을 느끼며 서로 연대감을 느꼈다.

아우구스투스 시대에는 베르길리우스의 『아이네이스』가 바로 그런 역할을 담당했다. 『아이네이스』가 학교 교재로 사용되었다는 것은 그것을 암시하고도 남는다. 베르길리우스는 『아이네이스』에서 알바 롱가의 건설부터 로마의 건국을 거쳐 미래의 로마의 장구한 역사를 앞서 말한 정의의 원칙에서 정리하면서, 당대 피폐해질 대로 피폐해진 로마인들의 마음에 자긍심과 비전을 심어 주었던 것이다.

Day 180

에필로그

신화를 연구하는 방법은 크게 세 가지로 나눌 수 있다. 첫 번째는 다른 나라의 신화를 자국의 독자들에게 소개하는 것이다. 두 번째는 대학이나 연구소에서 신화를 학문적으로 깊이 연구하는 것이다. 세 번째는 지금 여기를 살아가고 있는 우리에게 신화가 무슨 의미가 있는가를 읽어 내는 것이다. 필자는 우리나라에서 앞으로 신화 연구가 첫 번째와 두 번째 방법에서 쌓은 역량을 토대로 세 번째 방법에 눈을 돌려야 할 때라고 생각한다.

미국이나 일본에서는 이런 방법의 신화 연구가 상당한 수준에 올라서 있다. 가령 진 시노다 볼린J. S. Bolen의 『우리 속에 있는 남신들』과 『우리 속에 있는 여신들』 그리고 빅토리아 린 슈미트V. L. Schmidt의 『캐릭터의 탄생』은 그리스 신들에 따라 인간의 성격 유형을 구분했다. 크리스토퍼 보글러C. Bogler의 『신화, 영웅 그리고 시나리오 쓰기』는 조지프 캠벨J. Campbell의 『천의 얼굴을 가진 영웅』을 토대로 신화 속 영웅의 여정에서 가장 이상적인 시나리오의 구조를 만들어냈다. 또 사이토 다카시齋藤孝의 『제우스처럼 경영하고 헤라처럼 협상하라』는 그리스 신들의 행적에서 기업가의 성공 전략을 발견했다.

필자도 졸저 『신화, 세상에 답하다』와 『신화, 인간을 말하다』를 필두로 지금까지 이런 시각에서 책을 써 왔다. 모 주간지에 부정기적으로 기고했던 신화 칼럼도 「박 터졌던 총선 트로이 전쟁 빼닮았네」, 「퇴장선언 이건희 회장 삼성공화국의 제우스」, 「wow, 그리스 신화에도 미친 소 있었네」, 우리나라 어떤 정치인을 아폴론과 비교 분석한 「분석적이고 객관적 멀티플레이어 아폴론 닮았네」 등 제목만 보아도 금세 알아차릴 수 있듯이 모두 그리스 신화를 우리의 삶과 밀접하게 연결시킨 것들이다. 이 책도 같은 맥락에서 집필한 것이다.

제1권은 제목이 「신과 인간」이지만 신들을 캐릭터의 원형으로 간주하여 그들을 통해 인간의 16가지 성격 유형이나 리더십을 읽어 내고, 인간의 탐욕, 오만, 사랑 등 인간의 욕망을 들여다본 만큼 결국 우리 인간의 이야기다. 제2권은 제목이 「영웅과 전쟁」이지만 영웅은 평생 악당이나 괴물과 전쟁을 치르는 만큼 영웅 이야기는 결국 전쟁 이야기이며, '사는 게 전쟁'이라는 말이 있듯이 전쟁 이야기 또한 인간의 욕망이 오롯이 드러나고 가장 치열하게 격돌하는 우리 인간의 이야기다. 트로이 전쟁에서 그리스군 최고 사령관 아가멤논과 불세출의 영웅 아킬레우스도 브리세이스라는 한 여인을 두고 불화에 빠지지 않는가?

캠벨이 말한 것처럼 그리스 신화를 비롯한 전 세계 신화 속 영웅들은 '천의 얼굴'을 지녔다. 얼굴이나 모험의 무대나 방식이 다를 뿐 여정은 똑같다는 뜻이다. 특히 그들은 거침없이 자신들의 길을 헤쳐 나간다. 그 무엇도 그들의 앞길을 막을 수 없다. 영웅들은 어떤 괴물과 악당을 만나거

Johann Heinrich Tischbein, 〈아킬레우스와 아가멤논의 불화〉, 1776

나 어려움에 부닥쳐도 조금도 물러서지 않는다. 죽음을 불사하고 그들과 맞서 싸워 이긴다. 그래서 우리는 영웅들의 행적을 따라가면서 짜릿한 대리만족을 느낀다. 통쾌하고 시원하다. 엄청난 카타르시스를 만끽하는 것이다.

그렇다면 신화 속 영웅들은 과연 완벽한 삶을 살았을까? 그들의 삶은 흠 잡을 데라곤 전혀 없었던 것일까? 아쉽게도 그 대답은 부정적이다. 영웅들은 물론 보통 인간과는 비교할 수 없을 정도로 강력한 모험심과 추진력과 인내심을 갖고는 있다. 하지만 그들도 인간으로서 우리와 똑같은 욕망을 갖고 있었기에 완벽한 성격의 소유자일 수는 없다. 그래서 잘나가던 영웅들도 갑자기 '성격적 결함(Hamartia)' 때문에 허무하게 무너진다. 그들이 우리에게 더욱더 매력적인 인간으로 보이는 것은 바로 그 성격적 결함 덕분일 것이다.

영웅의 첫 번째 성격적 결함은 너무 강한 정의감에서 나오는 지나친 분노다. 가령 헤라클레스는 약속을 지키지 않았다는 이유만으로 엄청난 분노에 사로잡혀 살인을 저지른다. 30년이나 치우지 못해서 악취가 풍기는 외양간을 단숨에 치워 주었지만 약속한 삯을 주지 않자 헤라클레스는 엘리스의 왕 아우게이아스를 무참하게 살해한다. 활 시합에 지고도 약속한 딸 이올레를 주지 않은 오이칼리아의 왕 에우리토스도 잔인하게 죽인다.

헤라클레스는 또한 괴물을 물리쳐 주었는데도 그 대가로 약속한 공주 헤시오네를 주지 않은 트로이의 왕 라오메돈의 온 가족을 거의 다 몰살한다. 아킬레우스도 자신에게 할당된 포로 브리세이스를 부당하게 빼앗아 간 아가멤논에게 분기탱천하여 당장 칼로 그를 치려다가 아테나의 만류로 못하게 되자 그 대신 전투에서 발을 빼는 바람에 수많은 전우를 트로이군의 제물로 만든다. 아킬레우스는 나중에 아가멤논과 화해하면서 이때를 후회하며 이렇게 말한다. "분노란 뚝뚝 떨어지는 꿀보다 더 달콤해서 우리 마음속에서 연기처럼 점점 커지는 법이지요."

오디세우스가 108명이나 되는 아내의 구혼자들을 모두 잔인하게 죽인 것도 지나친 분노 때문이다. 그는 죄의 경중을 따져 그들을 심판했어야 했다. 그가 20년 동안이나 집을 비운 사이 빼어난 미모를 지닌 아내 페넬로페에게 구혼자들이 몰려든 것은 어쩌면 당연한 일이었는지 모른다. 그들은 오디세우스가 설마 살아 있을 거라고는 전혀 생각하지 못했을 것이다. 게다가 오디세우스 자신도 20년이나 타향살이하는 동안에 애욕에서 완전히 자유롭지 못하지 않았던가?

가령 그는 『일리아스』에 구체적으로 언급되어 있지는 않아도 아마 트로이 전쟁 기간에는 아가멤논이나 아킬레우스처럼 트로이 동맹 도시를 점령한 뒤 전리품으로 분배받은 여인들로 자신의 애욕을 채웠을 것이다. 그는 트로이를 떠나 귀향 중에도 이유야 어쨌든 키르케와 1년, 칼립소와 7년이나 살았다. 그런 그가 자신의 아내에게 구혼했다는 이유만으로 그렇게 많은 구혼자를 몰살한 것은 지나친 분노에서 나온 행동이다.

영웅의 두 번째 성격적 결함은 지나친 권력욕이다. 태초에 3대에 걸쳐 전쟁을 벌인 신들의 왕들이 드러내는 권력욕은 역사상 실존했던 왕들의 권력욕을 훨씬 능가한다. 제1대 우라노스는 자식들이 태어나자마자 아내 가이아의 몸속에 다시 밀어 넣는 만행을 저지른다. 그는 아마 티탄신족 12명, 키클로페스 3형제, 헤카톤케이레스 3형제 등 총 18명이나 되는 거대하고 흉측한 자식들이 힘을 합해 자신의 권력을 찬탈할지 모른다고 두려워했을 것이다.

제2대 크로노스도 어머니 가이아와 한 약속을 깨고 지하 감옥 타르타로스에 갇혀 있는 형제들을 모두 구해 주지 않는다. 그는 아마 천둥과 번개와 벼락을 관장하던 키클로페스 3형제와 손이 100개나 달린 헤카톤케이레스 3형제가 자신의 권력에 걸림돌이 될 것으로 생각했을 것이다. 게다가 크로노스는 자기 권력을 지키기 위해 자식들이 태어나자마자 바로 집어삼켜 버린다.

제3대 제우스도 적어도 초기에는 할머니 가이아의 간청에도 아랑곳하지 않고 타로타로스에 가두었던 티탄 신족을 풀어 주지 않는다. 또한 연인 메티스가 자신의 권력을 찬탈할 힘세고 똑똑한 자식을 낳을 거라는 말을 듣고 그녀를 조그맣게 만들어서 집어삼켜 버린다. 하지만 부모, 형제, 자식을 몰라볼 정도로 지나친 권력욕은 결국 화를 부른다. 그래서 신들의 전쟁에서 우라노스는 크로노스에게, 크로노스는 제우스에게 패배한다.

제우스도 할머니의 간청을 거절했다가 그녀의 부탁을 받은 거인 기간테스와 괴물 티포에우스의 공격을 받고 한때 절체절명의 위기에 처한다. 물론 제우스는 시간이 지날수록 초기의 과오를 깨닫고 권력을 독점하지 않는다. 그는 형제인 포세이돈과 하데스와 함께 천하를 삼등분하여 권력을 나눠 갖는다. 아폴론, 아프로디테, 헤르메스 등 자식들에게도 권력을 골고루 나누어 준다. 제우스가 태평성대를 구가한 것은 바로 그 때문이다.

테베 전쟁의 주인공이자 오이디푸스의 두 아들 폴리네이케스와 에테오클레스도 지나친 권력욕 때문에 몰락한다. 에테오클레스는 폴리네이케스와 1년씩 번갈아 가면서 테베를 통치하자고 합의해 놓고도 약속을 깼다. 이웃 도시 아르고스로 망명한 폴리네이케스도 조국 테베에 외국 군대를 끌어들이는 무리수를 두었다. 형제는 결국 피비린내 나는 싸움을 벌이다가 서로 상대의 손에 쓰러지고 만다.

영웅의 세 번째 성격적 결함은 지나친 애욕이다. 이아손이 비극적인 몰락을 하게 된 것도 그의 애욕 때문이다. 그는 새 아내를 얻으려다가 분노한 아내 메데이아의 손에 의해 두 아들과 새 신붓감을 잃고 거지로 추락하여 하루하루를 고통 속에서 지내다가 비참한 최후를 맞는다. 칼리돈의 멧돼지 사냥의 영웅 멜레아그로스도 홍일점 영웅 아탈란테에게 마음을 빼앗긴 나머지 두 외삼촌을 살해하여 죽음을 자초한다.

헤라클레스를 죽음으로 내몬 것도 그의 지나친 애욕이 불러일으킨 아내 데이아네이라의 질투심이다. 데이아네이라는 틈만 나면 한눈을 파는 남편 때문에 내내 마음고생이 심했다. 그러다가 남편의 화살을 맞고 죽어가던 켄타우로스족 네소스가 솔깃한 말을 한다. 자신의 피는 돌아선 연인이나 남편의 마음을 되돌릴 수 있는 사랑의 묘약이라는 것이다. 그래서

Louis Jean François Lagrenée, 〈데이아네이라를 납치하는 네소스〉, 1755

그녀는 사실 치명적인 독인 그 피를 받아 고이 간직해 두었다가 몰래 남편의 옷에 바르는 바람에 결국 그를 죽게 만든다.

트로이 전쟁의 영웅 아킬레우스도 휴전 기간에 우연히 성 밖으로 신선한 물을 길러 나온 트로이의 공주 폴릭세네를 보고 첫눈에 반한다. 사랑의 열병으로 괴로워하던 그는 급기야 트로이의 프리아모스 왕에게 전령을 보내 공주를 자신의 아내로 준다면 그리스군을 설득해서 철수하겠다고 제안한다. 그러자 프리아모스는 우물가 옆 아폴론 신전에서 비무장 상태로 단둘이 만나 그 문제를 협의하자고 회신을 보낸다.

애욕의 포로가 된 아킬레우스는 그 말을 믿고 정말 단신에다 아무런 무기도, 호위병도 없이 프리아모스를 만나러 아폴론 신전으로 들어온다. 바로 그 순간 아폴론 신상 뒤에서 매복해 있던 파리스가 그를 향해 화살을 날린다. 아킬레우스는 그 화살에 발뒤꿈치를 맞아 허무하게 꼬꾸라진다. 무엇보다도 트로이 전쟁의 원인도 이 세상에서 가장 아름다운 여자 헬레네를 얻으려 했던 트로이의 왕자 파리스의 지나친 애욕이 아니었던가?

영웅의 네 번째 성격적 결함은 오만이다. 가령 테베 전쟁에서 폴리네이케스와 함께 테베의 여섯 번째 성을 공격하던 카파네우스는 오만 때문에 목숨을 잃는다. 그는 사다리를 놓고 성벽을 기어오르며 제우스도 자신을 막지 못할 거라고 오만을 떨다가 결국 제우스가 던진 번개를 맞고 떨어져 즉사한다. 천마 페가소스를 타고 하늘을 날던 코린토스의 영웅 벨레로폰이 제우스가 던진 번개를 맞고 추락한 것도 승승장구하다 보니 한순

Mary Hamilton Frye, 〈페가소스를 타고 있는 벨레로폰〉, 1914

간 초심을 잃어버리고 오만을 떨다 받은 벌이었다.

테세우스는 절친 페이리토오스와 함께 겁도 없이 하데스의 아내 페르세포네를 납치하려고 지하세계로 내려갔다가 망각의 의자에 갇혀 죽음과도 같은 깊은 잠에 빠진다. 얼마 후 헤라클레스가 열두 번째 과업으로 지하세계를 흐르는 스틱스강가를 지키는 괴물 개 케르베로스를 데리러 갔다가 곤히 잠들어 있는 테세우스를 발견하고 깨워 지상으로 데려온다. 하지만 그는 그 후 신의 아내를 납치하려 했던 오만이 화근이 되어 아테네 왕의 자리도 빼앗기고 결국 목숨도 잃는 가련한 신세로 전락한다.

히포메네스는 아프로디테의 도움으로 칼리돈의 멧돼지 사냥의 여자 영웅 아탈란테를 아내로 얻는다. 하지만 그들의 달콤한 결혼 생활은 그리 오래가지 못한다. 히포메네스는 아탈란테와의 결혼 생활에 도취된 나머지 아프로디테에게 감사의 제물을 바치는 것을 잊어버린다. 그들의 오만불손한 행동에 분노한 아프로디테는 두 사람이 제우스 신전에서 동침하도록 부추긴다. 그러자 제우스는 자신의 신전을 모독한 그들을 암수 한 쌍의 사자로 변신시켜 버린다.

영웅의 네 가지 성적적 결함을 끝으로 필자의 길고 긴 그리스 신화 이야기는 모두 끝이 났다. 글쓰기는 시시포스의 과업이나 진배없다. 필자가 낑낑대며 원고를 쓰고 있는 모습은 시시포스가 어깨에 바위를 짊어지고 땀을 뻘뻘 흘리며 산 정상을 향해 올라가고 있는 모습에, 원고를 마무리한 것은 산 정상에 바위를 올려놓은 것에, 원고가 책으로 만들어져 독자들 손에 떨어지는 것은 산 정상의 바위가 산 아래로 굴러떨어지는 것에, 아쉬움을 떨쳐내고 다음 책을 준비하는 모습은 바위를 다시 산 정상에 올리려고 산 아래로 터벅터벅 내려가는 것에 비견될 수 있다. 필자의 다음 책은 과연 무슨 책일까? 필자도 아직은 자못 궁금하다.

Tizian, 〈시시포스의 형벌〉, 1548~1549

그리말, 피에르 지음, 최애리 옮김, 『그리스 로마 신화 사전』, 열린 책들, 2003.

김원익 지음, 『신화, 세상에 답하다』, 바다출판사, 2009.

_____, 『신들의 전쟁』, 알렙, 2011.

_____, 『신화, 인간을 말하다』, 바다출판사, 2011.

_____, 『1일 1페이지, 세상에서 가장 짧은 신화 수업 365』, 위즈덤하우스, 2021.

벌핀치, 토마스 지음, 이윤기 옮김, 『그리스 로마 신화』, 창해, 2009.

베르길리우스 지음, 천병희 옮김, 『아이네이스』, 숲, 2004.

보글러, 크리스토퍼 지음, 함춘성 옮김, 『신화, 영웅 그리고 시나리오 쓰기』, 무우수, 2005.

보이틸라, 스튜어트 지음, 김경식 옮김, 『영화와 신화』, 을유문화사, 2005.

볼린, 진 시노다 지음, 조주현·조명덕 옮김, 『우리 속에 있는 여신들』, 또 하나의 문화, 2003.

_____, 유승희 옮김, 『우리 속에 있는 남신들』, 또 하나의 문화, 2006.

소포클레스 지음, 천병희 옮김, 『소포클레스 비극전집』, 숲, 2008.

슈미트, 빅토리아 린 지음, 남길영 옮김, 『캐릭터의 탄생』, 바다출판사, 2011.

슈바브, 구스타프 지음, 이동희 옮김, 『그리스 로마 신화 1~6』, 물병자리, 2006.

아이스킬로스 지음, 천병희 옮김, 『아이스퀼로스 비극전집』, 숲, 2008.

아폴로니오스 로디오스 지음, 김원익 옮김, 『아르고호의 모험』, 바다출판사,
      2005.

아폴로도로스 지음, 천병희 옮김, 『원전으로 읽는 그리스 신화』, 숲, 2004.

에우리피데스 지음, 천병희 옮김, 『에우리피데스 비극전집 1, 2』, 숲, 2009.

엥겔스, 프리드리히 지음, 김대웅 옮김, 『가족, 사유재산, 국가의 기원』, 아침,
      1989.

오비디우스 지음, 천병희 옮김, 『원전으로 읽는 변신 이야기』, 숲, 2005.

_____, 김원익 평역, 『사랑의 기술』, 에버리치 홀딩스, 2010.

유재원 지음, 『그리스 신화의 세계 1, 2』, 현대문학, 1999.

윤일권·김원익 지음, 『그리스 로마 신화와 서양문화』, 메티스, 2019.

캠벨, 조지프 지음, 이윤기 옮김, 『신화의 힘』, 고려원, 1992.

_____, 이윤기 옮김, 『천의 얼굴을 가진 영웅』, 민음사, 2010.

퀼마이어, 미하엘 지음, 유혜자 옮김, 『신 그리스 신화 1~3』, 현암사, 1999.

토비아스, 로널드 B. 지음, 김석만 옮김, 『인간의 마음을 사로잡는 스무 가지 플
      롯』, 풀빛, 2007.

헤로도토스 지음, 박광순 옮김, 『역사 상, 하』, 범우사, 2001.

_____, 김원익 옮김, 『신통기』, 민음사, 2003.

호메로스 지음, 천병희 옮김, 『오뒷세이아』, 숲, 2006.

_____, 김원익 평역, 『오디세이아』, 서해문집, 2007.

_____, 김원익 평역, 『일리아스』, 서해문집, 2007.

_____, 천병희 옮김, 『일리아스』, 숲, 2007.

Aischylos(übers. von Oskar Werner), *Tragödien*, Griechisch/Deutsch, Düsseldorf

(Artemis & Winkler), 1966.

Apollonios Rhodios(trans. by Peter Green), *The Argonautika*, California(University of
California Press), 1997.

Apollonios von Rhodos(übers. von Paul Dräger), *Die Fahrt der Argonauten*,
Griechisch/Deutsch, Stuttgart(Reclam), 2002.

Buxton, Richard(übers. von Thomas Bertram), *Das große Buch der griechischen
Mythologie*, Stuttgart(Theiss), 2005.

Euripides(übers. von Wihelm Willige), *Ausgewälhlte Tragödien*, Griechisch/Deutsch,
Düsseldorf(Artemis & Winkler), 1996.

Graves, Robert von Ranke, *Griechische Mythologie*, Reinbek bei Hamburg(rororo),
1984.

Hesiod(übers. von Otto Schönberger), *Werke und Tage*, Griechisch/Deutsch, Stuttgart
(Reclam), 1996

_____(übers. von Otto Schönberger), *Theogonie*, Griechisch/Deutsch, Stuttgart
(Reclam), 1999.

Homer(übers. von Johann H. Voss), *Ilias, Odyssee*, Griechisch/Deutsch, München
(Artemis & Winkler), 2002.

Schadewaldt, Wolfgang, *Die griechische Tragödie*, Frankfurt am Main(Suhrkamp),
1991.

Sophokles(übers. von Wilhelm Willige), *Dramen*, Griechisch/Deutsch, Düsseldorf
(Artemis & Winkler), 2003.

Tripp, Edward, *Lexikon der antiken Mythologie*, Frankfurt am Main(Büchergilde
Gutenberg), 1990.

Vergil(übers. von Edith Binder & Gerhard Binder), *Aeneis*, Lateinisch/Deutsch, Stuttgart
(Reclam), 2003

찾아보기

김원익의
그리스 신화